工业和信息化部"十四五"规划教材

金融与法治

理论与实践

主　编　郑小林

副主编　朱梦莹　陈超超

编　者　梁倩乔　李宇渊　郑　非　张海宁

　　　　廖馨婷　韩钟萱　檀彦超　施杨斌

　　　　徐　帅　董迪生　吴沁轩

中国教育出版传媒集团

高等教育出版社·北京

内容提要

　　本书是新一代人工智能系列教材之一。金融科技经历了金融电子化阶段、互联网金融阶段，进入了金融智能阶段。本书从金融智能的理论、应用和监管三个视角出发，围绕金融智能理论，结合金融智能应用场景，介绍了人工智能、大数据等新兴技术所引起的金融业的解构与重构。本书共分5篇14章，主要内容包括金融智能概论、金融大数据概览、金融大数据管理、金融智能建模基础、推荐系统、知识图谱、金融智能客服、金融智能风控、金融智能营销、智能投顾、传统金融的智能化、合规科技、监管科技以及相关的实验要求和实验指南。本书内容丰富、系统全面、实践性强，为读者理解和掌握金融智能知识提供了广泛的视角和实践的基础。

　　本书可作为高等学校人工智能、金融科技等专业高年级本科生和研究生相关课程教材，也可作为金融业从业人员学习金融智能知识的参考读物。

图书在版编目（ＣＩＰ）数据

　　金融智能：理论与实践／郑小林主编；朱梦莹，陈超超副主编. --北京：高等教育出版社,2023.1
　　ISBN 978－7－04－058665－7

　　Ⅰ.①金…　Ⅱ.①郑…　②朱…　③陈…　Ⅲ.①金融-科学技术-高等学校-教材　Ⅳ.①F830

　　中国版本图书馆 CIP 数据核字（2022）第 079671 号

Jinrong Zhineng：Lilun yu Shijian

策划编辑	刘　艳	责任编辑	刘　艳	封面设计	张申申	版式设计	李彩丽
责任绘图	于　博	责任校对	张慧玉　刁丽丽	责任印制	朱　琦		

出版发行	高等教育出版社	网　　址	http://www.hep.edu.cn
社　　址	北京市西城区德外大街 4 号		http://www.hep.com.cn
邮政编码	100120	网上订购	http://www.hepmall.com.cn
印　　刷	三河市华骏印务包装有限公司		http://www.hepmall.com
开　　本	787mm×1092mm　1/16		http://www.hepmall.cn
印　　张	22.5		
字　　数	430 千字	版　　次	2023年1月第1版
购书热线	010-58581118	印　　次	2023年1月第1次印刷
咨询电话	400-810-0598	定　　价	42.00 元

本书如有缺页、倒页、脱页等质量问题，请到所购图书销售部门联系调换

金融智能：理论与实践

主编　郑小林

副主编　朱梦莹　陈超超

1 通过计算机访问 http://abook.hep.com.cn/1879330，或用手机扫描二维码，下载并安装 Abook 应用。

2 注册并登录，进入"我的课程"。

3 输入封底数字课程账号（20位密码，刮开涂层可见），或通过 Abook 应用扫描封底数字课程账号二维码，完成课程绑定。

4 单击"进入课程"按钮，开始本数字课程的学习。

金融智能：理论与实践

主编　郑小林

副主编　朱梦莹　陈超超

本数字课程与新一代人工智能系列教材《金融智能：理论与实践》纸质教材一体化设计，紧密配合，为读者提供了教学课件等资源，在帮助读者提升课程学习效果的同时，也为读者自主学习提供了思考与探索的空间。

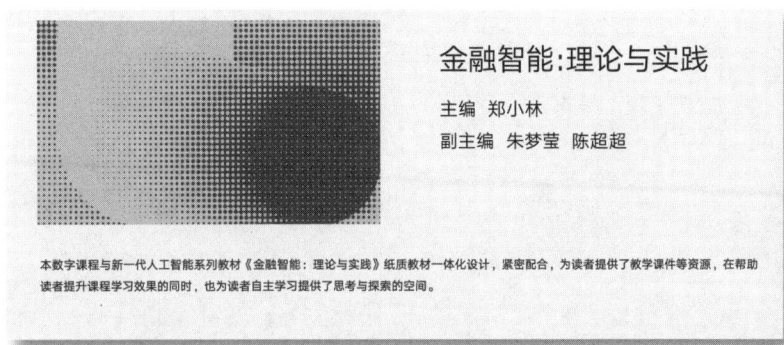

课程绑定后一年为数字课程使用有效期。受硬件限制，部分内容无法在手机端显示，请按提示通过计算机访问学习。

如有使用问题，请发邮件至 abook@hep.com.cn。

扫描二维码
下载 Abook 应用

http://abook.hep.com.cn/1879330

新一代人工智能系列教材编委会

丛书序　　　　人工智能是引领新一轮科技革命、产业变革和社会发展的战略性技术,具有溢出带动性很强的"头雁效应"。当前,新一代人工智能正在全球范围内蓬勃发展,促使人类社会生活、生产和消费模式发生巨大变革,为经济社会发展提供了新动能,推动了经济社会高质量发展,加速了新一轮科技革命和产业变革。

2017年7月,国务院印发了《新一代人工智能发展规划》,指出人工智能正走向新一代。新一代人工智能(AI 2.0)的概念除了继续用电脑模拟人的智能行为外,还纳入了更综合的信息系统,如互联网、大数据、云计算等,去探索由人、物、信息交织而成的更大更复杂的系统行为,如制造系统、城市系统、生态系统等的智能化运行和发展。这就为人工智能打开了一扇新的大门和一个新的发展空间。人工智能将从各个角度,以及宏观、中观和微观层次去发挥"头雁效应",去渗透我们的学习、工作与生活,去改变我们的发展方式。

要发挥人工智能赋能产业、赋能社会的作用,使其真正成为推动国家和社会高质量发展的强大引擎,就需要大批掌握这一技术的优秀人才。因此,中国人工智能的发展十分重视人工智能技术及产业的人才培养。

高校是科技第一生产力、人才第一资源、创新第一动力的结合点。因此,高校有责任把人工智能人才的培养置于核心的基础地位,把人工智能协同创新摆在重要位置。国务院《新一代人工智能发展规划》和教育部《高等学校人工智能创新行动计划》发布后,为切实应对经济社会对人工智能人才的需求,我国一流高校陆续成立了协同创新中心、人工智能学院、人工智能研究院等机构,为人工智能高层次人才、专业人才、交叉人才及产业应用人才培养搭建平台。我们正处于一个百年未遇、大有可为的历史机遇期,要紧紧抓住新一代人工智能的发展机遇,勇立潮头、砥砺前行,通过凝练教学成果及把握科学研究前沿方向的高质量教材来"传道、授业、解惑",提高教学质量,投身人工智能人才培养主战场,为我国构筑人工智能发展先发优势和贯彻教育强国、科技强国、创新驱动战略贡献力量。

为促进人工智能人才培养,推动人工智能重要方向教材和在线开放课程建设,国家新一代人工智能战略咨询委员会和高等教育出版社于2018年3月成立了"新一代人工智能系列教材"编委会,聘请我担任编委会主任,吴澄院士、郑南宁院士、高文院士、陈纯院士和高等教育出版社林金安副总编辑担任编委会副主任。

根据新一代人工智能的发展特点和教学要求,编委会陆续组织编写和出版了人工智能基础理论、算法模型、技术系统、硬件芯片、伦理安全、"智能+"学科交叉和实践应用等方面的教材,形成了理论技术和实践应用两个互相协同的系列教材。为了推动高质量教材资源的共享共用,同时发布了与教材内容相匹配的在线开放课程、研制了新一代人工智能科教平台"智海"和建设了体现人工智能学科交叉特点的"AI+X"微专业,以形成各具优势、衔接前沿、涵盖完整、交叉融合的具有中国特色的人工智能一流教材体系、支撑平台和育人生态,促进教育链、人才链、产业链和创新链的有效衔接。

"AI 赋能、教育先行、产学协同、创新引领",人工智能于 1956 年从达特茅斯学院出发,踏上了人类发展的历史舞台,今天正发挥"头雁效应",推动人类变革大潮,"其作始也简,其将毕也必巨"。我希望"新一代人工智能系列教材"的出版能够为人工智能各类型人才培养做出应有的贡献。

衷心地感谢编委会委员、教材作者、高等教育出版社编辑等为"新一代人工智能系列教材"出版所付出的时间和精力。

　　大数据与人工智能的发展推动了人类社会和各行各业的发展,那些深度依赖信息和数据丰富的行业必定首当其冲。金融场景下高度结构化的数据正好为人工智能技术的发展提供了互需的机遇。这就是金融业成为人工智能场景中发展最迅速的领域的根本原因。从金融电子化到金融移动化,再到当前的金融智能化,金融业已经进入大数据智能时代。在金融智能化阶段,大数据、人工智能、物联网、云计算、区块链等科技逐渐渗透到金融领域中,促进了金融产品的改进与创新,繁荣了金融生态系统,深刻地影响着金融业的发展。

　　金融业习惯使用"金融科技"概念。国际货币基金组织(IMF)和世界银行在《巴厘金融科技议程》中用金融科技来描述有可能促进金融服务提供方式转变并促进新商业模式、应用、程序和产品出现的技术进步。Gartner 发布的《2021 十大金融科技趋势》提出,2030—2040 年金融科技将迈入普惠的可信智能时代。虽然金融科技要在可信、普惠和智能三个领域进行突破创新,还有很长的路要走,但现在已能清晰地看出:要实现可信和普惠,其核心科技必然聚焦于大数据智能。

　　本书作为高等教育出版社联合国家新一代人工智能战略咨询委员会组织的"新一代人工智能系列教材"之一,在"人工智能+金融"教学方面做了有开创意义的探索。愿本书成为金融业智能化人才培养的助推器。

潘云鹤

随着大数据与人工智能的快速发展,金融科技作为信息技术与金融业深度融合的产物,受到人们越来越多的关注。金融科技是指通过大数据、人工智能等技术手段推动金融创新,形成对金融市场、金融机构及金融服务产生重大影响的业务模式、技术应用以及流程和产品。我国金融科技发展先后经历了金融电子化阶段、互联网金融阶段,目前正迎来金融智能阶段。金融智能从"支撑发展"走向"引领发展",金融与科技的深度融合已经成为必然趋势。目前国内外金融科技方面的教材大多视角单一,从跨学科视角介绍金融科技的教材较少,为此我们撰写了本书。本书从金融智能的理论、应用和监管三个视角出发,围绕金融智能理论,结合金融智能应用场景,介绍了人工智能、大数据等新兴技术所引起的金融业的解构与重构。本书可以作为高等学校高年级本科生和研究生金融智能相关课程的教学用书,也可以作为金融业从业人员学习金融智能知识的参考读物。

本书以系统的理论阐述、丰富的实验项目,以及多角度的分析,对金融智能进行了全面的介绍,为读者理解金融智能提供了更广泛的视角。本书共分五篇。第一篇为金融智能概述,主要讨论金融智能的概念、发展现状及其支撑技术和应用。第二篇为金融智能理论,包括金融大数据概览、金融大数据管理、金融智能建模基础和金融智能建模进阶的有关知识。第三篇为金融智能应用,包括金融智能客服、金融智能风控、金融智能营销、智能投顾、传统金融的智能化,介绍金融智能在多个领域的应用。第四篇为金融合规与监管科技,包括合规科技和监管科技,介绍金融智能所面临的监管挑战和所进行的监管科技实践。第五篇为实验指导,提供9个金融智能应用领域的实验项目。本书前4篇每章章首有开篇案例,章末有本章小结和习题。第五篇实验指导给出了9个实验项目的实验要求及实验指南。需要说明的是,本书配套的实验均可使用我们自研的实验代码和数据集。

本书编写分工如下:郑小林负责全书内容规划、章节设计与最终统稿;第1章由朱梦莹、廖馨婷编写;第2、3章由朱梦莹、张海宁编写;第4章由李宇渊编写;第5章由董迪生、张海宁编写;第6章和第7章由吴沁轩和施杨斌编写;第8章由徐帅编写;第9章由梁倩乔编写;第10章由朱梦莹编写;第11章由檀彦超编写;第12、13章由陈超超、郑非、韩钟萱编写。

金融智能发展迅速,许多模式仍在发展和探讨之中,由于作者水平有限和这门交叉课程的特殊性,书中难免有不足和疏漏之处,恳请广大读者提出宝贵的建议和意见。

编者

2022 年 3 月 16 日

目录

第三篇　金融智能应用

IV

第四篇　金融合规与监管科技

第五篇 实 验 指 导

第一篇

金融智能概述

导　　语

　　本书第一篇,即全书的第 1 章,是金融智能概论,旨在使读者对金融科技有一个整体性认识。其中,1.1 节首先追溯了金融科技发展的过程,给出了金融智能的定义,并指出以大数据和人工智能技术为主导的金融科技 3.0 时代为金融智能时代;其次,引导读者理解金融、金融科技和金融智能之间的联系;最后,归纳了金融智能面临的挑战;1.2 节描述了金融智能的发展现状,介绍了金融智能的典型业态及未来的发展趋势;1.3 节介绍了金融智能的支撑技术,使读者理解金融智能的发展动力;1.4 节展示了金融智能的典型应用;1.5 节从金融创新的另一个角度,即金融监管的视角,阐述了人工智能技术发展衍生出的金融监管科技,即合规科技和监管科技;1.6 节给出了全书的布局,阐明了全书的逻辑结构。

第1章 金融智能概论

【开篇案例】

金融科技发展规划(2022—2025年)

2022年1月,中国人民银行印发了《金融科技发展规划(2022—2025年)》(以下简称《规划》)。《规划》依据《中华人民共和国国民经济和社会发展第十四个五年规划和2035年远景目标纲要》制定,提出了新时期金融科技发展指导意见,明确了金融数字化转型的总体思路、发展目标、重点任务和实施保障。《规划》指出,以习近平新时代中国特色社会主义思想为指导,坚持"数字驱动、智慧为民、绿色低碳、公平普惠"的发展原则,加强金融数据要素应用,深化金融供给侧结构性改革,通过健全金融科技治理体系、充分释放数据要素潜能、打造新型数字基础设施、深化关键核心技术应用、激活数字化经营新动能、加快金融服务智慧再造、加强金融科技审慎监管、夯实可持续化发展基础八项重点任务,将数字元素注入金融服务全流程,将数字思维贯穿于业务运营全链条,推动我国金融科技从"立柱架梁"全面迈入"积厚成势"的新阶段,力争到2025年实现整体水平与核心竞争力跨越式提升。

金融是现代经济的核心,是实体经济的血脉。金融科技对金融的转型、升级和发展具有不可替代的作用,尤其是在大数据和人工智能技术赋能金融行业的金融科技3.0时代:金融科技为银行等金融机构提供了开放的互联网平台,极大地提高了其服务效率;金融科技风险控制技术融入金融风险防控体系,有效地避免了可能产生的损失;金融科技的推荐分析能力丰富了金融服务的内容,使用户能够享有更好的金融服务体验。

金融科技到底是什么?金融智能又是什么?金融科技和金融智能有什么区别和联系?金融和金融科技之间有什么样的关系?金融科技已经发展到了何种程度?金融智能的支撑技术具体有哪些?金融智能改变了哪些金融业务,又推动金融业进行了怎样的创新和革新?金融智能对人们的生活产生了哪些影响?本章将对上述问题进行回答。

1.1 金融智能的概念

1.1.1 金融科技的发展

随着科技革命和产业变革的推进,大数据、人工智能、物联网、云计算等新兴技术逐渐渗透到金融领域,促进了金融科技的发展,催生了金融的变革与创新,对金融业产生了颠覆性影响。金融科技(FinTech)的英文名字取自金融(finance)和科技(technology),旨在利用新兴技术实现金融领域的创新。

> **笔记**
>
> 金融科技是什么?不同机构对其有不同的理解,并且给出了各有侧重的定义。
>
> 2016年,金融稳定理事会(FSB)发布了《金融科技的描述与分析框架报告》,对金融科技给出了初步的定义:金融科技是指通过技术手段推动金融创新,形成对金融市场、机构及服务产生重大影响的业务模式、技术应用、流程和产品。
>
> 2017年,国际证监会组织(IOSCO)在发布的《金融科技研究报告》中指出,金融科技是可能推进金融服务产业转型的各种创新商业模式和先进技术的概括描述。
>
> 2018年,国际货币基金组织(IMF)和世界银行在《巴厘金融科技议程》中认为:金融科技用来描述可能促进金融服务提供方式转变并促进新的业务模式、技术应用、流程和产品出现的先进技术。

根据技术驱动金融科技升级的程度,可以将金融科技分为三个阶段(见表1.1):金融科技1.0阶段,也称为金融电子化阶段,这个阶段用计算机取代手工计算,提高了金融运行的效率;其主要业态有信用卡、自动柜员机(ATM)、客户关系管理系统(CRMS)。金融科技2.0阶段,又称为互联网金融阶段,此时的技术不再只是工具,而是成为业务、产品创新的赋能手段,作为传统金融的有效补充,它利用移动互联网将金融服务和投资者连接起来,带来了简化的金融业务流程、优化的金融产品界面和良好的用户体验;其主要业态有网络借贷、非银行支付、众筹、互联网保险等。金融科技3.0阶段,即金融智能阶段,在这个阶段,金融与科技深度融合,以区块链、隐私保护、云计算、物联网为基础,以大数据、人工智能等技术为主导的科技革新,引发了金融业务的全方位变革,实现了更加智能的金融服务;其主要业态有智能客服、智能风控、智能营销、智能投顾等。

表 1.1 技术驱动金融行业发展的主要阶段

发展阶段	驱动技术	主要业态	普惠程度	技术与金融关系
金融科技 1.0 （金融电子化阶段）	计算机	信用卡、 自动柜员机、 授信业务风险 监测系统等	较低	技术为工具
金融科技 2.0 （互联网金融阶段）	移动互联网	网络借贷、 非银行支付、 众筹、 互联网保险等	较高	技术驱动变革
金融科技 3.0 （金融智能阶段）	大数据、人工智能、 区块链、隐私保护、 云计算、物联网等	智能客服、 智能风控、 智能营销、 智能投顾等	高	深度融合

1.1.2 金融智能的定义

金融智能是金融科技在 3.0 阶段的定位。在金融科技 3.0 阶段,金融智能深入推进,大数据、人工智能等技术开始被广泛应用在智能投顾、智能风控、智能监管等领域。

金融智能具有很强的机器学习能力,使大规模金融交易智能化、标准化、自动化成为现实,从而提高了交易效率,降低了交易成本。例如,人工智能与大数据的结合,有利于金融机构开拓长尾市场,降低信息不对称所造成的风险,提高资金配置和金融风险管理效率。身份识别和自然语言处理技术,使机器可以代替劳动者,通过全方位感知,为客户提供交互式服务。总之,金融智能可以助推普惠金融发展,使得普通人的金融服务需求得到全方位的满足。

金融智能有三个重要特征。

① **丰富的应用场景**。在大数据、人工智能等技术的支持下,以金融为基础的应用场景越来越丰富,如精准营销、股票预测、投资管理、反欺诈检测、风险控制等。

② **高度结构化的业务数据**。与其他行业相比,金融业有大量的结构化数据,数据分析技术成熟。此外,金融业是数据密集型行业,随着金融科技的发展,金融业半结构化数据和非结构化数据将快速增长,大数据、人工智能等技术在金融业将有巨大的应用优势。

③ **普惠金融**。传统的专业金融服务往往门槛很高,普通人的金融服务需求难以得到很好的满足。基于大数据和人工智能的信用评分,可以显著降低金融服务门槛,为更广泛的人群提供更好的金融服务,进而保障人人享有普惠金融带来的便利。

在本书中,金融智能被定义为**以大数据和人工智能为重要驱动力,以区块链和隐私保护为安全保障,以云计算和物联网为基础设施,在新兴技术的推动下不断进行金融业务革新的进程。**

1.1.3　金融智能的内涵

金融的本质是跨时空的资产配置。如图 1.1 所示,信用、杠杆和风险围绕着金融活动。信用是对所购买的现货商品延期付款的许可,它是金融的生命线,使跨期交易成为可能。如果信用透支,金融活动就会产生杠杆,连续的金融活动将会放大杠杆倍数,杠杆过高就会带来风险。风险是由金融活动中的不确定性带来的损失,严重的风险甚至会产生金融危机。

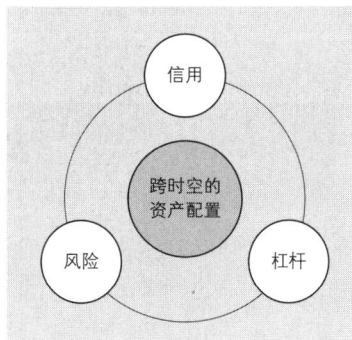

图1.1　金融的本质

正如金融智能的定义所指出的,金融智能的本质并没有脱离金融,而是在大数据、人工智能、区块链、云计算和物联网等技术的推动下通过不断创新来满足社会日益增长的金融服务需求。科技赋能金融,让金融活动的信用得到保障、杠杆得到调节、风险得到控制;而金融充分利用科技的创新成果,实现优胜劣汰,推动结构转型,并用新的金融服务需求反过来推动科技创新,加大普惠金融的力度。金融和科技相辅相成,合作共生。

金融智能作为金融科技在 3.0 阶段的定位,通过新兴技术来满足金融业各种需求的宗旨并没有改变。金融智能作为金融创新的排头兵,是金融业生命力的体现,也是金融业持续发展的重要推动力。随着我国从金融大国迈向金融强国,特别是数字经济时代的到来,金融业本身的"新旧动能转换"亦是必然趋势。监管数字化、征信大数据化、技术融合化、财富管理智能化等均会推动金融创新。借助于大数据、人工智能、区块链、云计算等技术,金融智能可以快速捕捉数字经济时代的市场需求变化,助力金融供给侧结构性改革,推动金融业转型发展。此外,在推进金融创新的同时,数据隐私保护问题也得到各国政府的关注。金融智能运用区块链和隐私保护技术赋能金融合规和监管,做到风险早识别、早预警、早处理,提高金融风险防范能力。

1.1.4 金融智能面临的挑战

高德纳咨询公司(简称 Gartner)发布的《2021 十大金融科技趋势》提出,2030—2040 年金融智能将迈入普惠的可信智能时代。不过目前金融智能要在安全可信、普惠和智能三个领域进行突破性创新,还有很长的路要走。

1. 安全可信是金融智能的发展基础

金融安全是国家安全的重要组成部分,是经济平稳健康发展的重要基础。首先,金融业务相关的线上服务平台,要做到硬件和软件都可信与可靠,减少宕机时间,增强数据备份和维护能力,防止业务数据被网络爬虫程序盗取和滥用;其次,围绕金融大数据的收集、采集和建模等,要严格保证个人隐私、风险数据不被泄露;最后,传统的风险控制系统是在发现异常或问题后短时间内做出相应的处理,这给大规模恶意攻击提供了可乘之机,因此系统要不断优化和升级安全技术,主动抵御攻击。

2. 普惠是金融智能的社会需求

"普惠金融"这一概念是由联合国在 2005 年提出的,是指以可负担的成本为有金融服务需求的社会各阶层和群体提供适当、有效的金融服务,小微企业、农民、城镇低收入人群等群体是其重点服务对象。在金融服务不断普及的趋势下,金融业务场景亟须利用金融智能实现个性化服务,以满足不同客户的需求,如智能投顾根据不同客户的风险偏好提供投资建议,智能营销根据消费者对金融产品的喜爱和需要程度进行精准营销。

3. 智能是金融智能的必由之路

2017 年 7 月,国务院印发《新一代人工智能发展规划》,把发展人工智能上升到国家战略高度。其中,金融被列为人工智能应用试点示范的重点行业之一。人工智能技术和金融拥有很多天然的契合点,如可以用知识图谱表达金融中的复杂关系,可以用时序模型分析金融时间序列。然而,现有的人工智能模型的可解释性差和计算复杂性高,使得很多应用难以在中小微金融机构落地。

1.2 金融智能的发展现状

在金融科技 3.0 阶段,金融智能集成了大数据和人工智能等新兴技术的智能计算能力,通过对多源异构数据进行多维分析,以信用和定价为核心,产生了智能授信与风控、智能保险定价、智能投顾和量化交易等应用,在全球范围内催生了各种金融科技公司。

在金融科技 3.0 阶段,金融智能的发展可谓百家争鸣。根据浙江大学-蚂蚁集团金融科技中心等发布的《2020 全球金融科技发展报告》,就全球而言,2020 年金融智能的发展呈现亚洲和北美洲国家引领但欧洲国家稍缓的格局。在亚洲,中国是金融科技的中流砥柱,北京、上海、杭州和深圳成为全球 8 个金融科技中心城市中的 4 个,香港、广州和南京等城市也在全球金融科技发展中具有领先地位,西安、成都和重庆在金融科技方面则有积极的发展,这不仅为我国的金融科技从业者和研究者提供了良好的工作契机和资源,还增强了我国金融领域的核心竞争力;日本、韩国、新加坡和泰国的金融科技也具有一定的国际影响力。在北美洲,主要是美国旧金山、纽约和芝加哥这 3 个城市金融科技的发展最为显著。欧洲除了英国伦敦外,其他城市的金融科技尚处于发展初期。

1.3 金融智能的支撑技术

金融智能的支撑技术包括大数据、人工智能、区块链、隐私保护、云计算、物联网等。其中,大数据和人工智能是金融智能业务革新的驱动力,区块链和隐私保护是金融智能发展的安全保障,而云计算与物联网则以新型基础设施的形式成为金融智能发展的基石。

1.3.1 大数据和人工智能

大数据和人工智能是金融智能推动金融业务革新的重要力量。

1. 大数据

在金融智能中运用大数据技术开展金融服务,是指将大规模结构化、半结构化、非结构化数据集成在一起,通过物联网、云计算和数据挖掘等信息处理方式进行实时分析,向客户提供全方位的信息,并通过分析和挖掘客户交易与客户消费习惯信息,预测客户行为,在传统金融服务的基础上进行资金融通,创新金融服务。大数据在金融中的广泛应用,提高了金融机构的开放性和数字化程度,进而提高了金融机构的生产力和决策能力。大数据在包括分布式存储、分布式计算、对象存储等在内的大数据支撑系统的支持下,对金融机构自有数据和第三方合规数据进行管理,形成了金融大数据。

2. 人工智能

人工智能是指利用数字计算机或者由数字计算机控制的机器,模拟、延伸和扩展人类的智能,感知环境,获取知识并使用知识获得最佳结果的理论、方法、技术和应用系统。人工智能利用金融大数据进行智能建模,进而提供智能风控、智能营销、智能监管、智能投顾等金融产品和服务,使传统金融智能化。

金融大数据为人工智能建模提供基础,而人工智能作为引擎可以促进对金融大数据的分析,进而提高金融业务对大数据的利用程度,提高金融服务的质量和效率。

金融大数据智能服务平台如图 1.2 所示。

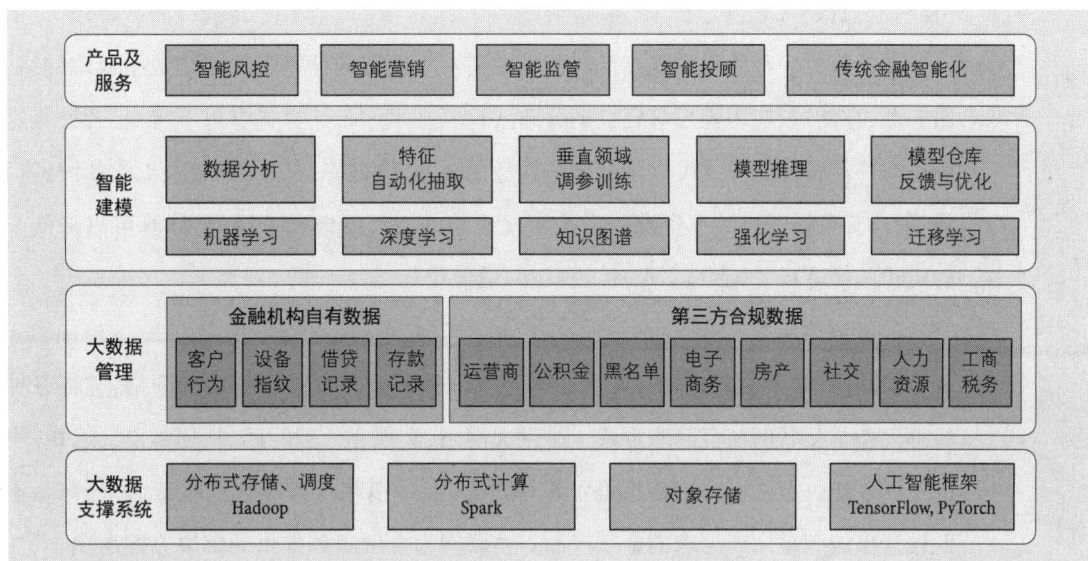

图 1.2　金融大数据智能服务平台

1.3.2　区块链和隐私保护

区块链与隐私保护是金融智能发展的安全保障。

1. 区块链

区块链是利用加密算法将称为区块的记录链接在一起的可增长的列表。一方面,金融供应链的结构与区块链的结构的契合度很高,区块链由于具有数据共享、安全、不可篡改等性质,因而可以有效地提高供应链的透明度,解决供应链中的可追溯性和交易不可逆性等问题,降低供应链的风险和成本。另一方面,比特币等数字货币依托区块链技术具有了去中心化、交易成本低、跨国界和跨平台交易等特点。

2. 隐私保护

隐私保护是指将密码学的相关知识引入机器学习来确保数据安全的技术。在大数据时代,用户在享受金融服务的同时也为金融机构提供了数据。然而,近几年来隐私泄露问题层出不穷,降低了人们对大数据在金融中应用的信心,因此隐私保护问题不容忽视。隐私保护可以降低金融智能这把"双刃剑"的弊端影响,规避金融风险,进而促进金融智能健康发展。

区块链和隐私保护都用于保证信息的安全可靠,区块链为金融业务中的隐私保护提供技术支持,隐私保护则可以促进区块链加密算法的优化和升级。

1.3.3　云计算和物联网

云计算与物联网是金融智能促进金融打破传统迈向创新的基础设施。

1. 云计算

云计算是一种使用户能够随时随地按需从可配置的计算资源共享池中获取网络、服务器、存储器、应用程序等资源的分布式计算技术。云计算具有以下特点:云计算这种按需供给资源的方式可以降低金融服务的成本,进而降低中小微金融机构的服务门槛;云计算可以通过共享资源的形式实现系统的灵活升级和扩展;云计算可以降低金融机构的资源配置风险,实现资源利用的最优化。

2. 物联网

物联网即"万物相连的互联网",是在互联网基础上延伸和扩展的网络,它将各种传感设备与互联网结合起来形成一个巨大网络,实现在任何时间、任何地点,人、机、物的互联互通。金融机构用传感设备将用户偏好、习惯和行为等数据收集起来,并基于此设计出能满足用户需求的金融产品。物联网为金融服务提供的解决方案层出不穷:无人超市、无人咖啡厅等在解放了人力的同时也给用户带来全新的金融消费体验;可穿戴设备能够精准评估用户的身体状况,从而为保险业务提供很好的参考;虹膜识别和指纹识别等身份验证方式增强了用户的安全感;等等。

云计算是物联网的核心,可以满足物联网分布式存储和分布式计算的需求,物联网作为云计算的典型应用,又不断推动云计算的发展和创新。

1.4　金融智能的应用

金融智能的应用主要包括智能客服、智能风控、智能营销、智能投顾、传统金融智能化等。这些应用以金融智能的关键技术为支撑,落地到客户服务、风险控制、营销、投资顾问等场景,在安全性、个性化、高效率、服务质量等方面提升了用户体验。

1.4.1　智能客服

智能客服即智能客户服务,是一种面向特定行业和场景的、基于自然语言处理技术的自动问答系统,它涉及语音识别、自然语言理解、知识构建、知识推理、大数据处理等技术,使企业能够更加高效地与海量用户沟通。智能客服广泛应用于在线客服、智能导航、智能外呼、客服助理、服务限制、聊天等场景。在金融领域,保险、投资理财等业务也需要智能客服。例如,为了满足海量的售前和售后用户咨询需求,中国人寿保险(集团)公司利用行业数据构建了基于知识图谱的智能客服系统,既保证了客户服务人员的专业能力,又提高了客户服务工作的效率和客户满意度,同时还降低了客户服务成本。

1.4.2　智能风控

智能风控即智能风险控制。金融风险是由信用风险、市场风险和操作风险等多种要素构成的。在大数据时代,金融机构面临的内外部环境更为复杂。智能风控可以提供欺诈检测、信用评分、风险预警、逾期客户管理和征信服务等智能应用,来配合金融部门、监管部门和金融机构控制金融业务和场景中存在的风险。例如,百融云创利用人工智能技术与风控云设计了贷前反欺诈识别和信用筛查、贷中实时监控和客户风险评分,以及贷后客户灵活分群等全生命周期的风险控制流程,提高了金融机构业务体系的效率。

1.4.3　智能营销

金融营销是指金融机构以金融市场为导向,运用整体营销手段向客户提供金融产品和服务,在满足客户需求的过程中实现金融企业利益目标的过程。在金融领域,智能营销是指利用大数据和人工智能等技术,金融机构可以根据客户交易、消费、网络浏览等丰富的行为数据,构建多维的客户画像,进而挖掘客户的潜在需求;可以加强与渠道、人员、产品、客户等的联系,使得金融产品和服务覆盖更多的客户群体,为客户提供个性化与精准化的服务;可以发现潜在客户、服务客户、维护客户,从而改善客户体验,进而提升企业绩效,打造良好金融生态。例如,华泰证券和明略数据设计了一套融合了客户行为数据、客户基本信息数据、市场行情数据和互联网数据的综合的智能营销模型,通过人工智能的营销方式,实现了客户立体化、渠道层次化和营销个性化,做到了千人千面的精准化营销。

1.4.4　智能投顾

智能投顾是指利用人工智能和大数据等技术,运用投资分析方法为投资人提供金融财富管理服务。一方面,智能投顾可以通过一系列智能化算法跟踪投资市场,实现最优的资产配置;另一方面,智能投顾可以依据客户的历史操作建立客户画像,以实现符合客户期望的动态理性决策。两个方面的结合使智能投顾能够匹配投资市场和客户偏好的变化,实现财富管理的自动化和投资组合的自动优化,并通过互联网将投资情况以可视化的方式呈现给客户。国内外比较成熟的智能投顾平台,如 Betterment、贝塔牛、平安一账通等,受到客户青睐。

1.4.5　传统金融智能化

数字智能在银行、保险、货币等传统金融业中的应用,催生了数字银行、保险科技、数字货币等新型业态。

数字银行是指通过互联网提供银行服务的银行形式。它具有传统银行的大部分功能。数字银行可以提供基于 Web 的服务,能够实现高水平的流程自动化。它允许第三方开发者使用开放应用程序接口(API)连接到银行的核心平台,并构建基于银行数据和信息的、能够提供额外数据分析服务的应用程序。它使用户能够通过移动客户端享受便捷的银行服务。

保险科技以区块链、人工智能、大数据、云计算、物联网等技术为核心,广泛应用于保险产品创新、保险营销和保险公司内部管理等方面,通过创建新的平台、运用新的技术为保险消费者提供服务。

数字货币是一个广义的概念,涵盖了所有数字形式的货币资产,与传统货币相比,它的发行、转移和存储都是以数字化方式进行的。比特币、diem(原名为 Libra)以及中央银行数字货币都是典型的数字货币。

1.5　金融监管科技

金融监管科技对于金融业健康发展而言尤为重要:首先,层出不穷的科技突破促使金融智能不断发展,这种发展如果不受控制的话就很容易导致金融危机,需要运用金融监管科技来规范金融智能的发展;其次,金融监管科技可以提高金融机构的合规性,为金融机构进行金融决策、降低合规成本等提供很好的解决方案;此外,金融监管科技还可以辅助监管者进行数据分析,降低信息不对称程度,同时减少监管体系的漏洞,防止监管套利。

1.5.1　合规科技

合规科技是基于大数据、人工智能、隐私保护等技术,保证大数据时代企业数据来源、数据用途等符合国家法律法规的一种新兴的监管科技。2020 年 4 月,中共中央、国务院印发了《关于构建更加完善的要素市场化配置体制机制的意见》,首次明确数据成为五大生产要素之一。金融智能的发展更离不开金融大数据这一生产要素,然而在利用金融大数据时必须保护大数据安全,实现数据合规性,否则会给个人和社会造成巨大损失。金融智能要防止未经允许收集和滥用客户个人数据,保障客户享有是否公开自身信息的决定权。合规科技可以更低的成本高标准地满足企业的合规需求。此外,我国也通过设立法律法规的形式对企业的数据来源、数据用途等进行了规范,以促进企业公平竞争。

1.5.2　监管科技

监管科技是基于人工智能、大数据、云计算、区块链等技术的新型应用,主要用于优化金融监管模式,提升金融监管效率,降低金融机构合规成本。监管机构在市场交易行为监测、合规数据报送、客户身份识别等场景中应用监管科技和合规科技,极大地提高了监管效率,也实现了契合金融智能发展要求的金融监管改革。例如,**电子数据存证**通过互联网向客户提供数据证据保管和验证的服务,这种存证方式提高了信用数据的分析效率和公信度,实现了监管方式的创新。**监管沙盒**定义了用于金融科技创新企业测试金融产品的"安全空间",不在该空间的金融活动会受到监管规则的约束。这种监管策略是由英国提出的,随后得到全球的支持和应用,它有利于创建兼顾创新和风险控制的金融科技生态环境。

1.6　全书布局

本书旨在为金融科技的初学者或者从业者提供理论和实践指导,全书共分 5 篇 14 章,第一篇至第四篇从金融智能概述、金融智能理论、金融智能应用和金融合规与监管科技 4 个方面介绍了金融智能的有关知识;第五篇为实验指导,提供了相关实验的实验要求和实验指南。

第一篇是金融智能概述,对应于本书的第 1 章,介绍了金融智能的概念、发展现状、支撑技术、应用以及金融监管科技。

第二篇是金融智能理论,由第 2 章到第 6 章组成,介绍了金融智能的理论知识。

第 2 章介绍金融大数据。本章首先从数据的角度介绍了金融大数据的定义、特点以及其所带来的机遇和挑战,其次从工程的角度介绍了金融大数据的处理流程,最后介绍了金融大数据管理。

第3章介绍金融大数据管理。本章先介绍了数据资源与数据质量,然后介绍了数据获取、存储和分析。

第4章介绍金融智能建模基础。本章先阐述金融智能建模的总体流程,然后介绍了监督学习和无监督学习的基础知识及其在金融场景中的相关应用和算法,以及两者之间的区别和联系。

第5章是金融智能建模进阶1,主要介绍推荐系统。本章首先围绕着推荐系统的经典应用案例来介绍推荐系统的设计方法,其次介绍了协同过滤、时空感知的推荐,最后介绍了基于特征融合的推荐。

第6章是金融智能建模进阶2,主要介绍知识图谱。本章首先介绍了知识图谱的定义、发展和应用,其次介绍了构建知识图谱的过程和关键技术,最后介绍了基于随机游走模型和神经网络构建知识图谱模型的过程。

第三篇是金融智能应用,由第7章到第11章组成,介绍了金融智能的各种应用和相应的实现技术。

第7章介绍金融智能客服。本章首先介绍了金融智能客服的定义、发展、分类、流程,其次对意图识别、槽位填充、对话管理、问答技术、自然语言生成等金融智能客服核心技术进行了介绍,最后以保险智能客服为例深入介绍了知识图谱的金融智能客服应用。

第8章介绍金融智能风控。本章首先介绍了金融智能风控的定义、发展过程、应用场景,其次结合实际的应用案例阐述金融智能风控的贷前、贷中以及贷后流程及其对应的核心技术,最后对金融智能风控的发展进行了展望。

第9章介绍金融智能营销。本章首先从宏观的角度介绍了金融智能营销的业务背景和发展历程,其次介绍了金融智能营销的流程和核心技术;最后对金融智能营销的发展进行了展望。

第10章介绍智能投顾。本章首先介绍了智能投顾的定义、作用和发展历程,其次介绍了智能投顾的投资流程、理论基础和投资组合配置技术,最后对智能投顾的发展进行了展望。

第11章介绍传统金融的智能化,主要介绍了保险科技、数字银行和数字货币这三个传统金融的创新应用。

第四篇为金融合规与监管科技,由第12章到第13章构成。

第12章介绍合规科技。本章首先介绍了大数据隐私保护与合规科技,给出了隐私泄露的典型案例和我国数据合规监管的现状,其次介绍了合规科技的核心技术——

隐私保护,再次介绍了合规科技的两个典型应用——隐私保护机器学习和联邦学习,最后对合规科技的发展进行展望。

第 13 章介绍监管科技。本章首先介绍了监管科技的概念、发展、意义以及我国监管科技的发展现状,其次介绍了电子数据存证和监管沙盒这两个监管科技的典型应用,最后从法律法规和政策、技术、人力三个方面对监管科技的发展进行了展望。

第五篇即第 14 章,为实验指导,给出了金融数据获取、金融数据预处理、聚类与分类、推荐系统、知识图谱、智能风控、智能营销、智能投顾、联邦学习 9 个实验项目的实验要求和实验指南。

本章小结

本章首先对金融科技的发展历程进行了梳理,引出金融智能是金融科技在 3.0 时代的定位,进而给出了金融智能的概览,并指出了金融智能面临的挑战。 其次,介绍了金融智能的发展现状,概括介绍了金融科技中心城市的全球化分布。 再次,介绍了大数据、人工智能、区块链、隐私保护、云计算、物联网等金融智能支撑技术,以及智能客服、智能风控、智能营销、智能投顾、保险科技、数字银行和数字货币等具体的金融智能应用场景。 最后,介绍了包括合规科技和监管科技在内的金融监管科技。 本章旨在使读者对金融智能有一个整体性的认识。

习题

1.　阐述如何从金融智能迈向普惠可信的智能时代。

2.　结合金融智能的发展现状,分析我国如何在金融科技的发展中保持领先地位。

3.　谈谈金融智能可以助力哪些传统金融服务进行突破性创新,以及如何构建金融科技 3.0 阶段的科技产品。

第二篇

金融智能理论

导　语

　　本书第二篇以金融智能的理论知识为主线,介绍了金融智能中的两个核心技术——金融大数据和人工智能。该篇由第2章到第6章组成。第2章介绍了金融大数据的基础知识、处理流程和管理方法;第3章介绍了金融大数据获取、存储与分析的相关知识,包括爬虫技术、分布式数据存储和数据预处理技术等;第4章介绍了机器学习中两类基础的建模方法——监督学习和无监督学习;第5章和第6章分别介绍了两种金融智能建模技术——推荐系统和知识图谱。

第 2 章　金融大数据概览

2

【开篇案例】

中国民生银行的数字化转型之路

在大数据、人工智能、区块链等新兴技术的驱动下,许多金融机构都在积极推进数字化改革。2018 年,在"民营企业的银行、科技金融的银行、综合服务的银行"战略的指导下,中国民生银行(以下简称民生银行)从科技视角制定了"技术+数据"双轮驱动的改革方案,全力打造以客户为中心的数字化智能银行,为广大客户提供科技+金融的综合生态服务。

民生银行数据体系演进经历了三个阶段:信息分散阶段、数据仓库阶段和大数据平台化阶段。受经营模式、组织架构、技术条件等诸多因素的影响,不同阶段在数据层面会有不同的应用模式。

首先是信息分散阶段。民生银行早期的经营模式和产品比较简单,这个阶段的数据应用主要体现为银行各个业务系统中的简单数据统计报表,零碎化特征明显,数据分散在不同的系统中。

其次是数据仓库阶段。随着经营模式的进一步细化,加上事业部混合经营的组织架构调整,民生银行产品系统逐步增多,形成了复杂的产品矩阵。在管理端,民生银行需要通过整合多个系统中的业务数据来实现对全局经营效果的跟踪以及对组织结构调整的决策支撑。该阶段在数据上表现为数据的集中建设,在技术上实现了核心业务产品系统数据的大集中,在应用上形成了具备体系化和平台化特质的数据统计报表、经营管理驾驶舱等能力平台。

最后是大数据平台化阶段。随着社会和技术的进一步发展,银行业经营模式同质化问题越来越严重,各家银行都在努力探索差异化的经营发展模式。以客户为中心、以数据为驱动成为各家银行的运营管理模式。集技术与开放理念于一体的数据中台新模式,承担起这个阶段的使命,走上了数据的舞台,为数据驱动业务奠定了基础。

民生银行的数据中台建设,在前台业务系统和后台数据系统之间构建了一条数据和能力的通道,将前台的业务团队、客户经理、财富顾问与后台的数据专家、算法专家、人工智能专家的工作衔接起来,形成了一条强有力的纽带,使业务团队专注于具体的产品逻辑与业务管理流程,数据专家专注于加速从数据到价值的服务产生过程,提高对业务的响应能力。这样一条纽带,为商业银行的数据体系注入了新的活力。

2.1 金融大数据概述

大数据是时代的特征,大数据和金融本不是两个密切相关的概念,但是随着移动互联网的广泛应用,以及大数据技术的不断发展,大数据被越来越多地应用于金融领域,金融大数据的概念应运而生。本节将从金融大数据的定义、特点,以及金融大数据带来的挑战三个方面进行阐述。

2.1.1 金融大数据的定义

金融大数据,是指运用大数据技术开展金融服务,即将大规模的结构化、半结构化、非结构化数据集成在一起,通过互联网、云计算和数据挖掘等信息处理方式进行实时分析,向客户提供全方位的信息,并通过分析和挖掘客户交易与客户消费习惯信息,预测客户行为,在传统金融服务的基础上进行资金融通,创新金融服务。

> **笔记**
>
> 金融智能与金融大数据的关系
>
> 如果将金融智能比作金融和计算机技术深度融合下的核心创新引擎,那么金融大数据则是其运行的动力来源。大部分金融智能技术都离不开金融大数据的支持,金融智能在某种程度上可以认为是对金融大数据的一种建模方式。

2.1.2 金融大数据的特点

金融大数据有数字化、开放性、高生产力和科学决策等特点。

1. 数字化

2014年,中国人民银行成立专门团队,开始对数字货币的发行框架、关键技术等问题进行专项研究。2022年1月,数字人民币移动应用程序(App)首次在应用市场公开上架,试点城市个人用户可下载、开通、使用,中国正在进入数字货币时代。从长远来看,数据化和网络化的深入发展将极大地改变金融业,大数据的应用将改变传统金融机构的资金中介职能,使其表现出虚拟化和电子化的交易特征。

2. 开放性

传统金融机构拥有两个基础职能,一是资金中介职能,二是信息中介职能。在大数据时代,金融机构将不再拥有社会经济信息中心的地位,企业不再仅通过金融机构提供的信息来获取信用。新兴技术,如移动互联网、大数据、云计算等改变了信息产生、传播、处理和运用的方式。以移动互联网与移动支付技术为基础的互联网金融降低了信息不对称程度,通过对信息流、数据流的引导实现了各类资源的有效配置,使得资金供需双方可以直接通过网络获取信息并参与交易,改变了传统的生产关系。

3. 高生产力

在未来的经济活动中,大数据将与物资资本、人力资本一起,成为生产过程中的一个重要生产要素。它可以改变现实的生产方式,并创造出巨大的经济价值。随着大数据的广泛应用,开放的、数字化的金融机构可以实现更高的生产力,这主要体现在降低经营成本、提高营销的精准度、提高风险控制能力、促进业务产品创新等方面。

4. 科学决策

传统金融机构的决策模式依赖样本数据分析和高层管理经验,而大数据时代的全量数据分析使得分析结果更具客观性,金融机构的决策过程将以数据为核心。金融机构可以通过大数据分析,深度挖掘数据价值,以更好地了解客户的行为特征和客户群体的网络行为模式,优化运营流程,并进行业务创新。

2.1.3　金融大数据带来的机遇和挑战

随着大数据时代的到来,金融业数据量呈几何级数增长,在给金融业带来机遇的同时也给金融业带来了很多挑战。

大数据技术给金融业发展带来的机遇包括两个方面。一方面,大数据带来了更精细化的经营管理能力。在大数据时代,金融机构将掀起精细化管理革命,从传统的“经验分析”时代进入“数据分析”时代。传统金融机构仅凭经验来进行营销和客户管理,已无法满足时代发展的需要。借助于大数据分析,金融机构可以通过对多种形式的客户数据进行挖掘、追踪、分析,获取客户的消费习惯、风险偏好等相关信息,将最合适的产品和服务推荐给最适合的客户,将传统的被动营销转变为主动营销和个性化营销。大数据不仅可以提升金融机构的营销水平,增强客户对金融机构服务的认可度,还有助于降低金融风险。传统金融机构通过客户提供的财务报表等获取信息,继而开展业务;而在大数据的背景下,金融机构可以获取客户的相关信息,形成精准的客户画像,从而更好地开展营销。

大数据时代在为金融业发展带来机遇的同时,也使金融业面临前所未有的挑战。首先,对传统金融机构产生了很大的冲击。国家对金融业的准入门槛放宽,越来越多的新兴金融机构进入金融业,使得金融业的竞争日趋激烈。传统金融机构要想在大数据时代下保持市场占有率,就需要进行变革。其次,数据利用问题。在大数据时代,数据已经成为核心资源,金融机构出于保护商业机密或者节约数据整理成本等的考虑不愿意共享自身的数据,而政府部门也缺乏公开数据的动力。数据孤岛现象的存在,导致大数据信用评分模型采用的数据缺乏公信力和可比性。最后,数据安全和隐私问题。一方面来源复杂多样的数据加大了客户隐私泄露的风险,另一方面大数据技术的应用,增加了客户隐私泄露的隐蔽性。

2.2 金融大数据的处理流程

金融大数据的处理流程是指在合适工具的辅助下,对广泛异构的数据源进行抽取和集成,并将结果按照一定的标准统一存储,然后利用合适的数据分析技术对存储的数据进行分析,从中提取有益的知识并以恰当的方式将结果展现给终端用户。

2.2.1 数据获取与存储

数据获取与存储是金融大数据管理的首要步骤,其主要任务是从多种数据源中获取数据并对其中的有效数据进行存储。大数据的重要特点是多样性和异构性。这就意味着其数据来源十分广泛,数据类型极为繁杂,这种复杂的数据环境给大数据处理带来了极大的挑战。要想处理金融大数据,就要先从相关数据源的数据中抽取出关系和实体,并在关联和聚合之后采用统一定义的结构来存储它们。

2.2.2 数据分析

数据分析是金融大数据处理流程中的一个核心环节,这是因为大数据的价值产生于分析过程。从异构数据源抽取和集成的数据构成了数据分析的原始数据,根据不同的应用需求可以从这些数据中选择全部或者部分数据进行分析。随着人工智能技术的不断发展,数据分析已经不再只是简单的统计分析,而更多地服务于数据建模,以数据预处理与特征工程的形式存在,保证数据质量及可信性。

2.2.3 数据建模

数据建模亦是金融大数据处理流程的核心环节。数据建模是指建立模型,然后用模型来总结数据规律,并将总结出来的规律服务于人或社会。数据建模的方法多种多样,如机器学习领域常见的监督学习和无监督学习。数据建模可以为各个业务环节、业务场景中对应的人或者机器提供增值数据服务。

2.2.4　数据应用

数据应用是指将对原始数据进行各种计算所产生的结果通过各种途径输送到业务场景中,为业务人员所使用。数据应用的形式多种多样,传统的数据报表、分析主题属于数据应用,各种数据服务应用程序接口(API)也属于数据应用。凡是为各个业务环节、业务场景中对应的人或者机器提供增值数据服务的过程都可以称为数据应用。

2.3　金融大数据管理

在大数据时代,数据的量级相比之前有了较大提升,对数据进行管理以满足金融活动的需求尤为关键。

2.3.1　数据中台概述

1. 数据中台的定义

数据中台是指将数据能力的共性抽象出来,形成通用的数据服务能力。例如,数据中台通过将原始业务数据化、数据资产化、资产服务化,能够迅速形成数据服务能力,这种数据服务能力可用于金融科技平台的相关推荐,还可用于金融领域的信用评级等。同一种数据服务能力,在不同应用层面的展现形式可能不一样,但是其底层的数据体系是一致的。数据中台将极大地提升数据开发效率,降低数据开发成本,同时也让整个数据应用场景更加智能化。

数据是在业务系统中产生的,而业务系统也需要数据分析的结果,那么是否可以将数据存储与计算能力从业务系统中分离出来,使用一个专用的数据处理平台来提供数据存储和计算能力?这样既可以简化业务系统的复杂性,也可以让各个业务系统使用更合适的技术专注做本身擅长的事。这个专用的数据处理平台即数据中台,是一个用技术连接大数据存储与计算、用业务连接数据与应用场景的平台。

2. 数据中台的主要内容

"连接能力"是数据中台的核心。作为一个处在中间层的平台,"连接"是其根本任务:

- 在业务层面,需要尽可能地将各种数据源连接起来作为生产数据的资料;

- 由于数据生产场景越来越多,线上线下渠道覆盖面广,只有将各类数据连接起来,才能形成全域的数据;
- 只有在数据中台这个平台上按照标准的模型对数据进行规范化加工,才能使用其为多种应用场景提供服务;
- 需要数据中台提供标准的数据接口将数据与应用场景连接起来。

因此,连接是数据中台的根本能力,也是数据中台的价值所在。

数据中台通过数据技术,按照统一的标准和口径对海量数据进行采集、计算、存储、加工。它和企业业务具有较强的关联性,是企业独有的且能复用的,如企业自建的基础模型、融合模型、数据标签。数据中台是企业业务和数据的沉淀,其不仅能减少重复建设,降低烟囱式协作的成本,也是差异化竞争优势所在。

业务系统的复杂性导致数据源形式的多样性,因此数据中台既要能满足传统结构化数据的处理需求,又要能满足日志、音频、视频等半结构化、非结构化数据的处理需求,以及海量数据的存储需求等。

数据中台首先应该是一座"业务矿山",可以汇聚来自不同业务系统,具有不同数据结构、数据格式的数据;其次,还需要对"业务矿山"中的"业务矿产"进行统一化处理,即统一采集、建模与安全管理,通过加工和提纯,形成企业的数据资产;最后,需要对数据资产进行服务化,即业务数据化、数据业务化,再产生新的"业务矿山"。

数据中台可以分为三层——数据模型、数据服务与数据开发。数据模型可以通过数据的分层与水平解耦,实现跨域数据整合和知识沉淀。数据服务可以通过数据的封装和开放,快速、灵活地满足上层应用的要求。数据开发则可以满足数据和应用的个性化需要。

3. 数据中台所解决的问题

数据中台的出现,就是为了弥补数据开发和业务系统开发之间,由于开发速度与数据需求速度不匹配而出现的响应速度跟不上的问题。数据中台所解决的问题可以总结为三个,如图2.1所示。

(1) 效率问题

为什么在业务系统中增加一个报表,业务系统的开发周期就要增加十几天? 为什么不能实时获得用户推荐清单?当业务人员发现数据质量出现问题时,需要花费很长的时间定位问题,最终影响业务系统的上线时间。而如果产生的问题是由数据源的数据发生变化引起的,

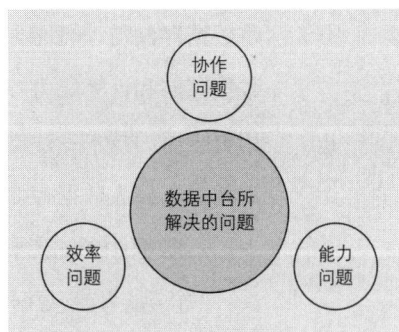

图2.1 数据中台所解决的问题

则排查问题需要花费更长的时间,效率得不到有效的保障。

(2) 协作问题

开发业务系统时往往需要由企业自己来解决数据开发问题,以确保能满足用户的需求。

(3) 能力问题

数据的分析、处理和维护是相对独立的技术,需要由专业的人员来完成,但是在很多时候系统开发人员比较多,而数据开发人员却相对短缺。

4. 数据中台应具备的能力

综合而言,数据中台应该具备以下几项能力。

(1) 数据整合能力

企业在业务平台上从事各种商业活动时,会产生海量数据。数据获取作为数据中台体系中的第一个环节,尤为重要,因此需要有一套标准的数据采集方案,以全面、高效、规范地完成海量数据的获取,并将其传输到大数据平台上。从数据来源来看,数据中台需要支持日志采集、文件采集、业务数据库的增量及全量数据同步等。

(2) 数据计算能力

只有对数据进行整合和计算,才能将其用于洞察商业规律,挖掘潜在信息,从而实现大数据价值,达到赋能商业和创造价值的目的。从各类数据源获取的大量原始数据,将进入数据中台被进一步计算与整合。对于数据计算来说,数据中台需要提供离线计算与实时计算的能力,并提供支撑个性化推荐、智能补货、销量预测、精准营销等数据应用的算法模型。此外,还需要提供可以进行数据整合及管理的体系。

(3) 数据服务能力

数据中台按照应用要求对服务进行封装,就构成了数据服务。与一般的功能封装相比,因为数据受市场因素的影响大,变化快,因此数据服务封装的难度更大。

2.3.2　数据中台与数据仓库

数据仓库是一个面向主题的、集成的、非易失性的、随时间变化的用来支持管理人员决策的数据集合,数据仓库的表现形式主要是报表和数据图形。数据仓库可以持续不断地帮助高层决策者和业务人员进行业务分析和管理决策。

数据中台则将数据服务化,然后将数据提供给业务系统,其目标是将数据能力渗透到各个业务环节,它并不局限于分析和决策类场景。数据中台持续不断地对数据进行资产化、价值化并将其应用于各个业务环节,同时还关注数据价值的运营。

数据中台包含数据仓库的完整内容。数据中台可以实现企业数据仓库的建设目标并使其价值最大化,以加快数据赋能业务的速度,为业务提供更便捷、更多样的数据服务。

数据中台可以将已建好的数据仓库当成数据源,对接已有的数据建设成果,以避免重复建设。当然也可以基于数据中台提供的能力,通过汇聚、加工、管理各类数据源,构建全新的离线或实时数据仓库。

数据中台与数据仓库的主要区别如图 2.2 所示。

	计算和存储	技术架构	应用场景	价值体现
数据仓库	基于联机分析处理类型的数据库,后续发展为MPP、Hadoop、GreenPlum混合架构	以传统的抽取、转换、装载开发和报表开发为主	报表	辅助管理层和业务人员进行数据决策
数据中台	使用Hadoop、MPP、RDS、Flink等混合架构,按需搭配,可以满足各类数据计算的需求	数据仓库建设、数据集成开发环境、任务调度、数据同步服务、数据治理、统一数据服务、资产管理、实时流数据计算平台等多个组件	多元化场景:除了传统报表外,还支持商品推荐、广告精准展示、客户满意度评价等不确定性应用场景	除了辅助传统的业务人员进行数据决策外,还能实现业务系统的优化与升级、数据变现等

图 2.2 数据中台与数据仓库的主要区别

首先,表现在计算和存储上。传统的数据仓库基于联机分析处理(OLAP)类型的数据库,后续发展为 MPP(大规模并行处理)、Hadoop、GreenPlum 混合架构。数据中台自诞生起,就使用 Hadoop、MPP、RDS(关系数据库服务)、Flink 等混合架构,按需搭配,可以满足各类数据计算的需求。

其次,表现在体系架构上。数据中台是由多个组件构成的,其方案由多个分布式服务系统提供,可以满足不同的业务需求,以及高并发和系统自动扩容的需求。除了大数据存储和计算平台外,数据中台还包含数据仓库建设、数据集成开发环境、任务调度、数据同步服务、数据治理、统一数据服务、资产管理、实时流数据计算平台等多个组件,以及与开发平台、敏捷商务智能(BI)报表开发等相关的组件,这些组件组成了一整套方案。这些是以传统的抽取、转换、装载(ETL)开发和报表开发为主的数据仓库所达不到的。

最后,表现在应用场景和价值体现上。数据中台的应用场景比传统数据仓库的应用场景广泛得多。传统的数据仓库只是为了满足管理层和业务人员进行数据决策的需要,因此主要表现为报表输出;满足新需求的应用的开发周期按月甚至按年计。而数据中台由于发源于互联网企业,因此除了辅助传统的业务人员进行数据决策外,还能实现业务系统的优化与升级、数据变现等;其业务需求也更加多样,涉及商品推荐、广告精准展示、客户满意度评价等诸多不确定性的应用场景,很难用传统报表来满足,因此必须使用随需应变的数据服务来快速满足不断变化的业务需求。

2.3.3　数据中台架构

数据中台的目标是让数据持续使用起来,通过数据中台提供的工具、方法和运行机制,把数据变为一种服务能力,让数据更方便地被业务所使用。图2.3所示的为数据中台的总体架构图,数据中台是位于底层的计算和存储平台与上层的数据应用之间的一整套方案。数据中台屏蔽了底层计算和存储平台的技术复杂性,降低了对技术人才的需求,让数据的使用成本更低。数据中台通过数据汇聚、数据开发、数据体系建立企业数据资产,通过数据资产管理与数据服务体系把数据资产变为数据服务能力,为企业业务提供服务,如身份认证、决策支持和创新应用等。数据运营体系和数据安全管理可以保障数据中台长期健康、持续地运转。

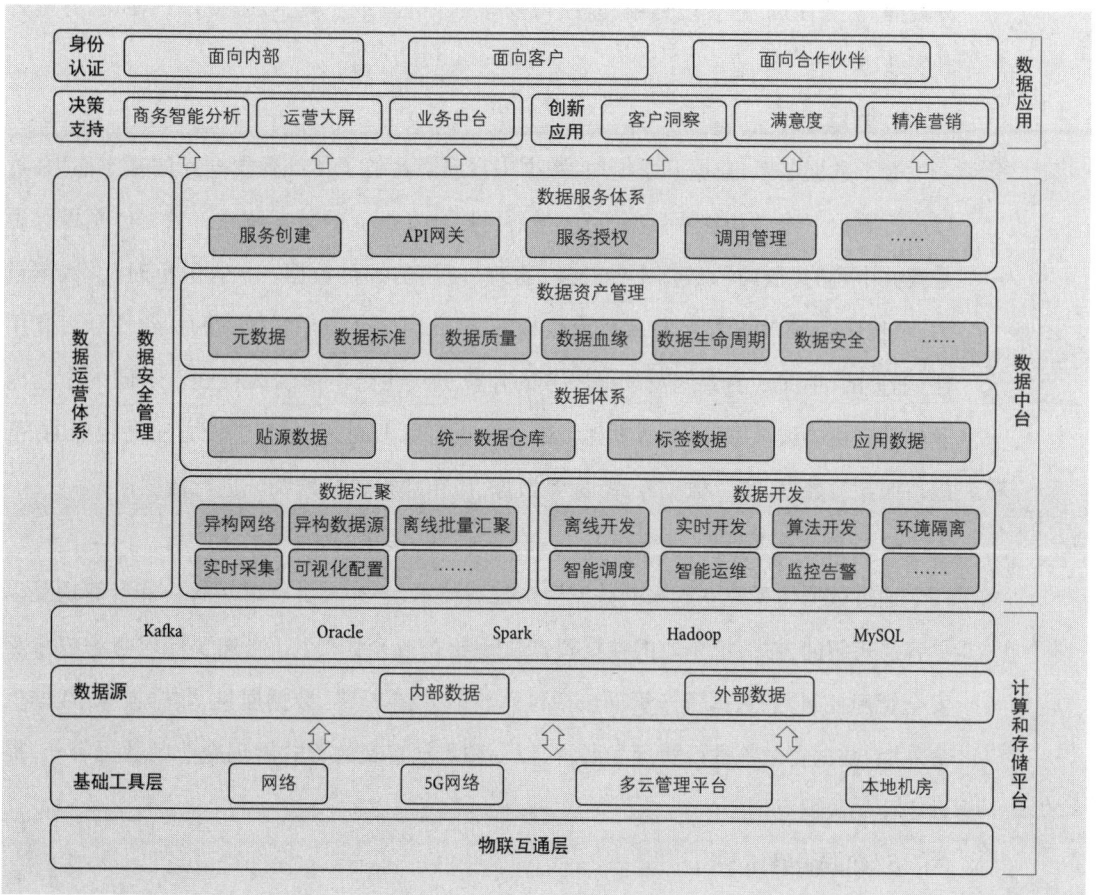

图2.3　数据中台的总体架构图

1. 数据汇聚

数据汇聚是数据中台数据接入的入口。数据中台本身几乎不产生数据,所有数据都来自业务系统、日志、文件、网络等,这些数据分散在不同的网络环境和存储平台中,难以利用,很难产生业务价值。数据汇聚是数据中台必须提供的核心工具,它把来自各种异构网络、异构数据源的数据方便地采集到数据中台中进行集中存储和可视化配置,为后续的建模做准备。数据汇聚的方式一般有数据库同步、埋点、网络爬虫、消息队列等;从汇聚的时效性来分,可以将其分为离线批量汇聚和实时采集。

2. 数据开发

通过数据汇聚模块汇聚到数据中台的数据没有经过处理,基本上是按照数据的原始状态堆砌在一起的,在实际业务中很难直接使用这些数据。数据开发模块是一整套数据加工工具以及对数据加工过程进行管理控制的工具,数据开发和建模人员利用数据开发模块提供的功能,就可以快速把数据加工成对业务有价值的形式,提供给业务使用。数据开发模块主要为数据开发和建模人员提供离线、实时、算法开发工具,以及环境隔离、智能调度、智能运维、监控告警等一系列集成工具,以方便用户使用,并提升开发效率。

3. 数据体系

有了数据汇聚、数据开发模块,数据中台已经具备了传统数据仓库的基本能力,可以进行数据汇聚以及各种数据开发,进而可以建立企业的数据体系。数据体系可以说是数据中台的"血肉",数据中台开发、管理、使用的都是数据。在大数据时代,数据量大,增长快,业务对数据的依赖程度也越来越高,因此必须考虑数据的一致性和可复用性,垂直的、烟囱式的数据及数据服务的建设方式注定不能长久存在。不同的企业因业务不同而导致数据不同,数据建设的内容也有所不同,但是其建设方法是相似的,可以按照贴源数据、统一数据仓库、标签数据、应用数据的标准统一进行数据建设。

4. 数据资产管理

通过数据体系建立起来的数据资产偏重技术,业务人员难以理解。资产管理是以更容易理解的方式,把企业的数据资产展现给企业全体员工(当然要同时考虑权限和安全管理控制)。数据资产管理包括对元数据、数据标准、数据质量、数据血缘、数据生命周期、数据安全等进行管理和展示,以一种更加直观的方式展现企业的数据资产,提升企业的数据意识。

5. 数据服务体系

前面利用数据汇聚、数据开发模块建设企业的数据资产,利用数据资产管理模块展现企业的数据资产,但是并没有发挥数据的价值。数据服务体系则可以把数据变为一种服务能力,通过数据服务让数据参与到业务中来,激活整个数据中台。可以说,数据服务体系是数据中台存在的价值所在。企业的数据服务是千变万化的,数据中台可以自带一些标准服务,但是很难满足企业的服务诉求,大部分服务还是需要利用数据中台提供的能力进行快速定制。数据中台的数据服务体系模块并没有自带很多服务，而是提供快速的服务生成能力以及服务创建、API 网关、服务授权、调用管理等功能。

6. 数据运营体系和数据安全管理

数据汇聚、数据开发、数据体系、数据资产管理、数据服务体系模块构成了数据中台的基本架构，使数据在业务中发挥一定的价值。数据运营体系和数据安全管理是数据中台得以健康、持续运转的基础，如果没有它们，数据中台很可能会像一般项目那样，在搭建起平台、建设部分数据、尝试若干个应用场景之后止步，无法持续运营，不能持续发挥数据的应用价值，这样也就完全达不到建设数据中台的目标。

2.3.4　数据中台的建设

数据中台的作用是引领业务，构建规范定义的、全域可连接萃取的、智慧的数据处理平台，其建设目标是高效满足前台数据分析和应用的需求。数据中台涵盖了数据资产、数据治理、数据模型、垂直数据中心、全域数据中心、萃取数据中心、数据服务等多个层次的体系化建设。

数据中台建设五步法是一套从多个数据中台项目建设实践中总结出来的方法。在数据中台项目建设中，可以根据项目的具体情况对其中的一个或者几个方面进行重点突破和攻关。数据中台建设五步法只是企业整体数据化建设的开始，企业通过这五个标准的步骤，可以全面启动企业的数据建设，并且让这个过程持续进行，最终实现当前技术和方法所能支撑的企业数据化。

1. 数据资源的盘点与规划

数据化的基础是信息化或者信息化所产生的数据。信息化所产生的数据本身就有数据化的含义，同时它们又会进入数据化框架体系，通过计算产出更多的数据和更大的价值。因此，对企业数据资源进行盘点与规划是数据化建设的前提和基础。完整、准确的数据资源是企业后续数据化建设的有力保障。

数据资源的盘点与规划需要达到一定的目的：

- 对现有的数据资源进行盘点和统计；
- 对企业可以拥有或者应该拥有的数据资源进行规划；
- 构建数据资源盘点体系并使用必要的工具，保证盘点的成果能够始终与真实情况相符。

2. 数据应用的规划与设计

企业要基于现有的技术条件和方案，进行相对完整的数据应用规划与设计。这个步骤可以回答如下问题：企业有哪些数据需求？企业应该构建哪些数据应用？企业应该按照什么顺序实现这些数据应用？为此,要从业务线、业务层级,乃至最细粒度的岗位开始梳理数据需求,并围绕数据需求进行数据应用的整体规划与设计,同时针对数据应用建立评估模型。评估可以从数据应用能否实现、数据应用的业务价值、数据应用的实现成本这三个维度来进行。根据评估结果,企业可以确定数据应用的实现路径。

3. 数据资产的建设

数据资产是企业数据化建设的关键基础。所有的数据化建设都以数据资产为基础,并且围绕这个基础展开。数据资产将是企业在全面进行数据化建设前期投入最多、见效最慢的基础模块。数据资产的建设要依托数据中台的核心产品完成。关于数据中台的种种探讨和争议都是因为数据资产这个基础模块庞大、复杂和投入多。

4. 数据应用的详细设计与实现

不管是使用瀑布模型还是使用敏捷模型,数据应用的详细设计与实现大体上都可以遵循传统信息化应用设计的过程和理念。数据应用一般在数据库或者数据仓库中完成数据开发。数据应用的内容可以通过商务智能分析工具,如可视化大屏展现。数据应用还可以通过应用程序接口提供数据服务,让外部应用按需调用。数据应用的详细设计与传统信息化应用的设计有以下不同之处。

(1) 数据应用关注数据源的内容和质量

在数据应用实施前应该充分了解企业当前的数据源情况,包括数据种类、数据属性、数据质量等问题。大部分实施失败的数据应用,都是由于数据源存在问题而引起的,如数据缺失或者数据质量问题。

(2) 复杂的数据开发需要不断优化和迭代

随着机器学习、深度学习等算法的引入,数据建模的方法越来越丰富。但是在通常情况下,业务价值的最终产生是一个复杂的过程,不仅需要数据的支撑,还需要管理的配合。

(3) 数据应用的结果验证工作量占比高

验证数据应用的结果或者评估数据应用的效果,是一项费时、费力的工作。即使是相对简单的指标计算,人们也常常需要花费大量的时间对其进行正确性验证。在很多算法类项目中,开发人员都需要提前构建结果验证模型,并在获得甲方企业认可的情况下进行数据开发。

(4) 数据应用的运维难度大

因为数据的各种异常情况往往是不可知或者意想不到的,所以数据运维需要有强有力的保障,以保证任务的持续开展。

(5) 数据应用的成果需要运营

数据应用的开发只是数据发挥价值的第一步,如何让业务部门理解模型、用好数据才是关键。尤其是在刚刚引入新的数据,其尚未显现业务价值时,企业更需要对数据进行深入运营。

5. 数据化组织规划

数据化是企业在未来一个时期内要进行的具有战略高度的事情,它需要由一个具有同等战略高度的组织负责推进,无论是传统的信息技术(IT)部门转型还是企业战略部门或者类似部门都是很好的选择。组织是保障数据中台顺利落地的关键,也是推动企业数据化进程的一个重要抓手。

本章小结

本章首先从金融大数据的定义出发,阐述了金融大数据的主要特点,并从机遇和挑战两个方面分析了大数据给金融业带来的影响。 其次,简述了金融大数据的处理流程,包括数据获取与存储、数据分析、数据建模和数据应用。 最后,围绕数据中台介绍了金融大数据管理,包括数据中台的有关概念,以及如何建设数据中台。

习题

1. 大数据在金融业有哪些应用? 撰写一个金融大数据的实践案例。
2. 结合一个具体的金融大数据实践案例,简述金融大数据处理流程。
3. 对金融大数据的相关监管政策进行梳理,分析金融大数据的监管要点。

第3章 金融大数据管理

3

【开篇案例】

基于大数据的评分卡体系

使用统计手段进行信用风险控制起源于 20 世纪的银行与信用卡中心。最早是由专家主观评判用户的信用等级。随着数据分析工具的发展和量化手段的进步,银行等金融机构开始使用统计模型将专家的评判标准量化为评分卡,并基于此进行客户的信用评分。

评分卡常用于银行针对旗下某信用卡产品进行客户信用评分的场景,可以使用的数据包括客户的基本信息和历史行为数据,评分卡的输出一般为对应客户的违约概率。具体来说,客户的基本信息包括性别、地址等静态数据,历史行为数据包括客户过去在该银行发生的消费行为,以及所对应的时间和金额等。一个好的评分卡能够帮助银行及时拒绝潜在不良客户的业务申请,从而减少投资损失。为了完成这一任务,银行风控分析师首先需要从行内各业务部门获取客户的相关数据,并对这些数据进行对齐等处理,以形成数据挖掘的原始数据;其次,需要对客户数据进行预处理,如对性别数据进行编码等,并在完成预处理之后,根据原始数据各字段的现实意义,引入专家经验,进行特征工程;再次,分别计算由以上特征工程衍生出的特征的证据权重(weight of evidence,WOE)和信息价值(information value,IV),并根据 WOE 和 IV 的值选取对应的特征加入评分卡;最后,拟合得到评分卡的参数,并将该评分卡应用于未来的客户信用评分。此外,还可以根据业务的需要,对评分卡的特征做进一步选择,以提高其效率和精度。

通过第 2 章的介绍可以知道,金融大数据管理的处理流程包括数据获取、数据存储、数据分析、数据建模等,本章将重点介绍数据获取、存储与分析的相关内容。

3.1　数据资源与数据质量

随着社会数据化的全面推进,很多企业利用自己所掌握的数据资源为社会提供数据服务,甚至最终转型为数据化企业。企业依托自身掌握的数据资源为社会提供数据服务是数据业务化的一种体现。数据资源是企业数据化建设的基石。掌握企业数据资源的全貌,是企业全面进行数据化建设的必要步骤。数据资源盘点工作的目的是了解数据资源的现状。数据资源规划工作的目的是让企业知道还有哪些数据是可以使用的。同时,数据质量问题是当前企业数据化建设中迫切需要解决的问题。这个问题相对复杂,它并不仅仅是技术问题,往往需要运用综合的方法解决,而且大部分解决方法都需要管理、组织和流程的支撑。

3.1.1　数据资源的分类

在企业中,数据资源分散在众多地方,我们可以通过对这些数据资源进行分类来认知和寻找它们。同时,数据资源的分类也可以是多角度的。但无论是从哪种角度来对数据资源进行分类,都不仅不妨碍人们对数据资源的认知,反而有益于人们更深入地对数据资源进行认知。

1. 按照数据格式划分

(1) 结构化数据

典型的结构化数据为数据库中的表数据,这种数据有清晰的模型定义和数据属性定义。

(2) 半结构化数据

半结构化数据有相对明确的含义,但是其结构并不严谨,格式也比较宽泛。大多数半结构化数据的格式为 XML(可扩展标记语言)、JSON(JavaScript 对象表示)格式。半结构化数据多用于日志记录、多类型信息传递等。

(3) 非结构化数据

非结构化数据没有明确的数据格式,或者数据结构不规则或不完整,不方便使用关系数据库的二维表来表现。非结构化数据有文本、图片、HTML(超文本标记语言)、报表、图像和音频/视频信息等格式。

2. 按照存储形式划分

(1) 存储在数据库中的数据

例如,存储在 Oracle、SQL Server、MySQL 等数据库中的数据。

(2) 存储在文件中的数据

半结构化数据通常存储在一个文件中,如果数据量大,就存储在一个文件夹中。对于非结构化数据来说,通常一条数据存储在一个文件中,所有数据一般也存储在一个统一的文件夹中。

(3) 流式数据

流式数据是指用于传递信息的数据流,它由于数据量大或者无存储意义,因此在传递信息之后就会结束生命周期。

(4) 数据服务中心的数据

这类数据以 HTTP(超文本传送协议)、SOAP(简单对象访问协议)、REST(描述性状态迁移)协议等网络协议的形式提供数据服务,其有明确的请求格式和相应的内容。

3. 按照数据描述内容划分

(1) 实体数据

实体数据是指描述一个客观的实体和与实体相关的属性的数据。在数据库中,实体数据是枚举数据、参照数据。在数据仓库中,实体数据是维度数据。

(2) 交易数据

交易数据是指描述一个行为,并且是相对重要的一个行为的数据,一般涉及财权、物权和责任的转移。交易数据记录的内容要严谨。

(3) 行为数据

行为数据是指描述实体的一个行为的数据。

(4) 统计结果数据

统计结果数据是指在上述数据的基础上计算出来的统计数据。

4. 按照数据归属地划分

(1) 内部数据

内部数据是指企业内部的数据。

(2) 外部数据

外部数据是指企业外部的数据。

5. 按照业务主题划分

业务主题一般按照企业业务的核心实体和业务过程进行划分,并没有统一的标准。在构建业务主题的过程中,也会按照业务主题对数据进行分类。

3.1.2　数据质量的常见问题

数据中台是实现企业数据化的最优选择之一。通常可以将数据中台理解成一台数据机器,如果不断为它提供数据,它就会源源不断地产出数据,这些数据会被用于企业的各条业务线和各个岗位,产生不同的业务价值。同时,数据中台需要数据质量体系的支撑,以在整个数据供应链中保障数据质量。下面从几个维度对数据质量问题进行描述。

1. 准确性

准确性(accuracy)是指数据与客观实际要相符,即数据在数值或者分布上要符合处理之前的情况,宁可数据项为空,也尽量不提供错误或者失真的数据。在数据获取过程中,经常会遇到如下问题。

① 定义不准确,不同的情况定义不同。例如,关于客户的定义,有的定义包含潜在客户,有的定义仅包含会员。

② 不同的数据模型,对数据属性的理解不一致。例如,关于门店面积的定义,有的定义是门店的实际面积,有的定义是门店的经营面积。

③ 数据内容不准确,可随意填写。例如,在填写客户信息时,对客户姓名、年龄、住址等内容随意填写。

这些都会造成数据不准确、存在脏数据、数据与客观实际不符、数据噪声大等问题,所以需要对数据进行统一定义,使得数据的计算口径、取数口径相一致,从而减少误差。

2. 合理性

合理性(rationality)是指数据要符合数据模型的定义和描述,且不违背常理。数据要避免出现以下几个问题。

① 数据管理不符合规范,存在多人管理或者无人管理的问题。例如,销售部门和客户服务中心都可以管理客户信息,从而造成重复维护。

② 数据使用不符合规范,存在泄露的风险。例如,所有的客户名单数据都存储在FTP(文件传送协议)服务器中,容易泄露客户资料。

③ 数据共享不符合规范,使得数据在共享过程中存在泄露风险。例如,直接在网络上传输客户信息,使得客户信息容易被他人获取。

3. 一致性

一致性(consistency)是指如果同一个数据存储在多处,那么存储在各处的数据需要保持一致。除此之外,相关联的数据也需要保持一致。下面是几种较为常见的情况。

① 数据存在多个版本,不同版本数据的内容不一致,数据的属性定义不一致。例如,企业员工账户信息在企业的每个应用系统中都有不同的定义,内容也不一致。

② 数据内容前后不一致,甚至有冲突。例如,客户数据有性别信息的内容,但是其内容和相应客户身份证中的性别信息有冲突。

③ 数据内容与数据模型的定义不一致。例如,用于记录产品规格信息的表格,记录了“门店装修返款”的信息。

4. 非冗余性

非冗余性(non-redundancy)是指在同一个存储区域内,应该避免同样的一条记录重复出现。数据要尽量避免以下几个问题。

① 在同一个集合内,数据被重复记录。

② 在同一次交易中,数据被重复记录。

③ 由于存在技术问题,数据被大量地重复记录。

5. 及时性

及时性(timeliness)是指数据应该能够反映实体的当前状况,所以需要及时对当前的数据进行维护。在维护数据的过程中,应该避免出现以下几种情况。

① 数据被多方维护,导致数据内容不能反映当前的情况。例如,员工数据中的部门属性,由于员工调动而导致内容与现状不符。

② 数据维护不及时,导致当前内容与真实情况不符。

③ 由于数据化原因而导致数据无法获得,或者数据结果获取缓慢,无法满足企业的业务需求。

④ 事后补录数据,导致数据维护未能反映当时的情况。例如,在房地产行业中,房屋销售数据经常是在事后被一次性补录的,或者根据业务需要自行确定录入时间。

6. 完备性

完备性(completeness)是指数据要完备,要没有数量上的缺失和关键内容的缺失。例如,缺少数据全局视图;或者由于技术问题而导致大量客户行为数据缺失,如埋点服务器宕机导致数据不全。

7. 可信性

可信性(believability)是指数据需要来自可信数据源,对数据本身也要进行可信性验证。

8. 可解释性

可解释性(interpretability)是指数据的含义和表示的内容是否易于理解、易于解释。

3.2 数据获取

数据获取是金融大数据管理的首要步骤,本节首先介绍常见的数据获取方式,其次介绍爬虫知识,最后给出一些常见爬虫基本库的使用方式。

3.2.1 数据获取的方式

数据获取的方式有多种,可以从公开数据集、开放数据平台接口以及网页数据等来源获取数据。

公开数据集通常是指由专业机构或者专业人士收集和整理的数据集,任何个体和机构均可免费下载使用,某些数据集还有一定的使用规范。开放数据平台接口是指某些金融数据机构通过客户端(如 Wind)或者应用程序接口(如 Tushare)的方式提供数据,数据通常由金融数据机构进行整理、更新和维护,其数据质量较高,而且往往提供一些额外的定制化数据处理服务。网页数据是指可以通过互联网检索到的数据,这类数据最广泛。

由于网页数据是主要的数据,而网页数据的获取在很大程度上依赖爬虫的爬取,所以爬虫技术作为一种数据获取手段被越来越广泛地应用。

网络爬虫(web crawler),也称为网络蜘蛛(spider),是一种用来自动浏览万维网的网络机器人。网络搜索引擎等通过爬虫软件更新自身的网站内容或关于其他网站的索引。网络爬虫可以将自己所访问的网页保存下来,以便搜索引擎事后生成索引供用户搜索。这也是爬虫最广泛的用途。现在,随着计算机技术的发展,以及 Python 相关工具的成熟,通过爬虫爬取数据的门槛大大降低。为了获取互联网的公开数据,企业和个人也开始维护自己的爬虫,以作为数据源。

3.2.2 爬虫的基本原理

如果把整个互联网比作一张大网,那么网页是这张大网上的结点,而爬虫就是这张大网上的"蜘蛛",它来到某个结点时就会获取这个网页的信息。我们可以把结点之间的连线比作网页与网页之间的跳转,这样这只"蜘蛛"通过一个结点之后,便可以沿着结点之间的连线进入下一个结点,循环往复直至获取全部数据。

网络中充斥着各种各样的数据,最常见的就是常规网页数据,它们对应着 HTML 代码。另外,有的网页数据返回的可能并不是 HTML 代码,而是 JSON 字符串,这时使用爬虫解析数据便更加方便。

此外,用户在网上浏览时还可以看到图片、音频和视频等数据。这些数据基于 HTTP 协议或 HTTPS(超文本传输安全协议),都有各自的统一资源定位符(URL),也可以通过爬虫来抓取。

3.2.3　爬虫的基本流程

简单来讲,爬虫就是获取网页数据并抽取和保存相应信息的自动化程序。自动化程序,意味着爬虫可以代替人来进行这些操作。虽然也可以通过人工方式来获取网页数据,但是当数据量庞大时,仅靠人工就难以完成,而爬虫则可以按照特定的规则持续、高效地运行。

爬虫的基本流程包括以下几个步骤。

1. 解析网页

爬虫工作的第一步就是获取网页,即获取网页的源代码。源代码包含网页的部分有用信息。

> **笔记**
>
> 这里介绍网页的基本知识。
>
> 网页分为静态网页和动态网页。
>
> 静态网页是基于 HTML 代码编写的,图片、音频和视频等数据都是通过编写好的标签引入的。这种网页加载速度快,编写简单,也方便爬虫解析(只需要根据 HTML 格式把相应字段的数据取出即可)。但是,这种网页的可维护性比较差,内容变更相对困难,不适用于从大型网站获取数据。不过,纯静态网页在现实场景中是很少见的,网页或多或少都会带有一些包含 JavaScript 代码的模块。
>
> 动态网页与静态网页相反,它可以动态解析请求参数的变化,通过 JavaScript 代码动态呈现内容,具有灵活多变的特点。这也体现了大型网站前后端分离的思想。在这种网页中,HTML 文件通常只是一个空壳,浏览器解析之后若发现其中的 JavaScript 代码,就会加载它们,JavaScript 代码也就会执行,进而改变 HTML 文件的结点,向其中添加内容,最终渲染出特定的页面。用户登录和注册的功能也是基于动态网页实现的。

2. 抽取数据

在获取网页源代码后,就要分析网页源代码,从中抽取用户想要的数据。最简单的抽取数据的方法就是正则表达式抽取,但是针对复杂网页,构造正则表达式比较烦琐,而且容易出错。因为网页本身是有一定结构的,而且是基于 HTML 编写的,因此可以根据 HTML 格式对网页进行解析。抽取数据是爬虫获取数据的非常重要的一步,它可以使杂乱的数据变得条理清晰,以便用户进行后续处理和分析。

3. 数据存储

抽取数据之后,用户一般会将抽取到的数据存储到某个地方以便将来使用。数据存储有很多形式,如将数据简单地保存为文本文件或 JSON 文件,也可以将数据存储到专用的数据库,如 MySQL 和 MongoDB 之中,还可以将数据通过 SFTP(安全文件传送协议)等方式存储到远程服务器中。

3.2.4 常见的爬虫基本库

学习爬虫的首要目标就是模拟浏览器向服务器发送请求。本节以 Python 为主介绍常见爬虫基本库的使用方式。需要说明的是,由于 Python 2 已经不再更新,如果不做特殊说明,本书使用的均是 Python 3。

1. urllib 库

urllib 库是 Python 内置的 HTTP 请求库,使用它可以方便地构造 HTTP 请求消息而不用深入底层传输协议。它主要包括以下 4 个模块。

- request:基本请求模块,可以用来模拟发送请求;
- error:异常处理模块,一旦出现请求错误,就可以捕捉这些异常;
- parse:URL 处理模块,提供了很多 URL 处理方法;
- robotparser:主要用来解析网站的 robot 协议文件。

使用 urllib 库的 request 模块,可以方便地实现请求的发送并得到响应。下面的代码是向 Python 官网发送请求,并打印前 300 行的结果。

```
>>> import urllib. request
>>> with urllib. request. urlopen('http://www. python. org/') as f:
...  print(f. read(300))
...
b'<! DOCTYPE html PUBLIC "-//W3C//DTD XHTML 1. 0 Transitional//EN"
"http://www. w3. org/TR/xhtml1/DTD/xhtml1-transitional. dtd">\n\n\n<html
xmlns="http://www. w3. org/1999/xhtml" xml:lang="en" lang="en">\n\n<head>\n
<meta http-equiv="content-type" content="text/html; charset=utf-8" />\n
<title>Python Programming '
```

在上述代码中,urlopen 函数返回的是 HTTPResponse 对象,通过这个对象就可以对这次请求的结果信息进行访问。该对象主要有 read( )、readinfo( )、getheader(name)、getheathers( )、fileno( ) 等方法,以及 msg、version、status、debuglevel、closed 等属性。例如,调用 read( )方法可以得到网页的具体内容,调用 status 属性可以得知请求的状态码。

以上是 urllib 库的一些基本用法,其他函数的用法可以参考 Python 官网文档,因为 urllib 库本身是内置库,它虽然功能完善但是在处理网络小甜饼(cookie)等时编码量较大,因此并不常用。下面对更加常用的 requests 库进行介绍。

2. requests 库

requests 库并不是 Python 标准库的组成部分,因此首先需要安装 requests 库。通过 Python 的 pip 包管理工具,可以很方便地安装它。

使用 requests 库可以通过如下方式发送请求。

```
>>> headers = {'user-agent':'my-app/0.0.1'}
>>> r = requests.get('https://api.github.com/user',auth=('user','pass'),headers=
    headers)
>>> r.status_code
200
>>> r.headers['content-type']
'application/json; charset=utf8'
>>> r.encoding
'utf-8'
>>> r.text
'{"type":"User"...'
>>> r.json()
{'private_gists': 419,'total_private_repos': 77,...}
```

以上代码访问了一个网站,同时通过 auth 参数完成了身份认证并自定义了 headers,大大减少了编码量。

urllib 库和 requests 库这两个请求库是 Python 中常用的两个请求库,通过它们可以完成爬虫的大部分请求。在请求完网页之后,就需要对数据进行解析,下面对爬虫解析的相关工具进行介绍。

3. BeautifulSoup 库

常见的爬虫解析工具包括正则表达式、XPath、BeautifulSoup 和 PyQuery。

正则表达式是 Python 内建库提供的工具,我们可以通过编写正则表达式来对网页文本进行匹配。但是,每次都针对一个网页编写正则表达式,既会大大增加工作量也不容易复用。因此,正则表达式主要用于在其他解析工作完成之后进行更精细化的数据清理工作。

XPath(XML path language),即 XML 路径语言,是一种专用于在 XML 文件中查找信息的语言,其最初用于搜寻 XML 文件,但是它同样也适用于 HTML 文件的搜索。XPath 的选择功能十分强大,它可以针对每个结点进行简单明了的路径选择,同时还提供了 100 多个内建函数用于字符串、数值、时间和序列数据的处理等。在 Python 中,可以通过 lxml 库来使用 XPath。

总体来说,与正则表达式类似,XPath 更多的是一种规则定义工具,因此存在编码复杂以及可复用性差的问题,而大多数网页的结构都是类似的、可复用的。

BeautifulSoup 库是一个可以从 HTML 或 XML 文件中抽取数据的 Python 库。它借助于网页的结构和属性等将复杂的 HTML 或 XML 文件转换成一个复杂的树结构,该结构的每个结点都是 Python 对象。BeautifulSoup 可以更换解析器,lxml 库就是可选的解析器之一。

使用 BeautifulSoup 库解析 HTML 文件的示例如下。

```
html_doc="""
<html><head><title>The Dormouse's story</title></head>
<body>
<p class="title"><b>The Dormouse's story</b></p>

<p class="story">Once upon a time there were three little sisters; and their names were
<a href="http://example.com/elsie" class="sister" id="link1">Elsie</a>,
<a href="http://example.com/lacie" class="sister" id="link2">Lacie</a> and
<a href="http://example.com/tillie" class="sister" id="link3">Tillie</a>; and
they lived at the bottom of a well.</p>

<p class="story">...</p>
"""
from bs4 import BeautifulSoup
soup = BeautifulSoup(html_doc,'lxml')
soup.title
# <title>The Dormouse's story</title>
```

```
soup. title. name
# u'title'

soup. title. string
# u'The Dormouse's story'

soup. title. parent. name
# u'head'

soup. p
# <p class="title"><b>The Dormouse's story</b></p>

soup. p['class']
# u'title'

soup. a
# <a class="sister" href="http://example.com/elsie" id="link1">Elsie</a>

soup. find_all('a')
# [<a class="sister" href="http://example.com/elsie" id="link1">Elsie</a>,
# <a class="sister" href="http://example.com/lacie" id="link2">Lacie</a>,
# <a class="sister" href="http://example.com/tillie" id="link3">Tillie</a>]

soup. find(id="link3")
# <a class="sister" href="http://example.com/tillie" id="link3">Tillie</a>
```

4. PyQuery 库

PyQuery 库是另一种网页解析库,PyQuery 库允许用户对 XML 文件进行 jQuery 查询,其应用程序接口类似于 jQuery。PyQuery 使用 lxml 库进行快速的 XML 和 HTML 文件操作。下面是一个简单示例。

```
>>> from pyquery import PyQuery as pq
>>> from lxml import etree
>>> import urllib
>>> d = pq("<html></html>")
>>> d = pq(etree. fromstring("<html></html>"))
```

```
>>> d = pq(url='http://google.com/')
>>> # d = pq(url='http://google.com/', opener=lambda url, **kw: urllib.urlopen
    (url).read())
>>> d = pq(filename=path_to_html_file)
>>> d("#hello")
[<p#hello.hello>]
>>> p = d("#hello")
>>> print(p.html())
Hello world!
>>> p.html("you know <a href='http://python.org/'>Python</a> rocks")
[<p#hello.hello>]
>>> print(p.html())
you know <a href="http://python.org/">Python</a> rocks
>>> print(p.text())
you know Python rocks
```

5. Scrapy 库

Scrapy 库是一个为了爬取网站数据、抽取结构化数据而编写的应用框架,可以应用于数据挖掘、信息处理或存储历史数据等一系列程序中。当需要对一个大型网站进行数据爬取时,面对诸多网页,单一爬虫就变得力不从心了。而 Scrapy 库的请求是被异步调度和处理的,这就意味着在向服务器发送请求时不必等待结果,而是可以同时发送其他请求或者做其他事情。

Scrapy 库的整体框架如图 3.1 所示,可将其各个组件的工作内容概括如下。

(1) Scrapy 引擎

Scrapy 引擎(Scrapy engine)负责爬虫、项目管道、下载器、调度器之间的数据传递等。

(2) 调度器

调度器(scheduler)负责接受 Scrapy 引擎发送过来的请求(request),并按照一定的方式对其进行整理、排序、入队,当 Scrapy 引擎需要时再将其交还给 Scrapy 引擎。

(3) 下载器

下载器(downloader)负责下载 Scrapy 引擎发送的所有请求,并将其获取的响应(response)交还给 Scrapy 引擎,由 Scrapy 引擎交给爬虫来处理。

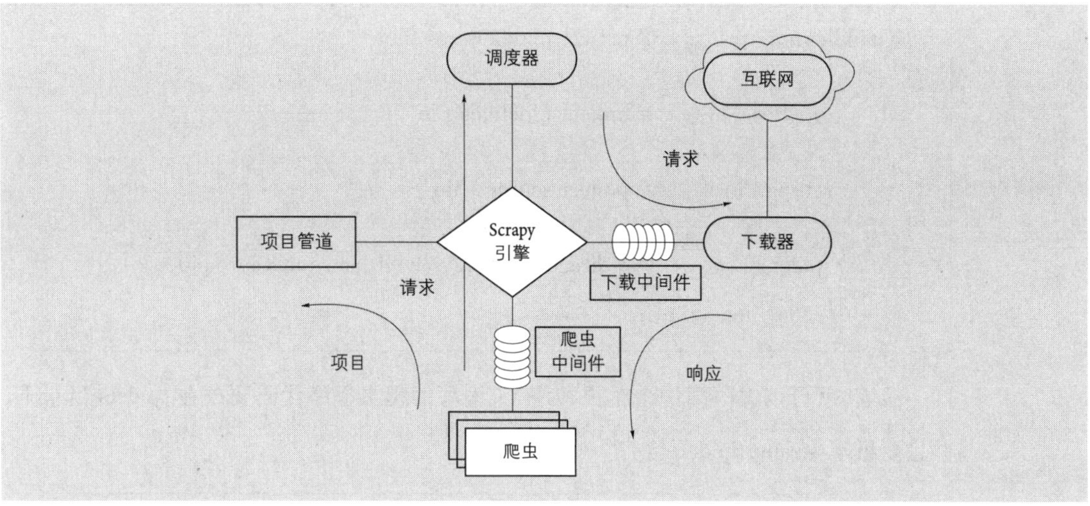

图 3.1 Scrapy 库的整体框架

(4) 爬虫

爬虫(spider)负责处理所有响应,从中分析和抽取数据,获取项目字段所需要的数据,并将需要跟进的统一资源定位符提交给 Scrapy 引擎,再次进入调度器。

(5) 项目管道

项目管道(item pipeline)负责处理爬虫爬取的项目字段数据,并对其进行后期处理(包括详细分析、过滤、存储等)。

(6) 下载中间件

下载中间件(downloader middleware)是一个可以自定义扩展下载功能的组件,如用来设置下载的代理等。

(7) 爬虫中间件

爬虫中间件(spider middleware)是一个可以自定义扩展 Scrapy 引擎与爬虫之间通信功能的组件(如进入爬虫的响应和从爬虫出去的请求)。下面通过一个基本的例子来了解 Scrapy 库的使用方式。

首先安装 Scrapy 库,之后通过 scrapy startproject tutorial(目录名)命令来构建 Scrapy 工程项目。Scrapy 库会生成 tutorial 目录并自动生成如下文件。

```
tutorial/

    scrapy. cfg              # deploy configuration file

    tutorial/               # project's Python module,you'll import your code from here
        __init__. py

    items. py               # project items definition file
```

```
middlewares. py        # project middlewares file

pipelines. py          # project pipelines file

settings. py           # project settings file

spiders/               # a directory where you'll later put your spiders
    __init__. py
```

接着,就可以编写第一个爬虫程序了,编写的爬虫程序代码要放在 spiders 目录下,并且要继承 scrapy. Spider 类。

```
import scrapy

class QuotesSpider( scrapy. Spider) :
    name = "quotes"

    def start_requests( self) :
        urls = [
            'http://quotes. toscrape. com/page/1/',
            'http://quotes. toscrape. com/page/2/',
        ]
        for url in urls:
            yield scrapy. Request( url=url, callback=self. parse)

    def parse( self, response) :
        page = response. url. split( "/")[-2]
        filename = f'quotes-{page}. html'
        with open( filename,'wb') as f:
            f. write( response. body)
        self. log( f'Saved␣file␣{filename}')
```

在上述代码中,start_requests 用于根据 URL 地址构建请求,而 parse 函数定义了接受响应对象之后的处理逻辑。发送请求和接受请求的过程由 Scrapy 库帮助完成。需要注意的是,name 这类成员变量唯一标示了一个爬虫,因此必须唯一。我们可以执行 scrapy crawl quotes 命令来启动爬虫程序。更多的案例读者可以参考 Python 官网文档。

3.3　数据存储

在获取数据之后通常需要对其进行存储。

3.3.1　数据存储的基本方式

数据存储的方式有很多,下面介绍常见的数据存储方式。

1. 文本存储

所谓文本存储,就是用特定格式的文件来存储数据。最常见的是文本文件(TXT文件),其操作非常简单且几乎兼容任何平台。但是文本文件因为结构化程度不高,不利于数据检索,因此往往只用于存储少量数据。

(1) JSON

虽然 JSON 是 JavaScript 的一个子集,但它是独立于语言的文本格式。它用对象和数组的组合来表示数据,构造简单且结构化程度非常高,是一种轻量级数据交换格式。

(2) CSV

CSV(comma-separated values,逗号分隔值)文件以纯文本的形式存储表格数据(包括数字和文本)。纯文本意味着该文件是一个字符序列,不包含像二进制数据那样必须被解读的数据。CSV 文件由任意数目的记录组成,记录间以某种换行符分隔;每条记录由字段组成,字段间的分隔符是其他字符或字符串,如逗号或制表符。通常,CSV文件的所有记录都有完全相同的字段序列。CSV 文件和 Excel 的 XLSX 文件类似,但是并不包含数字和文本之外的信息。

2. 关系数据库

关系数据库是指采用关系模型来组织数据的数据库。简单来说,关系模型是指二维表的一列是一个字段,一行是一条记录。表可以看作实体的集合,而实体之间的联系是通过主键、外键之间的联系体现的。

关系数据库的主要优势如下。

(1) 复杂查询

在关系数据库中,可以用 SQL(结构化查询语言)语句方便地在一张表以及多张表之间进行非常复杂的数据查询。

(2) 事务支持

事务支持使对安全性能要求很高的数据访问得以实现。

关系数据库如 MySQL、Oracle、SQL Server 等。

3. 非关系数据库

数据库事务必须具备 ACID 原则,即原子性(atomic)、一致性(consistency)、隔离性(isolation)和持久性(durability)。习惯上人们用 NoSQL 指代那些非关系的且一般不保证遵循 ACID 原则的数据存储系统。NoSQL 数据库通常以键值对的形式存储数据,且结构不固定,每个元组都可以有不一样的字段。使用非关系数据库,用户可以根据需要去添加自己所需要的字段。因为查询逻辑比较简单,NoSQL 数据库往往具有极高的性能。但因为没有关系的约束,因此 NoSQL 数据库的完整性有所欠缺。

常见的 NoSQL 数据库如 Redis 和 MongoDB 等。

4. 数据仓库

数据仓库(data warehouse)是信息的中央存储库。数据通常定期从事务系统、关系数据库和其他来源流入数据仓库。业务分析人员、数据科学家和决策者通过商务智能(BI)工具、SQL 客户端和其他分析程序访问数据。

数据仓库能够集中并整合大量来自多个数据源的数据,可以通过分析功能帮助企业从数据中获取宝贵的业务洞察,进而改善决策。同时,随着时间的推移,它还会建立起一个对于业务分析人员和数据科学家都极具价值的历史记录。

一个典型的数据仓库通常包含以下要素。

① 一个用于存储和管理数据的关系数据库。

② 一个用于在分析前进行数据准备的抽取、转换、装载(ETL)解决方案。

③ 分析报告、统计分析和数据挖掘功能。

④ 支持数据可视化展现的客户端数据分析工具。

数据仓库具有以下 4 个特性。

① **主题导向**(subject- oriented)。不同于一般的联机事务处理系统,数据仓库的资料模型设计,着重将资料按照其意义归类至相同的主题区(subject area),称之为主题导向。

② **集成性**(integrated)。数据仓库中的数据是从企业原有的各联机事务处理系统中抽取出来的,因此数据在进入数据仓库之前必须经过加工和集成,具有一致性,这是建立数据仓库的关键步骤。

③ **时间差异性**(time- variant)。数据的变动在数据仓库中是能够被记录和追踪的,这有助于反映随时间变化的数据的轨迹。

④ **不变动性**(nonvolatile)。数据经过加工和集成进入数据仓库后不会被修改或删除。

3.3.2　分布式数据存储

Hadoop 是一个具有分布式存储和分布式计算能力的分布式软件系统,主要由 HDFS(Hadoop 分布式文件系统)、MapReduce(分布式离线计算框架)和 YARN(集群资源管理系统)三个模块组成。

1. HDFS

(1) HDFS 简介

HDFS(Hadoop 分布式文件系统)是一种基于 Java 的分布式文件系统,它具有容错性、可伸缩性和易扩展性等优点,可以在商用硬件上运行,也可以在低成本的硬件上部署。HDFS 是一个分布式存储的 Hadoop 应用程序,提供了更接近数据的接口。

(2) HIVE、HBase 与传统数据库

HIVE 是基于 HDFS 的数据仓库,为了方便管理数据仓库,可以将其用于数据抽取、转换、装载,以及数据存储管理和大型数据集的分析。它是一种可以存储、查询和分析 Hadoop 中大规模数据的机制。同时,HIVE 也定义了简单的类 SQL 语言,称为 HQL,它允许熟悉 SQL 的用户方便地进行数据查询。

HBase 是一个高可靠性、高性能、面向列、可伸缩的分布式存储系统,其数据一般存储在 HDFS 上。利用 HBase 技术可以在 PC 服务器上搭建起大规模的结构化存储集群,其目标是存储并处理大型数据。也就是说,仅使用普通的硬件配置,就能够处理由成千上万的行和列组成的大型数据。

传统数据库包括关系数据库和非关系数据库,关系数据库是把复杂的数据结构归结为简单的二元关系(即二维表形式),而非关系数据库则是一种基于多维关系模型的非结构化数据存储方式。在关系数据库中,对数据的操作几乎全部建立在一张或多张二维表上,通过对这些二维表进行分类、合并、连接或选取等运算来实现数据管理。非关系数据库主要包括文档数据库、键值数据库、宽列存储数据库和图形数据库。

2. MapReduce

(1) MapReduce 简介

MapReduce 是一个分布式运算程序的编程框架,是用户开发"基于 Hadoop 的数据应用"的核心框架。它可以将运行在大规模集群上的并行计算过程分为两个核心的计算函数:Map 函数和 Reduce 函数。

MapReduce 的处理策略是"分而治之",即将存储在分布式文件系统中的数据集切分成独立分片,这些分片可以被多个 Map 任务并行处理。MapReduce 的处理理念是计算向数据靠拢,而不是数据向计算靠拢,这样数据不需要发生迁移,而是在结点上直接由计算程序进行处理,从而节省了数据传输的开销。MapReduce 的核心功能是将用户编写的业务逻辑代码和自带的组件整合成一个完整的分布式运算程序,并发运行在一个 Hadoop 集群上。

(2) MapReduce 与 Spark

Spark 是基于内存计算的大数据并行计算框架,它基于内存计算,提高了大数据环境下数据处理的实时性,同时保证了数据处理的高容错性和高可伸缩性。用户可以将 Spark 部署在大量的廉价硬件之上,形成集群。Spark 是 MapReduce 的替代方案,而且兼容 HDFS、HIVE 等分布式存储系统,可融入 Hadoop 的生态系统,以弥补缺失 MapReduce 的不足。

Spark 的核心是建立在统一的弹性分布式数据集(resiliennt distributed dataset, RDD)之上的,这使得 Spark 的各个组件可以无缝地进行集成,能够在同一个应用程序中完成大数据处理。弹性分布式数据集是 Spark 提供的最重要的抽象概念,它是一种有容错机制的特殊数据集合,可以分布在集群的结点上,以函数式集合操作方式进行各种并行操作。弹性分布式数据集具有容错机制,并且只读不能修改,可以执行确定的转换操作,创建新的弹性分布式数据集。具体来讲,弹性分布式数据集具有以下几个属性。

① **只读**:不能修改,只能通过转换操作生成新的弹性分布式数据集。

② **分布式**:可以分布在多台机器上进行并行处理。

③ **弹性**:若计算过程中内存不够,它就会和磁盘进行数据交换。

④ **基于内存**:可以全部或部分存储在内存中,从而在计算中多次被重用。

弹性分布式数据集实质上是一种更为通用的迭代并行计算框架,用户可以控制计算的中间结果,然后将其用于之后的计算中。虽然 MapReduce 具有自动容错、负载平衡和可拓展性的优点,但是其最大的缺点是采用非循环式的数据流模型,使得在进行迭代计算时要进行大量的磁盘输入输出(I/O)操作。

弹性分布式数据集使得用户不必担心底层数据的分布式特性,而只需要将具体的应用逻辑表达为一系列转换操作,就可以实现管道化,从而避免了对中间结果的存储,大大降低了数据复制、磁盘输入输出操作和数据序列化的开销。

3. YARN

(1) YARN 的基本架构与管理流程

YARN 是一种新的 Hadoop 资源管理器。它是一个通用资源管理系统,可以为上层应用提供统一的资源管理和调度,它的引入在利用率、资源统一管理和数据共享等方面给集群带来了巨大好处。YARN 在硬件和计算框架之间建立了一个抽象层,其核心功能有资源抽象、资源管理(包括调度、使用、监控和隔离等)。

YARN 在总体上仍然是主从(master-slave)架构,在整个资源管理框架中,全局资源管理器(ResourceManager)为主,结点管理器(NodeManager)为从,全局资源管理器负责对各个结点管理器上的资源进行统一管理和调度。当用户提交一个应用程序时,需要提供一个用于跟踪和管理这个程序的应用程序主控器(ApplicationMaster),它负责向全局资源管理器申请资源,并要求结点管理器启动可以占用一定资源的任务。YARN 的基本架构与管理流程如图 3.2 所示。

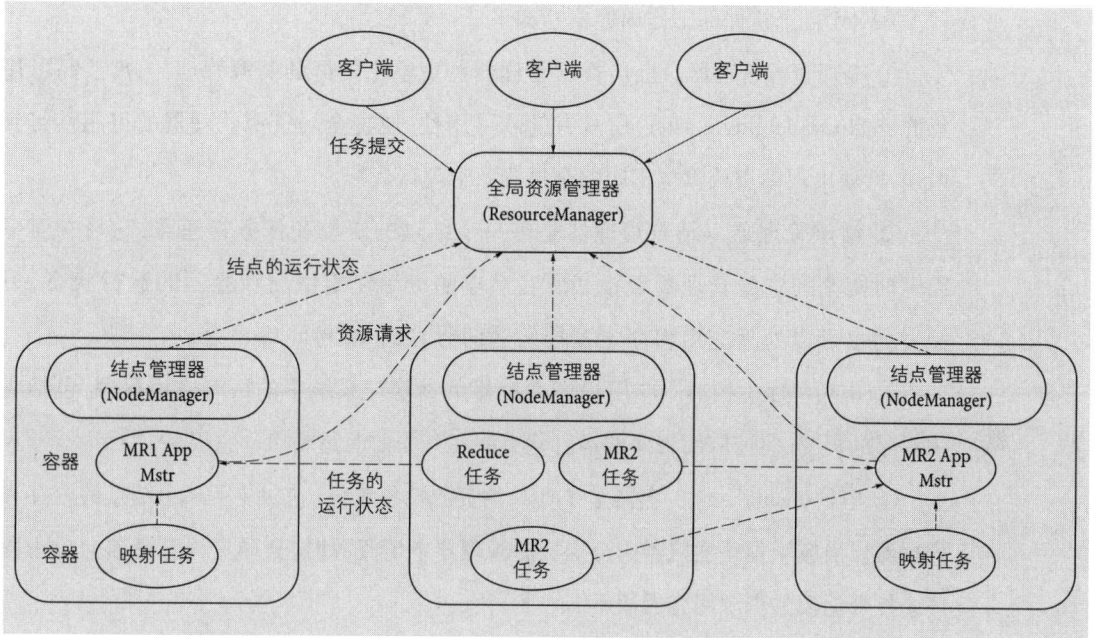

图 3.2　YARN 的基本架构与管理流程

从图 3.2 中可以看到,用户向 YARN 提交了 MapReduce 计算框架下的两个应用程序(即任务):MR1、MR2。MR1 App Mstr 和 MR2 App Mstr 分别是 MR1 和 MR2 的应用程序主控器。

YARN 的具体管理流程如下。

① 用户通过客户端向 YARN 提交应用程序,全局资源管理器接收客户端应用程序的运行请求。

② 全局资源管理器为每一个结点管理器分配一个容器,并要求这个结点管理器在该容器下启动应用程序主控器。

③ 应用程序主控器启动后,向全局资源管理器发起注册请求,这样用户可以通过全局资源管理器来查看结点的运行状态。

④ 应用程序主控器通过轮询的方式向全局资源管理器申请资源。

⑤ 一旦取得资源,应用程序主控器便与对应的结点管理器通信,要求其启动任务。

⑥ 结点管理器为任务设置好运行环境,如环境变量、jar 包等后,便启动各个任务。

⑦ 各个任务不断向应用程序主控器汇报进展,以便应用程序主控器随时掌握其运行状态,从而可以在任务失败时重启任务。

⑧ 重复步骤④~⑦,直到任务完成。在任务全部完成后,应用程序主控器向全局资源管理器汇报任务完成,并注销和关闭自己。

(2) YARN 各个组件的工作内容

YARM 各个组件的工作内容概括如下。

① 全局资源管理器。全局资源管理器负责整个集群的资源管理与分配,高可用集群(high availability cluster)所具有的高可用性,使得全局资源管理器的可用性得到增强,即便出现单点故障也不影响全局资源管理器运行。

② 结点管理器。结点管理器是每一个结点的资源和任务管理器,它一方面可以定时向全局资源管理器汇报其所在结点的资源使用情况和容器的运行状态,另一方面也可以处理应用程序主控器发送的容器启动/停止等命令。

③ 应用程序主控器。应用程序主控器负责管理系统中的所有应用程序,包括应用程序的提交、监控应用程序的运行状态并在其失败时重新启动它等。

④ 容器(container)。容器是 YARN 的资源抽象单位,它封装了某个结点的内存和处理器。当应用程序主控器向全局资源管理器申请资源时,全局资源管理器向应用程序主控器返回的资源用容器表示。

3.4 数据分析

本节将分别从探索性数据分析、数据预处理和特征工程三个方面,对数据分析进行介绍。

3.4.1 数据分析概述

在海量的原始数据中,存在大量杂乱的、重复的、不完整的数据。这些数据会严重影响数据挖掘算法的执行效率,甚至导致数据挖掘结果出现偏差。

1. 数据分析的定义

数据分析包括探索性数据分析、数据预处理、特征工程等环节。在实际的数据分析流程中,这些环节不一定都会执行,其执行也没有固定的顺序,某个数据分析环节可能需要先后多次执行。

数据分析流程开始于数据获取,在从多个数据源获取数据后,通过探索性数据分析获取数据集的分布情况和一些统计信息。之后再据此执行数据预处理,如缺失值处理、异常检测和噪声处理等。

在完成数据预处理后,需要通过特征工程对不同类型的数据进行适当的处理,形成特征,然后再运用一些算法对特征进行选择,筛选出对数据建模最有帮助的特征。

数据分析十分重要。在一个完整的数据建模流程中,数据分析所花费的时间占60%左右。

2. 数据分析的目标

数据获取优先考虑的是数据量的大小和数据获取的效率,虽然这在一定程度上保证了数据的质量,但所获取的原始数据依然无法直接用于后续的数据建模工作。数据分析既是认识数据的阶段,也是精炼数据的阶段,它与数据获取相比对数据的质量提出了更高的要求。

前面介绍过,数据分析包括探索性数据分析、数据预处理、特征工程三个重要环节。其中,探索性数据分析的目标是进行基础性的数据挖掘工作,获得数据集的分布情况和统计信息,以作为后两个环节的重要参考;数据预处理的目标是完成数据格式标准化、异常数据清除等工作,将原始数据转化为易于使用、能够直接用于数据建模工作的高质量数据;特征工程保证了数据预处理后留下来的特征可以尽可能地满足数据建模的要求,减小了模型过拟合的可能性。

3.4.2　探索性数据分析

探索性数据分析是针对数据集中的每一维变量进行探索和分析的过程,是进行数据清洗等操作的前提,是数据分析的第一个环节。在探索性数据分析中,数据中的变量通常被分为连续型变量和离散型变量,以进行不同的处理。

> **笔记**
>
> 连续型变量。连续型变量是指变量为连续数值,且数值间的差异具有实际含义。例如,客户的身高为 170.5 cm,体重为 67.4 kg。
>
> 离散型变量。离散型变量是指品质变量,如字符或其他不具有数学意义的变量。例如,将客户按照受教育程度分为"中学以下""大学本科"及"研究生";或者对变量的实际数值进行分组处理,如将年龄分组为"儿童""青少年""中年""老年"。离散型变量分为有序变量和无序变量两种。例如,年龄是一种有序变量,它虽然是离散的,但具有明确的大小关系;而省份、城市、性别等变量则被视为无序变量,因为它们的不同取值之间不存在明显的顺序关系。

1. 连续型变量分析方法

在数据为连续型变量的情况下,通常使用统计分析方法来对数据集的分布情况进行表示,即通过统计量反映数据集的分布形式和特点,从而实现对数据集的探索和分析。连续型变量分析主要使用的统计量如下。

(1) 缺失值

缺失值(null)是指取值为空的变量。出现缺失值通常是由于数据采集失败或者数据库存储出现错误。若一个变量的缺失率超过50%,则认为该变量不具有显著信息,可以从数据集中删除。

(2) 均值

均值(mean)是指数据集中某变量所有取值的平均水平。其公式表示为

$$\bar{x} = \frac{1}{n} \sum_{i=1}^{n} x_i \tag{3.1}$$

(3) 方差

数据集中某变量所有数据分布的方差(variance),用于反映数据集中变量取值的离散程度。通常方差较大的变量能够提供更多的信息量,但方差也受变量量纲的影响,这在对变量进行比较时需要注意。其公式表示为

$$\sigma^2 = \frac{1}{N} \sum_{i=1}^{n} (x_i - \mu)^2 \tag{3.2}$$

(4) 标准差

标准差(standard deviation)是方差的平方根,其作用与方差相同。

(5) 极大值与极小值

数据集中某变量的极大值(max)与极小值(min),用于反映数据的范围。

(6) 中位数

中位数(median)是数据集中某变量中间位置的取值,该取值不受极大值和极小值的影响,因此与均值相比更能反映数据集的中间段水平。

(7) 众数

众数(mode)是数据集中某变量出现频率最高的取值,用于反映数据集的集中位置。

(8) 分位数

使用三个数据集点 Q_1、Q_2、Q_3 将数据集分为4个等分数据集。这三个数据集点对应的变量取值就是分位数(quantile)的取值。分位数与中位数的取值方法类似,但能表现更多的数据分布信息。$Q_3 - Q_1$ 被定义为分位距(IQR)。

$$IQR = Q_3 - Q_1 \tag{3.3}$$

(9) 偏度

通常认为数据集的分布应该类似于正态分布,即分布的峰值位于中心,两侧对称。偏度(skewness)用于表示实际的数据分布相对于假设数据分布的偏离程度。值若为 0,则表示分布对称;值若为正,则表示分布的峰值左偏;值若为负,则表示分布的峰值右偏。偏度的绝对值过大,表示数据分布具有很强的不对称性,因此不适用于要求数据满足正态分布的模型。图 3.3 中的三条曲线分别表示正偏态、正态、负偏态的数据分布情形。

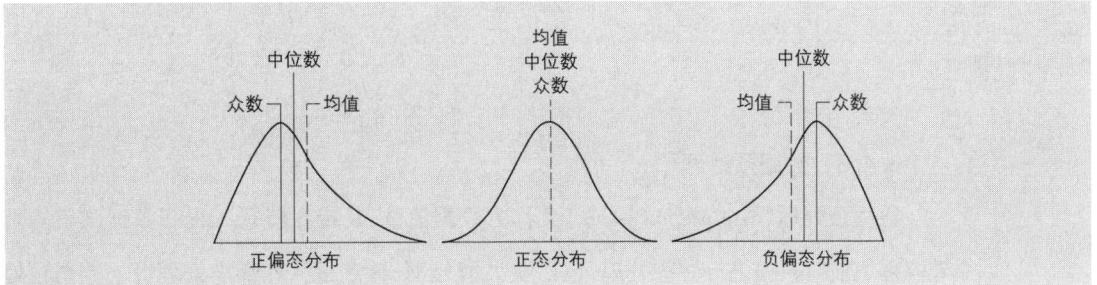

图 3.3　偏度

2. 离散型变量分析方法

在数据为离散型变量的情况下,通常直接观察变量的分布,常见的指标如下。

(1) 缺失值

离散型变量缺失值与连续型变量缺失值的定义相同。

(2) 众数

离散型变量众数与连续型变量众数的定义相同。

(3) 取值个数

取值个数是指离散型变量取值的种类数量。例如,“性别”这个变量只能取值为“男”“女”,因此取值个数为 2。在实际数据建模中必须严格限制取值个数,否则在后续的数据处理中会出现许多问题。通常离散型变量的取值个数不超过 100 个,在后续的操作中会进一步将其划分至 10 个以内。

(4) 每个取值对应的样本数量

如果某些取值对应的样本数量太少,就需要将其与其他取值的样本进行合并。样本过少的取值会降低数据稳定性,导致建模错误。通常用条形图或者直方图来对这一指标进行直观表示。如图 3.4 所示,按照年龄段对样本进行离散值划分,显然 12~15 岁和 27~30 岁这两个年龄段的样本太少,比较合适的做法是将取这两个离散值的样本分别并入相邻的类别,变成 18 岁以下、24 岁以上两个新的年龄段重新进行离散值划分。

056

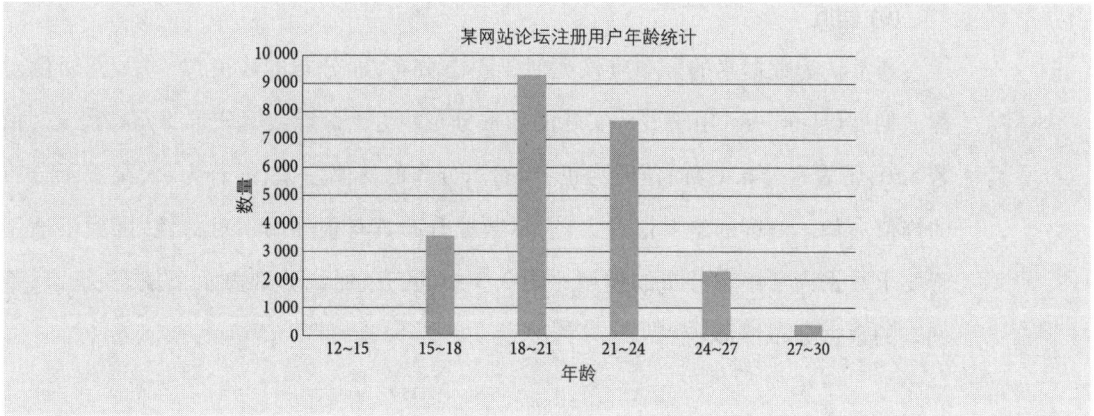

图 3.4 样本数量统计

3.4.3 数据预处理

数据预处理(data preprocessing)又称为数据清洗,是指在特征工程和数据建模等处理流程之前对数据进行一些处理,包括缺失值处理、异常检测和噪声处理等。数据预处理是数据分析不可缺少的一个环节,其质量直接关系到数据模型的效果和最终结论。

1. 缺失值处理

缺失值处理有删除法、填充法、插值法、建模法、人工获取等方法,具体采用何种方法取决于出现缺失值的变量的重要性以及缺失率。

以下是常见的缺失值处理方法。

(1) 删除法

删除法是一种最直接的缺失值处理办法,即直接将出现缺失值的变量从数据集中删除即可。但这种方法会造成信息丢失,因此通常只是在变量重要性低或者缺失值所占比例较大时使用。

(2) 填充法

填充法是指通过自动或手动的方式计算一些值并用其填充缺失值的方法。当变量的重要性和缺失率较低时,可以用固定值填充缺失值。例如,用 0 或者 -1 等来表示缺失的数值,去填充缺失值。当变量的重要性较高,不能随意填充固定值时,可以使用统计量,如均值、众数、中位数的值,这样可以保证数据分布基本维持不变。

(3) 插值法

插值法通过插值公式进行简单的数据拟合,这种方法适用于对数值准确性有一定要求的场景。常用的插值方法有拉格朗日插值法和牛顿插值法。

(4) 建模法

建模法是指先利用与要填补缺失值的变量相关的变量进行数据建模,然后使用数据模型对缺失值进行预测。为了提高效率,一般会使用比较简单的数据模型,如最大似然估计、线性回归等模型。

(5) 人工获取

由于人工获取需要耗费大量的时间和人力成本,因此我们一般不会采用这种方法,这种方法只适用于重要性和缺失率都较高的场景。

2. 异常值检测

异常值是指数据集中与其他大量数据有明显区别的观测值。把异常值纳入数据分析过程,会对结果产生不良的影响。重视异常值,分析其产生的原因,是发现问题进而改进决策的契机。异常检测就是检验数据集中是否有异常值的方法。异常检测有以下 4 种方法。

(1) 简单统计方法

通过计算统计量的值,检测异常值。数据集中数据的均值、中位数等都可以反映变量观测值大小的一般趋势,可以直接根据极大值、极小值和均值、中位数的值是否差距过大来检测异常值。更加直观的方法是利用中位数、分位数、极大值、极小值来构建箱形图。例如,在图 3.5 中,异常值被定义为小于 $Q_1 - 1.5 \times IQR$ 或大于 $Q_3 + 1.5 \times IQR$ 的值。

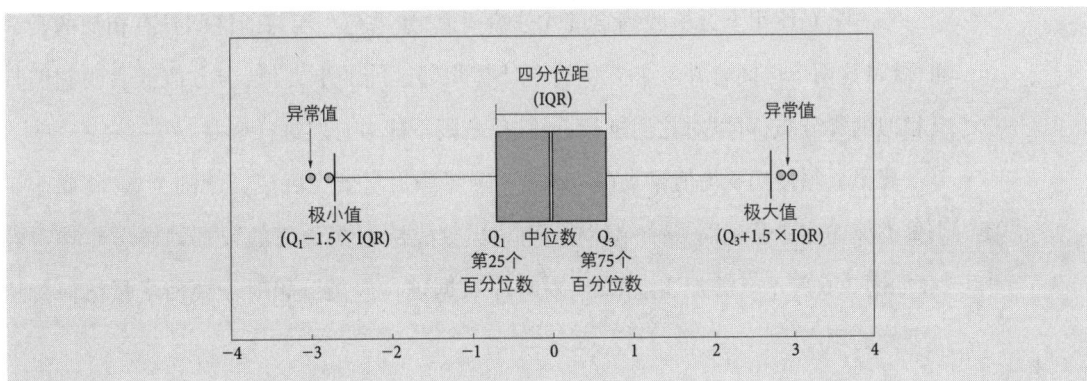

图 3.5　箱形图

(2) 基于正态分布

如果数据集服从正态分布,则异常值是指一组观测值中与均值的偏差超过 3 倍标准差的值,异常值出现的概率小于 0.003,属于极个别的小概率事件。

(3) 基于模型

可以利用没有去除异常值的数据集建立一个简单的模型。异常值是指那些和这个模型不能拟合的数据。在使用回归模型时,异常值是指相对远离预测值的数据。

(4) 聚类方法

利用聚类方法对数据集中的数据进行划分,形成多个聚类簇之后计算各个数据到最近聚类簇形心的距离，距离超过一定阈值的数据就被认定为异常值。

3. 噪声处理

噪声是被观测变量的随机误差或者方差，可用以下公式表示：

$$观测量(measurement) = 真实数据(true\ data) + 噪声(noise)$$

前面提到的异常值，既有可能是由真实数据产生的，也有可能是由噪声带来的，在一些应用（如欺诈检测）中，会针对异常值做异常检测或异常挖掘。而对于噪声，一般的处理方法是进行检测并直接将其丢弃。

对于噪声的处理方法主要有分箱法和回归法，其目标是将噪声值转化为符合数据总体分布的平滑数值。

(1) 分箱法

分箱法（binning）的基本思路是将噪声值和一些类似的变量值合并在相同的区间中，以保证每个特征取值的样本数都能够满足统计的要求。常见的分箱法有卡方分箱、决策树分箱、等频分箱、聚类分箱等方法。分箱法会将所有的变量值按照从小到大排序，并将每个单独的变量值当成一个箱体，之后不断进行箱体间的合并，直到找到最佳的分箱结果。

卡方分箱使用卡方检验确定最优分箱阈值，如果两个相邻的区间具有相似的类分布，就将这两个区间合并。卡方检验会计算相邻区间的卡方值，卡方值低表明它们具有相似的类分布，可以对它们进行合并，反之则不能对它们进行合并。

聚类分箱使用 k 均值聚类（k-means）等算法指定聚类后聚类簇的个数，将属于一个聚类簇的变量分到同一个箱体中，而超出聚类簇范围阈值的数据则被看作噪声数据，如图 3.6 所示。需要注意的是，对有序数据进行聚类分箱时需要使变量值保持从小到大的顺序。

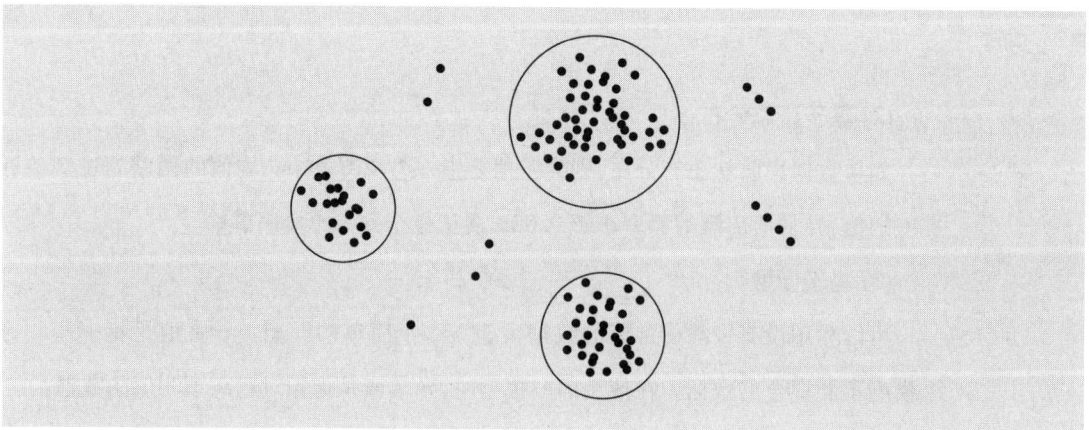

图 3.6　聚类分箱的结果

分箱完成后,可以用去噪声后每个箱体的均值、中位数等来替代该箱体内的各观测值。

(2) 回归法

回归法是利用拟合函数来对数据进行光滑处理。与异常检测中的处理类似,回归法先通过线性回归算法或非线性回归算法等对变量进行拟合,然后用数据模型得出的预测值来替代噪声值。

3.4.4　特征工程

特征工程指的是将原始数据转化为模型可以接收的特征的过程。在机器学习的应用实例中,特征工程起到了重要的作用,尤其是在使用线性模型和树模型等简单模型时,好的特征工程能够筛选出更好的特征,从而得到更好的预测结果。特征工程往往基于特定的应用场景,并由具有领域知识的数据处理专家来构建。原始数据可能有多种类型,如类别数据、数值数据、时间数据和文本数据等。相应地,特征也可以分为类别特征、数值特征、时间特征和文本特征。特征工程首先需要将各种不同类型的原始数据转化为模型可以处理的特征,其次根据选用的模型与应用背景,将特征转化到最佳的特征空间中。初步完成特征工程后,一般需要再对特征做一次筛选,以剔除冗余特征和重复特征,这个过程称为特征选择。

1. 类别数据

类别数据指的是按照某种属性分类或分组所得到的数据,类别数据之间不存在顺序关系且不能进行数学运算。常见的类别数据有表示性别、地址等信息的数据。有时类别数据以数字形式表示,如邮政编码等,但这些数字没有运算意义。以下介绍几种常见的类别数据处理方法。

(1) 自然数编码

有的类别数据以枚举值的形式表示,如"男""女"等,一般要先将这些数据转换为数值特征才能输入模型,这一过程称为编码。最简单的编码方法是自然数编码,即为每一个类别数据分配一个编号。为了得到更好的预测效果,可以多次打乱编码方式,同时训练多个模型,最后进行模型融合。

(2) 独热编码

使用自然数编码的效果通常比较差,尤其是在使用线性模型等对特征取值范围有较严格要求的模型时。这是因为若对类别数据进行自然数编码,则得到的特征取值没有物理含义,将其直接输入线性模型没有任何意义。另一种常见的类别数据处理方法是独热编码,在进行独热编码之后每个特征取值都对应着一个维度的特征,从而得到稀疏的特征矩阵。

(3) 分层编码

邮政编码或者身份证号等使用的就是分层编码。分层编码将数据按位分层,然后对各个层次进行自然数编码,这类编码一般需要特定领域的知识。

(4) 哈希编码

一些类别特征的取值较多,此时如果使用独热编码,那么得到的特征矩阵将非常稀疏,因此在进行独热编码之前对类别进行哈希编码,可以避免特征矩阵过于稀疏。在实际应用中,可以选取不同的哈希函数,利用融合的方式来提升模型的预测效果。不过,哈希编码可能会导致特征取值冲突,这种冲突会削弱模型的效果。自然数编码和分层编码可以看作哈希编码的特例。

(5) 计数编码

计数编码是将类别数据用相应的计数来代替,这种编码方法对线性模型和非线性模型来说都很有效,但它对异常值比较敏感,特征取值也可能会发生冲突。

(6) 计数排名编码

计数排名编码利用计数的排名对类别数据进行编码,这种编码方法对线性模型和非线性模型来说都很有效,而且它对异常值不敏感,特征取值也不会发生冲突。

(7) 目标编码

目标编码基于目标值对类别数据进行编码。对于基数(类别数据所有可能的取值的个数)很高的具有离散特征的类别数据,如网站域名、家庭地址、产品编号等,前面介绍的几种编码方法的效果往往不太好。例如,就自然数编码而言,简单模型容易欠拟合,而复杂模型容易过拟合;对于独热编码,得到的特征矩阵太稀疏。对于高基数的类别数据,一种有效的方法则是基于目标值进行编码,即监督编码方法,这种编码方法适用于分类问题和回归问题。例如,对于分类问题,可以采用交叉验证的方式。为了避免过拟合,也可以采用嵌套的交叉验证方式。对于回归问题同样可以采用交叉验证的方式通过计算平均目标值对类别数据进行编码。

2. 数值数据

与类别数据相比,数值数据具有实际的测量意义,而且一般可以进行数学运算。例如,人的身高、体重,产品的销量等都是数值数据。数值数据又可以分为离散型数值数据和连续型数值数据,其中离散型数值数据表示的量是可数的,既可以是有限个值,也可以是无限个值。

虽然大多机器学习模型都可以接受数值数据作为输入,然而此时的数据可能并不在最佳特征空间中,因此依然有必要进行特征工程。下面将介绍常见的数值数据处理方法。

(1) 截断

对于连续型数值数据,有时其精度太高可能只是由于存在噪声而并不具备太多的信息。因此,可以在保留重要信息的前提下对数据进行截断,截断的数据既可以作为数值数据被进一步处理,也可以作为类别数据。另外,对于长尾数据,可以先进行对数转换,然后再进行截断处理。

(2) 计数数据处理

计数数据是数值数据的一种常见类型,如网站每天的访问量、餐厅的评论数、用户对一首歌的播放次数等。当数据量很大且快速生成时,计数数据很可能包含一些极端值。这时就需要对数据进行检查,确定是保留数据原始的数值形式,还是对其进行二值化或者粗粒度的分箱操作。

① 二值化。二值化的关键在于设定一个阈值,将大于该阈值的数据设为 1,否则设为 0。

② 分箱。假设当前的任务是利用逻辑斯谛回归预测用户购买某件商品的概率。商品评论次数可能是一个有用的特征,因为商品评论次数与商品的热度有很强的相关性,但商品评论次数的数量级跨度较大,而输入数值较大的数据很容易影响回归模型的性能。对于这种情况,通常的解决方法是分箱。这里的分箱是将数值数据分到一个箱体中并为其分配一个箱编号。

常见的分箱方法有固定宽度分箱和分位数分箱。固定宽度分箱可分为均匀分箱和对数分箱。通过固定宽度分箱,每个分箱的取值区间是固定的。均匀分箱是指用数值除以箱体的宽度,并用取整后的结果来进行分箱。箱体宽度也可以自定义。对数分箱是指如果数值跨越不同的数量级,则可根据以 10(或者其他适当的常数)为底的对数来进行分箱,这种方法和对数变换相关。分位数分箱是指在计数数据有较大的间隔时,可以基于数据的分布情况进行分箱,使得对应的箱体中的数据一样多。

除此之外,也可以使用模型找到最佳分箱方法。例如,利用聚类的方式将特征分为多个类别。分箱操作也可以看作数值数据的离散化,因此分箱后可以将计数数据当成类别数据进行处理。

(3) 缩放

缩放指的是将数值变量缩放到一个确定的范围内。常见的缩放方法包括标准化缩放(也称为 Z 缩放)、极大值极小值缩放、最大绝对值缩放、基于某种范数的归一化、对数缩放或平方根缩放。其中,标准化缩放指的是将数值变量的均值变为 0,方差变为 1。由于光滑函数模型,如线性回归、逻辑斯谛回归等,对输入特征的大小很敏感,因此对特征进行标准化会使模型更有效。基于某种范数的归一化指的是使用第一范数、第二范数等将数值向量的范数变为 1。对数缩放常用于处理长尾分布且取值为正数的数值变量,它将大端长尾压缩为短尾,并将小端长尾延伸。平方根缩放是幂变换的特例,在统计学中称为方差稳定化变换。对于有异常值的数据,可以使用更加稳健的缩放,与一般的标准化缩放不同的是,稳健的缩放使用的是中位数而不是均值,基于分位数而不是方差。

(4) 特征交叉

特征交叉可以表示数值特征之间的相互作用,如对两个数值特征取值进行加、减、乘、除等操作,然后通过特征选择方法(如假设检验或者模型特征重要性排序)来选择有用的交叉特征。有些交叉特征,虽然没有直观的解释,但可以极大地提升模型效果。除了构造交叉特征外,有些模型可以自动进行特征交叉,如 FM(因子分解机)模型和 FFM(特征域感知分解机)模型等。特征交叉可以在线性模型中引入非线性性质,提高了模型的表达能力;或者基于领域专家知识,构建具有可理解性的新的交叉特征。

(5) 非线性编码

线性模型往往很难学习到数值数据中的非线性关系,除了采用特征交叉方法之外,也可以通过非线性编码来提升线性模型的效果。例如,使用多项式核函数、高斯核函数等核函数来处理数值数据,但选择合适的核函数并不容易。另外一种方法是对随机森林模型的叶结点进行编码,并将其输入线性模型,这样线性模型的特征就包含了复杂的非线性编码。非线性编码方法还有基因算法、局部线性嵌入、谱嵌入、t-分布随机近邻嵌入(t-SNE)等方法。

(6) 行统计量

除了对原始数值数据进行处理之外,也可以直接对行向量进行统计,如统计行向量中缺失值的个数、0 的个数、正值或负值的个数,以及计算均值、方差、极小值、极大值、偏度、峰度等。

以上都是常见的数值数据处理方法,具体采用哪一种方法不仅依赖业务和数据本身,还依赖所选取的模型,因此只有理解数据和业务逻辑以及模型的特点,才能更好地进行特征工程。

3. 时间数据

在实际应用中,时间往往是重要的因素,如用户在购物网站上浏览、购买、收藏商品的时间,商品在购物网站上线的时间,用户在银行的存款、取款、还款时间等。时间数据通常以日期(如 2017/05/07 12∶36∶49)、时间戳(如 1494391009)等形式表示。在金融风险控制场景中,用户的历史消费行为是非常重要的数据。可以将时间数据作为类别数据处理,类别数据的处理方法对于时间数据同样适用。但时间数据包含更加丰富的信息。时间数据可以用年、月、日、时、分、秒,以及星期几、一年过了多少天、一天过了多少分钟、是否闰年、是否季度初、是否季度末、是否月初、是否月末、是否周末等来表示。除了对单个时间数据进行预处理之外,也可以根据具体情况将两个时间数据组合起来以提取重要的特征。例如,可以计算商品从上线到现在经过了多少时间、用户上次借款距离现在的时间、其间是否包含节假日或其他特殊日期等。

常用的时间数据处理方法包括对特定时间段内的用户行为数据进行统计、对季节性数据进行统计等。

4. 文本数据

自然语言要处理的对象是文本数据。对于文本数据,可以采用类别数据的处理方法,而采用基于深度学习的自动特征工程方法则可以取得更好的效果。但是需要注意的是,文本数据往往会产生特别稀疏的特征矩阵。常用的文本数据处理方法有语料构建、文本清洗、潜在语义分析、余弦相似度、雅卡尔相似度、Word2Vec 等。

(1) 语料构建

语料构建是指构建一个由文档或短语组成的矩阵,矩阵的每一行为文档,可以将其理解为对商品的描述,每一列为短语。文档的个数通常与样本的个数一致。

(2) 文本清洗

如果通过网页抓取数据,首先要剔除文本中的 HTML 标签,它只用于语句的构建,而不包含任何真实的信息,因此需要剔除。为了避免文本中字符的大小写差异,通常需要将整个文本转换为小写形式,并统一编码,去除标点符号、数字、空格,将单词还原为词根等。但是在某些情况下,不一定需要对文本进行处理,这取决于具体的应用场景。例如,某业务人员在对某物品进行描述时,如果数据建模的对象是物品,则需要去除噪声,保留关键信息,但如果数据建模的对象是业务人员,则噪声信息在一定程度上反映了此业务人员的水平。

(3) 潜在语义分析

潜在语义分析是指将用高维的向量空间模型表示的文档映射到低维的潜在语义空间中。潜在语义分析采用对文档或短词矩阵进行奇异值分解(singular value decomposition,SVD)的方法。由于奇异值分解实质上是对文档数据进行排序,因此可以通过限制奇异值的个数对文本数据进行降噪和降维。一般而言,文档和文档或者文档和查询词之间的相似度在简化的潜在语义空间中的表达更可靠。

(4) 余弦相似度

在信息查询中,往往需要计算查询词 q 和文档 d 之间的相关性。例如,将查询词和文档都表示为向量,计算向量 q 和 d 之间的余弦相似度。

$$\cos(\boldsymbol{d},\boldsymbol{q}) = \frac{\boldsymbol{d} \cdot \boldsymbol{q}}{|\boldsymbol{d} \times \boldsymbol{q}|} = \frac{\sum_{i=1}^{n} d_i q_i}{\sqrt{\sum_{i=1}^{n} d_i^2} \sqrt{\sum_{i=1}^{n} q_i^2}} \tag{3.4}$$

(5) 雅卡尔（Jaccard）相似度

还有一种常用的相似度是 Jaccard 相似度，它是指两个文档中相同的单词的个数除以两个文档出现的单词总数：

$$J(d_1,d_2) = \frac{|d_1 \cap d_2|}{|d_1 \cup d_2|} \tag{3.5}$$

其中，d_1，d_2 分别是两个文档中单词的集合。

还可以定义 Jaccard 距离：

$$d_{J(d_1,d_2)} = 1 - J(d_1,d_2) = \frac{|d_1 \cup d_2| - |d_1 \cap d_2|}{|d_1 \cup d_2|} \tag{3.6}$$

(6) Word2Vec

Word2Vec 是最常用的一种单词嵌入方法，即将单词所在的空间（高维向量空间）映射到一个低维向量空间中，这样每个单词都对应一个向量，通过计算向量之间的余弦相似度就可以得到某个单词的同义词。传统的单词表示，如独热编码，仅仅是将词转化为数字表示，不包含任何语义信息；而 Word2Vec 包含了单词的语义信息，这类单词表示称为分布式表示。

5. 特征选择

特征选择是指在进行特征工程后对特征再进行一次筛选，以剔除冗余特征和重复特征。特征选择不仅可以减少特征数量，改善模型效果，还可以提高模型精度，因此特征选择是数据分析的重要一步。

(1) 过滤方法

使用过滤方法进行特征选择不需要依赖任何机器学习算法，一般通过特征和目标值之间的关系来筛选特征。最简单的过滤方法是单变量过滤方法，该方法基于特征和目标值之间的相关性或者互信息对特征进行排序，并过滤掉与目标值最不相关的特征。单变量过滤方法的优点是计算效率高，且不容易过拟合。然而单变量过滤方法只考虑单个特征和目标值之间的相关性，可能会选出冗余特征，因此单变量过滤方法主要用于数据预处理。多变量过滤方法是对单变量过滤方法的改进。相对于单变量过滤方法，多变量过滤方法考虑了特征之间的相关关系。

以下详细介绍几种常用的过滤方法。

① **覆盖率**。覆盖率是指特征在数据集中出现的比例。例如，数据集共有 10 000

个样本,而某个特征只出现了 5 次,则对应的覆盖率为 0.05%,可以认为在该覆盖率下特征对模型的预测效果作用不大。因此,可以将覆盖率很小的特征剔除。

② **皮尔逊(Pearson)相关系数**。皮尔逊相关系数用于度量两个变量 X 和 Y 之间的线性相关程度。样本中两个特征变量的相关系数为

$$r = \frac{\sum_{i=1}^{n}(X_i - \bar{X})(Y_i - \bar{Y})}{\sqrt{\sum_{i=1}^{n}(X_i - \bar{X})^2}\sqrt{\sum_{i=1}^{n}(Y_i - \bar{Y})^2}} \tag{3.7}$$

其中,$X = (X_1, X_2, \cdots, X_i)$,$Y = (Y_1, Y_2, \cdots, Y_i)$;$\bar{X}$ 和 $\bar{Y}$ 分别表示变量 X 和变量 Y 中所有样本的均值。

③ **费希尔(Fisher)得分**。对于分类问题,好的特征在同一个类别中的取值相似,而在不同类别中的取值差异比较大。因此,可以使用费希尔得分表示第 i 个特征的重要性:

$$J_{\text{Fisher}(i)} = \frac{\sum_{j=1}^{K} n_j(\mu_{ij} - \mu_i)^2}{\sum_{j=1}^{K} n_j \rho_{ij}^2} \tag{3.8}$$

其中,μ_i 是第 i 个特征在所有类别的样本中取值的均值,n_j 为第 j 个类别的样本数,μ_{ij} 和 ρ_{ij} 分别表示第 i 个特征在第 j 个类别的样本中取值的均值和方差,费希尔得分越高,表示特征在不同类别中的差异越大,在同一类别中的差异越小,因此特征越重要。

(2) 假设检验

假设特征和目标值之间是相互独立的,将其作为 H_0 假设,选择适当的检验方法计算统计量,然后根据统计量确定 p 值,做出统计推断。例如,对于特征为类别变量而目标值为连续型数值变量的情况,可以使用方差分析。对于特征和目标值都是连续型数值变量的情况,可以使用皮尔逊卡方检验。皮尔逊卡方检验统计量的计算公式如下:

$$\chi^2 = \sum_{i=1}^{r}\sum_{j=1}^{c} \frac{(O_{i,j} - E_{i,j})^2}{E_{i,j}^2} \tag{3.9}$$

其中,r, c 分别表示类别数量和特征数量,$O_{i,j}$ 是第 i 个类别在第 j 个特征上出现的实际频数,$E_{i,j}$ 是第 i 个类别在第 j 个特征上出现的理论频数。

(3) 互信息

互信息又称为相对熵或 K-L 散度,是概率论和信息论中用来度量两个变量之间相关性的指标。互信息越大,表示两个变量之间的相关性越高。当互信息为 0 时,两

个变量相互独立。对于两个离散随机变量 $X = (X_1, X_2, \cdots, X_n)$ 和 $Y = (Y_1, Y_2, \cdots, Y_n)$，互信息的计算公式如下：

$$I(X; Y) = \sum_{i=1}^{n} \sum_{j=1}^{m} p(X_i, Y_j) \log \frac{p(X_i, Y_j)}{p(X_i) p(Y_j)} \tag{3.10}$$

其中，n 和 m 分别为变量 X 和 Y 中的样本数量；$p(X_i)$ 表示样本 X_i 出现的概率，$p(Y_j)$ 表示样本 Y_j 出现的概率，$p(X_i, Y_j)$ 表示联合概率。

(4) 基于相关性的特征选择

基于相关性的特征选择（correlation-based feature selection，CFS），基于以下假设来评估特征集合的重要性：好的特征集合包含与目标值非常相关的特征，但这些特征之间彼此不相关。对于包含 k 个特征的集合，CFS 准则定义如下：

$$\text{CFS} = \max_{S_k} \left[\frac{r_{c,f_1} + r_{c,f_2} + \cdots + r_{c,f_i} + \cdots + r_{c,f_k}}{\sqrt{k + 2(r_{f_1,f_2} + \cdots + r_{f_i,f_j} + \cdots + r_{f_k,f_1})}} \right] \tag{3.11}$$

其中，r_{c,f_i} 和 r_{f_i,f_j} 分别表示特征和目标值之间的相关性以及特征之间的相关性，这里的相关性不一定是皮尔逊相关系数或斯皮尔曼相关系数。过滤方法其实是更广泛的结构学习的一个特例。基于相关性的特征选择旨在找到与具体目标值相关的特征集合，结构学习需要找到所有特征之间的相关关系，并将这些相关关系表示为一张图。常见的结构学习算法假设数据由一个贝叶斯网络生成，这时结构为一个有向图模型。特征选择中过滤方法的最优解是目标变量结点的马尔可夫毯，在贝叶斯网络中，每一个结点都有且仅有一张马尔可夫毯。

(5) 封装方法

由于过滤方法一般基于数理统计理论来筛选特征，与具体使用的机器学习算法无关，因此过滤方法没有考虑特征集合在不同机器学习算法上的效果。与过滤方法不同，封装方法直接使用机器学习算法评估特征集合的效果，使用封装方法可以检测出两个或者多个特征之间的相关关系，并且针对特定的模型选择最优的特征集合。封装方法分别在每个特征集合上训练并评估模型，从而找出最优的特征集合。以下介绍几种常用的特征集合搜索算法。

① **完全搜索**。完全搜索有广度优先搜索、分支限界搜索、定向搜索、最优优先搜索等。广度优先搜索的时间复杂性较高，缺乏实用性。分支限界搜索在穷举搜索的基础上加入剪枝过程，即分支限界。如果判定某些搜索分支无法找到比当前最优解更好的解，就可以剪掉这个分支。定向搜索首先通过过滤方法选择 N 个得分最高的特征作为特征集合，然后将这些特征加入一个限制最大长度的优先队列，每次从队列中取出得分最高的集合，然后穷举向该集合加入一个特征后的所有特征集合，并将这些特征

集合加入队列。最优优先搜索与定向搜索类似,唯一的不同是不限制优先队列的最大长度。

② **启发式搜索**。启发式搜索可以分为序列向前选择和序列向后选择两类。序列向前选择是一种贪心算法,特征集合从空集开始,每次只加入一个特征,并根据指标表现决定是否保留这个特征。序列向后选择则相反,特征集合从全集开始,每次只删除一个特征,并根据指标表现决定是否删除这个特征。此外,还可以同时使用序列向前选择方法和序列向后选择方法,当两者搜索到相同的特征集合时停止选择,该方法称为双向搜索。

③ **随机搜索**。随机搜索基于启发式搜索,在搜索的过程中随机选择特征集合。

封装方法需要对每一个特征集合都训练一次模型,所以计算量很大。在样本不充分的情况下容易发生过拟合,当特征变量较多时计算复杂性很高。

(6) 嵌入方法

过滤方法基于数理统计理论,不需要交叉验证,计算效率比较高,然而没有考虑机器学习具体算法的特征。封装方法使用机器学习算法评估特征集合的质量,需要多次训练模型,计算效率较低。嵌入方法将过滤方法和封装方法结合起来,通过将特征选择嵌入模型训练过程实现特征选择,同时它具有过滤方法计算效率高的优点以及封装方法与机器学习具体算法相结合的特点。

① **LASSO**。LASSO(least absolute shrinkage and selection operator,最小绝对值收缩和选择算子)方法是嵌入方法最经典的实例之一。在 LASSO 方法出现之前,通常使用岭回归方法,通过对回归系数进行衰减防止过拟合,但是岭回归方法不能筛选特征,对模型的可解释性没有帮助。LASSO 方法和岭回归方法类似,它通过为回归系数添加 L1 惩罚项来防止过拟合,并让特定的回归系数变为 0,从而可以选择一个不包含那些系数的更简单的模型。除了为最简单的线性回归系数添加 L1 惩罚项之外,对于任何广义线性模型,如逻辑斯谛回归模型、FM/FFM 模型以及神经网络模型,都可以添加 L1 惩罚项。除了简单的 LASSO 方法外,嵌入方法还包括结构化 LASSO 方法,常见的如 Group LASSO 方法,它对特征集合进行分组,并对每一组采用类似 LASSO 的方法进行特征选择。

② **基于树模型的特征选择方法**:在决策树中,深度较浅的结点对应的特征分类能力更强(可以将更多的样本区分开)。对于基于决策树的方法,如随机森林算法,重要的特征更有可能出现在深度较浅的结点上,而且出现的次数可能更多。因此,可以基于树模型中特征出现次数等指标对特征的重要性进行排序。

本章小结

本章首先从数据资源的定义出发，阐述了数据资源的分类和数据质量问题。其次，从爬虫的基本原理出发，介绍了爬虫的基本流程和常见的爬虫基本库。再次，对数据存储的方式进行了介绍，并详细介绍了分布式数据存储及其重要组件。最后，介绍了数据分析的有关技术。

习题

1. 在大数据背景下，思考并阐述使用爬虫获取金融大数据所面临的道德和法律风险。
2. 简述 YARN 的基本架构及其作用。
3. 完成金融数据获取实验，实验要求及实验指南参见第五篇实验一。
4. 完成金融数据预处理实验，实验要求及实验指南参见第五篇实验二。

第4章 金融智能建模基础

4

【开篇案例】

银行卡欺诈防控体系

2020 年 9 月 23 日,中国银行业协会发布的《中国银行卡产业发展蓝皮书(2020)》显示:截至 2019 年年底,我国银行卡累计发卡量为 85.3 亿张,当年新增发卡量 7.0 亿张,同比增长 8.9%;全国银行卡交易金额为 822.3 万亿元,同比增长 4.1%。在风险管理方面,截至 2019 年年底,银行卡未偿信贷余额为 7.59 万亿元,比上年增长 10.8%;银行卡欺诈率为 0.87 BP(基点),呈现出由传统的线下渠道快速向移动互联网渠道和境外迁移的态势。

银行卡使用的增多和难以杜绝的银行卡欺诈风险,使得银行卡欺诈防控受到人们的重视。从 2015 年起,中国人民银行就陆续印发了《中国人民银行关于改进个人银行账户服务加强账户管理的通知》(银发〔2015〕392 号)、《中国人民银行关于落实个人银行账户分类管理制度的通知》(银发〔2016〕302 号)等通知,要求银行业金融机构增强风险防范意识。图 4.1 所示的为由三层欺诈识别网络(会话层、产品层和客户层)构成的银行卡欺诈防控体系。

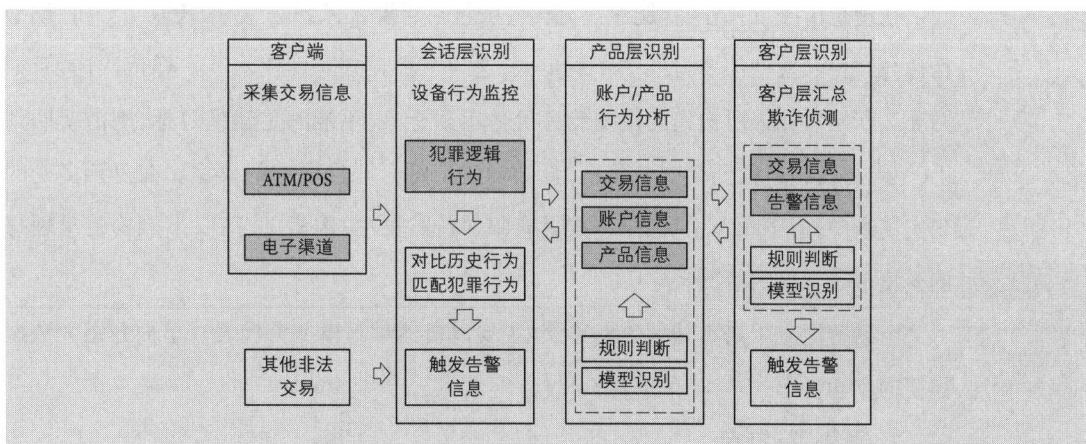

图 4.1 银行卡欺诈防控体系

随着银行卡诈骗数量和类型的增多,基于规则的传统方法难以满足业务需求,因此银行业金融机构往往借助于金融科技,部署机器学习模型识别欺诈行为,从而构建更加合理高效的银行卡欺诈防控体系。具体而言,银行业金融机构通过整理用户历史行为,构建包含正常行为和欺诈行为的数据集,并利用该数据集训练大数据模型以识别潜在的欺诈行为。基于上述方法训练的机器学习模型被称为监督学习模型。此外,还有不借助于行为标签(正常行为、欺诈行为),直接用全部行为数据进行训练的机器学习模型,这种模型被称为无监督学习模型。

金融智能的应用离不开建模,建模主要包括建模目标制定、数据获取与分析、模型构建与评价和模型部署与维护4个步骤。本书第2章和第3章介绍了数据获取与分析的相关技术,本章将聚焦数据建模的核心步骤——模型构建与评价,重点介绍两种常见的机器学习方法(监督学习和无监督学习)。本章中提及的监督学习和无监督学习模型指基于监督学习和无监督学习方法的机器学习模型。

4.1 金融智能建模流程概述

在大数据时代,每天都会产生海量数据。如何从这些海量数据中抽取出有价值、可利用的信息,成为困扰人们的难题。建模就是目前常用的解决方法。例如,银行卡欺诈防控体系通过建模来区分正常行为和欺诈行为,以维护银行和正常用户的利益。

在理想情况下,金融智能建模流程一般包括建模目标制定、数据获取与分析、模型构建与评价和模型部署与维护4个步骤,这4个步骤并非像流水线一样依次向前,如图4.2所示。如果所构建的模型经评价达不到标准,不能满足建模目标,则需要回到上一步,再次进行数据获取与分析,直到构建出符合评价标准的模型。在复杂多变的现实场景中,由于噪声干扰、样本数量有限、特征过少等因素的存在,不能构建出理想的模型也是常见的情况。

金融智能应用离不开大数据建模(主要以机器学习模型为代表),下面介绍大数据建模的步骤。

1. 建模目标制定

建模的第一步是建模目标制定。建模目标可以分为三个层面(2W1H),下面以银行卡欺诈防控体系为例进行说明。

第一个层面(是什么,what):建立能够识别银行卡欺诈的模型。

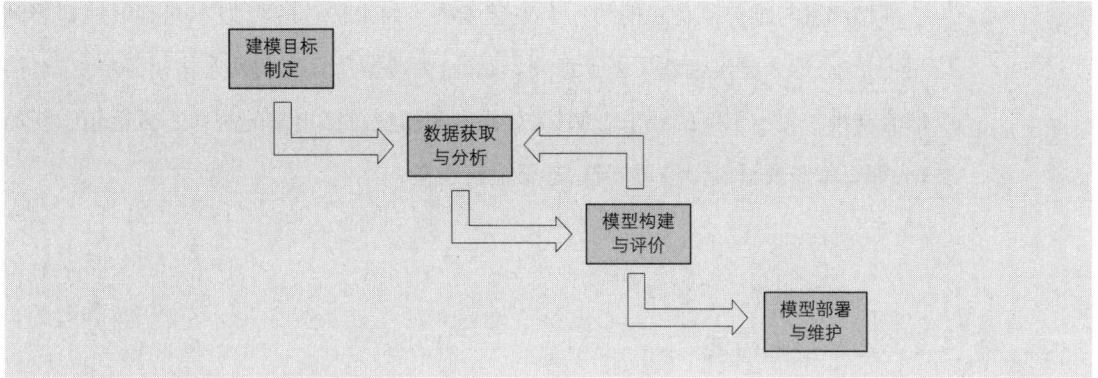

图 4.2 金融智能建模流程图

第二个层面(怎么样,how):模型能够有效识别 90% 以上的银行卡欺诈行为。

第三个层面(为什么,why):模型能够解释银行卡欺诈行为发生的原因。

前两个层面的目标可以满足大部分大数据建模的需求。金融大数据建模非常关注模型的可解释性,对于其目标而言,"为什么"的重要性甚至会超过"怎么样"。

2. 数据获取与分析

在大数据建模中,数据获取与分析尤为重要。金融大数据来源广泛、种类多样,因此数据格式不统一、数据质量参差不齐是常见的问题。金融大数据给数据的获取、存储和分析都带来了新的挑战。数据获取的方式有多种,可以从公开数据集、开放数据平台接口以及网页数据等来源获取数据,爬虫技术则是应用较为广泛的数据获取手段。此外,大数据在带来优质数据资源的同时也夹杂着许多冗余信息,而探索性数据分析、数据预处理与特征工程等相关技术则可以用来筛选冗余信息。在很多应用场景中,质量良好的数据和合理有效的分析对整个建模的贡献程度甚至比模型的选择还要大。

3. 模型构建与评价

模型构建与评价是大数据建模的核心环节,也是一个内循环和外循环相结合的双循环过程(如图 4.2 所示)。为了构建出最有效的模型,使用者需要根据建模目标和输入的数据不断调整模型,这是内循环的过程。如果最终得到的模型不能达到建模目标,那么就需要分析和调整输入的数据,这是外循环过程。

一般来说,模型构建是指选择已有的模型,或者基于已有的模型进行改进。由于大数据具有海量、高维、动态增量等特点,需要大量人工干预的传统模型已经难以有效描述大数据背景下的数据规律,因此机器学习模型被广泛应用。本章将重点介绍金融领域常用的机器学习模型及算法。

4. 模型部署与维护

模型部署与维护也是建模的一个关键步骤。如果构建的模型不能有效地部署到应用场景中,那么建模也就失去了意义。此外,大数据所具有的动态增量等特点,对模型部署与维护提出了新的要求。例如,如果利用模型总结出来的规律不再适用于新的数据,那么就需要对模型进行调整,甚至重新建模。

4.2 监督学习概述

监督学习模型和无监督学习模型都是用于总结数据规律的工具,其目的都是从样本中挖掘有价值的信息,但是由于面对的应用场景不同,这两种模型采用不同的学习方法。本节将介绍监督学习的基本概念和主要特点,并讨论监督学习模型在金融中的应用场景。

4.2.1 监督学习的基本概念

监督学习(supervised learning)通过训练样本,并在样本所对应的标签的"监督"下不断训练模型,最终得到一个能够反映数据集性质和规律的模型。例如,对于银行卡欺诈防控模型而言,用户历史行为是用于训练模型的样本,用户对应的类别(正常行为或欺诈行为)是样本标签;对于股价趋势预测模型而言,股票成交量、公司市值和公司季度财务报表等信息是用于训练模型的样本,股票价格是样本标签。模型在样本标签的监督和指导下进行训练。因此,样本标签是监督学习必不可少的部分。

4.2.2 监督学习的特点

监督学习是从带标签的训练样本中总结规律的机器学习任务。标签值通常是监督学习的优化目标。具体而言,在训练模型的过程中,模型的学习目标是将输出结果逐渐向标签值靠近,最终获得从输入到输出的"最佳"映射,这个"最佳"映射反映了数据集的性质和规律。

4.2.3 监督学习在金融领域的应用场景

监督学习的两个典型任务——分类与回归,在金融领域有着非常广泛的应用场景,以下是几种典型的应用场景。

1. 银行卡欺诈防控

随着银行卡的普及,银行卡欺诈事件频发,传统的银行卡反欺诈方法难以满足银行卡风险分析与防控的需求。为了提高银行卡欺诈防控的准确性和效率,监督学习模型得到了广泛的应用。

2. 大数据征信

用于征信的数据来源广泛、种类多样,不仅包括金融机构或政府机构提供的客户信息,还包括客户的互联网行为轨迹记录和评价信息等跨媒体征信数据。基于规则的传统方法和人工经验难以有效地分析这些数据,因此使用者往往借助于监督学习模型来判断客户是否可信。

3. 信贷风控

与大数据征信类似,在信贷风控领域中,监督学习模型可以借助于来源广泛的大数据,精准地预测一笔贷款是否会逾期。监督学习模型在信贷风控领域被广泛使用。

4. 股价趋势预测

与分类任务不同,股价趋势预测属于回归任务。股票市场波动性较大,其难以捉摸的规律和较高的收益吸引了无数投资者。监督学习模型可以根据多方信息预测股价,辅助使用者进行投资。

4.3　监督学习——分类与回归

监督学习主要有两类典型的任务:分类和回归。当任务模型的输出结果为离散值时,该任务被称为分类任务;当任务模型的输出结果为连续值时,该任务被称为回归任务。在很多情况下,我们可以通过设定阈值来对回归模型的输出结果进行分类,进而将回归模型应用于分类任务中。本节将简单介绍两种常见的监督学习任务——分类任务和回归任务,最后介绍几种常见的监督学习算法。

4.3.1　分类与回归的基本概念

分类(classification)任务的结果是离散值。例如,预测客户是否会购买理财产品,客户是否会贷款;而**回归**(regression)任务的预测结果是连续值。例如,预测股票价格。当分类任务的结果只有两个取值时,称其为**二分类**(binary classification)任务,否则称其为**多分类**(multi-class classification)任务。一般地,预测任务是指通过对样本进行学

习,建立一个从样本空间 X 到标签空间 Y 的映射 $f:X \to Y$。对于二分类任务,通常令 $Y=\{-1,1\}$ 或 $\{0,1\}$;对于多分类任务,$|Y|>2$($|*|$ 表示集合中元素的个数);而对于回归任务,Y 通常为实数集 **R**。

笔记

分类任务与回归任务的区别及联系

分类任务与回归任务的目标都是建立一个从样本空间到标签空间的映射,两者的根本区别在于标签空间是否为度量空间。对于回归任务,其标签空间是一个度量空间,即可以进行"定量"比较。也就是说,回归任务的标签空间定义了一个度量来衡量预测值与真实值之间的误差大小。例如,预测一只股票1股的价格(实际价格为5元)为6元时,误差为1元;预测其为7元时,误差为2元。当两个预测结果不同时,可以定义一个度量来衡量这种"不同"的尺度。而对于分类任务,其标签空间通常不是度量空间,即只能进行"定性"比较。也就是说,在分类任务中,只有分类"正确"与"错误"之分。当然,为了构建能够更好地解决分类任务的监督学习模型,在建模过程中,使用者往往会对预测结果进行"定量"衡量。例如,对于信贷违约概率预测,模型不只是输出"逾期"或"不逾期",还会输出产生预测结果的可能性(例如,80%的概率逾期,20%的概率不逾期),这样就可以把"定性"的衡量转化为"定量"的衡量。

4.3.2 性能度量

性能度量(performance measure)是衡量模型优劣的标准,对于不同的任务,使用的性能度量通常并不相同。使用者在使用不同的性能度量衡量模型的性能时,往往也会产生不同的评判结果。因此,针对任务的需求选择合适的性能度量尤为重要。

准确率(accuracy)是最简单、最直接的性能度量指标,它表示被正确预测的样本数量在所有样本数量中所占的比例,其计算公式如下:

$$准确率 = \frac{预测正确的样本数量}{总体样本数量} \tag{4.1}$$

一般来说,准确率越高模型效果越好。但是,准确率也有其局限性。例如,对于正样本和负样本(正样本是指属于某一类别的样本,负样本是指不属于某一类别的样本)数量差距过大的分类任务来说,将属于样本数量较小的类别的样本分类为样本数量较大的类别也会得到较高的准确率。例如,在预测银行客户是否存在欺诈行为时,由于存在欺诈行为的客户数量在银行总客户数量中所占的比例很小,即使存在欺诈行为的客户被错误地分类为正常行为客户,模型也具有很高的准确率。

对于二分类任务,可以将样本根据其真实类别与模型预测类别的组合划分为**真正类**(true positive, TP)、**假正类**(false positive, FP)、**真负类**(true negative, TN)、**假负类**(false negative, FN)4 种情形。我们可以分别统计每个类别所对应的样本数,并将分类结果用**混淆矩阵**(confusion matrix)表示,如表 4.1 所示。

表 4.1 混淆矩阵

真实类别	预测类别	
	正样本	负样本
正样本	真正类(TP)	假负类(FN)
负样本	假正类(FP)	真负类(TN)

根据混淆矩阵,我们可以得到以下常用的性能度量指标。

① **精确率**(precision)和**召回率**(recall),它们的计算公式分别如下。

$$精确率=\frac{TP}{TP+FP}, 召回率=\frac{TP}{TP+FN} \tag{4.2}$$

精确率代表分类正确的正样本在所有被分类为正样本的样本中所占的比例;召回率代表分类正确的正样本在真实正样本中所占的比例。

② **F_1 分数**(F_1-score),其计算公式如下。

$$F_1=\frac{2\times精确率\times召回率}{精确率+召回率} \tag{4.3}$$

F_1 分数是精确率和召回率的调和平均数,用来综合反映这两个指标。显然,F_1 分数越高,模型的性能就越好。

对于回归分类,常用的性能度量指标是**平均绝对误差**(mean absolute error, MAE)和**均方误差**(mean square error, MSE),它们的计算公式分别如下。

$$MAE=\frac{1}{n}\sum_{i=1}^{n}|\hat{y}_i-y_i|, MSE=\frac{1}{n}\sum_{i=1}^{n}(\hat{y}_i-y_i)^2 \tag{4.4}$$

平均绝对误差是预测值($\hat{y}_i$)和真实值(y_i)之差绝对值的平均值,它提供了预测值与真实值之间的距离度量。均方误差与平均绝对误差非常相似,两者唯一的区别是均方误差采用预测值和真实值差值平方的平均值。与平均绝对误差相比,均方误差容易计算梯度,而且由于是对差值取平方,均方误差对大的误差更加敏感。

4.3.3 常见的监督学习算法

金融领域中常见的监督学习算法有线性回归、决策树、支持向量机和神经网络等。下面将对这些监督学习算法的主要思想、算法流程以及相关拓展知识做一介绍。

1. 线性回归

(1) 主要思想

线性回归(linear regression)是机器学习中最简单也是最重要的算法之一。线性回归的基本形式为,给定由 d 维特征(属性)描述的样本 $\boldsymbol{x}=(x_1;x_2;\cdots;x_i;\cdots;x_d)$,其中 x_i 是 $\boldsymbol{x}$ 在第 i 个特征上的取值。线性回归通过构建一个特征的线性组合 $f(\boldsymbol{x})$ 来拟合数据的真实值,即

$$f(\boldsymbol{x})=w_1x_1+w_2x_2+\cdots+w_dx_d+b \tag{4.5}$$

公式(4.5)可以用向量形式写成

$$f(\boldsymbol{x})=\boldsymbol{w}^{\mathrm{T}}\boldsymbol{x}+b \tag{4.6}$$

其中 $\boldsymbol{w}=(w_1;w_2;\cdots;w_d)$。

(2) 算法流程

线性回归通过**普通最小二乘法**(ordinary least squares, OLS)来求解模型的参数。假设有一个数据集 $D=\{(\boldsymbol{X}_1,Y_1),(\boldsymbol{X}_2,Y_2),\cdots,(\boldsymbol{X}_m,Y_m)\}$,其中 $\boldsymbol{X}_i=(x_{i,1};x_{i,2};\cdots;x_{i,d})$,$x_{i,j}$ 表示 $\boldsymbol{X}_i$ 在第 j 维特征上的取值。$Y_i\in\mathbf{R}$。现在,需要利用数据集中的样本进行学习以得到参数 $\boldsymbol{w}$ 和 b。学习的最终目的是使得预测值 $f(\boldsymbol{X}_i)$ 和真实值 Y_i 尽量接近,均方误差是度量预测值和真实值之间差距的常用指标。因此,线性回归的优化目标函数如下:

$$(\boldsymbol{w},b)=\mathrm{argmin}\sum_{i=1}^{m}(f(\boldsymbol{X}_i)-Y_i)^2 \tag{4.7}$$

对于以上公式,可以通过简单求导得到解析式,进而得到最终学习到的参数 $(\boldsymbol{w},b)=(\boldsymbol{X}^{\mathrm{T}}\boldsymbol{X})^{-1}\boldsymbol{X}^{\mathrm{T}}\boldsymbol{Y}$,其中 $\boldsymbol{X}=(\boldsymbol{X}_1,\boldsymbol{X}_2,\cdots,\boldsymbol{X}_m)^{\mathrm{T}}$ 表示数据集的特征矩阵,$\boldsymbol{Y}=(Y_1,Y_2,\cdots,Y_m)^{\mathrm{T}}$ 表示标签向量。

(3) 拓展知识

① **岭回归**(ridge regression)。岭回归是线性回归对过拟合问题的改进算法。具体而言,岭回归在线性回归的优化目标函数中加入正则化项(regularization term),使得最终学习到的参数 $(\boldsymbol{w},b)=(\boldsymbol{X}^{\mathrm{T}}\boldsymbol{X}+\alpha\boldsymbol{I})^{-1}\boldsymbol{X}^{\mathrm{T}}\boldsymbol{Y}$,其中 α 为正则化系数,$\boldsymbol{I}$ 为单位矩阵。

② **逻辑斯谛回归**(logistical regression)。逻辑斯谛回归虽然名字带有"回归"字样,但其实是分类算法,并且常用于二分类任务。逻辑斯谛回归利用任意阶可导的凸

函数 Sigmoid 对分类概率进行建模,从而避免了分布不确定所带来的问题。此外,逻辑斯谛回归得到的分类概率对一些利用概率辅助决策的任务非常有用。

2. 决策树

(1) 主要思想

决策树(decision tree)是一种十分常见的机器学习模型。决策树是一种树结构,它的中间结点表示对样本的一个维度的特征进行判断的条件,相应的分支代表判断的结果,而叶结点则代表决策树输出的预测结果。

以二分类问题为例。假设判断一个银行客户是否是贵宾(VIP)客户。我们会根据客户是否办理过银行业务、是否是信用卡客户、是否有大额存款等进行判断。如图 4.3 所示,决策树每次判断的输入为父结点判断的结果(根结点的输入为全部样本),自顶向下不断进行判断,直到叶结点输出最终的分类结果。

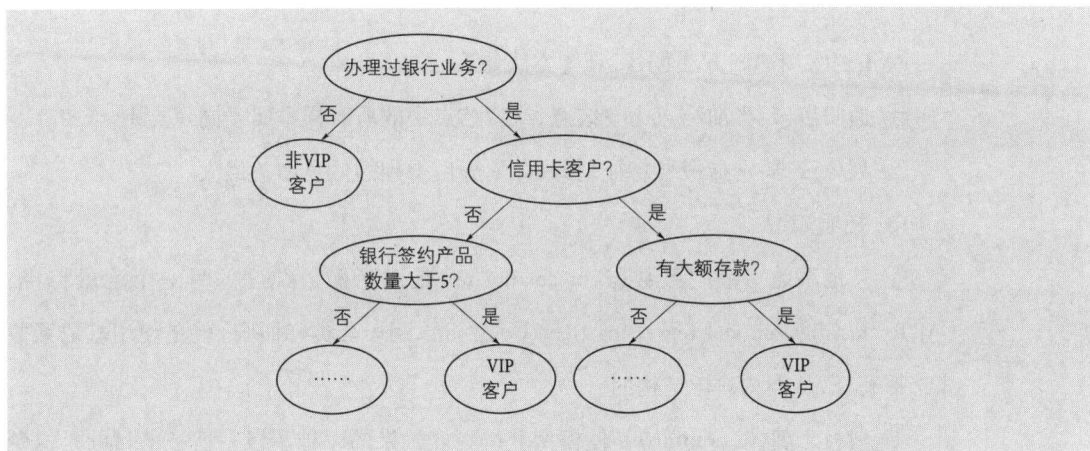

图 4.3 银行 VIP 客户分类决策树

为了得到好的分类效果,我们需要选择合适的特征,构建出最优树结构。最优树结构是指能把类别不同的样本尽可能地划分开来,使得一个叶结点输出的结果尽可能为同一类别的样本,即获得的分类结果**纯度**(purity)最高。

(2) 算法流程

决策树通过纯度的概念来选择合适的特征,从而构建最优树结构。一个数据集的纯度通常使用**信息熵**(information entropy)来度量,与物理学中“熵”的概念类似,它反映了信息的“混乱”程度。假设当前数据集 D 中第 i 类样本所占的比例为 $p_i, i \in \{1, 2, \cdots, K\}$,$K$ 为类别的数量(例如,对于二分类来说,$K=2$),则数据集 D 的信息熵为

$$\text{Ent}(D) = - \sum_{i=1}^{K} p_i \log p_i \tag{4.8}$$

显然 $\text{Ent}(D)$ 的值越小,数据集 D 的纯度就越高。信息熵反映的是数据集整体的纯度,而决策树如果知道用哪一个维度的特征进行分类能够提高纯度,则可以获得更好的分

类效果。**信息增益**(information gain)就可以用来找到这样的特征。

假定特征 a 有 V 个可能的取值 $a_1, a_2, \cdots, a_v$,如果使用特征 a 来对数据集 D 进行划分,则会产生 V 个分支结点,其中第 i 个分支结点包含了数据集 D 中所有在特征 a 上取值为 a_i 的样本集合,记为 D_i。根据不同分支所包含的样本数量,为分支结点赋予权重 $\frac{|D_i|}{|D|}$ 以及信息熵,得到使用特征 a 对数据集 D 进行划分所获得的信息增益:

$$\text{Gain}(D, a) = \text{Ent}(D) - \sum_{i=1}^{v} \frac{|D_i|}{|D|}\text{Ent}(D_i) \tag{4.9}$$

一般而言,使用特征 a 对数据集 D 进行划分得到的信息增益越大,就表示使用特征 a 对数据集 D 进行划分所获得的纯度提高得越多。因此,信息增益可以用于选择特征,经典的决策树算法 ID3 算法就是按照信息增益的大小选择特征,构建出最优树结构。

决策树采用递归方法创建,具体方法如下。

① 递归出口:当前结点为空结点,或者结点中的所有样本属于同一类别。

② 划分依据:选择最佳特征划分,即划分后得到的信息增益最大。

(3) 拓展知识

① 基尼系数。**基尼系数**(Gini coefficient)是用于衡量纯度的另一个度量标准,CART(classification and regression tree)算法(可以用于分类和回归)就是使用基尼系数来选择特征,从而构建树结构的。

② 剪枝。**剪枝**(pruning)是使模型获得更好效果的一种手段。剪枝的目的是避免决策树出现过拟合现象。决策树算法在学习的过程中为了尽可能正确分类,会不停地对数据集进行划分,导致整棵树的分支过多,产生过拟合现象。剪去决策树的部分分支可以有效缓解这一现象。

3. 支持向量机

(1) 主要思想

支持向量机(support vector machine, SVM)算法是一种常见的分类算法,它的主要思想是找到一个**超平面**(hyperplane),使得距离超平面最近的样本点与超平面之间的距离最大。在二维空间里,超平面是一条直线(见图 4.4(a));在三维空间里,超平面是一个二维平面;同理,在 n 维空间里,超平面是 $n-1$ 维的。支持向量机算法的最优解就是使分类间隔最大的超平面,即最优超平面。图 4.4(b)中两条虚线中间的实线就是所找到的最优超平面,而两条虚线之间的垂直距离就是这个最优超平面的分类间隔。这两条虚线所穿过的样本,就称为支持向量。

Algorithm 1：决策树创建 BuildTree(数据集 D,特征集 A)

Input：数据集 $D = \{(\boldsymbol{x}_1,y_1),(\boldsymbol{x}_2,y_2),\cdots,(\boldsymbol{x}_m,y_m)\}$；

特征集 $A = \{\boldsymbol{a}_1,\boldsymbol{a}_2,\cdots,\boldsymbol{a}_d\}$；

Output：一棵决策树

1　函数 BuildTree(D,A)；

2　创建结点 node；

3　**if** D 中所有样本都属于同一类别 C **then**

4　│　将结点 node 标记为 C 类；

5　│　return 0；

6　**end**

7　**if** A 为空集 **then**

8　│　将结点 node 标记为数量最多的类别；

9　│　return 0；

10　**end**

11　选择使得信息增益最大的特征 $\boldsymbol{a}_i$；

12　使用该特征对数据集进行划分；

13　**for** 每一个划分好的子集 D_i **do**

14　│　调用 BuildTree($D_i,A-\{\boldsymbol{a}_i\}$)；

15　**end**

16　return 结点 node；

---

(2) 算法流程

支持向量机算法的目标是找到最优超平面,使得距离超平面最近的样本点与超平面之间的距离最大。设 $\boldsymbol{x}$ 表示特征空间的样本(即特征向量),y 表示类别,可以取 1 或

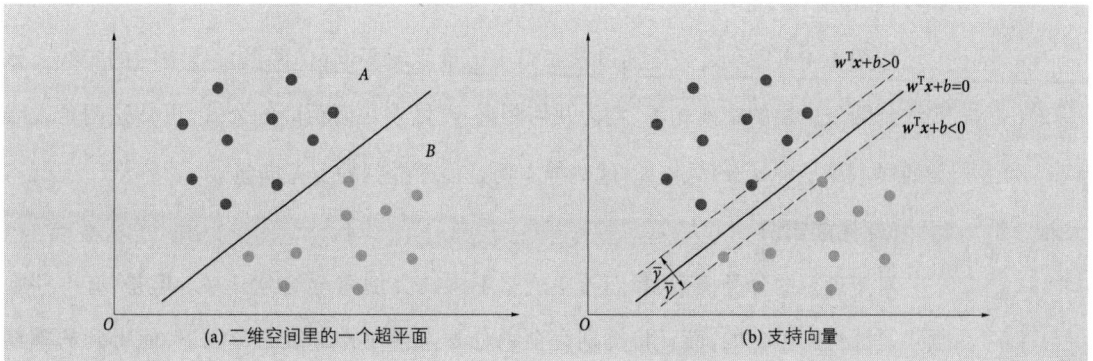

图 4.4　支持向量机主要思想示意图

者 -1,分别代表两个类别,我们要求得一个超平面,对特征空间中的样本进行分类。这个超平面的方程可以表示为

$$w^T x + b = 0 \qquad (4.10)$$

其中,$w = (w_1, w_2, \cdots, w_d)$ 为法向量,决定了超平面的方向;b 为位移项,决定了超平面与原点之间的距离。显然,超平面可以由法向量 w 和位移 b 确定。

如果超平面确定,则对于二分类问题,将 $w^T x + b > 0$ 的类别记为 1,即 $y = 1$,将 $w^T x + b < 0$ 的类别记为 -1,即 $y = -1$,显然对分类正确的样本 (x_i, y_i),有 $w^T x_i + b > 0$。这个值也称为**函数间隔**(functional margin,γ):

$$\gamma = y(w^T x + b) \qquad (4.11)$$

函数间隔的问题在于,当 w 和 b 同比例放大或缩小时,超平面不会发生变化,但是函数间隔却会发生改变,因此我们使用**几何间隔**(geometrical margin)来度量超平面与样本之间的距离。如图 4.5 所示,对于样本 x_i,假设其在超平面内的投影点为 x',x_i 到超平面的函数间隔为 γ_i。w 为超平面的垂直向量,是单位向量,根据向量的加法,可以得到 $x' = x_i - \gamma_i w / \|w\|$,其中 $\|w\|$ 表示范数;代入超平面方程 $w^T x + b = 0$,可以得到几何间隔($\bar{\gamma}_i$):

$$\bar{\gamma}_i = y_i \frac{w^T x_i + b}{\|w\|} \qquad (4.12)$$

为了使样本距离超平面尽可能地大,支持向量机算法优化的目标函数为 $\max \bar{\gamma}$,约束条件为 $\bar{\gamma}_i \geq \bar{\gamma}$。为了简化推导,令函数间隔 $\gamma = 1$,则目标函数转换为

$$\max \frac{1}{\|w\|} \quad \text{s. t. } y_i(w^T x_i + b) \geq 1, i = 1, 2, \cdots, m \qquad (4.13)$$

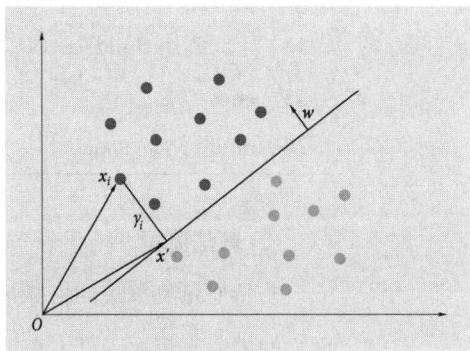

图 4.5　几何间隔示意图

此时,几何距离 $\bar{\gamma} = 1 / \|w\|$。

如图 4.4(b)所示,假设通过求解得出了最优超平面,即两条虚线中间的实线。该实线到两条虚线的距离相等,均为几何距离 $\bar{\gamma}$,代入几何距离的公式,可知这两条虚线上的样本满足 $y(w^T x + b) = 1$。这些样本便是前面提到的支持向量。

(3) 拓展知识

对于理想的分类模型,我们希望能将不同的类别完全划分开来。但是,有一些数据集是线性不可分的,而且将类别完全划分开来会在异常值的影响下,使得到的模型过拟合。为了缓解这些问题,引入了**核函数**(kernel function)和**软间隔**(soft margin)。

其中,核函数可以构造非线性支持向量机,常见的核函数有**高斯核**(Gaussian kernel)、**多项式核**(polynomial kernel)等。软间隔缓解了模型的过拟合问题,它允许样本分类有一定的错误,即允许一些样本跨越分类边界甚至超平面。

4. 神经网络

(1) 主要思想

神经元(neuron)是神经网络中最基本的单元,这一名称来源于大脑中称为神经元的细胞。神经元细胞通过树突接收其他神经元细胞发出的信号,对信号进行处理后,再通过突触将其传递给其他神经元。

神经网络中的神经元通过接收输入并产生输出结果来模拟神经元细胞的行为。神经元的基本结构如图 4.6 所示,神经元接收来自 k 个其他神经元的输入,这些输入经由带权重的连接形成神经元的总输入,神经元将接收到的总输入加上偏差 b 作为函数 $f(x)$ 的输入,得到的结果即为神经元的输出结果,函数 $f(x)$

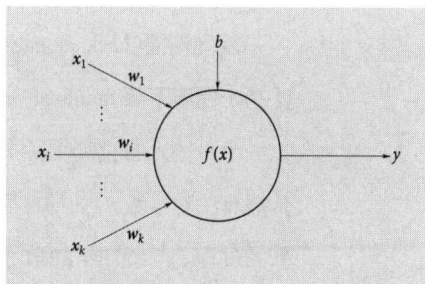

图 4.6　神经元示意图

被称为**激活函数**(activation function),常见的激活函数有 Sigmoid 函数、ReLU 函数等。

(2) 算法流程

在介绍神经网络前,我们先介绍**感知机**(perceptron)的概念。感知机即单个神经元,可以将感知机模型定义为 $f(x)=w^{\mathrm{T}}x+b$。感知机的学习目标是求得一个能够将数据集正样本和负样本完全正确分开的分离超平面。对于分类错误的样本 (x_i,y_i) 来说,有 $-y_i(w^{\mathrm{T}}x_i+b)\geqslant 0$,考虑所有分类错误的数据集 D,可以定义感知机的损失函数:

$$\ell(w,b)=-\sum_{x_i\in D}y_i(w^{\mathrm{T}}x_i+b) \tag{4.14}$$

可以通过最小化损失函数得到最终的模型参数。迭代优化是感知机常用的参数求解方法(即学习规则),在迭代过程中可以根据分类错误的样本更新模型参数 w 和 b:

$$w\leftarrow w+\eta x_i y_i,\quad b\leftarrow b+\eta y_i \tag{4.15}$$

其中,η 是学习率。可以通过迭代优化使得 $\ell(w,b)$ 不断减小,直到满足终止条件为止。

感知机可以解决线性可分问题,但是对非线性可分问题却束手无策。为了解决非线性可分问题,人们提出了具有多层神经元的神经网络。神经网络的学习能力比感知机强得多。直观地说,神经网络可以通过将多次线性分类组合起来解决非线性可分问题,线性可分问题和非线性可分问题示意图如图 4.7 所示。对于具有多层神经元的神经网络而言,感知机所具有的简单的学习规则显然不够,需要有更强大的学习算法。

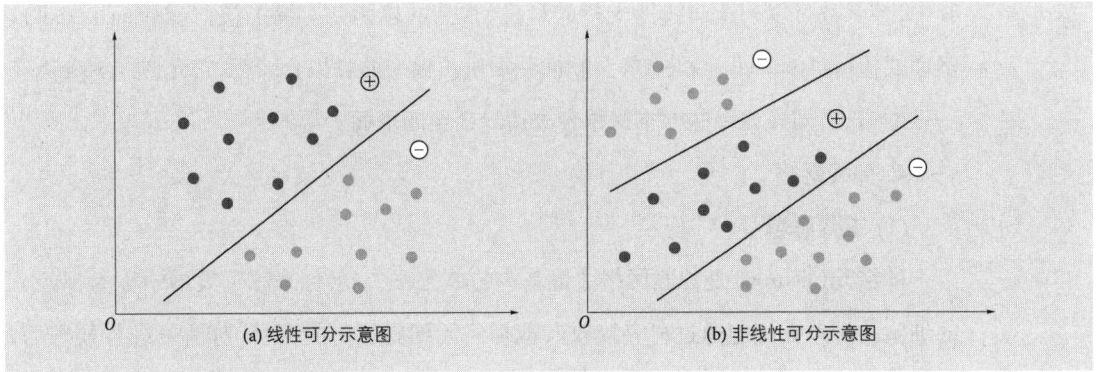

图4.7　线性可分问题与非线性可分问题示意图

反向传播(back propagation, BP)算法是神经网络中常用的误差传播算法。反向传播算法基于**梯度下降**(gradient descent)策略,根据目标函数的负梯度方向对参数进行调整。下面以一个由输入层、隐含层和输出层构成的三层神经网络为例(如图4.8所示),介绍利用反向传播算法对参数 $w_{m,j}$(即从隐含层第 m 个神经元到输出层第 j 个神经元的连接权值)进行更新的过程。与感知机的学习规则类似,反向传播算法也采用迭代优化的方法更新参数:

$$w_{m,j} \leftarrow w_{m,j} + \eta \nabla w_{m,j} \tag{4.16}$$

其中, $\nabla w_{m,j}$ 为目标函数的负梯度。具体而言,对于样本 $(\boldsymbol{x}_i, y_i)$ 的误差 E_i,目标函数负梯度的计算公式为

$$\nabla w_{m,j} = -\frac{\partial E_i}{\partial w_{m,j}} \tag{4.17}$$

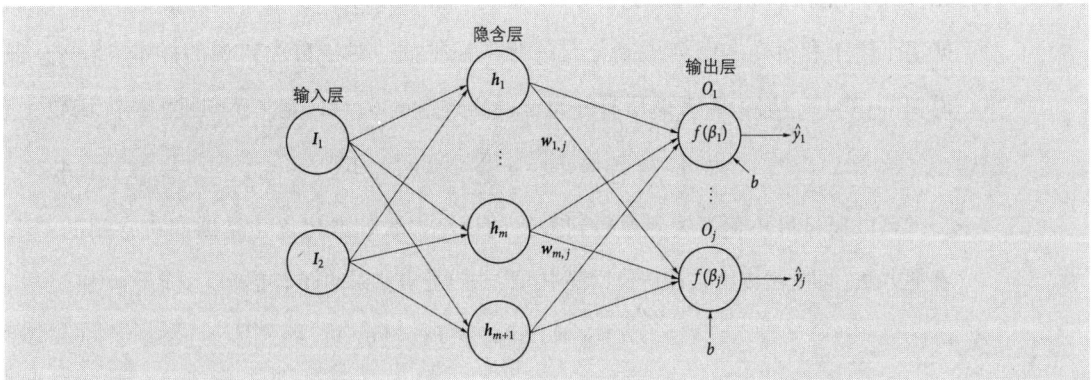

图4.8　神经网络示意图

根据链式法则,可以得到

$$\frac{\partial E_i}{\partial w_{m,j}} = \frac{\partial E_i}{\partial \hat{y}_{j,i}} \times \frac{\partial \hat{y}_{j,i}}{\partial \beta_j} \times \frac{\partial \beta_j}{\partial w_{m,j}} \tag{4.18}$$

其中, β_j 为输出层第 j 个神经元的输入; $\hat{y}_{j,i}$ 为输出层第 j 个神经元的输出,即 β_j 经过激活函数的计算所得到的输出。神经网络与感知机类似,误差 E_i 可以选择均方误差,激

活函数可以选择 Sigmoid 函数等。

(3) 拓展知识

从理论上说,参数越多的模型复杂性越高,可描述的特征也越多,也就意味着它能完成更复杂的学习任务。但在一般情形下,复杂模型的训练效率低,容易陷入过拟合。而随着技术的发展,计算机的计算能力大幅度提高,以**深度学习**(deep learning)为代表的复杂模型近些年来受到研究人员的关注。

卷积神经网络(convolutional neural network,CNN)由纽约大学的 Yann LeCun 等人于 1998 年提出,是一种常见的深度学习模型。卷积神经网络中有一个称为**卷积层**(convolutional layer)的独特结构,这将卷积神经网络和其他神经网络区分开来。卷积层通过共享参数,减少计算资源,在图像领域应用广泛。

递归神经网络(recurrent neural network,RNN)是另一种常见的深度学习模型。递归神经网络是一种特殊的神经网络,与传统的神经网络不同,它会保存隐含层的输出信息并将其应用于之后的计算,即隐含层的输入不仅包括当前的输入还包括之前时刻隐含层的输出。由于具有这种性质,递归神经网络特别适合处理序列数据,因此在自然语言处理、语音识别等领域有广泛的应用。

4.4　无监督学习概述

无监督学习是机器学习中不可忽视的组成部分。本节将介绍无监督学习的基本概念和主要特点,并讨论无监督学习模型在金融中的应用场景。

4.4.1　无监督学习的基本概念

监督学习可以帮助人们解决大数据建模中的许多问题,但是现实生活中人们时常会遇到这样的分类问题:由于缺乏足够的先验知识(或者完全没有先验知识),抑或由于难以进行数据标注(或者标注成本过高),样本并无标签。例如,某公司根据营销策略的要求,需要对潜在客户进行价值分类评估。然而这些客户都是潜在客户,并没有该公司相关产品的购买记录,因此该公司不能根据客户已购买产品的种类进行分类,只能根据其他客户的相关信息进行“分类”(聚类)。这种在样本无标签的情况下进行建模的过程,称为**无监督学习**(unsupervised learning)。

虽然在样本无标签的情况下建模是比较困难的,但是使用者仍希望通过无监督学习模型来揭示数据的性质和规律,或者为进一步的数据分析提供帮助。

4.4.2 无监督学习的特点

无监督学习最大的特点就是在样本无标签的情况下进行学习,就好像学生不知道题目的参考答案,要根据自己的理解进行学习。由于不能根据先验知识抽取样本的有关信息,无监督学习往往基于样本自身的特点,从分布密度和关联程度等方面分析数据,抽取数据的性质和规律。一方面,由于没有"参考答案"的帮助,无监督学习的能力有局限性;另一方面,由于没有"参考答案"的束缚,无监督学习可能会发现与众不同的数据性质和规律。

4.4.3 无监督学习在金融中的应用场景

无监督学习的两个典型任务——降维和聚类,在金融领域的诸多场景中均有应用。

降维是大数据建模中被频繁使用的技术之一。在大数据时代,海量高维数据虽然为模型提供了许多有价值的信息,但是也给数据的传输、存储和处理增加了额外的负担。例如,在大数据征信中,一条征信样本的特征维度达到上千个甚至上万个。直接使用这样的高维特征,会产生巨大的计算开销。此外,高维特征本身还可能存在缺失值和稀疏性等问题。因此,直接使用高维特征并不是一个合理的选择,降维可以在一定程度上解决这一问题,为接下来的模型构建提供帮助。

在金融应用场景中,样本无标签的情况也时常发生,如某公司开展新业务或者为新客户提供服务等场景。此时,聚类任务就可以在样本无标签的情况下进行分类。聚类任务的目标与分类任务一致,即区分两类或者多类数据。因此,聚类任务与分类任务一样,可以用于大数据征信、防欺诈和风险控制等。但是由于无监督学习场景中样本无标签,聚类算法不能借鉴先验知识,使用者往往利用异常值检测的思想,检测出异常的样本,进而区分样本的类别。聚类任务除了在样本无标签的情况下进行分类外,也可以为分类任务提供帮助。例如,某公司因营销的需要,准备对新客户的类别进行评估,但是该公司没有较好的客户类别标准作为参考,此时可以先对已有客户进行聚类,将聚类产生的每个聚类簇定义为一个类别,为无标签的样本赋予聚类的伪标签,然后再利用这些带有伪标签的样本进行分类。

4.5 无监督学习——聚类

无监督学习有两个典型的任务:降维和聚类。降维任务是指在保留数据有效特征的前提下,把数据从高维降低到低维。降维任务大多应用在数据预处理层面,由于本章的重点是模型构建与评价,因此不对其具体展开介绍。聚类任务与分类任务相似,也是对样本进行归类。不同的是,聚类任务需要解决样本没有标签的问题。

聚类(clustering)任务是无监督学习中的典型任务之一,也是无监督学习在金融领域的主要应用场景。本节将首先简单介绍聚类任务的基本概念,然后介绍聚类任务涉及的两个基本问题——性能度量和距离计算,最后介绍两种常见的聚类算法。

4.5.1　聚类任务的基本概念

聚类任务的目标和分类任务类似,它试图将数据集中的样本划分为若干个不相交的子集,一个子集称为一个**聚类簇**(cluster)。通过这样的划分,每个聚类簇都可能对应一些潜在的类别,如"高消费型客户"和"低消费型客户",以及"正常行为"和"欺诈行为"等。需要注意的是,聚类任务对这些类别的含义一无所知,聚类过程仅能自动形成聚类簇结构,聚类簇所对应的类别含义需要由使用者赋予。

> **定义 4.1　聚类任务**
>
> 对于包含 m 个无标签样本的数据集 $D = \{x_1, x_2, \cdots, x_m\}$,其中每个样本 $x_i = (x_{i,1}; x_{i,2}; \cdots; x_{i,n})$ 表示一个 n 维特征向量,定义:
>
> 聚类任务将数据集 D 划分为 k 个不相交的聚类簇 $\{C_i \mid i = 1, 2, \cdots, k\}$,满足
>
> $$C_i \bigcap_{i \neq j} C_j = \varnothing, \text{且} \bigcup_{i=1}^{k} C_i = D \qquad (4.19)$$
>
> 相应地,定义每个聚类簇的标签为 $y_j \in \{1, 2, \cdots, k\}$,即 $x_j \in C_{y_j}$。

笔记

如果把监督学习和无监督学习比作两个投资股票市场的股民,那么监督学习就是在基金经理指导下进行投资的股民 A,无监督学习就是根据自己的经验和理解进行投资的股民 B。股票市场的各类信息能够快速流到基金经理这边。一般来说,股民 A 在基金经理的建议下能够取得较好的收益,而股民 B 在信息滞后的情况下,往往收益很少。但股民"战胜"市场的情况时有发生,基金经理错判股市形势的情况也屡见不鲜。因此,不能简单地认为监督学习的效果优于无监督学习,只是两个模型适合不同的场景而已。

4.5.2　性能度量

虽然在无监督学习中,样本没有标签,难以直接用其评估聚类效果的好坏,但是我

086

们可以根据样本自身的属性构建性能度量。性能度量,一方面可以在不借助于样本标签的情况下评估聚类效果的好坏,另一方面可以直接作为聚类算法的优化目标函数,有助于得到理想的聚类效果。

聚类任务是将数据集中的样本划分为若干个不相交的聚类簇。总体而言,一个良好的聚类效果能够有效地区分各个聚类簇。从样本自身属性的角度出发,可以从两个方面来表示聚类效果良好。

① 每个聚类簇内部的样本聚合度较高,即簇内的相似度高。

② 各个聚类簇间的离散度较高,即簇间的相似度低。

据此可以构建不依赖样本标签的性能度量。以下为两种常见的聚类任务性能度量:

- **DB 指数**(Davies-Bouldin index,戴维斯-博尔丁指数,简称 DBI)

$$\text{DBI} = \frac{1}{k} \sum_{i=1}^{k} \max_{j \neq i} \left(\frac{d_{\text{avg}}(C_i) + d_{\text{avg}}(C_j)}{d_{\text{cen}}(C_i, C_j)} \right) \tag{4.20}$$

- **Dunn 指数**(Dunn index,邓恩指数,简称 DI)

$$\text{DI} = \min_{1 \leq i \leq k} \left[\min_{j \neq i} \left(\frac{d_{\text{min}}(C_i, C_j)}{\max_{1 \leq l \leq k} d_{\text{diam}}(C_l)} \right) \right] \tag{4.21}$$

其中,$d_{\text{avg}}(C_i)$ 表示聚类簇 C_i 中所有样本之间的平均距离,$d_{\text{cen}}(C_i, C_j)$ 表示两个聚类簇形心之间的距离,$d_{\text{min}}(C_i, C_j)$ 表示两个聚类簇中样本之间的最小距离,$d_{\text{diam}}(C_l)$ 表示聚类簇中两个样本之间的最大距离。显然,DB 指数越小,表示聚类效果越好;Dunn 指数越大,表示聚类效果越好。

在现实生活中,完全没有先验知识的情况较为罕见,我们可以利用参考模型对聚类效果进行评价。参考模型可以是基于有限先验知识产生的分类结果,也可以是其他算法产生的聚类结果。利用参考模型对聚类效果进行评价的性能度量一般称为外部指标,此类性能度量通过衡量聚类结果和参考模型的差距来评价聚类效果。在介绍常见的外部指标前,我们先对计算外部指标需要用到的参数进行定义。

定义 4.2　外部指标参数

对于数据集 D 中的样本 $\boldsymbol{x}_i$,聚类结果为 y_i,参考模型结果为 y_i^*,我们定义

$$a = |\text{SS}|, \text{SS} = \{(\boldsymbol{x}_i, \boldsymbol{x}_j) \mid y_i = y_j, y_i^* = y_j^*, i < j\}, \tag{4.22}$$

$$b = |\text{SD}|, \text{SD} = \{(\boldsymbol{x}_i, \boldsymbol{x}_j) \mid y_i = y_j, y_i^* \neq y_j^*, i < j\}, \tag{4.23}$$

$$c = |\text{DS}|, \text{DS} = \{(\boldsymbol{x}_i, \boldsymbol{x}_j) \mid y_i \neq y_j, y_i^* = y_j^*, i < j\}, \tag{4.24}$$

$$d = |\text{DD}|, \text{DD} = \{(\boldsymbol{x}_i, \boldsymbol{x}_j) \mid y_i \neq y_j, y_i^* \neq y_j^*, i < j\}. \tag{4.25}$$

根据以上定义,可以得到如下常用的外部指标。

- **Jaccard 系数**(Jaccard coefficient,雅卡尔系数,简称 JC)

$$JC = \frac{a}{a+b+c} \tag{4.26}$$

- **FM 指数**(Fowlkes and Mallows index,福尔克斯-马洛斯指数,简称 FMI)

$$FMI = \sqrt{\frac{a}{a+b} \times \frac{a}{a+c}} \tag{4.27}$$

- **Rand 指数**(Rand index,兰德指数,简称 RI)

$$RI = \frac{2(a+d)}{m(m-1)}, m \text{ 为样本数量} \tag{4.28}$$

显然,以上三种外部指标越大,表示聚类效果越好。

4.5.3　距离计算

距离计算是很多机器学习任务所使用的核心技术之一,聚类任务也不例外,其性能度量也涉及大量的距离计算。对于两个样本 $\boldsymbol{x}_1 = (x_{1,1}; x_{1,2}; \cdots; x_{1,n})$ 和 $\boldsymbol{x}_2 = (x_{2,1}; x_{2,2}; \cdots; x_{2,n})$,**闵可夫斯基距离**(Minkowski distance)提供了距离计算的一般形式:

$$d(\boldsymbol{x}_1, \boldsymbol{x}_2) = \left(\sum_{i=1}^{n} |x_{1,i} - x_{2,i}|^p \right)^{\frac{1}{p}} \tag{4.29}$$

当 $p=1$ 时,闵可夫斯基距离即**曼哈顿距离**(Manhattan distance),写作 $\| * \|_1$,也称为该距离向量的**第一范数**。

$$d(\boldsymbol{x}_1, \boldsymbol{x}_2) = \|\boldsymbol{x}_1 - \boldsymbol{x}_2\|_1 = \sum_{i=1}^{n} |x_{1,i} - x_{2,i}| \tag{4.30}$$

当 $p=2$ 时,闵可夫斯基距离即**欧几里得距离**(Euclidean distance)或简称为欧氏距离,写作 $\| * \|_2$,也称为该距离向量的**第二范数**。欧氏距离是最常用的距离计算,也可被简写作 $\| * \|$。

$$d(\boldsymbol{x}_1, \boldsymbol{x}_2) = \|\boldsymbol{x}_1 - \boldsymbol{x}_2\|_2 = \sqrt{\sum_{i=1}^{n} |x_{1,i} - x_{2,i}|^2} \tag{4.31}$$

当 $p \to \infty$ 时,闵可夫斯基距离即**切比雪夫距离**(Chebyshev distance),写作 $\| * \|_\infty$,也称为该距离向量的**无穷范数**。

$$d(\boldsymbol{x}_1, \boldsymbol{x}_2) = \|\boldsymbol{x}_1 - \boldsymbol{x}_2\|_\infty = \lim_{p \to \infty} \left(\sum_{i=1}^{n} |x_{1,i} - x_{2,i}|^p \right)^{\frac{1}{p}} = \max_i |x_{1,i} - x_{2,i}| \tag{4.32}$$

除了闵可夫斯基距离之外,把样本 $\boldsymbol{x}_1$ 和 $\boldsymbol{x}_2$ 视为两个向量,使用**余弦距离**(cosine distance)作为距离计算也是常用的方法。

$$d(\boldsymbol{x}_1, \boldsymbol{x}_2) = \cos\theta = \frac{\boldsymbol{x}_1 \cdot \boldsymbol{x}_2}{|\boldsymbol{x}_1| \times |\boldsymbol{x}_2|} \tag{4.33}$$

其中,$\boldsymbol{x}_1 \cdot \boldsymbol{x}_2 = \sum_i x_{1,i} x_{2,i}$ 表示两个向量的点积,$|\boldsymbol{x}_1| = \sqrt{\sum_i x_{1,i}^2}$ 表示向量 $\boldsymbol{x}_1$ 的模长。

4.5.4 常见的聚类算法

常见的聚类算法有划分法(如 k 均值聚类)、密度法(如 DBSCAN 算法、均值漂移算法)和模型法(如高斯混合聚类)等,在金融领域使用得较多的是划分法和密度法。下面介绍两种常见的聚类算法(即属于划分法的 k 均值聚类算法和属于密度法的均值漂移算法)的主要思想、算法流程以及拓展知识。

1. k 均值聚类算法

(1) 主要思想

正如前面介绍的那样,聚类任务的性能度量可以作为算法的优化目标函数。k 均值聚类(k-means)算法利用欧氏距离,构建如下目标函数:

$$\underset{}{\mathrm{argmin}} \sum_{i=1}^{k} \sum_{\boldsymbol{x} \in C_i} \|\boldsymbol{x} - \boldsymbol{\mu}_i\|^2 \tag{4.34}$$

其中,$\boldsymbol{\mu}$ 表示**聚类簇形心**(cluster centroid),k 均值聚类算法用聚类簇中所有样本的平均值来计算形心,即

$$\boldsymbol{\mu}_i = \frac{1}{|C_i|} \sum_{j=1}^{|C_i|} x_{i,j} \tag{4.35}$$

其中,$|C_i|$ 表示聚类簇内所有样本的个数,$x_{i,j}$ 表示第 i 个聚类簇内的第 j 个样本。根据目标函数(4.34)可知,k 均值聚类算法的目标是使每个聚类簇中所有样本到聚类簇形心欧氏距离的平方和最小化。直接求这个问题的最优解在计算上是非常困难的(NP 困难问题)。因此,k 均值聚类算法采用贪心策略,对目标函数进行近似迭代优化。

(2) 算法流程

为了解决目标函数(4.34)求解困难的问题,k 均值聚类算法对目标函数采用迭代优化的方法,在多个迭代周期中逐步逼近最优解。具体而言,每个迭代周期可以分为如下两个步骤。

① 聚类簇划分:将每个样本划归到离它最近的形心所在的聚类簇中。

② 聚类簇形心更新:根据划分的聚类簇,计算新的聚类簇形心。

在进入迭代周期之前,k 均值聚类算法进行初始化,将样本随机划分为 k 个聚类簇。k 均值聚类算法的具体流程如下所示。

Algorithm 2：k 均值聚类算法

Input：样本集 $D=\{x_1,x_2,\cdots,x_m\}$；聚类簇数为 k；

Output：聚类结果 $\zeta=\{C_1,C_2,\cdots,C_k\}$；

1　将样本集 D 随机划分为 k 个非空聚类簇；

2　**while** 聚类簇划分 ζ 发生变化 **do**

3　　**for** $i=1,2,\cdots,k$ **do**

4　　　计算聚类簇的形心 $\boldsymbol{\mu}_i$；

5　　**end**

6　　**for** $j=1,2,\cdots,m$ **do**

7　　　**for** $i=1,2,\cdots,k$ **do**

8　　　　计算样本 x_j 到 $\boldsymbol{\mu}_i$ 的距离；

9　　　**end**

10　　根据 x_j 到 $\boldsymbol{\mu}_i$ 的距离，将 x_j 划归到离其最近的聚类簇中；

11　　**end**

12　**end**

---

(3) 拓展知识

k 均值聚类是一种简单有效的聚类算法，在实际场景中应用广泛。但是众所周知，均值计算容易受极端值的影响，因而不能很好地描述聚类簇形心的客观情况，因此若干个基于改进聚类簇形心计算的算法被提出。

* k-median：用中位数替代均值，计算聚类簇形心。这种算法可以简单直观地缓解极端值所导致的聚类簇形心估计不准确的问题。

* k-modes：用众数替代均值，计算聚类簇形心。在样本具有离散特征的情况下，使用众数能够较好地估计聚类簇形心，解决均值易受极端值影响的问题。

* k-medoids：用离聚类簇内均值点最近的样本作为聚类簇形心。这种算法的主要目的是克服 k 均值聚类不能在样本空间为非凸集的情况下实现聚类的缺点。例如，在一个二维空间里，样本的分布情况如图 4.9(a) 所示。在图 4.9(a) 中，样本主要分布在两个部分：内部的实心圆和外部的圆环，其中实心圆为凸集，圆环为非凸集。由于实心圆和圆环的均值点都为圆心，所以 k 均值聚类算法不能很好地区分这两个部分，只能如图 4.9(b) 所示进行对半划分。作为对比，k-medoids 在这种情况下能够实现较好的聚类效果，如图 4.9(c) 所示。

2. 均值漂移算法

(1) 主要思想

从簇内相似度高、簇间相似度低的思想出发，基于密度的聚类算法将样本分布密度较大且连续的区域归为一个聚类簇,对不连续的区域进行划分。**均值漂移**(mean-shift)算法通过构建密度向量,寻找密度逐渐增大的地方,进而对样本进行聚类。

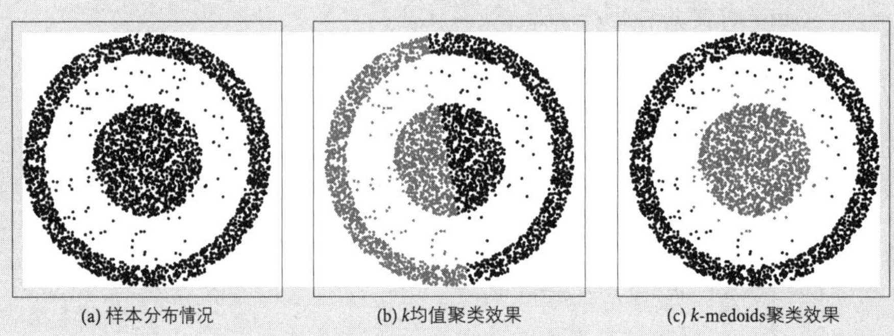

(a) 样本分布情况 　　　　　(b) k均值聚类效果 　　　　　(c) k-medoids聚类效果

图 4.9　非凸集样本空间的聚类

在构建密度向量之前,我们首先对 ε-邻域进行如下定义。

定义 4.3　ε-邻域

对于样本 x_i,定义它的 ε-邻域为

$$\lambda_\varepsilon = \{x_j \mid \|x_i - x_j\| \leqslant \varepsilon, j = 1, 2, \cdots, m\} \qquad (4.36)$$

如图 4.10(a)所示,在 ε-邻域内,可以得到若干个从邻域中心点出发到邻域中其他点的向量,这些向量被称为密度向量。密度向量的均值可以反映样本分布密度逐渐增大的方向。

$$v_i = \frac{1}{|\lambda_\epsilon|} \sum_{x_j \in \lambda_\varepsilon} (x_j - x_i) \qquad (4.37)$$

接着,把 ε-邻域的中心点沿着平均密度向量的方向移动,可以得到一个新的邻域中心点。如图 4.10(b)所示,均值漂移算法通过重复上述过程将 ε-邻域的中心点逐渐向样本分布密度较大的地方移动。当平均密度向量为零或者小于一定阈值时,上述过程终止,均值漂移算法找到了一个样本分布密度较大的地方。

(a) 密度向量 　　　　　(b) 漂移过程

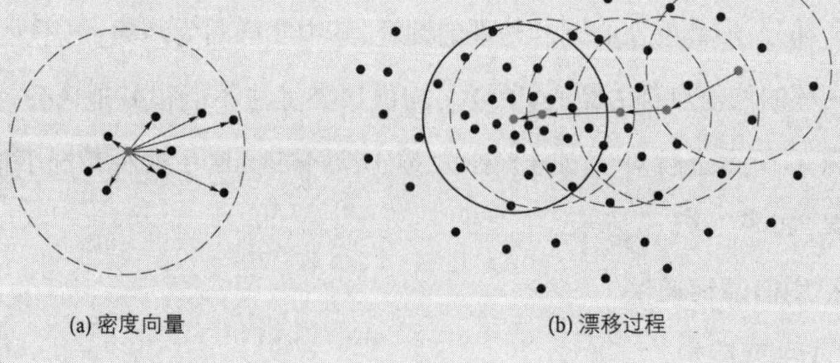

图 4.10　均值漂移示意图

(2) 算法流程

与 k 均值聚类算法不同,均值漂移算法无须事先给定划分的聚类簇的数量,它会自动根据样本分布密度情况进行聚类。均值漂移算法对 ε-邻域移动涉及的样本进行标记,并记录样本访问聚类簇形心的频数,最终每个样本都被划归到它访问频数最多的聚类簇中。均值漂移算法的具体流程如下所示。

Algorithm 3:均值漂移法

　　Input:数据集 $D = \{x_1, x_2, \cdots, x_m\}$;邻域半径为 ε;阈值为 σ;

　　Output:聚类簇划分 $\zeta = \{C_1, C_2, \cdots\}$;

1　**while** 数据集 D 中的样本没有被全部标记 **do**

2　　从数据集 D 中随机选择一个未被标记的样本作为 ε-邻域的中心点;

3　　**while** 平均密度向量大于一定的阈值 σ **do**

4　　　计算平均密度向量并更新邻域的中心点;

5　　**end**

6　　将邻域的中心点作为一个新的聚类簇形心;

7　　标记途中邻域内的所有样本,使其访问该聚类簇形心的频数+1;

8　　**if** 新的聚类簇形心和聚类簇划分中某聚类簇形心之间的距离小于一定的阈值 σ **then**

9　　　合并两个聚类簇,将样本访问这两个聚类簇形心的频数相加;

10　　**else**

11　　　将新的聚类簇形心加入聚类簇划分;

12　　**end**

13　**end**

14　根据聚类簇形心的访问频数,将数据集 D 中的所有样本划归到各个聚类簇中;

---

(3) 拓展知识

另一种著名的密度法聚类算法 DBSCAN 算法,也在金融风控等领域得到广泛应用。DBSCAN 算法的全称为**基于密度的带噪声空间聚类**(density-based spatial clustering of applications with noise)。

与均值漂移算法利用平均密度向量进行移动不同,DBSCAN 算法中没有聚类簇形心的概念。该算法将密度大的地方视为可连接,逐步向外扩展聚类簇。因此,DB-SCAN 算法不仅能够得到聚类结果,还能判断出异常值(即不属于任何一个聚类簇的样本)。

本章小结

本章主要介绍金融智能建模的基础知识。本章首先简单介绍了大数据建模的总体流程,包括建模目标制定、数据获取与分析、模型构建与评价和模型部署与维护 4 个步骤。其次,聚焦机器学习模型构建,介绍了监督学习和无监督学习的基础知识,以及它们在金融领域的相关应用场景。监督学习和无监督学习都是用于探索数据规律的算法,其目的都是从数据中挖掘有价值的信息,但是由于面对的应用场景不同,这两种算法采用不同的学习方法。对于监督学习,本章讲解了线性回归、决策树、支持向量机和神经网络 4 种可以用于分类与回归的算法。对于无监督学习,本章主要介绍了经典的聚类任务,讲解了 k 均值聚类算法和均值漂移算法两种基于不同思想的聚类算法。更多的细节可以参考机器学习相关材料。

习题

1. 结合本书的内容和实践经验,谈谈在海量数据场景中传统金融和智能金融的优劣。

2. 我国新一代人工智能发展规划对金融业意味着什么?新一代人工智能与金融业的结合点又在哪里?

3. 完成聚类与分类实验,实验要求及实验指南参见第五篇实验三。

第5章 金融智能建模进阶 1: 推荐系统

5

【开篇案例】

InCube 金融推荐系统

互联网时代带来了数据量的爆炸式增长,人们很难有效地从海量数据中找到所需要的信息,这就是信息超载问题。为了解决这一问题,推荐系统应运而生。推荐系统在电子商务、广告、金融等领域应用广泛,对于企业来说,精准的推荐能够有效提高用户的满意度和产品的销售量,从而带来巨大的商业价值。

InCube 是瑞士的一家金融公司,它利用用户交易行为、资产属性、金融产品特征等信息,为用户推荐可解释的理财产品。同时,利用用户的反馈信息,数据驱动的推荐系统能够为用户定制金融产品投资建议。

通过构建推荐系统,InCube 能够有效地将金融产品与用户进行匹配,使银行业的服务具有三大优势:一是能够动态地捕获用户需求的变化,二是能够对推荐的金融产品进行解释,三是能够及时地对新的金融产品进行推荐。

5.1 推荐系统概述

推荐系统是解决互联网领域信息超载问题的有效工具。本节将介绍推荐系统的设计、基础方法与分类以及推荐算法的评估。

5.1.1 推荐系统的设计

图 5.1 显示了一个典型的推荐系统框架,主要包括数据获取和推荐算法构建两个模块。数据获取模块主要收集与用户和物品相关的数据,包括用户行为数据、用户特征、物品特征、用户与物品的交互特征等。推荐算法构建模块主要负责提取用户和物品的特征并建模,对用户和物品的特征进行匹配,最后为用户呈现推荐列表。除了提

取数据的特征为用户服务外,推荐算法还应该结合商家的需求来确定设计目标,如实现对某种物品的营销等。

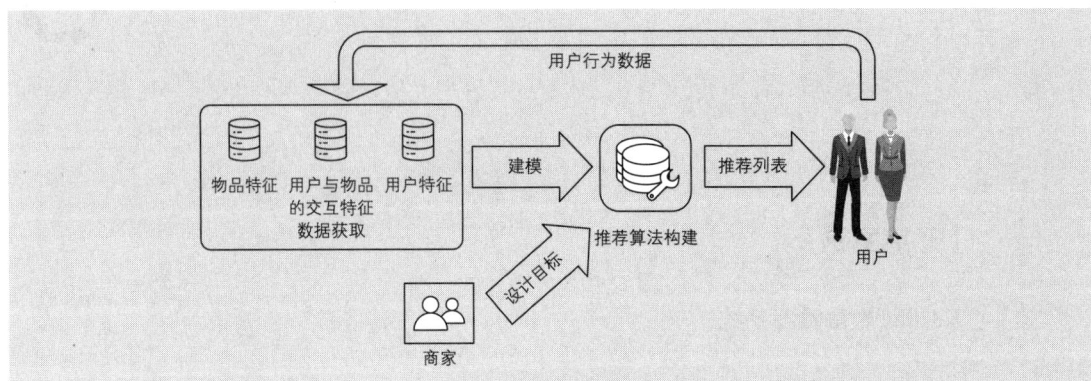

图 5.1 推荐系统框架

1. 数据

与用户和物品关联的数据是推荐系统的基础,数据按涉及对象的不同主要分为三类:物品、用户以及用户与物品的交互特征。

(1) 物品

物品是被推荐的对象,利用物品的特征进行推荐有利于提高物品与用户的匹配度。常见的反映物品特征的数据包括内容、属性等,如理财产品推荐场景中理财产品的类型、用户标签等。另外,在不同的应用场景中,物品的特定内容也是重要的数据,如图片推荐场景中图片本身的特征、音乐推荐场景中音频本身的特征等。

(2) 用户

根据用户特征进行建模是推荐系统的核心任务之一。描述用户特征的数据主要包括两个部分:用户行为数据和用户标签数据。用户行为数据包括用户的点击、收藏、购买、评分等方面的数据。用户标签数据包括用户的性别、年龄、学历、收入等属性信息。

(3) 用户与物品的交互特征

用户与物品的交互特征直接反映了用户的兴趣。常见的交互特征包括显式反馈和隐式反馈。显式反馈是指用户显式地表达对于物品的喜好,如对电影或服务的评分。隐式反馈是指用户对物品的喜好隐含在用户的行为,如点击、浏览等行为中。除此之外,用户与物品交互的情境数据也常用于提高推荐算法的实时性,如交互发生的时间、地点等。

2. 推荐系统设计的目标

对于商家而言,推荐系统的首要目标是提高产品销售量,增加利润。推荐系统的设计通常以并不明显的方式去实现这一目标。为了实现以增加收入为中心的业务目标，常见的推荐系统设计目标如下。

(1) 相关性

推荐系统最直接的目标是推荐与当前用户相关的物品。用户更倾向于与他们喜好的物品产生交互。例如，音乐软件根据用户的播放记录向其推荐音乐，能够提高用户对于该软件的认可度。再如，电子商务网站推荐相关性强的物品，有助于提高用户对该网站的满意度，同时精准的推荐还能够增加用户在该网站上的逗留时间，提高用户黏性。

(2) 多样性

推荐系统除了要满足相关性的要求外，还应该提高其推荐物品的多样性。推荐系统通常呈现给用户一个物品列表，当被推荐的物品非常相似时，会增大用户不喜欢这些物品的风险。此外，提高推荐物品的多样性，能够确保用户不会因为被重复推荐类似的物品而感到厌烦。例如，在奈飞（Netflix）网站上，用户可能不仅仅对喜剧电影感兴趣，可能还喜欢其他类型的电影。

(3) 新颖性

推荐场景中新物品层出不穷，提高推荐物品的新颖性能够给用户带来发现新事物的感觉。例如，新开了一家韩式餐馆，推荐的相关性目标要求能够及时对喜欢吃韩式料理的用户进行推荐。而喜欢日式料理的用户也可能喜欢韩式料理，为他们推荐韩式料理能够帮助用户探索新喜好。因此，提高推荐的新颖性既能够提高推荐的多样性，也能够帮助用户挖掘全新的喜好。

3. 形式化定义

实现推荐系统上述目标的关键，在于构造预测用户与物品关联度的函数。基于收集到的数据，可以将预测函数 f 定义为

$$f: F_u \times F_i \times F_{ui} \rightarrow \hat{R} \tag{5.1}$$

其中，F_u 表示与用户 u 关联的数据特征的集合，如用户资料；F_i 表示与物品 i 关联的数据特征的集合，如物品内容、属性；F_{ui} 表示与用户和物品交互特征关联的数据特征的集合，如评分、交互时间；$\hat{R}$ 表示用户和物品的相关性。

从设计预测函数 f 的角度，可以将推荐算法进一步形式化为以下两类问题。

(1) 评分预测问题

该问题假设训练数据集包含用户对物品的显式反馈，即反映用户对于物品喜好的评分数据，并基于观测到的评分预测用户对未交互物品的评分。如图 5.2 所示，基于

用户对物品的评分记录,可以得到一个不完全的矩阵,评分预测的任务是预测矩阵中的缺失值。这个问题也被称为矩阵补全(matrix completion)问题。

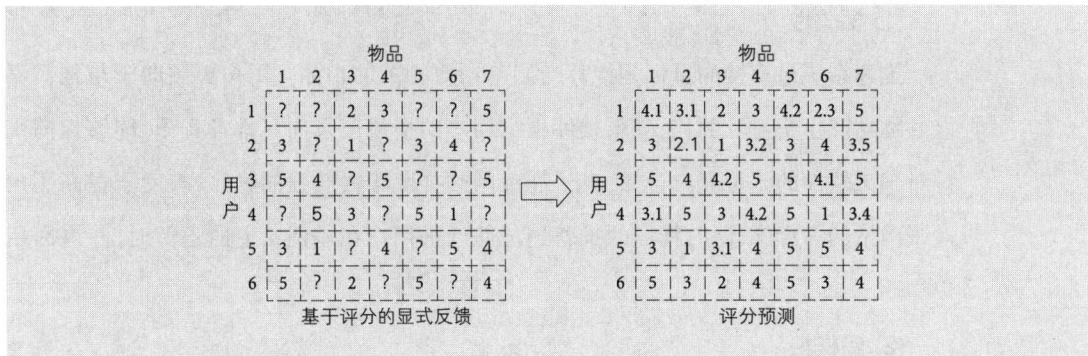

图 5.2 显式反馈下的评分预测问题

(2) Top-*N* 推荐问题

该问题的目标是利用收集到的数据针对用户未交互过的物品进行排序,生成一个包含 *N* 个物品的列表。Top-*N* 推荐的输入通常包括用户的浏览、点击、购买等方面的隐式反馈数据,不依赖用户的显式反馈。如图 5.3 所示,隐式反馈可以表示为一个 0-1 矩阵,用"1"表示用户与物品有交互,反之用"0"表示。Top-*N* 推荐输出物品的排序列表,因此用户与单个物品相关性分数的绝对大小并不重要。

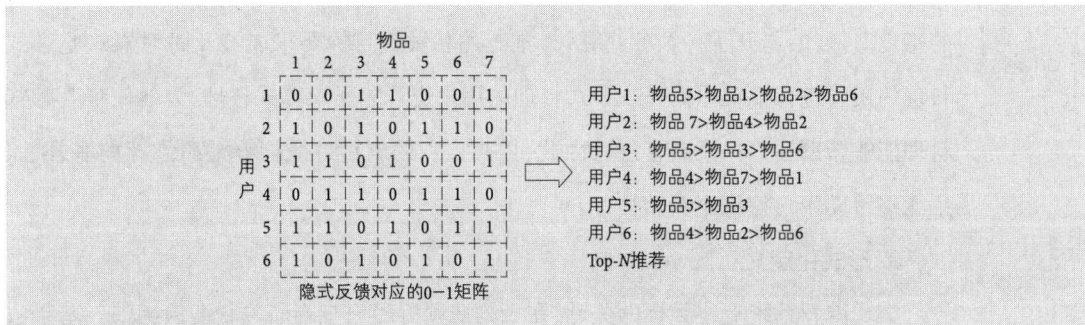

图 5.3 隐式反馈下的 Top-*N* 推荐问题

5.1.2 基础方法与分类

根据所使用数据和设计思想的不同,可以将主流的推荐算法分为协同过滤、基于内容的推荐、情境感知的推荐和混合推荐等。

1. 协同过滤

协同过滤的核心思想是利用用户与物品交互所反映的协同信息进行推荐。简言之,相似的用户可能喜欢相同的物品,相似的物品可能被同一用户喜欢。协同过滤主要使用两类用户与物品的交互数据:基于用户评分的显式反馈数据和基于用户点击等的隐式反馈数据。

协同过滤算法可以分为如下两类。

(1) 基于记忆(memory-based) 的方法

该方法在推荐时基于内存中存储(记忆)的数据集，直接查找与用户最相关的物品，并生成推荐列表。经典的方法如基于用户或物品邻域的协同过滤方法。

(2) 基于模型(model-based) 的方法

该方法需要预先训练一个参数化的模型，推荐时根据模型的计算结果得出推荐列表。常见的模型如矩阵分解和基于深度学习的方法。

协同过滤只使用用户的行为数据，不考虑用户和物品的属性或内容信息。该类算法面临数据稀疏和冷启动问题。数据稀疏是指系统只收集到用户与极少物品的交互数据，从而加大了抽取用户和物品之间协同信息的难度。冷启动是指难以对没有交互数据的新用户或新物品进行推荐。

2. 基于内容的推荐

基于内容的推荐的基本思想是利用物品内容之间的相似度进行推荐，物品内容包括物品的文本、图片等信息。例如，对于浏览过与推荐系统有关的文章的用户，向其推荐以推荐算法为主题的文章。基于内容的推荐不需要知道与被推荐物品关联的用户行为，因此不存在冷启动问题。另外，该类方法不依赖用户的标签数据，因此不需要利用涉及用户隐私的用户属性信息。然而，仅依赖物品内容之间的相似度的推荐结果缺乏新颖性，因此基于内容的推荐常常与协同过滤方法结合使用。

3. 情境感知的推荐

情境感知的推荐考虑用户与物品交互时的具体情境，它主要关注用户、物品与交互层面的数据，如用户的心情、意图等，用户与物品交互的时间、地点等。用户喜好通常受所处情境的影响。例如，用户对于新闻的喜好会随着时间的不同而发生变化：某用户在工作日的早晨愿意阅读时事新闻，在工作日的晚上倾向于了解股票信息，而在周末则更愿意阅读经济新闻或购物信息。情境感知的推荐能够满足用户在特定情境下的需要，也就是说，在合适的时间、合适的地点、合适的场合，为用户提供满足其喜好和意图的内容。

4. 混合推荐

上述方法利用不同的数据，从不同的角度构建推荐模型。这些方法各有优势，可以将这些方法组合或混合起来使用，以实现更好的推荐效果。在实际应用场景中，商用推荐系统很少只使用一种推荐算法。可以从三个角度构建混合推荐模型：数据层、模型层以及推荐结果层。从数据的角度，可以融合多源信息的特征，在此基础上构建推荐模型。从模型的角度，可以将多个模型结合起来，如将基于矩阵分解的协同过滤和基于深度学习的内容特征提取方法集成起来。从推荐结果的角度，可以将两种或多种推荐算法的推荐结果混合起来，从而得到最终的推荐列表。

5.1.3 推荐算法的评估

1. 评估方法

在将推荐系统投入使用之前，还需要通过实验对其进行评估，评估方法主要包括在线实验和离线实验两种方法。

(1) 在线实验

在线实验基于真实用户来对推荐系统的效果进行测试。A/B 测试（A/B test）是一种典型的基于对照实验的在线实验方法。A/B 测试如图 5.4(a) 所示，先按照一定的规则将用户划分为若干个组，然后针对不同组的用户使用不同的推荐算法，最后对不同组的评估指标进行比较，常见的评估指标如用户点击率（click-through rate，CTR）、产品销售量等。

在线实验虽然直观，能够直接体现推荐系统的效果，但是实现起来成本高、风险大。被测试的推荐算法如果实际效果差，则可能降低用户满意度，导致用户流失。因此，在进行在线实验之前，一般先利用离线实验对推荐算法进行初步评估。

(2) 离线实验

离线实验基于用户的历史交互数据对推荐算法进行评估。由于不需要真实用户参与，离线实验的成本较低。如图 5.4(b) 所示，离线实验与典型的算法参数调优的步骤类似，主要分为三步：将数据集划分为训练集与测试集，在训练集上训练推荐模型，在测试集上评估推荐模型。常见的数据集划分方法有按时间划分和随机划分两种，其中随机划分可以采取 k 折交叉验证的方式。为了训练推荐模型，通常还需要从训练集中划分出验证数据对参数进行调优。

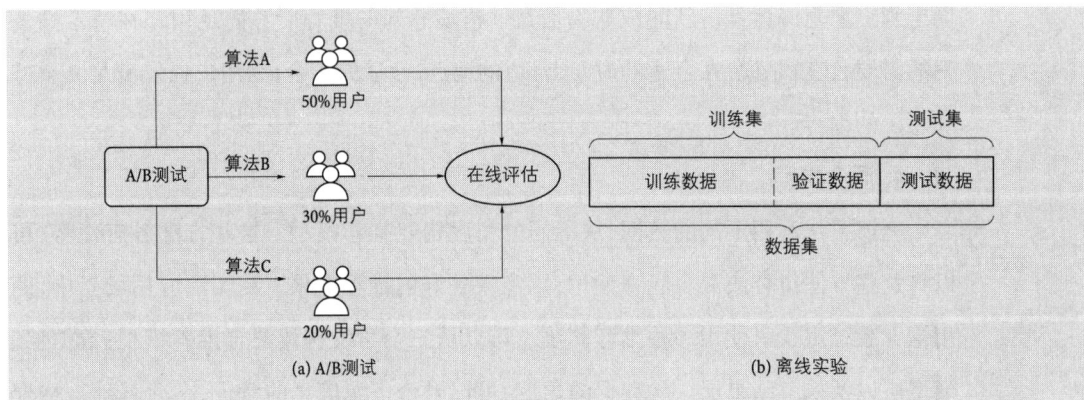

(a) A/B测试　　　　(b) 离线实验

图 5.4　推荐算法的评估方法

2. 评估指标

根据问题和评估目标的不同,可以使用不同的推荐算法评估指标。表 5.1 总结了不同问题中的推荐算法评估指标。

表 5.1　推荐算法评估指标

问题	评估指标
评分预测问题	均方根误差(RMSE)、均方误差(MSE)等
Top-N 推荐问题	精确率、召回率、归一化折损累计增益(NDCG)、平均精确率(AP)、平均倒数排名(MRR)等
其他	新颖性、多样性、覆盖率等

在评分预测问题中,通常基于预测评分和真实评分之间的差异来构建评估指标。常见的评估指标是均方根误差(root mean square error,RMSE),定义如下:

$$\text{RMSE} = \sqrt{\frac{1}{|T|} \sum_{(u,i) \in T} (\hat{r}_{ui} - r_{ui})^2} \tag{5.2}$$

其中, T 表示测试集, r_{ui} 表示测试集中用户 u 对物品 i 的真实评分, $\hat{r}_{ui}$ 表示推荐算法输出的用户 u 对物品 i 的预测评分。均方根误差衡量了用户评分预测值与真实值之间的标准差。

Top-N 推荐的目标是推荐用户喜欢的物品,且这些物品尽可能排在推荐列表的前面。相应地,Top-N 推荐的评分为基于分类的指标和基于排序的指标。基于分类的指标关注是否推荐了用户喜欢的物品,如精确率、召回率、曲线下面积(AUC)等。基于排序的指标关注用户喜欢的物品是否排在推荐表的前面,如平均精确率、归一化折损累计增益等。这里以精确率和平均精确率为例进行阐述。

(1) 精确率

精确率(precision)评估了"推荐的物品中有多少被用户喜欢"。针对用户 u 的精确率定义如下:

$$\text{precision}(u) = \frac{R(u) \cap T(u)}{|R(u)|} \tag{5.3}$$

其中, $R(u)$ 表示推荐给用户 u 的物品集合, $T(u)$ 表示测试集中用户 u 喜欢的物品集合。可见,精确率是指推荐列表中用户喜欢的物品在所有物品中所占的百分比。

(2) 平均精确率

平均精确率(average precision,AP)进一步考虑了推荐列表中用户喜欢的物品的排序位置。针对用户 u 的平均精确率定义如下:

$$\text{AP}(u) = \frac{1}{D} \sum_{i \in D} \frac{i}{\text{pos}(i)} \tag{5.4}$$

$D=|R(u)\cap T(u)|$ 表示推荐列表中用户 u 喜欢的物品（正样本）的集合，$\text{pos}(i)$ 表示物品 i 在推荐列表中的位置。

上述评估指标都是基于相关性评估推荐算法的，还可以从新颖性（novelty）、多样性（diversity）、覆盖率（coverage）等角度对推荐算法进行评估。以新颖性为例，可以将针对用户 u 的推荐列表 $R(u)$ 的新颖性定义为

$$\text{novelty}=1-\frac{\sum_{i\in R(u)}\text{pop}(i)}{|R(u)|} \tag{5.5}$$

其中，$\text{pop}(i)$ 表示物品 i 的流行度，与其被购买的总数成正相关。因此，推荐的物品的流行度越小，推荐的新颖性越高。该评估指标反映了推荐算法向用户推荐非热门物品的能力。

5.2 协同过滤

协同过滤（collaborative filtering，CF）是经典的推荐算法，利用用户与物品的交互特征挖掘用户间或物品间的相似度，并据此进行推荐。本节介绍基于邻域的协同过滤、基于矩阵分解的评分预测和面向隐式反馈的矩阵分解这三类基于协同过滤的推荐算法。

5.2.1 基于邻域的协同过滤

基于邻域的协同过滤先根据用户与物品的交互特征计算用户间的相似度或物品间的相似度，再基于用户间或物品间的相似度进行推荐。相应地，可以把基于邻域的协同过滤分为两类：基于用户邻域的协同过滤和基于物品邻域的协同过滤。无论是基于用户邻域的协同过滤，还是基于物品邻域的协同过滤，都包括两个关键步骤：① 计算相似度并构建邻域；② 基于相似度和邻域建立预测函数。

1. 基于用户邻域的协同过滤

基于用户邻域的核心思想是向目标用户推荐其他用户交互过的物品，这些用户与目标用户相似。用 $\boldsymbol{p}_u$ 和 $\boldsymbol{p}_v$ 分别表示用户 u 和用户 v 对各物品的评分。用 $\text{Sim}(\boldsymbol{p}_u,\boldsymbol{p}_v)$ 表示用户 u 和用户 v 间的相似度，用 $N(u,K)$ 表示根据用户间的相似度得到的与用户 u 近邻的 K 个用户的集合。

在评分预测问题中，通常采用皮尔逊相关系数计算用户间的相似度：

$$\mathrm{Sim}(\boldsymbol{p}_u,\boldsymbol{p}_v)=\frac{\sum\limits_{i\in S_{uv}}(r_{ui}-\bar{r}_u)(r_{vi}-\bar{r}_v)}{\sqrt{\sum\limits_{i\in S_{uv}}(r_{ui}-\bar{r}_u)^2\sum\limits_{i\in S_{uv}}(r_{vi}-\bar{r}_v)^2}} \tag{5.6}$$

其中，r_{ui} 和 r_{vi} 分别表示用户 u 和用户 v 对物品 i 的评分，$\bar{r}_u$ 和 $\bar{r}_v$ 分别表示用户 u 和用户 v 的所有评分的平均值，S_{uv} 表示用户 u 和用户 v 都进行过评分的物品的集合。如果将用户的评分看作随机变量，公式(5.6)中分子对应于两个用户评分之间的协方差，分母对应于两个用户评分的标准差的乘积。基于上述相似度和 K 近邻集合 $N(u,K)$，用户 u 对物品 i 的评分预测函数为

$$\hat{r}_{ui}=\bar{r}_u+\frac{\sum\limits_{v\in N(u,K)\cap J_i}\mathrm{Sim}(\boldsymbol{p}_u,\boldsymbol{p}_v)(r_{vi}-\bar{r}_v)}{\sum\limits_{v\in N(u,K)\cap J_i}|\mathrm{Sim}(\boldsymbol{p}_u,\boldsymbol{p}_v)|} \tag{5.7}$$

其中，J_i 表示对物品 i 进行过评分的用户的集合。

Top-N 推荐的输入主要是隐式反馈数据，通常采用雅卡尔(Jaccard)相似度计算用户间的相似度。用 $S(u)$ 和 $S(v)$ 分别表示用户 u 和用户 v 交互过的物品的集合，用户 u 和用户 v 间的雅卡尔相似度为

$$S_{uv}=\frac{|S(u)\cap S(v)|}{|S(u)\cup S(v)|} \tag{5.8}$$

其中，分子表示用户 u 和用户 v 都交互过的物品数量，分母表示用户 u 和用户 v 交互过的物品总数。基于该相似度，预测用户 u 对物品 i 的评分如下：

$$\hat{r}_{ui}=\sum_{v\in N(u,K)\cap J_i}S_{uv}r_{vi}\Big/\sum_{v\in N(u,K)\cap J_i}S_{uv} \tag{5.9}$$

其中，$N(u,K)$ 表示用户 u 的 K 近邻集合，J_i 表示与物品 i 交互过的用户的集合，r_{vi} 表示用户 v 对物品 i 的评分。

2. 基于物品邻域的协同过滤

在实际应用问题中，用户数通常远大于物品数，因此与基于用户邻域的协同过滤相比，基于物品邻域的协同过滤具有更好的扩展性。基于物品邻域的协同过滤的核心思想是推荐和与目标用户交互过的物品相似的其他物品。用 $\boldsymbol{q}_i$ 和 $\boldsymbol{q}_j$ 分别表示各用户对物品 i 和物品 j 的评分，用 $\mathrm{Sim}(\boldsymbol{q}_i,\boldsymbol{q}_j)$ 表示物品 i 与物品 j 间的相似度，用 $N(i,K)$ 表示基于物品间的相似度得到的与物品 i 近邻的 K 个物品的集合。

在评分预测问题中，物品 i 与物品 j 的皮尔逊相似度的计算公式如下：

$$\mathrm{Sim}(\boldsymbol{q}_i,\boldsymbol{q}_j)=\frac{\sum\limits_{u\in S_{ij}}(r_{ui}-\bar{r}_i)(r_{uj}-\bar{r}_j)}{\sqrt{\sum\limits_{u\in S_{ij}}(r_{ui}-\bar{r}_i)^2\sum\limits_{u\in S_{ij}}(r_{uj}-\bar{r}_j)^2}} \tag{5.10}$$

其中，S_{ij} 表示对物品 i 和物品 j 都进行过评分的用户的集合，r_{ui} 和 r_{uj} 分别表示用户 u 对物品 i 和物品 j 的评分，$\bar{r}_i$ 和 $\bar{r}_j$ 分别表示物品 i 和物品 j 得到的所有评分的平均值。如果将每个物品得到的评分看作随机变量，则公式（5.10）中分子对应于两个物品评分的协方差，分母对应于两个物品评分的标准差的乘积。基于物品间的相似度，用户 u 对物品 i 的评分预测函数为

$$\hat{r}_{ui} = \frac{\sum_{j \in N(i,K) \cap J_u} \mathrm{Sim}(\boldsymbol{q}_i, \boldsymbol{q}_j) r_{uj}}{\sum_{j \in N(i,K) \cap J_u} |\mathrm{Sim}(\boldsymbol{q}_i, \boldsymbol{q}_j)|} \tag{5.11}$$

其中，J_u 表示用户 u 进行过评分的物品的集合。

在 Top-N 推荐问题中，物品 i 和物品 j 间的雅卡尔相似度的计算公式为

$$S_{ij} = \frac{|S(i) \cap S(j)|}{|S(i) \cup S(j)|} \tag{5.12}$$

其中，$S(i)$ 和 $S(j)$ 分别表示与物品 i 和物品 j 有过交互的用户的集合。基于该相似度，预测用户 u 对物品 i 的评分为

$$\hat{r}_{ui} = \sum_{j \in N(i,K) \cap J_u} S_{ij} r_{uj} \Big/ \sum_{j \in N(i,K) \cap J_u} S_{ij} \tag{5.13}$$

其中，$N(i,K)$ 表示物品 i 的 K 近邻集合，J_u 表示与用户 u 交互过的物品的集合，r_{uj} 表示用户 u 对物品 j 的评分。

5.2.2 基于矩阵分解的评分预测

可以将用户与物品的交互表示为一个 $|U| \times |I|$ 的矩阵，其中 U 和 I 分别表示用户集合和物品集合。基于此，可以利用矩阵分解的思想得到用户和物品的向量，通过向量点积建立与矩阵元素的关联，捕获用户间和物品间的协同信息。

1. 隐因子模型

隐因子模型（latent factor model）将用户和物品映射到共同的向量空间，用向量点积计算用户与物品的相关性。用 $\boldsymbol{p}_u$ 和 $\boldsymbol{q}_i$ 表示 d 维向量，分别对应于用户 u 和物品 i。用 $\boldsymbol{P}$ 表示以用户向量为列向量所构成的矩阵，维度为 $|U| \times d$。类似地，用 $\boldsymbol{Q}$ 表示以物品向量为行向量所构成的 $|I| \times d$ 的矩阵。$\hat{r}_{ui} = \boldsymbol{p}_u^{\mathrm{T}} \boldsymbol{q}_i$ 表示预测的用户 u 对于物品 i 的评分。基于评分数据，隐因子模型最小化如下目标函数：

$$L = \frac{1}{2} \sum_{(u,i) \in S} (r_{ui} - \boldsymbol{p}_u^{\mathrm{T}} \boldsymbol{q}_i)^2 + \frac{\lambda}{2} (\|\boldsymbol{P}\|_F^2 + \|\boldsymbol{Q}\|_F^2) \tag{5.14}$$

其中，r_{ui} 表示用户 u 对于物品 i 的真实评分，S 表示观测到的评分所对应的用户-物品集合，λ 表示正则化系数，$\|\ \|_F$ 表示费罗贝尼乌斯（Frobenius）范式，对于 $m \times n$ 的矩阵

$$A, \|A\|_F = \sqrt{\sum_{i=1}^{m} \sum_{j=1}^{n} |A_{ij}|^2}。$$

为了训练上述模型，有两种常用的方法：随机梯度下降（stochastic gradient descent，SGD）法和交替最小二乘（alternating least squares，ALS）法。

随机梯度下降法每次随机采集一个样本，基于对应的损失函数和梯度更新参数，多次迭代直至收敛。给定样本 (u, i, r_{ui})，其对应的损失函数为

$$L_{ui} = \frac{1}{2}(r_{ui} - p_u^{\mathrm{T}} q_i)^2 + \frac{\lambda}{2}(\|p_u\|^2 + \|q_i\|^2) \tag{5.15}$$

对用户和物品向量的参数求梯度：

$$\frac{\partial L_{ui}}{\partial p_u} = -(r_{ui} - p_u^{\mathrm{T}} q_i) q_i + \lambda p_u \tag{5.16}$$

$$\frac{\partial L_{ui}}{\partial q_i} = -(r_{ui} - p_u^{\mathrm{T}} q_i) p_u + \lambda q_i \tag{5.17}$$

沿梯度下降的方向对参数进行更新：

$$p_u' = p_u - \eta \frac{\partial L_{ui}}{\partial p_u} \tag{5.18}$$

$$q_i' = q_i - \eta \frac{\partial L_{ui}}{\partial q_i} \tag{5.19}$$

其中，η 表示控制梯度下降步长的学习率。

交替最小二乘法是在经典的最小二乘法基础上构建的方法。上述隐因子模型存在两组未知参数，即 $|U| \times d$ 的用户矩阵 P 和 $|I| \times d$ 物品矩阵 Q。交替最小二乘法的思想是每次固定一组参数，再用最小二乘法去求解另一组参数，如此交替，直至收敛。

为了便于推导，将公式（5.14）中基于最小平方误差的目标函数以如下形式表示：

$$L = \frac{1}{2} \sum_{u \in U} \sum_{i \in I} w_{ui}(r_{ui} - p_u^{\mathrm{T}} q_i)^2 + \frac{\lambda}{2}(\|P\|_F^2 + \|Q\|_F^2) \tag{5.20}$$

其中，用 0 填充用户对物品没有评分的元素，此时 $r_{ui} = 0$；用 w_{ui} 表示用户是否对物品评过分，$w_{ui} = 1$ 表示用户 u 对物品 i 有评分，$w_{ui} = 0$ 表示用户 u 对物品 i 没有评分。固定用户矩阵参数 P，对物品向量求偏导得到：

$$\frac{\partial L}{\partial q_i} = (P^{\mathrm{T}} W^i P + \lambda I) q_i - P^{\mathrm{T}} W^i R_i \tag{5.21}$$

其中，W^i 是针对物品 i 的 $|U| \times |U|$ 的对角矩阵，$W_{uu}^i = w_{ui}$；I 表示单位矩阵；R_i 表示 $|U|$ 维向量，由所有用户对物品 i 的评分构成。求解 $\frac{\partial L}{\partial q_i} = 0$ 可得

$$q_i = (P^{\mathrm{T}} W^i P + \lambda I)^{-1} P^{\mathrm{T}} W^i R_i \tag{5.22}$$

类似地,固定物品矩阵参数 $\boldsymbol{Q}$,可以求得用户向量 $\boldsymbol{p}_u$ 的最优解为

$$\boldsymbol{p}_u = (\boldsymbol{Q}^{\mathrm{T}}\boldsymbol{W}^u\boldsymbol{Q}+\lambda\boldsymbol{I})^{-1}\boldsymbol{Q}^{\mathrm{T}}\boldsymbol{W}^u\boldsymbol{R}_u \tag{5.23}$$

其中,$\boldsymbol{W}^u$ 是针对用户 u 的 $|I|\times|I|$ 的对角矩阵,$\boldsymbol{W}_{ii}^u = w_{ui}$,$\boldsymbol{R}_u$ 表示 $|I|$ 维向量,由用户 u 对所有物品的评分构成。

2. SVD++模型

在隐因子模型的基础上,常见的变形是带偏差的模型。考虑到用户之间和物品之间的差异性,如一些用户的评分普遍较高而另一些用户的评分普遍较低,可以在评分预测中加入偏差:

$$\hat{r}_{ui} = b_u + b_i + \boldsymbol{p}_u^{\mathrm{T}}\boldsymbol{q}_i \tag{5.24}$$

其中,b_u 和 b_i 分别表示用户 u 和物品 i 的偏差。

除此以外,用户对物品的评分场景隐含地反映了隐式反馈信息,因为是否评分对应于用户是否与物品产生交互。因此,很容易从评分矩阵中得到一个表示隐式反馈的二值矩阵。结合隐式反馈信息,SVD++模型在用户向量中加入了与用户交互过的物品:

$$\hat{r}_{ui} = b_u + b_i + \left(\boldsymbol{p}_u + |J_u|^{-\frac{1}{2}}\sum_{j\in J_u}\boldsymbol{y}_j\right)^{\mathrm{T}}\boldsymbol{q}_i$$

其中,J_u 表示用户 u 评过分的物品的集合,若使用其他隐式反馈信息,J_u 也可以表示与用户有过交互的物品的集合;$\boldsymbol{y}_j$ 表示与用户交互过的物品的向量,它使用与针对评分矩阵的物品向量 $\boldsymbol{q}_i$ 不同的参数;为了减小向量之和的波动,用 $|J_u|^{-\frac{1}{2}}$ 来对 $\boldsymbol{y}_j$ 的和进行规范化处理。

5.2.3 面向隐式反馈的矩阵分解

用户评分能够直接反映用户的喜好,但有时难以获取。相比之下,用户的点击、浏览等方面的隐式反馈数据更容易获取,且数据量更大。与显式反馈不同,在隐式反馈场景中,用户与某一物品有过交互能够反映用户喜欢该物品,但用户与某一物品没有过交互未必表示用户不喜欢该物品。因此,隐式反馈只有正样本,而且由于数据的稀疏性,正样本数量极少。基于隐式反馈的推荐需要处理好正样本和负样本的关系。

1. 加权矩阵分解

为了解决隐式反馈场景中的正负样本分布不平衡的问题,人们在隐因子模型的基础上提出了加权矩阵分解(weighted matrix factorization,WMF),这种方法通过对正样本进行过采样(oversampling),最小化如下目标函数:

$$L = \frac{1}{2}\|\boldsymbol{W}\odot(\boldsymbol{R}-\boldsymbol{P}^{\mathrm{T}}\boldsymbol{Q})\|_F^2 + \frac{\lambda}{2}(\|\boldsymbol{P}\|_F^2 + \|\boldsymbol{Q}\|_F^2) \tag{5.25}$$

其中，R 表示用户与物品交互的 $|U|\times|I|$ 的二值矩阵，$\odot$ 表示矩阵之间按元素相乘。W 是一个 $|U|\times|I|$ 的权重矩阵，其中权重 w_{ui} 对应于采样概率。也可以将 w_{ui} 理解为置信度，若用户 u 与物品 i 之间存在交互，则可以使用较大的 w_{ui}，表示用户 u 喜欢物品 i 的置信度较高；反之，使用较小的 w_{ui}。常用的权重设置如下：

$$w_{ui} = 1 + \alpha r_{ui} \tag{5.26}$$

其中，α 是一个超参数。

加权矩阵分解可以基于随机梯度下降法或交替最小二乘法求解，其方法与训练隐因子模型类似。与随机梯度下降法相比，交替最小二乘法更容易通过并行来实现。因此，在并行环境中交替最小二乘法的扩展性很强，通常采用交替最小二乘法进行加权矩阵分解。

2. 贝叶斯个性化排序

贝叶斯个性化排序（Bayesian personalized ranking，BPR）是经典的基于隐式反馈的成对式（pairwise）排序学习方法。其假设相比于未交互过的物品，用户更喜欢交互过的物品。基于此构造由排序对构成的训练数据 $\Omega=\{<u,i,j>, i\in P_u \ \& \ j\in I/P_u\}$，其中，$I$ 表示所有物品的集合，P_u 表示与用户 u 交互过的物品的集合，I/P_u 表示未与用户 u 交互过的物品的集合，三元组 $<u,i,j>$ 表示用户对物品 i 的喜好排在对物品 j 的喜好之前。

为了基于训练数据 Ω 训练推荐模型，贝叶斯个性化排序假设 Ω 中的样本独立同分布：用户对物品 i 和 j 的喜好与其他用户及物品无关。用 θ 表示推荐模型的参数，用 $P(\theta|\Omega)$ 表示贝叶斯个性化排序最大后验概率，基于贝叶斯公式可得：

$$P(\theta|\Omega) = \frac{P(\Omega|\theta)\times P(\theta)}{P(\Omega)} \propto P(\Omega|\theta)\times P(\theta) \tag{5.27}$$

利用独立同分布假设，可以将 $P(\Omega|\theta)$ 分解为

$$P(\Omega|\theta) = \prod_{<u,i,j>\in\Omega} P(<u,i,j>|\theta) \tag{5.28}$$

$P(<u,i,j>|\theta)$ 表示用户 u 相比物品 i 更喜欢物品 j 的概率，贝叶斯个性化排序采用 Sigmoid 函数估计该概率：

$$P(<u,i,j>|\theta) = \sigma(\hat{r}_{uij}(\theta)) = \frac{1}{1+e^{-\hat{r}_{uij}}} \tag{5.29}$$

其中，$\hat{r}_{uij}(\theta)$ 表示基于推荐模型预测的用户 u 对物品 i 和 j 的评分差异。对于先验概率 $P(\theta)$，贝叶斯个性化排序假设参数 θ 服从均值为 0、协方差为 λI 的正态分布：

$$P(\theta) \sim N(0,\lambda I) \tag{5.30}$$

基于最大对数后验概率，将上述等式代入，贝叶斯个性化排序最大化如下目标函数：

$$\text{BPR-OPT} = \ln P(\boldsymbol{\theta} \mid \Omega) \propto \ln P(\Omega \mid \boldsymbol{\theta}) P(\boldsymbol{\theta})$$

$$= \sum_{<u,i,j> \in \Omega} \ln \sigma(\hat{r}_{uij}) + \ln P(\boldsymbol{\theta}) \propto \sum_{<u,i,j> \in \Omega} \ln \sigma(\hat{r}_{uij}) - \lambda \frac{\partial}{\partial \boldsymbol{\theta}} \|\boldsymbol{\theta}\|^2 \quad (5.31)$$

参数 $\boldsymbol{\theta}$ 的梯度的计算公式为

$$\frac{\partial \text{BPR-OPT}}{\partial \boldsymbol{\theta}} = \sum_{<u,i,j> \in \Omega} \frac{\partial}{\partial \boldsymbol{\theta}} \ln \sigma(\hat{r}_{ui}) - \lambda \frac{\partial}{\partial \boldsymbol{\theta}} \|\boldsymbol{\theta}\|^2$$

$$\propto \sum_{<u,i,j> \in \Omega} \frac{e^{\hat{r}_{uij}}}{1 + e^{-\hat{r}_{uij}}} \frac{\partial}{\partial \boldsymbol{\theta}} \hat{r}_{uij} - \lambda \boldsymbol{\theta} \quad (5.32)$$

随机选择一个样本 $<u,i,j>$，参数 $\boldsymbol{\theta}$ 可以基于随机梯度下降法进行更新：

$$\boldsymbol{\theta} \leftarrow \boldsymbol{\theta} + \eta \left(\frac{1}{1 + e^{\hat{r}_{uij}}} \frac{\partial}{\partial \boldsymbol{\theta}} \hat{r}_{uij} - \lambda \boldsymbol{\theta} \right) \quad (5.33)$$

其中,η 表示学习率。

在具体实现时,一般将用户对物品的评分差异 $\hat{r}_{uij}$ 定义为

$$\hat{r}_{uij} = \hat{r}_{ui} - \hat{r}_{uj} \quad (5.34)$$

其中,$\hat{r}_{ui}$ 和 $\hat{r}_{uj}$ 分别表示模型输出的用户 u 对物品 i 和物品 j 的评分。在矩阵分解模型中,$\hat{r}_{ui} = \boldsymbol{p}_u^{\text{T}} \boldsymbol{q}_i$,其中,$\boldsymbol{p}_u$ 和 $\boldsymbol{q}_i$ 分别表示用户 u 和物品 i 的向量。因此,在基于随机梯度下降法的参数更新中,$\frac{\partial}{\partial \boldsymbol{\theta}} \hat{r}_{uij}$ 的计算公式为

$$\frac{\partial}{\partial \boldsymbol{\theta}} \hat{r}_{uij} = \begin{cases} \boldsymbol{q}_i - \boldsymbol{q}_j, & \boldsymbol{\theta} = \boldsymbol{p}_u \\ \boldsymbol{p}_u, & \boldsymbol{\theta} = \boldsymbol{q}_i \\ -\boldsymbol{p}_u, & \boldsymbol{\theta} = \boldsymbol{q}_j \end{cases} \quad (5.35)$$

5.3 时空感知的推荐

时空信息是常见且容易获取的情境信息,使用时空信息有助于提高推荐算法的实时性。本节主要介绍如何在推荐算法中对时间和位置信息进行建模。

5.3.1 时序推荐

在真实的应用场景中,用户的喜好会随着时间的变化而变化。一方面,用户在不同的时间会关注不同的物品;另一方面,物品的流行度受时间因素的影响。

1. 基于衰减函数的时序推荐

该方法用于处理连续的时间变化所带来的影响。用 t_{ui} 表示与用户 u 对物品 i 的评

分关联的时间戳。推荐算法的任务是在未来的时间点 t_g 进行推荐。$w_{ui}(t_g)$ 是一个关于时间点 t_g 与 t_{ui} 之间间隔的衰减函数，借助于指数函数，将其定义为

$$w_{ui}(t_g) = \exp\left[-\lambda(t_g - t_{ui})\right] \tag{5.36}$$

λ 表示时间衰减参数，λ 的值越大，旧的评分对目标时间点的影响越低。衰减函数的核心思想是离目标时间点越远，函数的输出值就越小，对当前预测的影响也就越小。

利用衰减函数可以将时间信息融入基于邻域的协同过滤。以基于用户邻域的协同过滤为例，用户 u 在时刻 t_g 对物品 i 的预测评分的计算公式为

$$\hat{r}_{ui}(t_g) = \overline{r}_u + \frac{\sum\limits_{v \in P_u(i)} w_{vi}(t_g) \mathrm{Sim}(\boldsymbol{p}_u, \boldsymbol{p}_v)(r_{vi} - \overline{r}_v)}{\sum\limits_{v \in P_u(i)} w_{vi}(t_g) \, |\, \mathrm{Sim}(\boldsymbol{p}_u, \boldsymbol{p}_v)\, |} \tag{5.37}$$

其中，$P_u(i)$ 表示与用户 u 最相似的 k 个对物品 i 有过评分的用户。$\boldsymbol{p}_u$ 和 $\boldsymbol{p}_v$ 分别表示用户 u 和用户 v 对各物品的评分。$\mathrm{Sim}(\boldsymbol{p}_u, \boldsymbol{p}_v)$ 表示用户 u 和用户 v 间的相似度。可见，上述公式与一般的协同过滤方法不同的是利用时间信息对评分进行了加权。

2. 面向时间周期的时序推荐

除了连续的时间变化外，有些推荐场景中时间的影响体现在特定的时间段，如周末、冬季等。例如，在冬天和夏天推荐给用户的物品有所不同，针对"双十一"购物狂欢节的推荐和针对其他时间段的推荐存在差异。这些推荐场景具有周期性的特点，依赖特定的周期性事件或时间点。

面向时间周期的时序推荐方法分为两类：预过滤方法和后过滤方法。预过滤方法丢弃与特定时间段无关的数据。例如，将时间划分为{工作日、周末}，针对工作日和周末分别建立推荐模型。后过滤方法首先在忽略时间周期的基础上利用整体数据训练出一个模型，然后再基于时间周期调整模型输出的推荐列表。用 $\hat{r}_{ui}$ 表示基于所有数据预测的用户 u 对物品 i 的评分，则基于后过滤方法将评分调整为 $\hat{r}_{ui} \cdot P(u, i, C)$，其中，$P(u, i, C)$ 表示基于时间周期 C 计算得到的相关性权重。

3. 时序因子模型

上述方法都是以非参数的形式融合了时间信息，为了将时间信息参数化，时序因子模型把用户对物品的评分看成一个关于时间的函数。time-SVD++模型就是这类模型中的典型。在 SVD++模型的基础上，time-SVD++模型假设用户偏差、物品偏差和用户向量都是时间的函数，分别用 $b_u(t)$、$b_i(t)$ 和 $\boldsymbol{p}_u(t)$ 表示。time-SVD++模型预测用户 u 在时刻 t 对物品 i 的评分为

$$\hat{r}_{ui}(t) = b_u(t) + b_i(t) + \left(\boldsymbol{p}_u(t) + |J_u|^{-\frac{1}{2}} \sum_{j \in J_u} \boldsymbol{y}_j\right)^{\mathrm{T}} \boldsymbol{q}_i \tag{5.38}$$

其中，J_u 表示隐式反馈中与用户 u 交互过的物品的集合；$\boldsymbol{y}_j$ 和 $\boldsymbol{q}_i$ 分别表示针对隐式反

馈和针对评分矩阵的物品向量。随时间变化的用户偏差、物品偏差和用户向量设计如下。

(1) 用户偏差

将用户偏差 $b_u(t)$ 定义如下：

$$b_u(t) = K_u + \alpha_u \mathrm{dev}_u(t) + \varepsilon_{ut} \tag{5.39}$$

其中，K_u、α_u 和 ε_{ut} 是待训练的参数。K_u 表示用户评分不随时间变化的部分；ε_{ut} 表示用户评分随时间变化的部分，在特定的时间段使用相同的 ε_{ut}；$\mathrm{dev}_u(t)$ 捕获用户评分随时间 t 的变化：

$$\mathrm{dev}_u(t) = \mathrm{Sign}(t - \bar{r}_u) \left| t - \bar{r}_u \right|^\beta \tag{5.40}$$

其中，$\bar{r}_u$ 表示用户所有评分的平均值，β 是超参数，其值一般为 0.4。

(2) 物品偏差

将物品偏差 $b_i(t)$ 定义如下：

$$b_i(t) = C_i + \mathrm{Offset}_{i,\mathrm{Bin}(t)} \tag{5.41}$$

其中，C_i 表示物品不随时间变化的部分，$\mathrm{Bin}(t)$ 表示对时间的划分，$\mathrm{Offset}_{i,\mathrm{Bin}(t)}$ 表示物品 i 在时间段 $\mathrm{Bin}(t)$ 的流行度。SVD++模型在 Netflix 电影评分数据集上将时间划分为 30 个时间段，每个时间段对应连续 10 周。划分时间段是因为从长期看物品的流行度随时间变化很快，但从短期看却比较稳定。

(3) 用户向量

与用户偏差类似，将用户向量 $\boldsymbol{p}_u(t)$ 定义如下：

$$\boldsymbol{p}_u(t) = \boldsymbol{K}_u' + \boldsymbol{\alpha}_u' \mathrm{dev}_u(t) + \boldsymbol{\varepsilon}_{ut}' \tag{5.42}$$

其中，$\boldsymbol{K}_u'$、$\boldsymbol{\alpha}_u'$ 和 $\boldsymbol{\varepsilon}_{ut}'$ 表示待训练的向量参数。

基于随机梯度下降法训练 time-SVD++模型，训练目标是最小化预测评分和真实评分之间的差异：

$$\frac{1}{2} \sum_{(u,i) \in S} (r_{ui} - \hat{r}_{ui}(t))^2 + \lambda \|\theta\|^2 \tag{5.43}$$

其中，S 表示评分记录的集合；对于 $(u,i) \in S$，$\hat{r}_{ui}(t)$ 表示考虑了评分时间 t 得到的预测评分；θ 表示 time-SVD++模型所有模型参数的集合。

5.3.2 序列推荐

时序推荐关注绝对时间间隔或时间段，不考虑用户行为的顺序性。与此不同，序列推荐将用户行为看成一个离散序列。序列推荐在实际应用场景中很常见，如用户浏览网站时的点击序列。序列推荐的目标是基于用户与物品交互的序列关系预测用户的下一个行为。

1. 基于马尔可夫模型的序列推荐

将用户 u 的行为序列表示为 $(B_1^u, B_2^u, \cdots, B_t^u, \cdots)$，其中，$B_t^u$ 表示用户 u 第 t 次交互的物品，是所有物品的集合 I 的真子集，B_t^u 可能包含多个物品，被称为 basket（购物篮）。一般基于一阶马尔可夫模型构造序列推荐模型，假设 $p(B_t^u \mid B_1^u, \cdots, B_{t-1}^u) = p(B_t^u \mid B_{t-1}^u)$，即只考虑用户前后两次交互的状态转移矩阵。若以购物篮为单元，则购物篮可能是所有物品的集合 I 的任意子集，其对应的状态空间的大小为 $2^{|I|}$，因此难以估计状态转移矩阵。为此，可以构造基于物品的状态转移矩阵 $\boldsymbol{A}^u$，将状态数减少为 $|I|$，$\boldsymbol{A}^u$ 的大小为 $|I| \times |I|$，其元素为

$$a_{ij}^u = p(j \in B_t^u \mid i \in B_{t-1}^u) \tag{5.44}$$

表示在用户 u 上一次交互物品 i 的条件下，下一次与物品 j 交互的概率。基于所有用户的历史交互数据，可以通过最大似然函数估计该转移概率：

$$\hat{p}(j \in B_t^u \mid i \in B_{t-1}^u) = \frac{\hat{p}(j \in B_t^u \wedge i \in B_{t-1}^u)}{\hat{p}(i \in B_{t-1}^u)} \tag{5.45}$$

根据状态转移矩阵，可以基于给定的历史交互预测用户下一次与物品 j 交互的概率：

$$p(j \in B_t^u \mid B_1^u, \cdots, B_{t-1}^u) = \frac{1}{|B_{t-1}^u|} \sum_{i \in B_{t-1}^u} p(j \in B_t^u \mid i \in B_{t-1}^u) \tag{5.46}$$

每一个用户都对应于一个状态转移矩阵 $\boldsymbol{A}^u$，可以将所有用户的矩阵合并为一个三维张量 $\boldsymbol{A} \in [0,1]^{|U| \times |I| \times |I|}$。虽然上述方法实现了个性化推荐，但基于最大似然法的参数估计隐含地假设了不同用户的交互行为之间是相互独立的，忽略了用户间和物品间的协同信息，同时在实际应用场景中，用户的交互行为通常很稀疏，导致参数估计欠拟合。

为了考虑用户行为序列之间的协同信息，FPMC（factorized personalized Markov chains，因子化的个性化马尔可夫链）基于张量分解的思想进行建模，得到用户 u 在第 t 次交互时对物品 j 的评分：

$$\hat{r}_{u,t,j} = \boldsymbol{p}_u^{\mathrm{T}} \boldsymbol{q}_i + \frac{1}{|B_{t-1}^u|} \sum_{j \in B_{t-1}^u} \boldsymbol{v}_i^{\mathrm{T}} \boldsymbol{v}_j' \tag{5.47}$$

其中，$\boldsymbol{p}_u$、$\boldsymbol{q}_i$ 分别是表示用户 u 和物品 i 的向量，对应于用户与物品的交互矩阵部分；$\boldsymbol{v}_i$、$\boldsymbol{v}_j'$ 分别是表示下一次交互的物品 i 和上一次交互的物品 j 的向量，对应于物品与物品的状态转移矩阵。相应地，用矩阵 $\boldsymbol{P}$、$\boldsymbol{Q}$、$\boldsymbol{V}$ 和 $\boldsymbol{V}'$ 表示待估计的参数。

结合贝叶斯个性化排序的思想，FPMC 最大化如下的目标函数：

$$\sum_u \sum_t \sum_{j \in B_t^u} \sum_{j' \notin B_t^u} \ln \sigma(\hat{r}_{u,t,j} - \hat{r}_{u,t,j'}) - \lambda_\theta \|\theta\|^2 \tag{5.48}$$

其中,$j' \notin B_t^u$ 表示用户 u 没有在第 t 次与物品 j' 交互,λ_θ 表示正则化系数,$\theta = \{P, Q, V, V'\}$。与贝叶斯个性化排序中使用三元组表示用户对物品喜好的排序对比,FPMC 融合了时间信息,使用四元组 $<u, t, j, j'>$ 作为训练实例。

2. 基于递归神经网络的序列推荐

为了控制状态空间的大小,增强算法的扩展性,通常只使用一阶马尔可夫模型进行序列推荐,而没有考虑用户当前的喜好与其历史交互之间的关系。针对这个问题,可以将离散的状态空间连续化,构建基于递归神经网络的序列推荐模型。

递归神经网络(recurrent neural network,RNN)是一种专门处理序列数据的网络结构。如图 5.5 所示,与传统神经网络不同,递归神经网络依靠递归层对不同时间点的输入进行递归更新,以到达记忆历史信息的目的。在普通的单层递归神经网络中,时刻 t 的状态向量 $\boldsymbol{h}^{(t)}$ 的计算公式为

$$\boldsymbol{h}^{(t)} = g(\boldsymbol{W}_1 \boldsymbol{x}^{(t)} + \boldsymbol{W}_2 \boldsymbol{h}_{t-1} + \boldsymbol{b}_h) \tag{5.49}$$

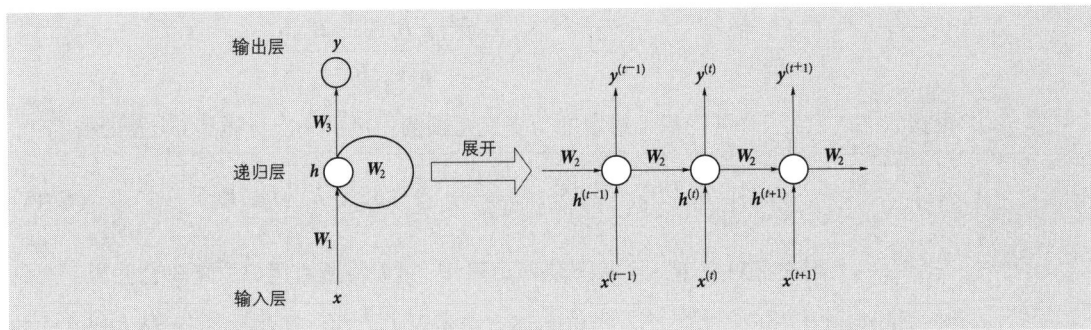

图5.5 单层递归神经网络的结构示意图

其中,$\boldsymbol{W}_1$ 和 $\boldsymbol{W}_2$ 分别表示输入层和递归层的权重矩阵,$\boldsymbol{b}_h$ 表示递归层的偏差向量,$g(\ )$ 表示激活函数,如 Sigmoid 函数、Tanh 函数等。$\boldsymbol{x}^{(t)}$ 表示时刻 t 的输入向量,在序列推荐场景中,需要先将用户第 t 次交互的物品转换为嵌入向量作为输入。基于状态向量 $\boldsymbol{h}^{(t)}$,递归神经网络在时刻 t 的输出为

$$\boldsymbol{y}^{(t)} = f(\boldsymbol{W}_3 \boldsymbol{h}^{(t)} + \boldsymbol{b}_o) \tag{5.50}$$

其中,$\boldsymbol{W}_3$ 和 $\boldsymbol{b}_o$ 分别表示输出层的权重矩阵和偏差向量,$f(\ )$ 表示预测函数。序列推荐的目标是预测用户的下一次交互,因此 $f(\ )$ 一般采用 Sigmoid 函数。相应地,矩阵 $\boldsymbol{W}_3$ 的列向量与物品对应,输出向量 $\boldsymbol{y}^{(t)}$ 中的元素表示用户与某一物品交互的概率。

一般通过随机梯度下降法训练递归神经网络模型,梯度的计算依赖沿时间的反向传播(back-propagation through time),其基本原理是先将递归神经网络按时间步展开,再通过传统的反向传播计算梯度。然而,当时间步数较大或较小时,传统的递归神经网络面临梯度消失或梯度爆炸的问题。当使用 Sigmoid 函数或 Tanh 函数作为激活函

数时,由于神经元的输出范围为 $[0,1]$ 或 $[-1,1]$,在进行反向传播时多个绝对值小于 1 的项链式相乘会导致梯度逼近零。使用 ReLU 函数作为激活函数可以避免梯度消失,但当权重参数过大时,多个绝对值较大的项链式相乘会导致梯度过大。

为了缓解梯度消失或梯度爆炸问题,可以使用长短期记忆(long short-term memory, LSTM)和门控递归单元(gated recurrent unit)对传统的递归神经网络的递归层进行改造。门控递归单元是长短期记忆的简化版,参数较少,常被用于序列推荐。门控递归单元的结构如图 5.6 所示。其中,重置门负责控制保留多少前一时刻的状态向量的信息,更新门负责控制加入多少当前时刻的候选状态向量的信息。通过门控结构,长短期记忆和门控递归单元都能够提高递归神经网络对长期记忆的捕获能力。

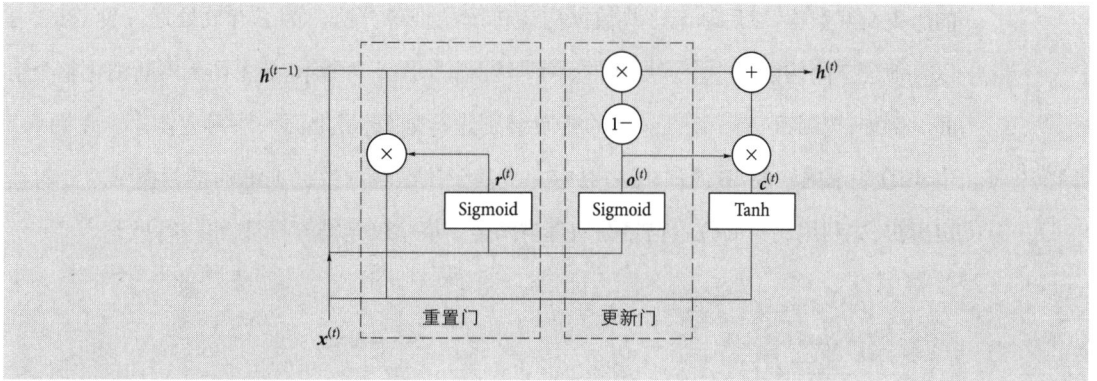

图 5.6　门控递归单元的结构示意图

5.3.3　基于位置的推荐

除了时间信息外,还可以利用位置信息增强推荐的实时性,特别是在移动互联网时代,用户可以随时随地通过移动设备接入互联网。例如,用户希望寻找附近合适的餐馆、酒店等。位置信息的处理包括位置信息的获取和利用。

1. 位置信息的获取

为了实现基于位置的推荐,要先获取用户的位置信息。常用的获取位置信息的方法有三类:隐式获取、推理获取和显式获取。其中,隐式获取位置信息的方法最为常用:可以利用全球定位系统(GPS)直接获取移动端用户的位置。推理获取位置信息的方法应用得也很广泛:根据用户移动设备的互联网协议(IP)地址、用户分享的位置标签、无线通信的基站位置信息等推理出用户的位置。除此之外,基于用户的选择或搜索记录,可以显式地获取其位置信息。

用户的位置会随着用户的移动实时地变化,因此针对某个时间点的位置进行推荐可能不准确。例如,用户乘车快速经过某一位置,针对该位置推荐的物品可能并不是用户所需要的。为此,应该关注用户驻留时间较长的区域,该区域称为驻留点。驻留点可以基于用户的移动轨迹计算。假设用户的移动轨迹为 $s_1 \to s_2 \to \cdots \to s_n$，则将驻留点定义为子轨迹 $s_i \to \cdots \to s_j$，并要求该轨迹满足：对于 $k \in [i,j]$，$\mathrm{dist}(s_k, s_{k+1}) < \delta$ 且 $\mathrm{int}(s_k, s_{s_{k+1}}) > \tau$，其中，$\mathrm{dist}(s_k, s_{k+1}) < \delta$ 限制了相邻两点的距离不超过 δ，$\mathrm{int}(s_k, s_{s_{k+1}}) > \tau$ 表示用户在某一位置驻留的时间超过 τ。

2. 用户位置信息的利用

基于位置的推荐假设用户的喜好具有区域性，即不同区域的用户具有不同的喜好，如湖南人喜欢吃辣、江浙人喜欢吃甜食。同时，在实际应用场景中，用户不太愿意移动得太远，即假设局部移动。例如，在浙江的湖南人不会为了吃一顿晚餐而回湖南。

为了利用用户的位置信息，可以采用预过滤方法。通过预过滤方法只保留当前位置的历史交互数据，然后基于这些数据构建传统的推荐算法。为了有效处理位置信息，可以将地理空间构建为一个多层级的金字塔模型，如图 5.7 所示，从上往下不断细化整个空间。例如，按国家-省-市-县-乡的行政级别进行划分，最上面一层对应国家。在图 5.7 中，CID 表示网格的 ID，每个网格对应一个基于该区域的数据训练的推荐模型。针对给定用户，先利用用户的位置信息在地理空间金字塔中确定推荐模型，再进行推荐。

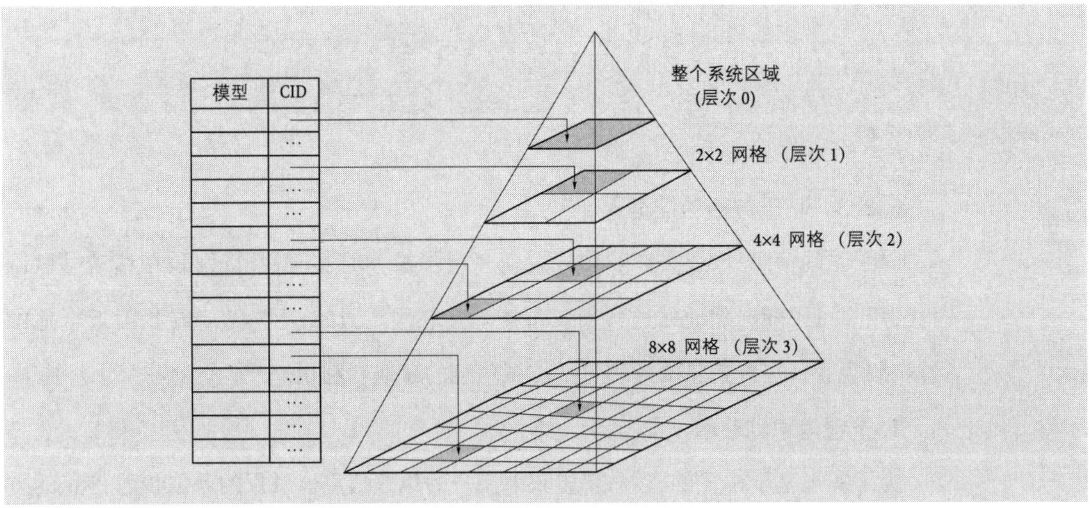

图 5.7 地理空间的金字塔模型

3. 物品位置信息的利用

除了用户位置信息外，还应考虑物品位置信息。例如，在酒店推荐场景中，距离用户近的酒店更容易受到用户的青睐。为此，可以通过惩罚项约束用户对不同位置物品的喜好。用 $\Delta(u,i)$ 表示用户 u 的位置与物品 i 的位置之间的距离，那么用位置信息对预测评分进行调整，调整后的评分 $\hat{r}_{ui}^{\Delta}$ 的计算公式如下：

$$\hat{r}_{ui}^{\Delta} = \hat{r}_{ui} - F(\Delta(u,i)) \tag{5.51}$$

其中，$F(\ )$ 表示关于距离 $\Delta(u,i)$ 的非递减函数。

5.4　基于特征融合的推荐

与协同过滤、矩阵分解类推荐算法只能凭借单一的数据不同，5.3 节介绍的基于位置的推荐方法使用了额外的位置信息。本节所要介绍的基于特征融合的推荐算法，则可以使用更多维度的特征数据，如用户的性别、年龄、收入等；物品的类别、价格、历史评价等；此外，时间特征、地域特征等也能作为特征数据被算法所利用。

基于特征融合的推荐算法，本质上就是通过统计方法寻求多维度特征数据与已知标签之间的数值关系，它使用统计量（特征）来描述实体对象，对统计量所服从的模型进行假设并根据已有的数据进行统计推断，然后应用得到的数值关系来预测未知标签。

5.4.1　基于特征融合的推荐算法框架

一个典型的基于特征融合的推荐算法框架如图 5.8 所示。该推荐算法的具体流程是，首先分别对用户、用户的历史行为和由平台所有内容构成的内容库进行建模，其次用统计方法根据这些模型生成合适的推荐内容，最后由推荐算法按照一定的策略生成推荐列表供用户选择，而用户的行为将被记录在数据库中供之后的推荐参考。

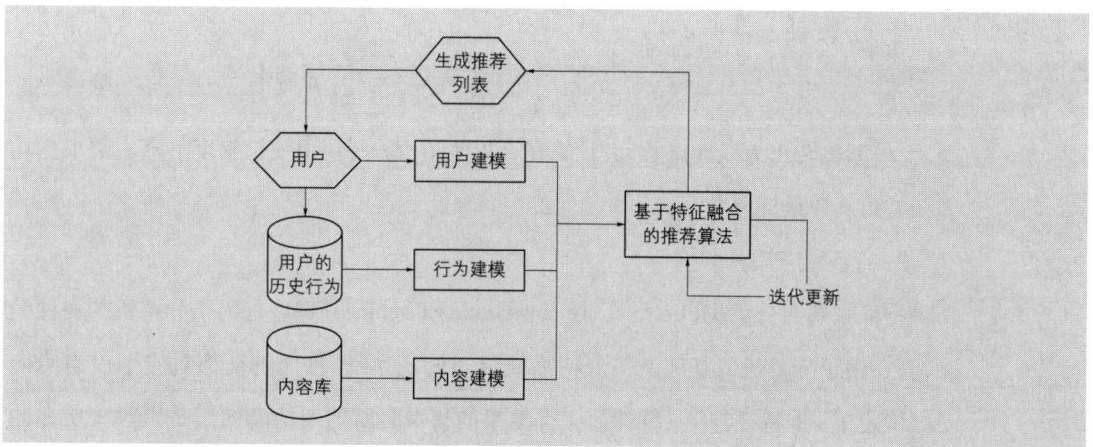

图 5.8　基于特征融合的推荐算法框架

推荐问题可以被很容易地转化为二分类问题，即判断用户 i 是否会选择某个物品 j。而因子分解机是典型的二分类问题求解模型，其通过假设由用户 i、物品 j 以及其他相关数据组成的特征向量 x 和结果 y 之间具有数值关系，并使用已有数据进行参数估计。即假设

$$y \approx \hat{y} = f(\boldsymbol{x}; \boldsymbol{\theta}) \tag{5.52}$$

并通过已有的数据来选择在评价准则下最合适的参数 $\boldsymbol{\theta}$（也称为模型参数），此后根据该参数来进行预测。

5.4.2 基于因子分解的推荐算法

1. 因子分解机

为了捕捉特征之间的高阶关系，能够捕捉二阶关系的因子分解机（factorization machine，FM）被提出。它同矩阵分解类推荐算法类似，引入了隐向量空间假设，其假设每个维度的特征都存在隐向量，而两个隐向量的乘积即为两个对应特征交叉结果（交叉特征）的权重，构建特征向量 $\boldsymbol{x}$ 和结果 y 之间的数值关系：

$$y \approx f(\boldsymbol{x}) = w_0 + \sum_{i=1}^{n} w_i x_i + \sum_{i=1}^{n-1} \sum_{j=i+1}^{n} w_{ij} x_i x_j, \quad \text{where } w_{ij} = <\boldsymbol{v}_i, \boldsymbol{v}_j> \tag{5.53}$$

其中，n 为特征数量；$\boldsymbol{x} = (x_1, x_2, \cdots, x_i, \cdots, x_n)$；$w_0$ 为偏差；$\boldsymbol{v}_i$、$\boldsymbol{v}_j$ 为第 i 维特征和第 j 维特征分别对应的隐向量，$\boldsymbol{v}_i = (v_{i1}, v_{i2}, \cdots, v_{ii}, \cdots v_{iK})$，$\boldsymbol{v}_j = (v_{j1}, v_{j2}, \cdots, v_{jj}, \cdots v_{jK})$，$K$ 为隐向量的维度；w_i 表示 i 维特征的权重，$w_i = (w_{i1}, w_{i2}, \cdots, w_{ii}, \cdots w_{in})$；$<,>$ 为向量点积运算。

该模型的二次项可以进一步化简为

$$\begin{aligned}
\sum_{i=1}^{n-1} \sum_{j=i+1}^{n} w_{ij} x_i x_j &= \frac{1}{2} \sum_{i=1}^{n} \sum_{j=1}^{n} w_{ij} x_i x_j - \frac{1}{2} \sum_{i=1}^{n} w_{ii} x_i^2 \\
&= \frac{1}{2} \left(\sum_{i=1}^{n} \sum_{j=1}^{n} \sum_{k=1}^{K} v_{ik} v_{jk} x_i x_j - \sum_{i=1}^{n} \sum_{k=1}^{K} v_{ik}^2 x_i^2 \right) \\
&= \frac{1}{2} \sum_{k=1}^{K} \left[\left(\sum_{i=1}^{n} v_{ik} x_i \right)^2 - \sum_{i=1}^{n} v_{ik}^2 x_i^2 \right]
\end{aligned} \tag{5.54}$$

至此，模型被转化为线性函数，其计算复杂度为 $O(Kn)$，利用随机梯度下降法最小化均方误差可求得最优参数。

2. 特征域感知分解机

特征域感知分解机（field-aware factorization machine，FFM）是因子分解机的变种模型，其在因子分解机的基础上引入特征域感知的概念，即每个特征都对应于一组隐向量。确定第 i 维特征与第 j 维特征交叉结果的权重时所选用的隐向量是由对方所在的特征域（特征域是对所有维度的特征的一个划分）决定的，因此该模型对特征关系的捕捉能力得到了进一步增强：

$$y \approx f(\boldsymbol{x}) = w_0 + \sum_{i=1}^{n} w_i x_i + \sum_{i=1}^{n-1} \sum_{j=i+1}^{n} w_{ij} x_i x_j, \quad \text{where } w_{ij} = <\boldsymbol{v}_i^{(j)}, \boldsymbol{v}_j^{(i)}> \tag{5.55}$$

其中，w_i 表示第 i 维特征的权重，$\boldsymbol{v}_i^{(j)}$ 表示第 i 维特征对应于第 j 维特征所在特征域的隐向量，$\boldsymbol{v}_j^{(i)}$ 表示第 j 维特征对应于第 i 维特征所在特征域的隐向量，模型的计算复杂

度为 $O(Kn^2)$。

尽管可以在因子分解机的基础上进一步进行特征交叉，使得模型能够捕捉三阶或更高阶的特征关系，但是相应的参数数量也会呈指数增长。而且虽然不同的特征之间存在关联，但是枚举所有可能的特征组合显然是低效的。近年来，注意力（attention）机制被广泛应用在自然语言处理、图像识别及语音识别等不同类型的深度学习任务中，而注意力分解机（attentional factorization machine，AFM）、深度兴趣网络（deep interest network，DIN）等模型便是在特征域感知分解机的基础上进一步引入了注意力机制，使得不同的特征能够对预测结果产生重要程度不同的影响，而且特征的重要程度可以通过模型从数据中自动习得。

5.4.3　基于树模型的推荐算法

尽管特征之间的二阶关系可以采用因子分解机这样的模型去捕捉，但是特征组合爆炸会产生大量低效甚至无用的交叉特征，使模型变得冗余且难以使用。而由专家人为地进行特征组合设计，则需要专家对不同的应用场景有深刻的认识，否则很难设计出高阶的交叉特征；而且针对应用场景的设计会使方案不具备通用性。因此，能否让模型根据已有的基础特征，通过自身的学习去总结出有效的高阶交叉特征及其权重，成为推荐算法乃至整个机器学习领域的研究热点。

1. 梯度提升决策树

由于建模函数 $f(\boldsymbol{x};\boldsymbol{\theta})$ 的目的是拟合给定特征 $\boldsymbol{x}$ 对应的标签 y，因此也可以用非参数形式的模型进行拟合，如采用决策树模型。梯度提升决策树（gradient boosting decision tree，GBDT）是一种基于集成思想的模型，该模型选用决策树，能够自动挖掘并选择有效的高阶交叉特征，因此被广泛使用。梯度提升决策树的基本思想就是用多棵层数较小的决策树依次去拟合数据，其中任何一棵决策树总是在拟合前面所有决策树剩余的残差数据。决策树根据信息增益或相似的概念来生成结点，这一特性使得越靠前的决策树对分类的贡献越大。因此，给定梯度提升决策树中决策树的数量，生成的决策树的叶结点是所对应的特征的有效高阶组合。

2. 多模型融合方式

基于梯度提升决策树 + 线性回归的融合模型，凭借梯度提升决策树来生成高阶的交叉特征，再在此基础上应用线性回归模型。

不同于梯度提升决策树直接将各个结点的值相加作为预测结果，基于梯度提升决策树 + 线性回归的融合模型用线性回归模型对高阶特征进行加权拟合，而且权重可以被学习，这使得模型的拟合能力进一步得到提升。图 5.9 所示的是该融合模型的结构。

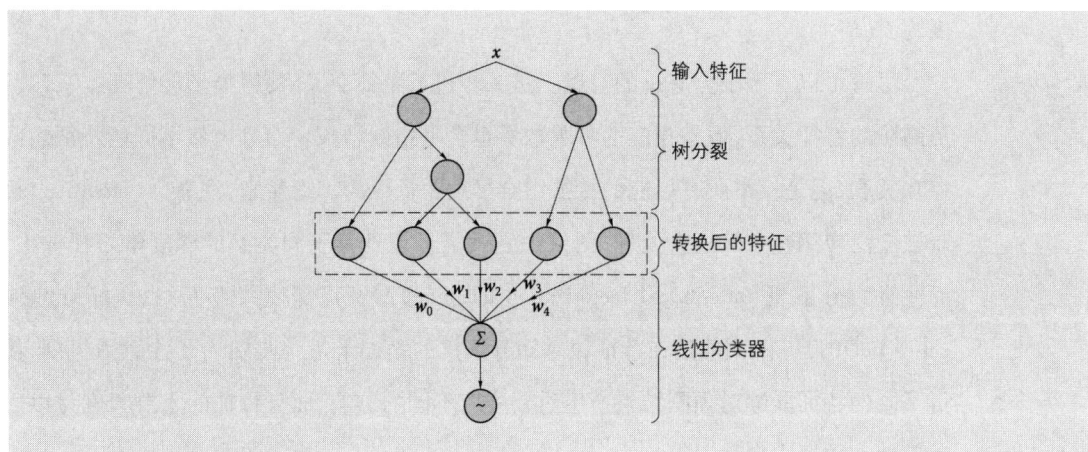

图 5.9　基于梯度提升决策树+线性回归的融合模型结构

其中,梯度提升决策树和线性回归模型是分开训练的。在预测时,先通过梯度提升决策树将基础特征转化为高阶特征,再输入线性回归模型得到预测结果。

梯度提升决策树在推荐领域的应用标志着特征工程模型化的开始,也意味着端到端的模型开始进入推荐领域。由于梯度提升决策树采用启发式生成方式使模型的生成速度受限,XGBoost、LightBGM 等改进模型被相继提出。

5.4.4　深度学习模型

近年来,深度学习凭借强大的非线性映射学习能力,可以在付出较小复杂度代价的同时尽可能地学习到最有效的高阶特征,因此被应用在自然语言处理、图像识别及语音识别等多种类型的任务中。在推荐领域,深度学习也有着深入的应用。

1. 神经协同过滤

协同过滤是利用用户对物品的喜好信息来实现个性化推荐的算法。随着深度学习研究的深入,沿用矩阵分解思想进行高阶特征学习的神经协同过滤算法——NeuralCF(neural collaborative filtering)模型被提出,它与传统协同过滤算法相比具有特征表征和计算上的优势。该模型的结构如图 5.10 所示。

矩阵分解类推荐算法为每一个用户和物品都生成一个隐向量,将用户和物品定位到隐向量的表示空间上,由于评分是对用户隐向量和物品隐向量进行点积操作所得到的相似度,因此表达能力有限。NeuralCF 模型则通过深度网络学习得到向量之间最佳的点积操作,从而提升了表达能力。因此,可将传统的矩阵分解类推荐算法视为NeuralCF 模型的特例。

嵌入(embedding)技术能够用低维稠密向量对一个对象进行编码,同时还能保留其含义,因此在深度学习中得到广泛应用。嵌入本身就是极其重要的特征向量。NeuralCF

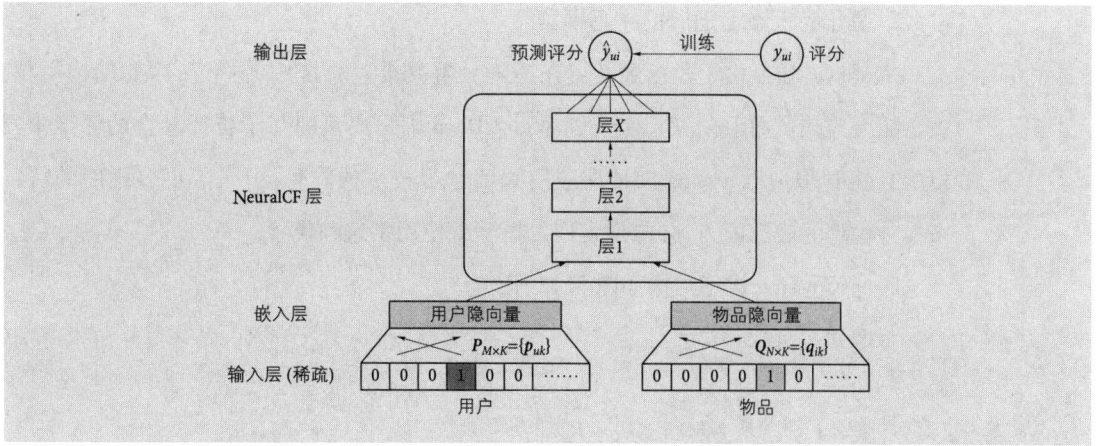

图 5.10　NeuralCF 模型结构

模型正是应用该理念，将用户和物品的特征向量（可以采用独热编码）作为输入，经过各自的嵌入层将稀疏的向量投影为稠密的向量，得到用户隐向量和物品隐向量，再通过神经网络学习得到一个能挖掘出用户和物品之间更深层次关系的函数。还可以将NeuralCF 模型扩展为两个乃至多个层次深浅和结构不同的网络联合学习模型，如广义矩阵分解（GMF）模型和多层感知机（MLP）模型。图 5.11 所示的为 GMF 模型和 MLP 模型融合的 NeuralMF（neural matrix factorization）模型结构。其中，左侧为 GMF 部分，右侧为MLP 部分，两者最后在 NeuralMF 层拼接起来，通过 Sigmoid 或 Softmax 函数进行预测。

NeuralMF 模型表明多个深浅不同的神经网络结合起来是有效的，但是与矩阵分解类推荐算法一样，其能力也是受到一定限制的。

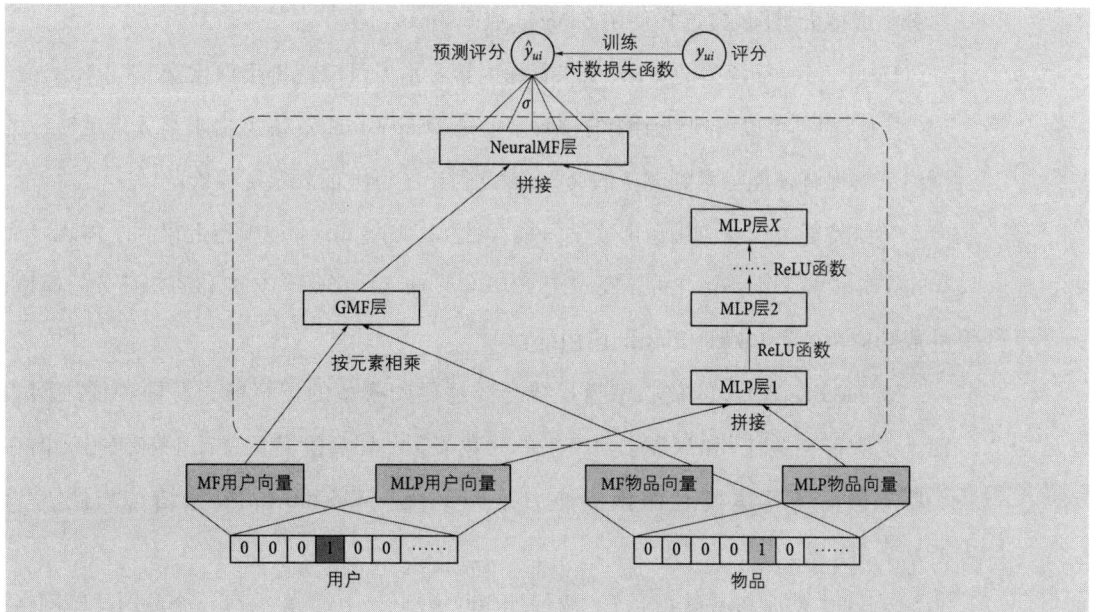

图 5.11　NeuralMF 模型结构

118

2. 基于特征融合的深度学习模型

NeuralCF 模型由于是深度学习在矩阵分解类推荐算法中的推广,因此结构简单,表达能力欠缺。而 Deep Crossing 和 Wide&Deep 则是典型的基于特征融合的深度学习模型。其中,Deep Crossing 模型在应用深度学习技术的同时,引入了更多维度的特征来提升模型的表达能力,必应搜索广告推荐就使用了这种模型。

Deep Crossing 模型结构如图 5.12 所示。

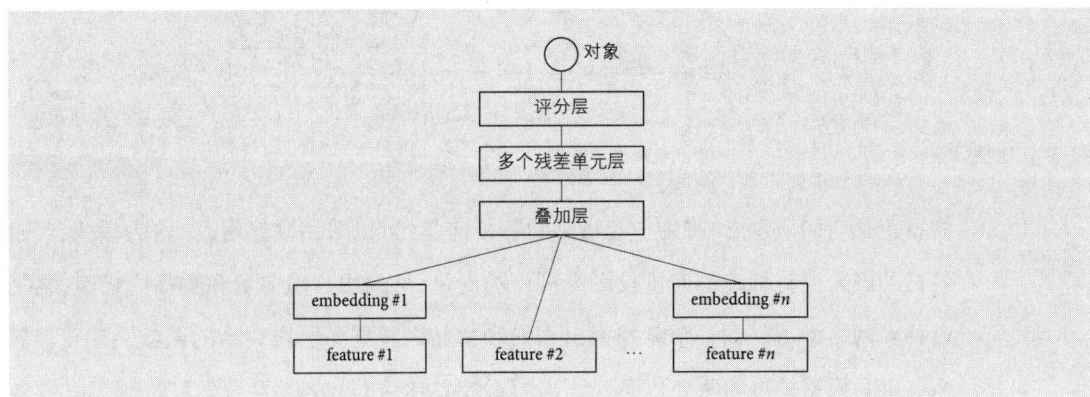

图 5.12　Deep Crossing 模型结构

该模型应用嵌入(embedding)技术对标签数据生成特征向量(如图 5.12 中的 feature #1,feature #n),对于数值数据则直接在叠加(stacking)层拼接使用(如图 5.12 中的 feature #2)。该模型还应用多层残差网络(multi-layer residual network)作为多层网络来进行特征交叉。最后评分(scoring)层作为模型输出层,通常根据不同的分类问题(如二分类或多分类问题)选择使用 Sigmoid 或 Softmax 函数。

Deep Crossing 模型的提出,意味着深度学习不但可以挖掘出深度交叉(deep crossing)特征,而且可以实现端到端的预测。但是 Deep Crossing 模型由于是凭借足够深的网络来确保特征能够得到充分的交叉,因此付出了巨大的复杂度代价。

多维特征可以被应用于深度学习推荐,这在 Deep Crossing 模型上得到了体现。而 Wide&Deep 模型则是由 TensorFlow 于 2016 年发布的一类用于分类和回归任务的模型,并成功应用到了 Google Play 的应用推荐中。

Wide&Deep 模型的核心思想是结合线性回归模型的记忆能力(即特征之间表面上的数值相关性)和深度学习模型的泛化能力(即高阶交叉特征能够挖掘出内在关联),从而使整体模型的预测能力达到最优。Wide&Deep 模型结构如图 5.13 所示。

实际上,Wide 部分就是一个广义线性回归模型,而 Deep 部分是一个前馈神经网络,由于深度学习模型需要的输入通常是连续的稠密特征,因此 Deep 部分先将稀疏高维的

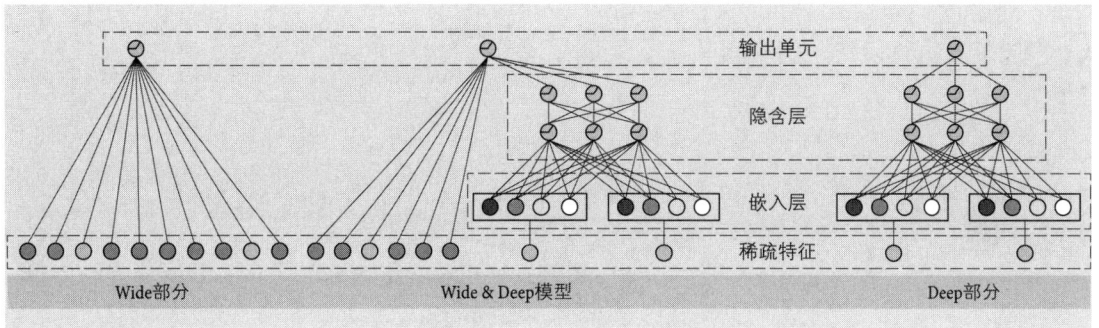

图 5.13　Wide&Deep 模型结构

类别特征经过嵌入层转换为低维的向量。在实际的应用场景中，Wide 部分的特征一般为对结果影响明显的特征，而 Deep 部分则载入需要进一步挖掘深度交叉信息的原始特征。

Wide&Deep 模型简洁且容易在工程上部署。此外，Wide&Deep 模型的提出给之后的模型设计带来了深远的影响，此后又出现了大量对 Wide 和 Deep 部分进行改进的模型。

本章小结

本章着重介绍金融大数据推荐系统的设计。首先，本章从经典推荐系统应用场景出发，阐述了推荐系统的设计目标和内容，并对常见的推荐算法及推荐算法评估方法和指标进行了介绍。其次，本章沿着推荐算法的发展脉络，讲述了协同过滤、时空感知的推荐及基于特征融合的推荐三大推荐方法，其中，协同过滤类推荐算法基于评分矩阵本身进行建模；时空感知类推荐算法则考量时序、序列和位置因素对推荐的影响；特征融合类推荐算法则引入更多维度的特征数据进行建模。三者既有递进关系，又各自发展为一派，在实际应用场景中，需要根据应用场景的特性，采用其中一种或多种推荐算法。

习题

1.　推荐系统可以应用于金融业的哪些场景？分析其在不同应用场景中所面临的技术挑战。

2.　结合某一具体的金融应用场景，谈谈如何构建推荐系统。

3.　完成推荐系统实验，实验要求与实验指南参见第五篇实验四。

第6章 金融智能建模进阶2: 知识图谱

【开篇案例】

同花顺智能投研系统

在数字化、信息化的浪潮下,公司的业务会面临一系列的问题,如数据查找难度大、数据变化快而难以追踪、缺乏完整的产业链框架以及新员工培训时需要学习大量的行业知识。这些问题是企业日常需要频繁面对且难以解决的。在解决这些问题的过程中,数据的准确性至关重要,如果数据不准确,很可能导致"差之毫厘,谬以千里"的结果。正如一句话所说的:"Garbage in,garbage out!"。

知识图谱技术是应对这一系列棘手问题的有效解决方案。知识图谱是一个能随时间自动更新的、准确的、全面的知识库。以同花顺智能投研系统为例,结合当前成熟的自然语言处理(natural language processing,NLP)和光学字符识别(optical character recognition,OCR)等技术,抽取及识别业界研究报告提到的行业因子,关联行业重点数据;同时自动化抽取并解析上市公司年报及股东大会公告中的重要事项;综合产业链上下游相关数据构建了产业链知识图谱。

在解决了行业棘手问题的同时,同花顺智能投研系统将产业链知识图谱作为一个关键模块融合到智能投研系统中。知识图谱模块可以为其他模块提供强力支撑,如进行公司盈利预测、生成投资组合等。

6.1 知识图谱概述

知识图谱描述了各种实体和实体之间的丰富关系,是构建金融科技服务的重要载体、技术与支撑要素。本节将对知识图谱的概念与发展历史进行介绍。

6.1.1 什么是知识图谱

知识图谱(knowledge graph,KG)是以图的形式表现客观世界中的实体(概念)及

122

其之间关系的知识库。可以将知识通过资源描述框架（resource description framework，RDF）表示为一种事实三元组的形式：（头实体，关系，尾实体）。

实体可以是客户世界中存在的对象，也可以是抽象的概念；关系则表示实体之间的关联；实体及其之间关系的语义描述包含定义良好的类型和属性。例如，（爱因斯坦，是……获奖者，诺贝尔奖）即表明实体"爱因斯坦"和"诺贝尔奖"之间的关系为前者是后者的获奖者。也可以将知识表征为一种有向图，其结点代表实体，边代表关系。如今，属性图已经被广泛使用，其中实体和关系都可以具有属性，如图6.1所示，实体与关系各自的属性分别用相应的文本描述。

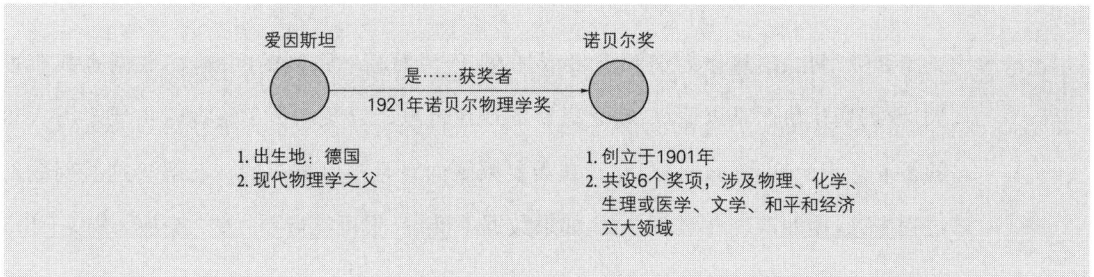

图6.1 知识图谱示例

术语"知识图谱"和"知识库"几乎是同义词，不过知识库更强调将知识整合到一起的过程，而知识图谱则更强调将知识用图的形式来表达。当考虑知识图谱的结构时可以将其视为一个图，当涉及形式和语义问题时又可以将其作为对事实进行解释和推理的知识库。

并非每个资源描述框架都是知识图谱。例如，将一组国家或地区的国内生产总值（GDP）数据表示为资源描述框架，此资源描述框架就不是知识图谱。数据的图表示通常很有用，在图化过程中并不需要数据的语义知识。例如，只需将字符串"意大利"与字符串"GDP/美元"和数字"1.95万亿"相关联，而无须定义一个国家或一个国家的"国内生产总值"。构成知识图谱的是链接和图，而不是用来表示数据的语言。并非每个知识库都是知识图谱。知识图谱的一个重要特征是实体描述相互链接，即一个实体的定义包括另一个实体。正是有了这种链接才构成了图。没有形式结构和语义结构的知识库，如关于软件产品的问答属于"知识基础"，并不是知识图谱。

6.1.2 知识图谱的发展和应用

知识图谱的概念起源于语义万维网（Web）。2000年，蒂姆·伯纳斯-李（Tim Berners-Lee）提出了语义万维网的理念，目标是为万维网网页添加语义，支持机器自动处理，以提供诸如信息代理、搜索代理、信息过滤等语义服务。此后，互联网逐步从仅包含网页与网页之间超链接的文档万维网，转变为包含大量描述各种实体和实体之间丰富关系的数据万维网。2005 年，Metaweb 公司成立，其主要开发用于提供语义万维网服务的开放共享的世界知识库。Metaweb 公司基于诸如维基百科、美国证券交易委员会等的公开数据集，抽取真实世界中的实体（人或事物）及其之间的关系，然后以图结构的形式存储在计算机中。2010 年 Metaweb 公司被谷歌收购。谷歌于 2012 年正式提出了知识图谱的概念，当时谷歌主要用知识图谱来优化其搜索引擎。谷歌将知识图谱应用于搜索引擎，可以优化搜索引擎，提高搜索质量，改善搜索体验。2014 年 8 月，谷歌启动了 Knowledge Vault 项目，该项目通过特定的算法自动从互联网中收集信息并将其合并为能够直接回答问题（例如"艾利斯出生于何处"）的知识库。Knowledge Vault 与知识图谱的不同之处在于，它是自动收集信息的，而不是依靠人类汇编的众包事实。知识图谱的发展和应用如图 6.2所示。

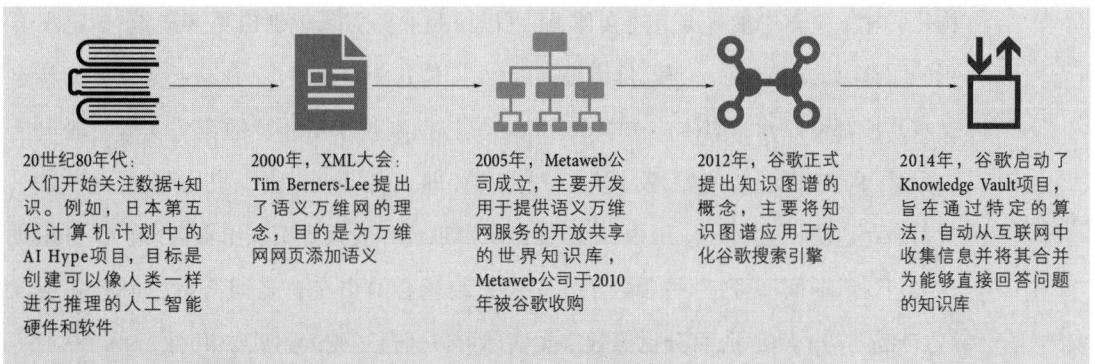

20世纪80年代：人们开始关注数据+知识。例如，日本第五代计算机计划中的 AI Hype项目，目标是创建可以像人类一样进行推理的人工智能硬件和软件

2000年，XML大会：Tim Berners-Lee 提出了语义万维网的理念，目的是为万维网网页添加语义

2005年，Metaweb公司成立，主要开发用于提供语义万维网服务的开放共享的世界知识库，Metaweb公司于2010年被谷歌收购

2012年，谷歌正式提出知识图谱的概念，主要将知识图谱应用于优化谷歌搜索引擎

2014年，谷歌启动了 Knowledge Vault项目，旨在通过特定的算法，自动从互联网中收集信息并将其合并为能够直接回答问题的知识库

图 6.2　知识图谱的发展和应用

　　值得一提的是，人们早在 20 世纪 80 年代就开始关注数据+知识，即如何将数据与知识组合起来。在此过程中，最著名的是日本第五代计算机计划中的 AI Hype 项目。AI Hype 项目的目标是创建可以像人类一样进行对话、翻译语言、解释图片等推理的人工智能硬件和软件。该项目以逻辑编程为基础，将逻辑和数据结合起来。日本的 AI Hype 项目引发了全球性的竞争。例如，美国微电子和计算机技术公司（MCC）、欧洲计算机研究中心（ECRC）以及英国阿尔维（Alvey）计划相继成立或启动。在 20 世纪 80 年代和 90 年代，美国微电子和计算机技术公司在硬件和软件方面都是重要的研究中心。例如，其 Cyc 项目旨在创建世界上最大的常识知识库，将知识编码成机器可用的形式，以使应用程序具有和人相似的推理能力。

6.2 知识图谱的构建

上一节阐述了知识图谱的相关概念与历史发展,本节将着重介绍知识图谱构建所涉及的重要技术:命名实体识别、知识图谱嵌入、知识图谱的建模与存储、金融知识图谱的构建。

6.2.1 命名实体识别

1. 命名实体

命名实体识别(named entity recognition,NER)是自然语言处理中的一项基础任务,同时也是关系抽取、事件抽取、知识图谱、机器翻译、问答系统等诸多自然语言处理任务的基础。命名实体一般是指文本中具有特定意义或者指代性较强的实体,通常包括人名、地名、组织机构名、日期、时间、专有名词等。命名实体识别系统不仅可以从非结构化的输入文本中抽取出上述实体,还可以按照业务需求识别出更多指定/预定义类别的实体,如产品名称、型号、价格等。因此,实体这个概念很广,凡是业务需要的特定文本片段都可以称为实体。在学术上命名实体识别技术所涉及的命名实体一般包括三大类(即实体类、时间类、数字类)和七小类(即人名、地名、组织机构名、时间、日期、货币、百分比)。在实际应用中,命名实体识别系统一般只要识别出人名、地名、组织机构名、日期、时间即可,一些命名实体识别系统还会给出专有名词结果(如缩写、会议名、产品名等)。货币、百分比等数字类实体可以通过正则表达式来识别。

2. 命名实体识别的关键技术

命名实体识别的关键技术有实体抽取、关系抽取和属性抽取。

(1) 实体抽取

实体抽取是指从文本数据集中自动识别出命名实体。当前实体抽取的主流技术为面向开放域(open domain)的实体抽取。

(2) 关系抽取

关系抽取是指为了得到语义信息,从相关语料中抽取出实体之间的关联关系,然后用关系将实体联系起来,形成网状的知识结构。关系抽取技术已经从早期的"人工构造语法和语义规则"(模式匹配)、"统计机器学习"发展到"面向开放域的信息抽取方法"与"面向封闭域的传统方法"相结合。

(3) 属性抽取

属性抽取的目标是从不同信息源中采集特定实体的属性信息,如对于某个公众人物,可以从网络公开信息中得到其昵称、生日、国籍、教育背景等信息。也可以采用数据挖掘的方法直接从文本中挖掘实体属性和属性值之间的关系模式,并据此确定属性名和属性值在文本中的定位。

当前命名实体识别技术仅在有限的文本类型(主要是新闻语料)和实体类型(主要是人名、地名、组织机构名)中取得了不错的效果。与其他信息检索领域相比,命名实体识别的语料库较小,容易产生过拟合;命名实体识别更侧重于高召回率,但在信息检索领域高精确率更重要;能够识别多种类型的通用命名实体识别系统性能不佳。

6.2.2　知识图谱嵌入

知识图谱嵌入(knowledge graph embedding,KGE)是生成知识图谱的元素的向量表示,用以学习知识库中的实体和关系。知识图谱是由大量的事实三元组组成的,如(英国,首都,伦敦)便是真实世界中的知识。但是,真实世界中的知识是无限增长的,而知识图谱却不能包含真实世界中的所有知识,因此需要进行知识图谱补全,或者称为链接预测。如何进行链接预测呢? 一个可行的方法便是对实体和关系进行嵌入(embedding)表示(类似于 Word2Vec 将字或词表示成嵌入信息),然后根据实体和关系的嵌入信息进行预测。例如,利用头实体和关系去预测尾实体,或者利用尾实体和关系去预测头实体。当然,嵌入信息也可以应用于其他领域,如知识问答、文本数据增强、语义检索等。

本质上,大多数知识图谱嵌入方法所做的就是为每个实体和每个关系各创建一个向量。这些向量以捕获知识图谱中语义的潜在属性的方式生成:相似的实体和相似的关系将用相似的向量表示。知识图谱嵌入的一个重要任务是找到扩展知识图谱的方法,以在实体之间添加新的关系。该任务可以使用逻辑推理来添加新事实。例如,可以从三元组(英国,首都,伦敦)推断出(伦敦,国家,英国),这是因为根据已有的背景知识可以推断出一个事实,该背景知识指定如果一个城市是一个国家的首都,那么它也是该国家的一部分。然而,虽然许多知识图谱都有大量观察到的事实,但相关的背景知识却较少。

知识图谱嵌入已在不同的应用场景中使用,包括推荐系统、视觉关系检测和知识图谱补全。此外,知识图谱嵌入可用于在深度神经网络内部集成语义知识,从而提高神经网络黑盒的可解释性,但其也存在一定的局限性。

6.2.3　知识图谱的建模与存储

1. 知识图谱的建模

在进行知识图谱建模时,通常需要考虑如下几个关键问题。

① 概念划分的合理性:如何描述知识体系和知识点之间的关联关系。

② 属性定义方式:如何在冗余度最低的情况下满足应用和可视化展示的需要。

③ 时间、时序等复杂知识的表示:如何确定是用匿名结点的方式进行描述,还是用边属性的方式进行描述。

④ 后续的知识扩展难度:如何支持概念体系的变更和属性调整。

在进行知识图谱建模时,首先要做的工作是对原始数据进行处理,原始数据可以是结构化的、非结构化的以及半结构化的数据。可以利用一系列自动化或半自动化的技术手段,从原始数据中抽取知识要素,即诸多实体和关系,并将其存入知识库的模式层(用于存储经过提炼的知识,即实体-关系-实体、实体-属性-属性值,是知识图谱的核心)和数据层(用于存储真实的数据)。构建知识图谱是一个迭代更新的过程,根据知识获取的逻辑,每一轮迭代都包含 4 个阶段:知识存储、信息抽取、知识融合和知识更新。

2. 知识存储

知识存储就是基于行业的应用属性、知识特点、实际需求,按照知识图谱的模式进行业务抽象和业务建模,主要包括实体定义、关系定义、属性定义。

通常针对知识图谱来设计底层的存储方式,完成对各类知识,包括基本属性知识、关联知识、事件知识、时序知识、资源类知识等的存储。存储方式的优劣会直接影响查询效率和应用效果。知识存储方式一般有两种,一种是通过资源描述框架(RDF)这样规范的存储格式来存储知识,如 Jena 等;另一种是使用图数据库来存储知识,如 Neo4j 等。与传统的关系数据存储方式相比,图数据库的关联查询效率显著提高。尤其是涉及复杂关系数据的关联查询时,基于知识图谱的查询效率会高出几千倍甚至几百万倍。除此之外,基于图数据库的存储方式的设计非常灵活,面对需求的变化一般只要进行局部改动即可。因此,对于海量复杂关系数据,应使用图数据库来进行存储。

3. 信息抽取

信息抽取的主要任务是从原始数据中抽取实体、关系以及实体的属性信息,然后对所抽取的数据进行逻辑归属和冗杂/错误过滤,并在此基础上形成本体化的知识表达。

4. 知识融合

知识融合主要包括两个步骤:实体链接(entity linking)和知识合并。

(1) **实体链接**

实体链接用于对非结构化/半结构化数据进行处理,其流程是对于给定的实体指称项(entity mention),通过计算其相似度进行实体消歧和共指消解,确认正确的实体对象后,再将该实体指称项链接到知识库中的对应实体上。其中,实体消歧解决了同名实体产生歧义的问题，共指消解则解决了多个实体指称项对应于同一个实体对象的问题。

(2) 知识合并

知识合并用于对结构化数据进行处理，其主要包括合并外部知识库和合并关系数据库。其中，合并外部知识库用于处理数据层和模式层之间的冲突，合并关系数据库主要使用 RDB2RDF（用于实现关系数据库到资源描述框架的映射）方法等。常用的 RDB2RDF 工具有 D2RQ、SquirrelRDF、OpenLink Virtuoso。

5. 知识更新

知识更新是指新知识需要经过质量评估（部分需要人工参与甄别）才能加入知识库，以确保知识库的质量。

从逻辑上看，知识库更新包括模式层更新和数据层更新。

① 模式层更新是指新增数据获得了新的概念，需要自动将新的模式添加到知识库的模式层中。

② 数据层更新主要是指新增或更新实体、关系、属性值等，对数据层进行更新需要考虑数据源的可靠性、数据的一致性（如是否存在矛盾或冗杂）等问题，并将在各个数据源中出现频率高的事实和属性加入知识库。

知识图谱内容更新主要有以下两种方式。

① 全面更新是指以更新后的全部数据为输入，从零开始构建知识图谱。这种方式比较简单，但资源消耗大，而且需要耗费大量的人力进行系统维护。

② 增量更新是指以当前的新增数据为输入，向现有的知识图谱中添加新增知识。这种方式资源消耗小，但目前仍需要大量的人工干预（如定义规则等），因此实施起来比较困难。

6.2.4　金融知识图谱的构建

金融机构每天都会产生大量的金融资讯，我们可以利用这些资讯来构建金融知识图谱，并基于资讯内容在知识图谱中的关联知识，生成资讯的多维智能标签。对于一段金融文本，可以基于已有的各种金融知识图谱，如金融产业链知识图谱、股权知识图谱，为资讯的标签补充更为丰富的信息。这些标签有很多用途，如对标签进行检索、为推荐系统提供有价值的标签等。

以海致星图金融知识图谱为例。海致星图大数据核心团队在参与研发了全球第一个中文通用知识图谱平台之后，开始面向金融业进行垂直化研发，首先推出了金融领域知识图谱平台——海致星图智能金融知识图谱，其具有强大的自然语言处理能力，包括模板识别、实体识别、情感分析等，以及先进的关系挖掘算法引擎。海致星图智能金融知识图谱能够有效地整合工商、涉诉、招投标等外部数据,并结合商业银行行内数据,形成客户的多维度视图。同时在此基础上,利用图挖掘、图分析技术,形成链状、圈状的客户群视图,生成企业投资关系、担保关系、资金往来关系等关系图谱,为商业银行提供精准可靠的营销及风险控制依据,助力金融业向智能金融迈进。海致星图智能金融知识图谱应用场景如图 6.3 所示。海致星图基于 Hadoop 分布式文件系统(HDFS)和表存储 Hive 进行金融大数据的存储与管理,位于中间的知识图谱分析与挖掘平台应用 HBase 进行图谱存储,依托分布式计算架构 Spark、MapReduce,以及分布式实时计算引擎 Storm 进行大数据分析,并使用了三种数据引擎:NLP 引擎,用于进行情感分析、标签抽取、实体识别、语义识别;规则引擎,用于对关系、风险、事件进行关联和挖掘;ML 引擎,用于进行群组挖掘、聚类分析和预测模型。

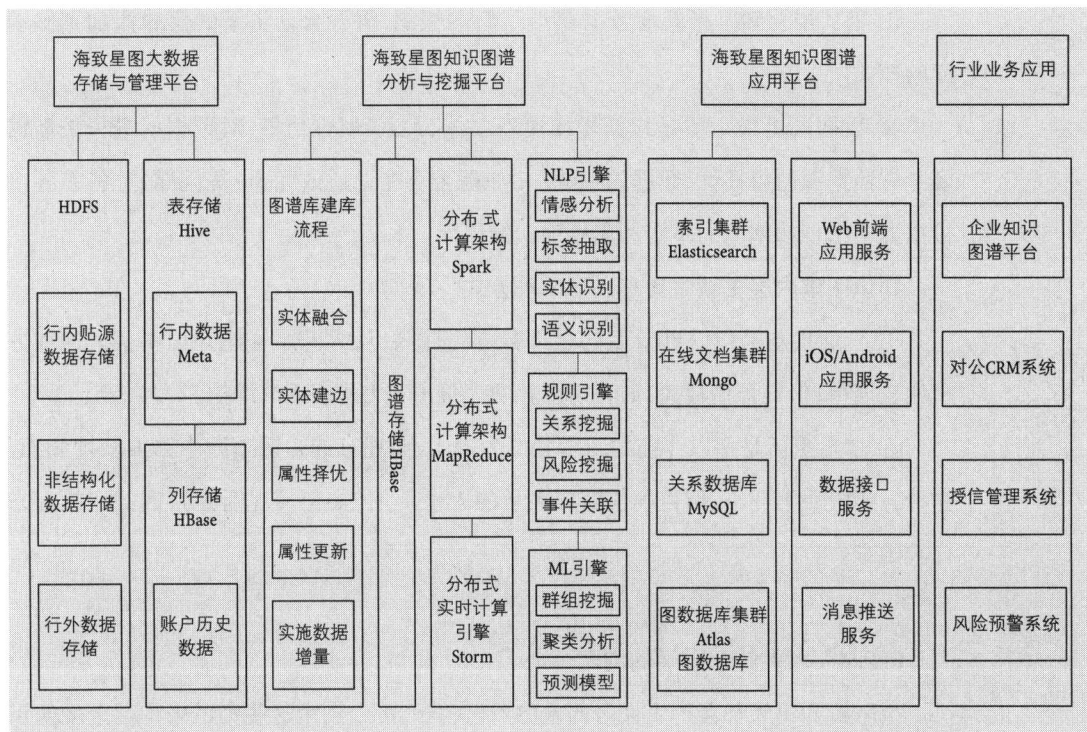

图 6.3　海致星图智能金融知识图谱应用场景

6.3　基于随机游走模型的知识图谱

本节介绍知识图谱构建中的一个重要技术:基于随机游走模型的知识图谱。下面先介绍什么是随机游走模型,然后介绍基于随机游走模型的知识图谱的主要算法——路径排序算法及其扩展。

6.3.1 随机游走模型

随机游走(random walk,RW)模型是图论中的一种重要模型,在数据挖掘领域有着广泛的应用。随机游走模型构建了若干个随机游走器。随机游走器在某个结点进行初始化,之后在每一步随机游走中,随机地访问当前结点的某个邻接结点。随机游走模型的一个有名的应用是谷歌的网页排名(PageRank)算法,如图 6.4 所示。在 PageRank 算法中,每个随机游走器均模仿了一个用户浏览互联网时的行为:用户随机地点击当前网页中的某个链接,跳转到下一个网页。被更多用户访问的网页具有更高的权重,在搜索结果中的排名更加靠前。PageRank 算法是基于图运行的:基于链接的指向关系,所有网页构成了一个图结构。因此,通过构建网页之间的链接关系图,搜索引擎就能为所有网页计算权重并排序。

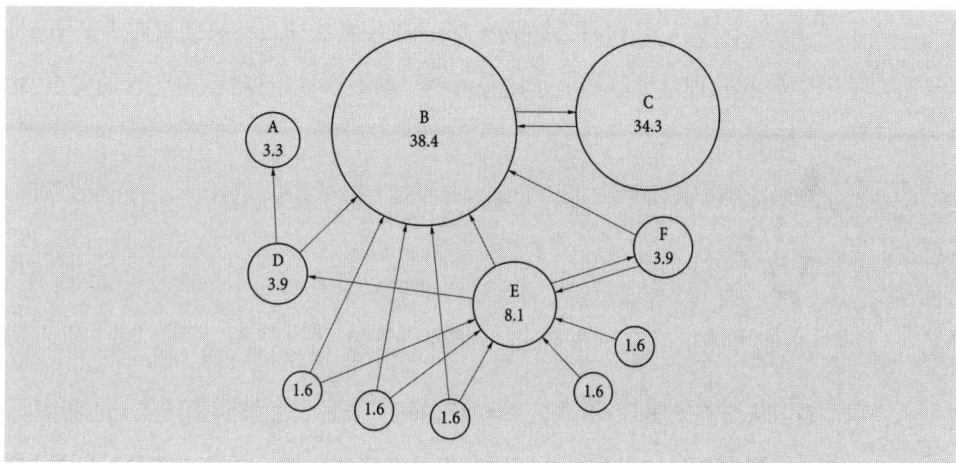

图 6.4 随机游走模型的应用——谷歌的网页排名算法

使用随机游走模型的优势有以下两个。

(1) 并行化

随机游走是局部的,对于一个大型网络来说,可以同时在不同的结点开始进行一定长度的随机游走,多步随机游走同时进行,可以减少采样的时间。

(2) 适应性

随机游走模型可以适应网络局部的变化。网络演化通常是局部的结点和边的变化,这样的变化只会对部分随机游走路径产生影响,因此在网络演化的过程中不需要每一次都重新计算整个网络的随机游走。

6.3.2 路径排序算法

基于随机游走模型的知识图谱的主要算法是路径排序算法(path ranking algorithm,PRA)。路径排序算法最早由 Lao 和 Cohen 提出,是在图结构中进行推理的常用算法。为了学习知识图谱中某个特定边(edge)类型(即特定关系类型)的推理模型,路径排序算法首先找到与预测边类型频繁链接的结点对(实体对)序列,然后将这些结点对序列作为逻辑斯谛回归模型中的特征,预测图中的缺失边,即遇到新的结点对,判断其实体关系是否为预测的关系类型。

路径排序算法的具体步骤如下。

第一步是找到一组链接结点对的潜在的有价值的路径类型。为此,路径排序算法在图上执行路径约束随机游走,以记录从起始结点到终止结点的有限长度的路径。

第二步是通过计算随机游走概率来计算特征矩阵中的值。路径排序算法利用随机游走找出结点对之间的链接路径,根据一定的策略选择一部分路径作为特征。给定一个结点对(h,t)和一条路径π,路径排序算法通过计算随机游走概率$p(t\,|\,h,\pi)$来计算特征值,即从h开始经过路径π到t的概率,以及路径π包含的关系,相应的计算公式如下:

$$p(t\,|\,h,\pi)=\sum_{e'\,\in\,\text{range}(\pi')}p(h,e';\pi')P(t\,|\,e';r_l)$$

其中,

$$P(t\,|\,e';r_l)=\frac{r_l(e',t)}{|\,r_l(e')\,|}$$

表示从结点e'出发,沿着关系r_l经过同一步游走能够到达结点t的概率。

第三步是使用逻辑斯谛回归模型训练每个关系并获得路径特征的权重。

路径排序算法不但精度高,而且大大提高了计算效率,为解决大规模知识图谱的推理问题提供了一种有效的解决方案。在路径排序算法获得了广泛应用之后,有一些扩展方法对其进行了改进。这是因为虽然路径排序算法具有良好的可解释性,但其主要缺点是特征空间具有稀疏性。为了解决特征空间具有稀疏性的问题,Gardner 等引入了向量相似度的概念并将其与基于随机游走模型的知识图谱推理相结合,此外还利用了分布相似度和符号逻辑推理等方法。刘峤等研究了现有随机游走模型所采用的基本假设中存在的两个潜在问题。首先,该模型通过随机抽样的方式提取关系路径特征,虽然提高了计算效率,但也牺牲了知识图谱中已有信息的利用率。其次,该模型采用监督学习方法建立关系推理模型,模型的有效性取决于训练数据,尤其是受稀疏性影响的数据。在此基础上,他们提出了双向语义假设和关系图推理假设,设计并实现了双层随机游走算法(TRWA),将局部特征建模和局部特征提取两种方法结合起来。最后,对全局模块和局部模块进行加权合并,得到完整的逻辑规则推理算法。

6.4　基于神经网络的知识图谱

本节先介绍知识图谱构建中的另一个重要技术:基于神经网络的知识图谱模型,然后分别介绍深度学习和自然语言处理在知识图谱上的应用。

6.4.1　基于神经网络的知识图谱模型

随着神经网络的兴起,一些利用神经网络解决知识图谱问题的模型出现了。目前有很多面向自然语言文本序列的神经网络,如递归神经网络(RNN)、长短期记忆网络(LSTM)、卷积神经网络(CNN)和 Transformer 模型等,这些神经网络都可以经过适当改进用于关系抽取。下面介绍两种基于神经网络的知识图谱模型——ConvE 和 CapsE 模型。

ConvE 利用卷积神经网络构建了知识图谱实体关系的学习框架模型,如图 6.5 所示。ConvE 是用于链接预测的最简单的多层卷积体系结构,它由嵌入层、卷积层、全连接层和内积层组成。该模型使用特征向量的二维卷积来预测知识图谱中缺失的实体关系。对于一个三元组(h,r,t),ConvE 首先把实体和实体之间的关系转换为向量表示(类似图像的表示),经过卷积层卷积得到特征映射,然后经过全连接层投影到嵌入维度的向量空间,得到隐含层向量,在内积层将相应的向量与实体嵌入矩阵进行内积运算,然后通过 logistic Sigmoid 函数计算当前三元组的评分(置信度)。ConvE 评分函数被定义为$f(\text{vec}(f([\bar{h},\bar{r}]*w))W)t$,其中$\bar{h}$、$\bar{r}$ 表示二维向量,w 表示卷积核,W 表示实体嵌入矩阵。

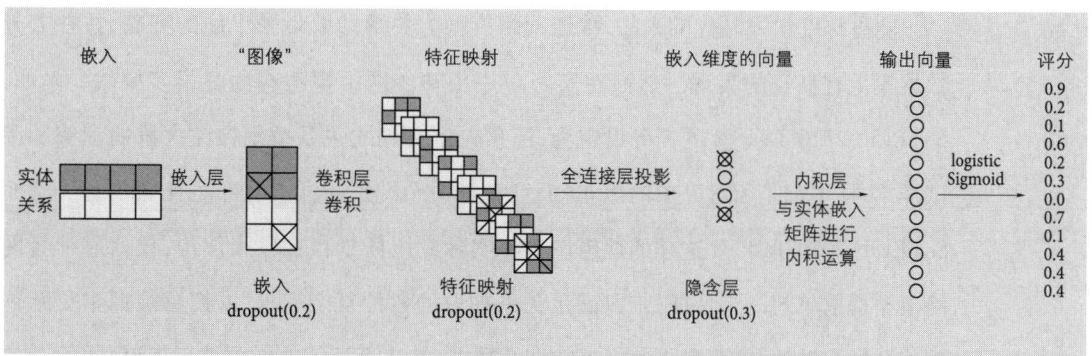

图 6.5　ConvE 模型示例

CapsE 采用胶囊神经网络模型进行三元组的建模,如图 6.6 所示。CapsE 首先把头实体、关系、尾实体表示为 $k\times3$ 的矩阵,即 $A=[v_s,v_r,v_o]\in \mathbf{R}^{k\times3}$,其次通过卷积层获取其特征信息,然后对特征信息进行压缩,经过多个过滤器(filter)生成不同的特征映射,并进行动态路由,最后计算三元组(头实体,关系,尾实体)的评分。CapsE 的构建使用了简化架构的两个胶囊层。在第一个胶囊层中,构造了 k 个胶囊(图 6.6 展示了 k 为 4 的情况),其中来自所有特征映射的相同维度的向量被封装在相应的胶囊中。因此,每个胶囊都可以在三元组相应维度的向量中捕获许多特征。这些特征被概括为第二个胶囊层的一个胶囊,该胶囊产生向量输出,其长度被作为三元组的评分。在图 6.6 所示的模型中,过滤器的数量 $N=5$,第一个胶囊层中胶囊的神经元数量为 5,第二个胶囊层中胶囊的神经元数量为 2,向量输出 e 的长度被作为三元组的评分。

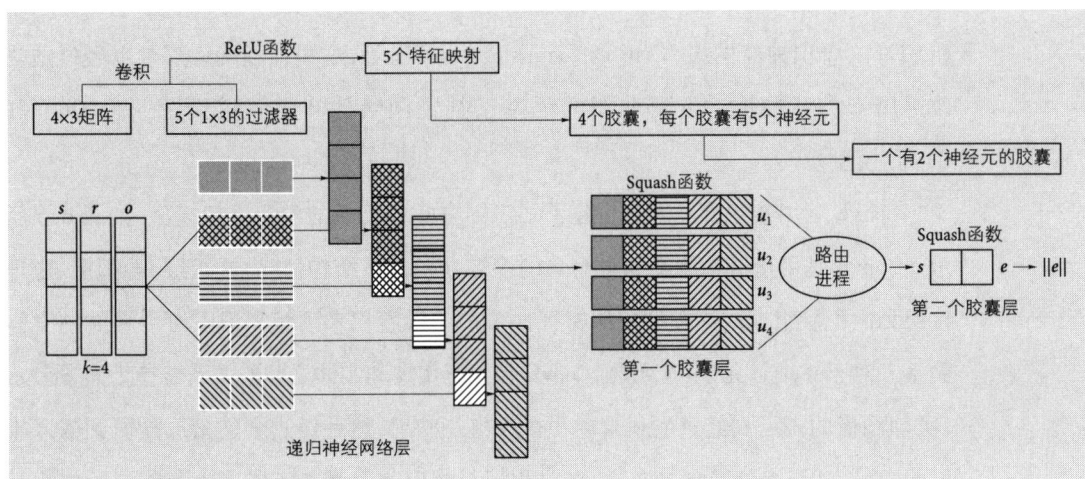

图 6.6 CapsE 模型示例

6.4.2 深度学习与知识图谱

随着深度学习时代的来临,神经网络模型为关系抽取带来了新的突破,并在公开数据集上有良好的表现。然而在实际应用中神经网络模型却面临很多挑战。例如,SemEval-2010 Task-8 的任务设定为,用预先定义好的关系类别标注大量的训练和测试样本,样本都是相对简单的短句,而且每种关系类别的样本分布也比较均匀。然而 SemEval-2010 Task-8 这样的理想设定与实际应用场景存在巨大鸿沟,仅依靠神经网络模型提取单句语义特征,难以满足关系抽取的各种复杂需求,人们亟须探索更新颖的关系抽取框架,以获取更大规模的训练数据,具备更高效的学习能力,理解更复杂的文档级语境信息,并能更方便地扩展至开放关系抽取。

2020 年 2 月,盖瑞·马库斯(Gary Marcus)发表了论文《人工智能的下一个十年:迈向强大的人工智能的四个步骤》。在该论文中,马库斯对当前人工智能系统的不足进行了分析，提出了推动人工智能发展的具体建议。马库斯认为，人工智能获得发展的唯一方法是将已经存在的"积木"组合在一起，但是目前还没有一个将现有的人工智能系统组合在一起的系统。马库斯建议将深度学习与经典人工智能的某些工具结合起来，"人们要能够对这些事情进行推理。假设人们对物理对象及其在世界中的位置有所了解。例如，有一个杯子，这个杯子里装有铅笔。然后，人工智能系统要能够意识到，如果在杯子的底部挖一个洞，铅笔就会掉出来。人类一直在进行这种自主推理，但目前的人工智能系统却无法做到这一点"。

6.4.3 自然语言处理与知识图谱

自然语言处理是重要的知识图谱关系网络底层技术。在 6.1 节中，我们介绍过知识图谱的概念起源于语义万维网。词向量（Word2Vec）是机器理解自然语言的新方式，它利用机器学习技术通过向量来模拟单词含义的多样性和深度。例如，在谷歌搜索引擎中，对于某些查询类型，词向量的使用能使检索准确性提高 15%。BERT（基于 Transformer 的双向编码器表示）等更新的语言模型进一步提高了搜索引擎的性能，使人们对所使用的查询词语有了更深入的了解。谷歌、亚马逊和微软的云搜索引擎产品也都推出了增强的企业搜索解决方案，这些解决方案均采用了与知识图谱集成的方式。

在阅读特定领域的文本时，普通人只能根据上下文理解其语义，而专家则可以利用相关领域的知识对文本的语义进行推断。目前公开的 BERT、GPT、XLNet 等模型均是基于大规模开放语料的预训练模型，它们就像普通人，虽然能够读懂通用文本，但是对于专业领域的文本却缺乏相应的背景知识。解决这一问题的一种方法是使用专业语料预训练模型，但是该模型的预训练过程既耗时，又耗计算资源，通常难以实现。例如，如果我们希望模型获得"对乙酰氨基酚可以治疗感冒"的知识，则训练语料库需要大量同时出现"对乙酰氨基酚"和"感冒"的句子，而且需要通过专业领域语料预训练的方式引入专家知识，其可解释性和可控性较差。知识图谱是一个很好的解决方案。随着将知识细化为结构化形式，许多领域的知识图谱都被构建起来，如医学领域的临床医学系统术语（SNOMED-CT）、中国知网。如果将知识图谱集成到预训练模型中，知识图谱则会为预训练模型配备专业领域知识，从而在降低大规模预训练成本的同时，提高预训练模型完成特定领域任务的性能。此外，知识图谱具有很高的可解释性，并且可以人工编辑注入的知识。

在自然语言处理领域中，自然语言表征模型由于可以让机器更好地理解人类语言，因此越来越受到人们的关注，其中具有代表性的就是 BERT 模型，它通过在大量的语料库上进行预训练来实现对文本语义的理解。通过分析 BERT 模型可以发现，它虽然考虑了上下文的语义，但是还是缺少了一些东西，那就是知识信息。换句话说，BERT 模型可以通过大量语料预训练告诉人们一句话是否通顺，但是却不知道这句话描述的是什么。该模型也许能通过预训练学习到上下文之间的一些关系，但是这样的关系还不足以构成知识。例如，对于"伦敦是英国首都"这句话，如果把"伦敦"二字覆盖（mask）掉，BERT 模型也许可以通过下文正确预测，但是这并不意味着它就理解了"伦敦""英国"和"首都"这些单词之间的关系，而这些关系才是知识信息，它们在自然语言中至关重要。如果能够让模型考虑知识信息，就能让模型不仅在字词、语法层面，还能在知识层面符合人类语言的要求，从而成为一个"有文化"的模型。ERNIE 模型使用一个独立的 TransE 算法获得实体向量，然后再将实体向量嵌入 BERT 模型。Ostendorff 等人使用简短的描述性文本（如书摘）和附加元数据对图书进行分类。他们在 BERT 模型的基础上，演示了如何将文本表示与元数据和知识图谱嵌入结合起来，与标准的 BERT 模型相比，该研究在分类任务方面获得了更好的结果。Yao 等人将知识图谱中的三元组视为文本序列，并作为 BERT 模型的输入，提出了 KG-BERT 框架，如图 6.7 和图 6.8 所示。其中，图 6.7 展示了三元组二分类模型框架，即 BERT 模型的输入为三元组（头实体，关系，尾实体），输出为预测输入三元组的二元标签 $y \in \{0,1\}$，即表明两个实体间的有序关系是否为给定的输入关系。图 6.8 展示了关系分类模型框架，即多标签分类学习模型，其输入为头实体和尾实体，输出为预测的实体之间的关系。

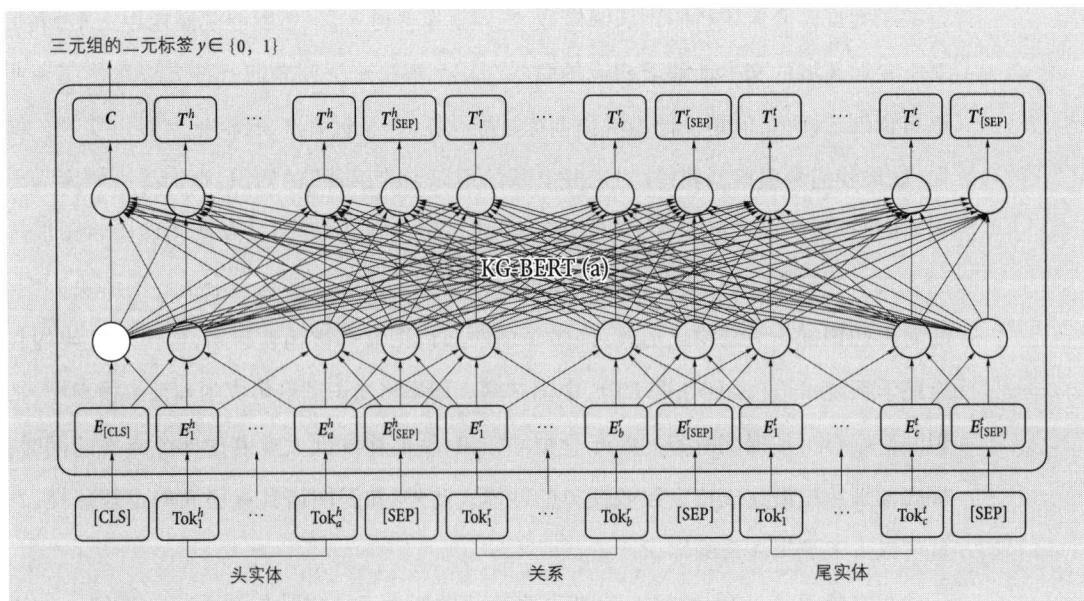

图 6.7　KG-BERT 示例：三元组二分类模型框架

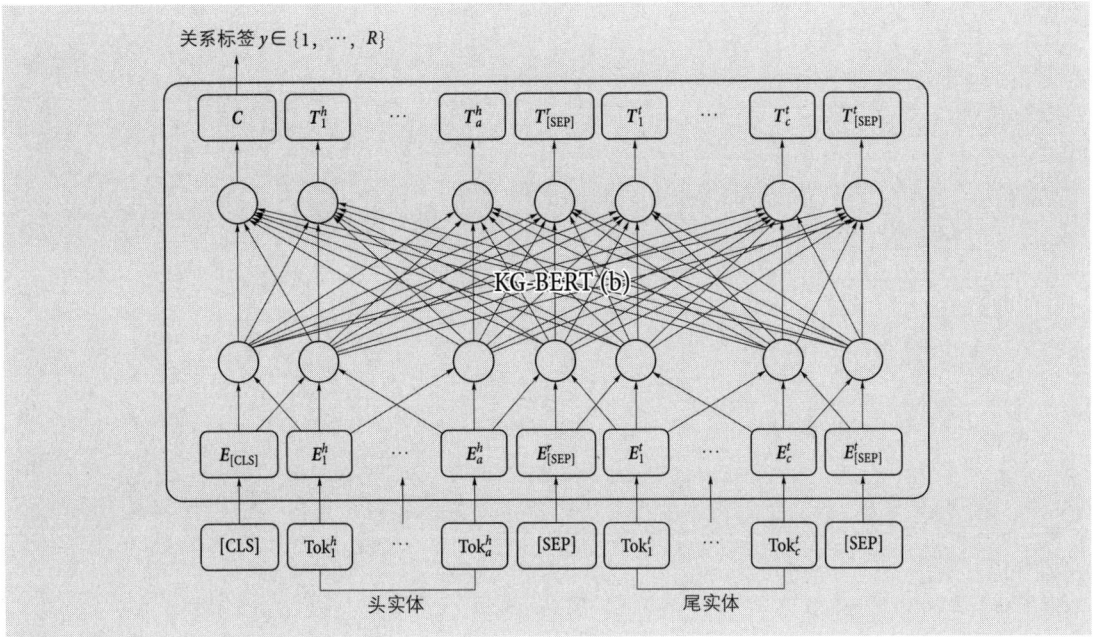

图 6.8　KG- BERT 示例：关系分类模型框架

本章小结

　　知识图谱描述了各种实体和实体之间的丰富关系，是构建金融科技服务的重要载体、技术与支撑要素。本章首先对知识图谱的概念与发展历史进行阐述。其次，介绍了知识图谱构建涉及的重要概念与技术：命名实体识别、知识图谱嵌入、知识图谱的建模与存储，并以海致星图金融知识图谱为例介绍了金融知识图谱的基础架构、依托的技术模块和应用场景。最后，对知识图谱的主要构建技术进行了探究，包括经典的基于随机游走模型的知识图谱，以及基于神经网络的知识图谱。

习题

1. 结合本书内容和实践经验，谈谈知识图谱在金融业中潜在的应用场景，并分析其可行性。

2. 从知识存储的角度，简单分析知识图谱和普通关系数据库的优劣。

3. 完成知识图谱实验，实验要求与实验指南参见第五篇实验五。

第三篇

金融智能应用

导　语

　　本篇主要介绍金融智能应用,由第 7 章到第 11 章组成。该篇基于第二篇所介绍的金融智能理论,探究金融智能在不同应用场景中的应用及所使用的核心技术。

　　在本篇中,第 7 章介绍金融智能客服,金融智能客服利用知识图谱和自然语言处理技术来降低金融服务成本。第 8 章介绍金融智能风控,主要介绍金融智能风控的关键环节,以及每个环节是如何通过人工智能技术来提高金融服务的安全性并降低风控成本的。第 9 章介绍金融智能营销,解析金融场景中营销的特殊性,运用智能营销技术可以打造高效的金融营销闭环。第 10 章介绍智能投顾,讲解投资组合配置的理论基础,利用智能投顾技术可以生成个性化的投顾建议。第 11 章介绍金融智能在传统金融领域的应用场景,包括保险科技、数字银行和数字货币。

第7章 金融智能客服

7

【开篇案例】

中国人寿智能客服系统

对于智能客服,金融领域有着广泛的需求。例如,中国人寿每天都有规模庞大的客户进行售前和售后咨询,咨询的问题也具有很强的专业性,传统人工座席的方式面临着成本高、响应不及时等问题。

为了解决这个问题,2020 年中国人寿根据行业数据构建了基于知识图谱的智能客服系统。中国人寿智能客服系统日均服务指引量和总体回复准确率得到了大幅度提高,通过人机结合方案客户平均交互 4 轮即可解决诉求。以往通过打电话、跑柜台办理的业务,目前在中国人寿移动应用程序和微信公众号上,通过智能语音或输入文字即可办理。

可以说,智能客服系统明显地提高了客户服务的效率和客户满意度。

金融智能的典型应用场景主要有客户服务、风险控制、市场营销、投资顾问等。本章将介绍第一种金融智能应用——金融智能客服,其利用知识图谱和自然语言处理技术,很好地降低了金融服务的成本。

7.1 金融智能客服概述

在人们的日常生活中,会出现大量的客户服务问题,如购物场景中的售前和售后咨询等,对于这些客户服务问题,企业往往需要大量的人工客服来进行解答,这种方式成本高,效率低,借助于智能客服自动对特定场景的问题进行回复,能够帮助企业有效降低服务成本,提高服务效率。

7.1.1 金融智能客服的定义

金融智能客服系统是一种面向金融业及相关场景、基于自然语言处理技术的自动问答系统,涉及语音识别、自然语言理解、知识构建、知识推理、大数据处理等技术,使金融企业可以更加高效地处理与海量用户的沟通。金融智能客服系统广泛应用于在线客服、智能外呼、客服助理、服务限制、闲聊等场景。

7.1.2 金融智能客服的发展和分类

1. 客服模式的发展

在介绍金融智能客服之前,首先回顾一下客户服务的几种模式。

(1) 电话客服模式

电话客服模式是指金融企业通过电话以人工客服的方式解决客户咨询的问题,这种客户服务模式是一种传统的客户服务模式,如图7.1所示。

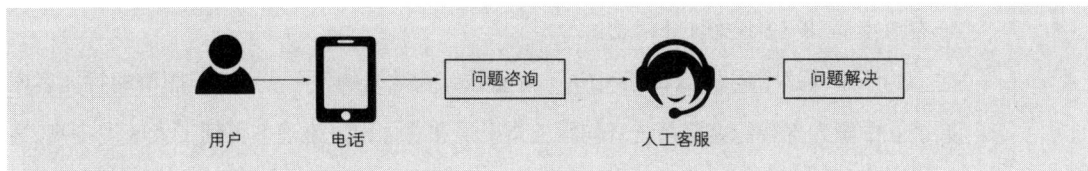

图7.1 传统客服模式

(2) 在线客服和电话客服相结合的模式

在线客服模式是指金融企业通过在线网站以人工客服的方式解决客户咨询的问题,如图7.2所示。

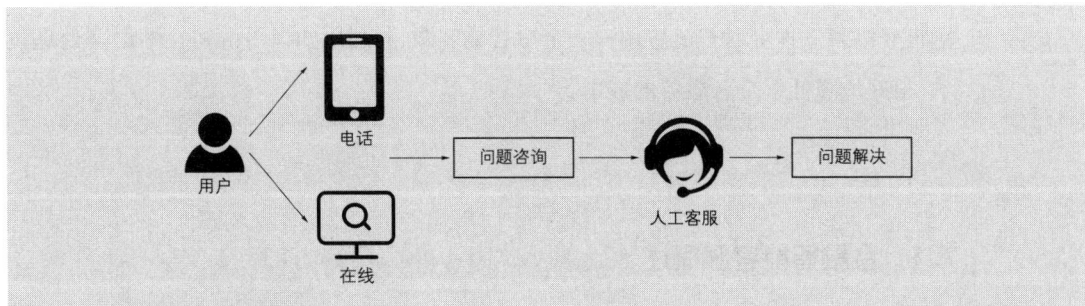

图7.2 在线客服和电话客服相结合的模式

(3) 智能客服模式

智能客服模式是指客户问题的收集是通过电话和在线方式,而客户问题的解答则主要依赖智能客服系统,人工客服只是对智能客服结果进行修正和补充的辅助手段,如图7.3所示。

2. 智能客服系统的发展

智能客服系统的发展主要经历了以下4个阶段。

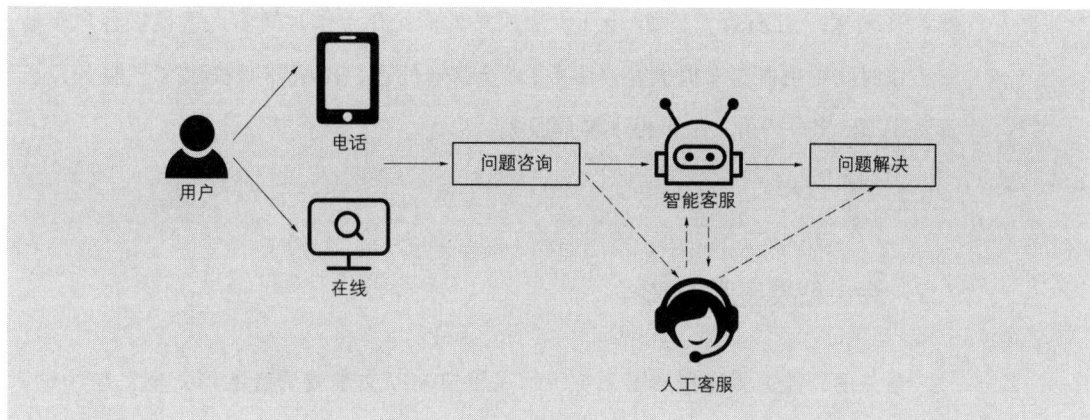

图 7.3　智能客服模式

第一阶段:基于关键词匹配的检索式机器人。

第二阶段:基于模板匹配,人工整理大量的问题模板,提升了回复效率和准确率。

第三阶段:基于搜索引擎技术,根据文本相关性进行答案的搜索和排序。

第四阶段:基于神经网络技术,在利用深度学习理解用户意图后进行答案匹配。

3. 智能客服系统的分类

(1) 按照领域分类

智能客服系统按照领域可以分为以下几类。

① **对话操作系统级别的智能客服系统。** 这类系统如天猫精灵和小度智能音箱,其通过操作系统提供的命令和交互功能实现人机对话并对外开放,然后与不同的软硬件集成起来,应用于不同的场景。

② **企业级智能客服系统。** 这类系统包括应用于企业内部的智能客服系统和对外提供软件即服务(SaaS)的智能客服系统,如 Udesk。

③ **个人助理。** 个人助理在特定的应用场景中直接面向消费者提供服务,如苹果公司的 Siri。

(2) **按照功能分类**

智能客服系统按照功能可以分为单轮问答、多轮对话和人机协作三类。

① **单轮问答。** 单轮问答是指简单的一问一答,各轮问答之间没有依赖关系。例如,问:我的订单发货了没;答:发了。

② **多轮对话。** 多轮对话不是单纯的一问一答,每轮问答都可能与其上下文有一定的关系,智能客服系统回答问题需要参考上下文信息,以通过更多的信息来准确地回复用户的问题。

③ **人机协作。** 人机协作是指机器和人工协同的方式,通过机器辅助人工客服提高效率。人机协作主要有两种方式:一种是由机器加人工进行问答,另一种是由机器

推荐答案,由人工选择。例如,电子商务网站的商家在工作时间由人工提供客户服务,非工作时间则由机器来提供客户服务;对于普通的客户由机器来提供客户服务,对于贵宾(VIP)客户则由人工来提供客户服务。

7.2 金融智能客服的流程

常规的智能客服流程如图 7.4 所示。用户先以文本或语音的形式向系统中输入自己的问题,其中输入的语音被识别成文本;然后通过自然语言理解进行意图识别和槽位填充,通过对话管理进行对话状态追踪和对话策略学习,通过问答技术完成基于知识的问答、基于表格的问答、基于文本的问答以及社区问答等,通过自然语言生成技术生成最佳答案;最终以语音合成的方式向用户输出。

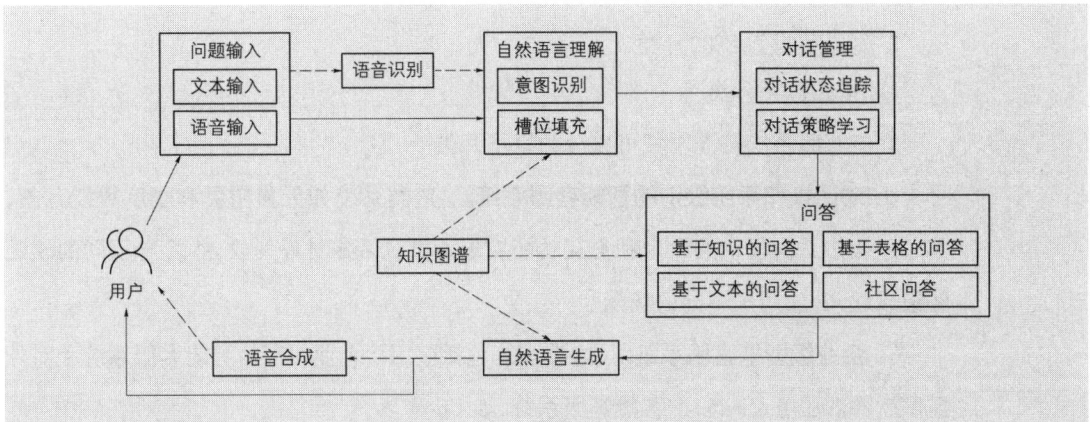

图 7.4 常规的智能客服流程

总体来说,智能客服流程主要包括以下 5 个环节。

1. 问题输入

用户遇到问题时需要对问题进行描述和输入,这里的输入可以是文本输入也可以是语音输入,如果是语音输入则需要通过语音识别将其转换成文本。

2. 自然语言理解

自然语言理解主要通过分词、词性标注、命名实体识别、句法分析、指代消解等自然语言处理技术对输入文本进行语义解析,并在语义解析的基础上进行意图识别,如识别用户问的是天气、日期、病征还是其他信息。槽位填充是指在意图识别的基础上标记出输入文本中有意义的词或记号,抽取出关键信息,将用户隐式的意图转化为显式的指令,使计算机能够理解。例如,将地点、时间、疾病名称、症状等关键信息作为答案生成的提示信息。

3. 对话管理

对话管理(dialog management,DM)是指根据用户的输入和对话的上下文信息,决定下一步的最佳回复。对话管理主要分为两个模块,即对话状态追踪(dialog state tracking,DST)和对话策略学习(dialog policy learning,DPL)。对话状态追踪根据对话历史,维护当前的对话状态,对话状态是对整个对话历史的累积语义表示,一般是指槽位值对(slot-value pair)。对话策略根据当前的对话状态输出下一步的动作。

企业可以通过对话机器人实现高精确率的对话服务。

对话机器人主要有 4 类:任务类机器人用于特定任务场景,如订机票、查询天气等的问答。知识库类机器人用于处理简单的咨询类问答。知识图谱类机器人基于由知识图谱构建的问答系统,可以处理复杂场景的问答。聊天类机器人主要是用于研究和评测,如微软小冰机器人。

4. 问答

利用问答技术可实现基于知识的问答、基于表格的问答、基于文本的问答和社区问答。

5. 自然语言生成

自然语言生成是指根据对话动作生成自然语言并输出的过程,因为完全自动生成自然语言的方式会有较大的不确定性,因此通常的做法是基于特定的模板生成自然语言并输出。

7.3　金融智能客服的核心技术

智能客服是多种人工智能技术相结合的产品,其核心技术主要有自然语言理解中的意图识别和槽位填充、对话管理中的对话状态追踪和对话策略学习、多种不同类型的问答技术,以及目前应用得比较广泛的自然语言生成技术。

7.3.1　意图识别和槽位填充

意图识别用于判断用户要做什么。例如,用户向智能客服系统咨询了一个问题,智能客服系统需要自动判断用户是咨询天气、出行、电影等方面的问题,还是咨询疾病治疗等方面的问题。意图识别在本质上是一个分类问题,需要预先定义好意图的类别。不同的应用场景会有不同的意图分类。例如,旅游场景中常见的意图有预订酒店、预订机票、预订景点门票、景点参观咨询等,金融保险场景中常见的意图有保险险种咨询、理赔规则咨询、投保规则咨询等。

槽位填充从用户输入的信息中抽取关键信息,将用户隐式的意图转化为能够让计算机理解的显式的指令。语义槽位一般包含表示用户需求的关键词,如时间、地点、实体名称等信息,可作为意图识别和下一步对话的提示信息。

举一个具体的例子。例如,用户输入的信息是"预订一张今天从杭州出发到北京的火车票",那么意图识别的结果是"预订火车票",智能客服系统在做出应答之前就需要明确所预订火车票的出发时间、出发地、目的地、数量等信息,这样就形成了如下槽位:

```
{"预订火车票": {
  "出发时间": _ _,
  "出发地": _ _,
  "目的地": _ _,
  "数量":_ _
}}
```

那么槽位填充要做的就是补充上述空白槽位的信息,出发时间是"今天",出发地是"杭州",目的地是"北京",数量是"1 张"。在意图和槽位信息都识别完后,智能客服系统就会根据这些信息以及知识库数据回答用户的问题或者完成特定指令。

意图识别主要有以下几种方法。

(1) 规则模板

规则模板是指人工整理出意图的集合以及这些意图下面有代表性的例句模板,如从××到××的火车票、查询从××到××的飞机票价格等,在对用户输入的文本进行分词、命名实体识别、语义分析后,将其与已有的模板进行匹配。规则模板的精确率比较高、召回率比较低、成本比较高,需要人工参与制定规则。

(2) 统计机器学习

在使用统计机器学习算法进行文本分类时,需要人工提取文本特征,然后使用支持向量机、逻辑斯谛回归、随机森林等算法进行训练。该方法需要有经验的专业人员参与特征提取,其目前的分类效果也不是特别好。

(3) 深度学习

在使用深度学习进行文本分类时,结合大规模语料预训练模型能够获取更多的语义信息,其缺点是需要依赖人工标注的训练数据。

7.3.2 对话管理

对话管理控制整个对话的流程,其接收经过自然语言理解(包括意图识别和槽位填充等)处理的三元组数据,并结合历史对话和上下文进行分析,然后给出下一步的动作。对话管理主要分为对话状态追踪和对话策略学习两个部分。

1. 对话状态追踪

对话状态追踪就是根据所有历史对话信息推断当前的对话状态和用户目标,它主要有三类方法:基于人工规则、基于生成式模型和基于判别模式模型。

(1) 基于人工规则

基于人工规则的方法需要人工提前定义好所有的状态和状态转移的条件,并用自然语言理解对其进行解析和处理,然后用概率最高的结果进行状态更新。

(2) 基于生成式模型

基于生成式模型的方法主要是对数据集中存在的模式进行挖掘,学习到对话状态的条件概率分布;其具体方法包括贝叶斯网络和部分可观测马尔可夫决策过程(POMDP)。它通过构建对话状态之间的转义关系图,得出所有对话状态的条件概率分布并将其作为预测模型。基于生成式模型的方法在效果上要好于基于人工规则的方法,但是它仍然无法对所有特征之间的依赖关系进行精准建模,因而无法利用所有有用的信息,其最终的效果也不是特别理想。

(3) 基于判别模式模型

基于判别模式模型的方法将对话状态追踪当作分类任务,应用深度学习等方法自动进行特征提取和建模。通过对当前轮次对话进行特征提取来推测对话的状态,并将特征用于训练分类器以预测下一个状态属于哪一类状态,或者将特征用于序列建模。基于判别模式模型的方法的关键就是提取特征和建模。

2. 对话策略学习

对话策略学习根据对话状态追踪的结果,从预先制定的动作指令集合中选择下一步要执行的动作和指令。对话策略学习主要有以下几种方法。

(1) 基于规则的方法

基于规则的方法在对话动作和对话状态之间进行映射和匹配。它在接收一个输入后更新对话历史和状态,判断其与下一步动作的匹配程度,如果是模糊匹配则发起一次新的问题以获得额外的确认信息,如果不是模糊匹配则根据匹配结果返回下一步的动作。基于规则的方法在特定领域和小型任务中的应用效果比较好。

(2) 基于有限状态机的方法

基于有限状态机的方法把对话和对话状态的转移过程转换成有限状态机,形成树结构的状态转移图,并根据不同时刻的转移条件判断下一步的动作。

(3) 基于脚本的方法

基于有限状态机的方法存在不易扩展的缺点,而基于脚本的方法通过脚本特定的语法规则,把每个结点作为对话的动作,通过脚本去控制对话动作的序列,因而更易于定制和扩展。

7.3.3 问答技术

智能客服系统中的问答技术主要可以分为基于知识的问答(knowledge-based question answering,KBQA)、基于表格的问答(table-based question answering,TBQA)、基于文本的问答(text-based question answering)和社区问答(community question answering)。基于知识的问答将知识图谱作为辅助手段来生成问题答案。基于表格的问答根据表格数据生成问题答案。基于文本的问答根据无结构文本数据生成问题答案。社区问答从社区问答网站上抓取问题和回答数据,并以此作为知识库,问题的答案来自与输入问题的语义最为匹配的已有问题对应的答案。

目前应用得比较多的是基于知识的问答,基于知识的问答能够利用知识图谱丰富的语义关联信息,深入理解用户的问题并给出答案,吸引了学术界和工业界的广泛关注。基于知识的问答的方法主要有两类:一类是基于语义分析(semantic parsing)的方法,另一类是基于信息检索(information retrieval)的方法。

从整体上看,结合深度学习的基于语义分析的方法的效果要略优于基于信息检索的方法。早期研究人员利用传统方法,通过人工构建模板和规则的方式分析复杂问题,但这需要比较专业的语言学知识且可扩展性不强。随着深度学习被应用于自然语言处理领域,问答被定义为用户问题与答案的二分类问题或者排序问题,利用不同的网络结构结合知识图谱中不同的上下文信息,来对问题和候选答案的分布式表示进行编码,最后通过计算两者之间的匹配度选出最终的答案。

下面对基于语义分析的方法和基于信息检索的方法进行详细介绍。

1. 基于语义分析的方法

基于语义分析的方法通常将自然语言转化成中间的语义表示,然后再将其转化为可以在知识图谱中执行的描述性语言(如 SPARQL 语言)。

(1) 传统基于语义分析的方法

传统基于语义分析的方法主要依赖预先定义的规则模板,或者利用监督学习模型对用户问题和以语义表示的关系进行学习,然后对自然语言进行分析。这种方法需要人工标注数据,虽然可以在某些特定领域和小规模知识库中取得较好的效果,但是在面对 Freebase 或 DBpedia 这类大规模知识图谱时,效果往往欠佳。

(2) 查询图(query graph)方法

查询图方法基于语义分析的知识图谱问答框架,定义了一个可以直接转化为 λ 演算的查询图,然后将语义分析的过程演变为查询图的生成过程,最后通过 LambdaRank 算法对生成的查询图进行排序,选出最佳答案。查询图的生成过程主要有三个步骤: 实体链接、属性识别和约束挂载。针对查询" Who first voiced Meg Griffin on Family Guy?",查询图的生成过程如图 7.5 所示。首先,进行实体链接,根据问题确定主题词。 例如,针对该查询的主题词有 2 个,分别是 Family Guy 和 Meg Griffin。其次,进行属性 识别,将自然语言问题映射为一个谓语序列,如 cast→actor,这里可以用卷积神经网络 对该映射打分。最后,进行约束挂载,通过增加约束和聚合函数的方式扩展查询图,缩 小答案范围,增加准确率。图 7.5 中的例子是基于简单规则添加约束,在实体链接中 如果出现其他实体,就增加一个 character 约束。

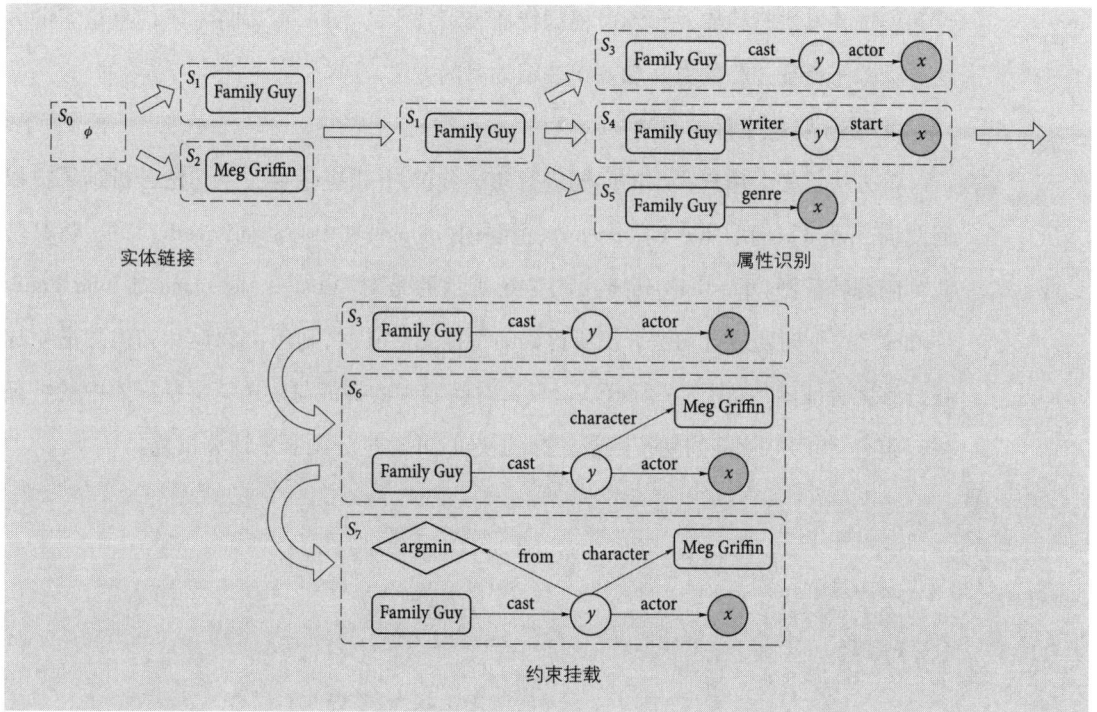

图 7.5　查询图的生成过程

根据图本身的特征和每一步的分数特征训练一个 LambdaRank 算法,对候选图进 行排序,然后选择最佳查询图,并基于该查询图生成图数据库查询语句进行答案检索。

(3) 编码器-解码器方法

编码器-解码器(encoder-decoder)是一种基于翻译模型的方法。爱丁堡大学利用 编码器-解码器模型将语义分析问题转化为 Seq2Seq(序列对序列)问题,并使用 Seq2Seq 模型来完成从问题到语义表示的转化,同时使用有层次的树解码器捕捉语义 表示的结构。

(4) 记忆网络方法

随着机器阅读等技术的普及,基于记忆网络(memory network)的方法也被用来解析复杂问题。比较有代表性的基于记忆网络的方法是 KV-MemNN 方法,它可以在不依赖人工构建模板的情况下,在 WebQuestions 数据集上取得比较好的效果,而且该方法的框架和所引入的 Stop、Query Update 机制使得整个复杂问题的解析过程具有更好的解释性,这种利用知识图谱进行层次化解析的方法是基于知识的问答的发展趋势之一。

2. 基于信息检索的方法

基于信息检索的方法,首先确定用户问题中的实体指称项;其次将其链接到知识图谱中的主题实体(topic entity)上,并将与主题实体相关的子图(subgraph)提取出来作为候选答案集合;再次分别从问题和候选答案中提取特征;最后利用排序模型对问题和候选答案进行建模并预测。根据特征表示技术的不同,可以将基于信息检索的方法分为基于特征工程的方法和基于表示学习的方法。

(1) 基于特征工程的方法

该方法首先对用户提出的问题进行句法分析,并根据依存关系句法分析结果提取问题词(qword)、问题焦点词(qfocus)、主题词(qtopic)和中心动词(qverb)特征,将其转化为问题特征图(question graph),图 7.6 所示的是对"what is the name of John Paul's brother?"这个问题进行句法分析所得到的特征图。其次,利用主题词和知识图谱生成候选答案特征图(如图 7.7 所示)。最后,对问题中的特征与候选答案特征图中的特征进行组合,为关联度高的特征赋予较高的权重,并通过分类器来计算权重。

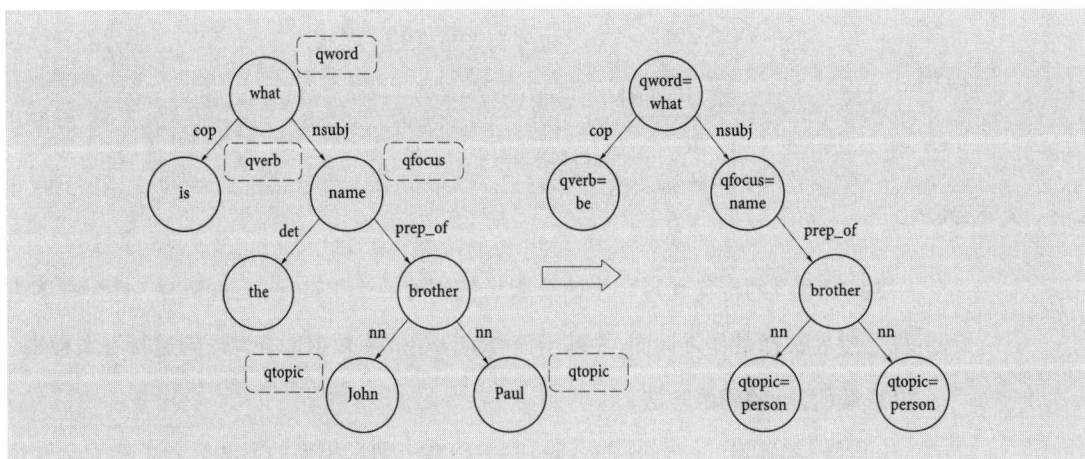

图 7.6 问题 "What is the name of John Paul's brother?" 句法分析与特征图

(2) 基于表示学习的方法

基于特征工程的方法需要自行提取特征,而且在将问题特征和候选答案特征组合起来时需要进行笛卡儿乘积,特征的维度大,难以处理复杂问题。基于表示学习的方法,则将问题和候选答案实体转换为同一语义空间中的向量,它将基于知识的问答看成是对问题与候选答案实体的表示向量进行匹配计算的过程。例如,Bordes等利用嵌入模型将问题以及知识图谱中的候选答案实体映射到同一语义向量空间中,用候选答案实体本身、候选答案实体与问题实体之间的关系路径,以及与候选答案实体相关的子图三种向量来表示候选答案实体,然后利用三重损失函数对该模型进行训练,该模型的结构如图 7.8 所示。

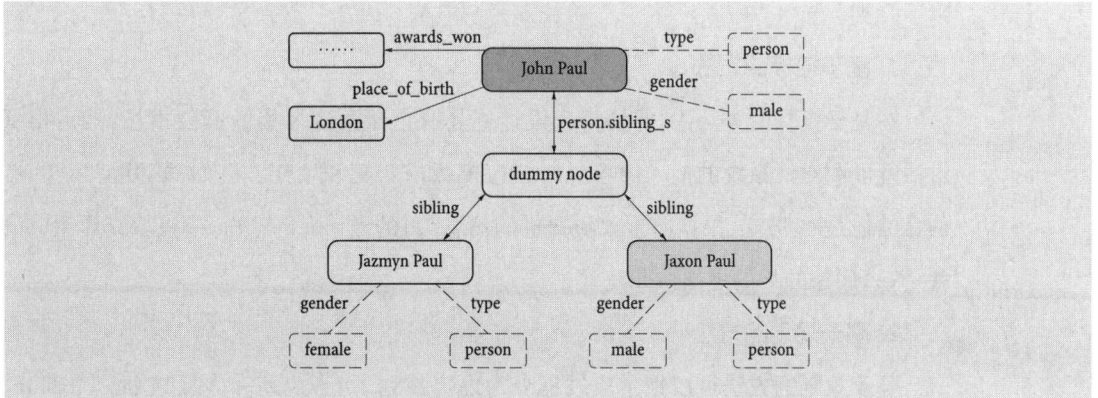

图 7.7 问题 "What is the name of John Paul's brother?" 的候选答案特征图

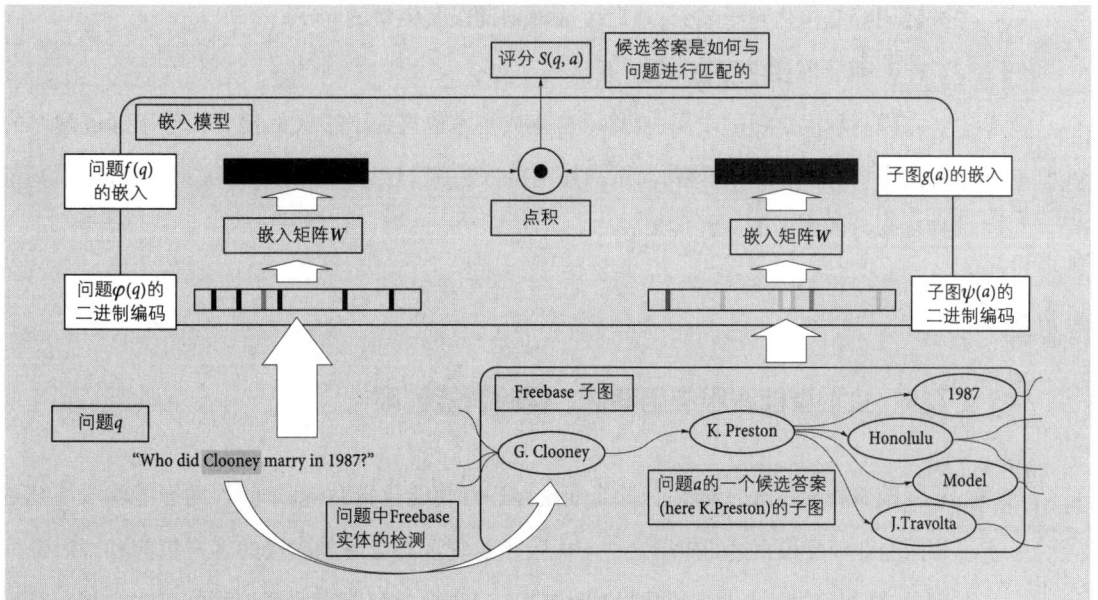

图 7.8 嵌入模型结构

(3) 其他方法

近年来出现了一些新方法,这些新方法不能被简单地归到上述两类方法中。例如,一些方法自动或半自动地从基于知识的问答数据集中学习模板,并利用学习到的模板将问题拆解成语义表示或者理解其意图。还有一些方法采用神经计算与符号逻辑推理相结合的方法进行语义分析,其利用神经网络模拟符号逻辑推理的过程,使大规模可解释的知识推理与问答成为可能。

7.3.4 自然语言生成

自然语言生成主要是指将对话管理和对话系统输出的计算机表达转换成符合自然语言语法规则并且语义准确的表达。对话系统涉及的自然语言生成方法通常分为以下几类。

1. 基于模板的方法

在基于模板的方法中,需要事先设计好具有自然语言风格的回复模板,然后根据对话管理和对话系统的输入内容进行相应模板的匹配和填充。例如,模板是"请问您的目的地是××吗?",根据前置模块提供的信息"目的地=杭州"进行模板填充后生成的就是"请问您的目的地是杭州吗?"。

2. 基于规划的方法

基于规划的方法可以把生成过程分为内容规划、句子规划和表层规划三个部分。例如,首先生成句子的语义帧序列,明确要生成什么样的句子;其次确定句子的句法、关键词等结构化句子成分;最后生成辅助词以及完整的句子。

3. 基于深度学习的方法

随着深度学习的发展,自然语言生成技术也得到了很大的提升。基于深度学习的方法主要有 Seq2Seq 模型、动态神经网络方法、基于生成对抗网络(GAN)的模型、基于迁移学习的模型生成方法等。

7.4 金融智能客服应用案例:保险智能客服

随着智能技术的发展,保险企业也在进行智能化转型,基于问答的智能客服系统是保险企业转型最直接的应用之一。保险企业每天都会遇到大量的客户售前和售后咨询问题,这些问题的专业性很强,使得构建准确高效的智能客服系统面临诸多挑战。基于保险业知识图谱的问答系统借助于专业知识,能够更加精确地回答专业问题,从而降低了客户服务的成本。图 7.9 所示的为某基于知识图谱的保险智能客服系统的交互界面,该系统支持推理、多轮对话和条件问答等多种交互形式。基于保险业知识图谱数据构建智能问答系统主要有两项工作,即保险业知识图谱构建和基于知识的问答系统构建。

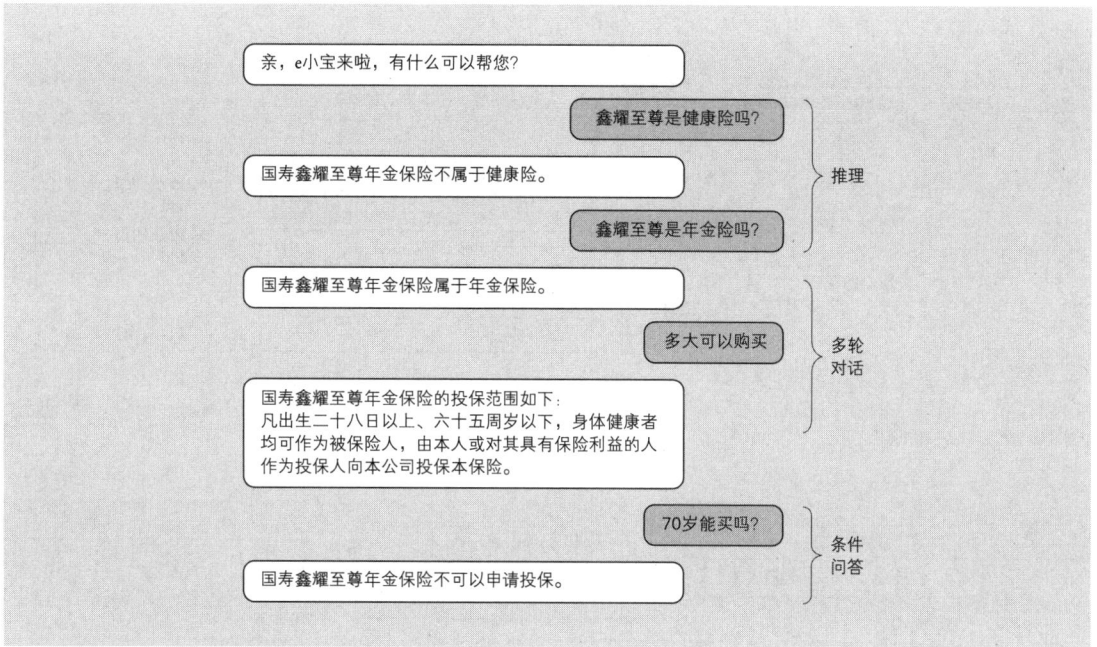

亲，e小宝来啦，有什么可以帮您？

鑫耀至尊是健康险吗？

国寿鑫耀至尊年金保险不属于健康险。

鑫耀至尊是年金险吗？

　　　推理

国寿鑫耀至尊年金保险属于年金保险。

多大可以购买

国寿鑫耀至尊年金保险的投保范围如下:
凡出生二十八日以上、六十五周岁以下,身体健康者均可作为被保险人,由本人或对其具有保险利益的人作为投保人向本公司投保本保险。

　　　多轮
　　　对话

70岁能买吗？

国寿鑫耀至尊年金保险不可以申请投保。

　　　条件
　　　问答

图 7.9　某基于知识图谱的保险智能客服系统

7.4.1　保险业知识图谱构建

　　通用的行业知识图谱的构建过程如图 7.10 所示,包括选择数据源、知识抽取、知识融合、知识加工和知识应用等。为了让知识图谱结构能够更好地完成下游的问答任务,需要对行业知识图谱进行定义。图 7.11 所示的是保险业知识图谱示例。保险业知识图谱分为模式层和实例层。在模式层有实体类型、属性和属性值类型,其中属性值类型又分为单一值类型(String、Int)以及复合值类型(compound value type,CVT)。属性"保险责任"采用的就是复合值类型,其下挂载了多个子属性,这弥补了传统单一值类型表现力不足的缺陷,能够解决特定场景中复杂句式的理解问题。实例层由一个个具体的三元组构成,需要根据具体业务来填充满足类型要求的实体和属性值。

　　保险问答场景知识图谱的构建过程如图 7.12 所示。保险问答场景知识图谱的主要数据来源是现有的有关保险的知识库、会话日志、产品文档,使用人机协同的方法进

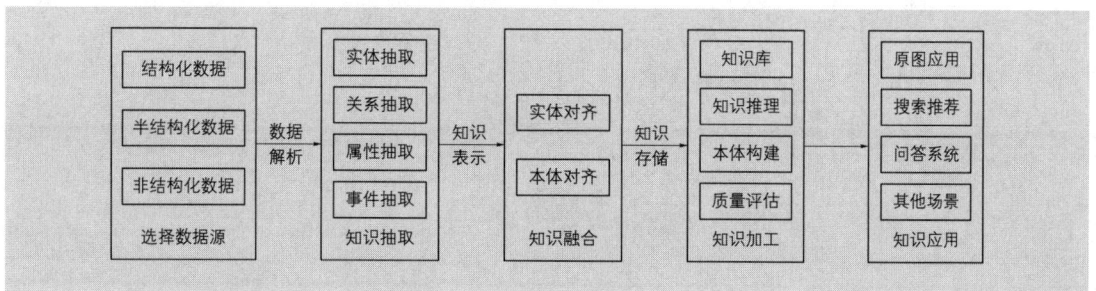

图 7.10　通用的行业知识图谱的构建过程

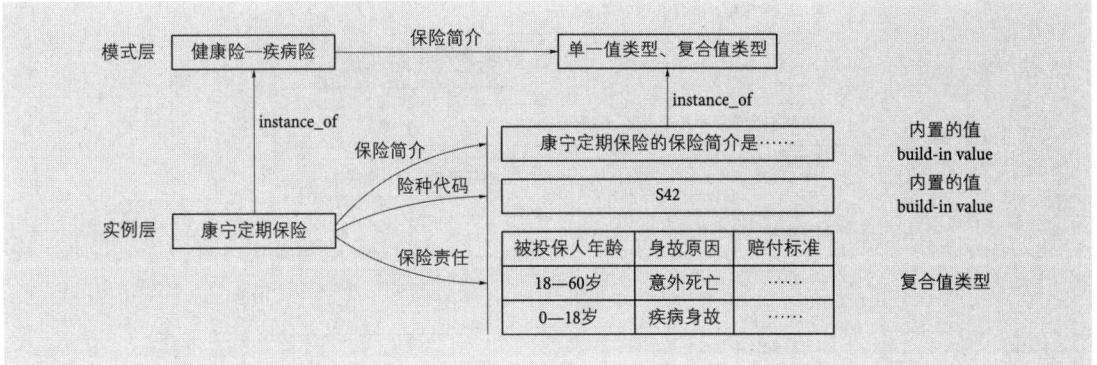

图 7.11 保险业知识图谱示例

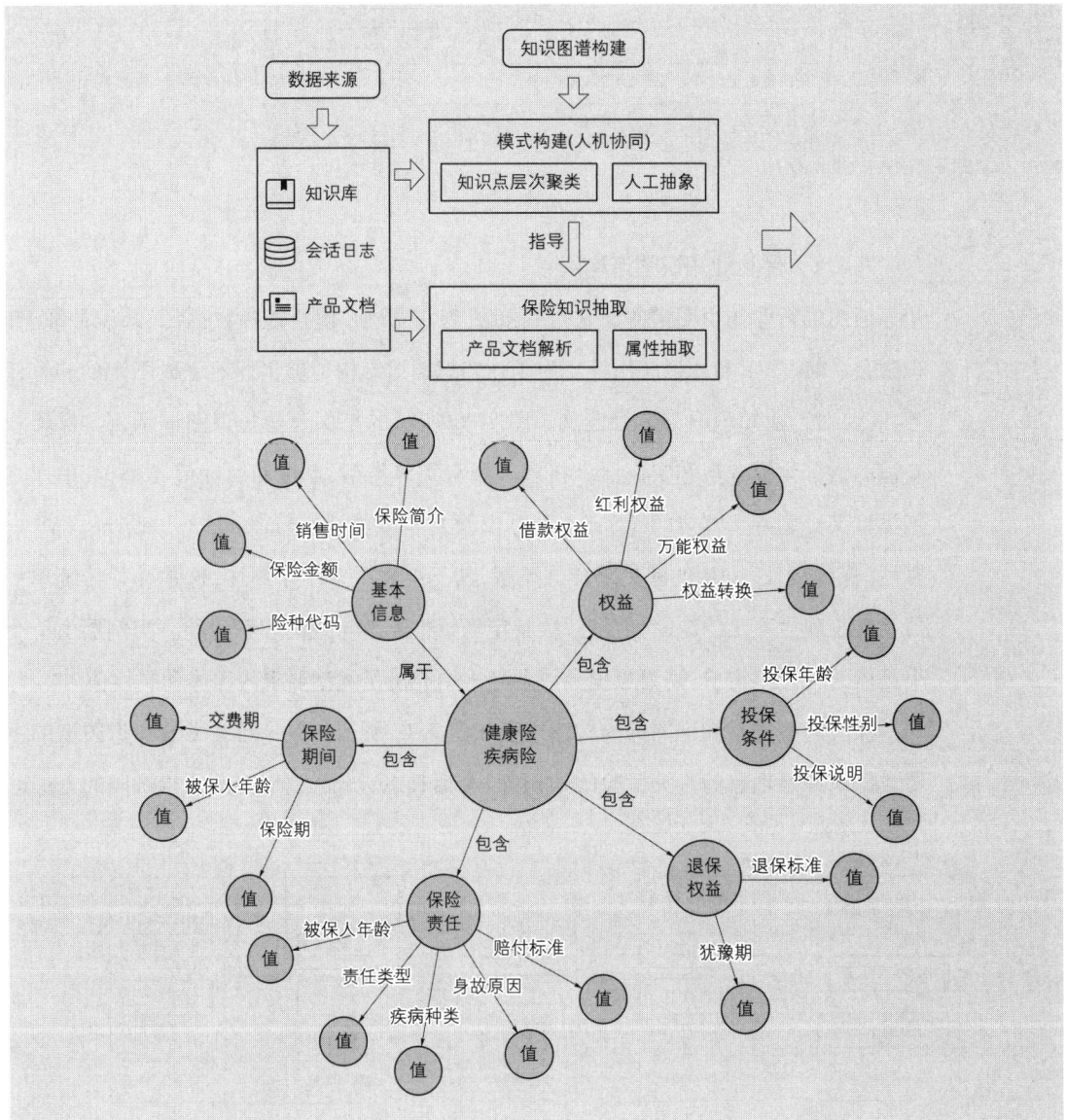

图 7.12 保险问答场景知识图谱的构建过程

行三元组的抽取和填充,保险问答场景知识图谱最终覆盖了 5 类保险险种、150 个属性、2.8 万个保险产品、千余种疾病信息。

7.4.2　基于知识的问答系统构建

保险业基于知识的问答(KBQA)系统如图 7.13 所示,它主要分为以下几个模块。

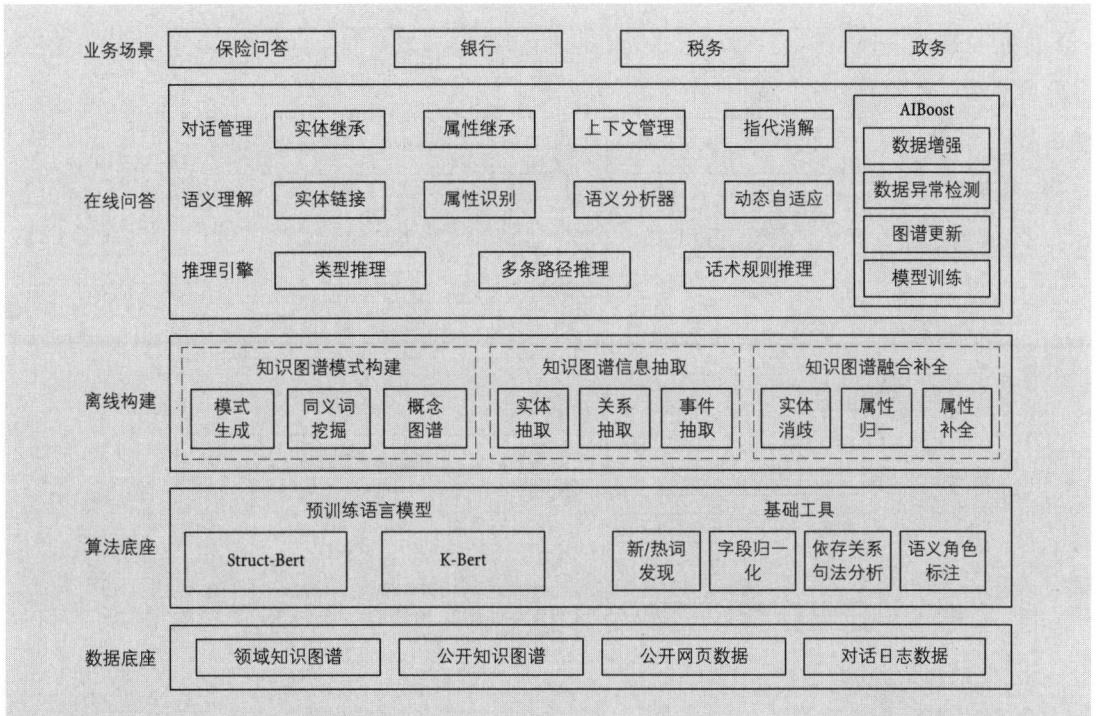

图 7.13　基于知识的问答系统

① **数据底座**:包括领域知识图谱、公开知识图谱、公开网页数据和业务场景中的对话日志数据。

② **算法底座**:预训练语言模型,以及依存关系句法分析、语义角色标注等基础工具。

③ **离线构建**:包括知识图谱模式构建、知识图谱信息抽取、知识图谱融合补全。

④ **在线问答**:包括对话管理、语义理解、推理引擎和人工智能算法迭代工具 AIBoost 等模块。

⑤ **业务场景**:应用于保险问答、银行、税务、政务等行业。

基于知识的问答算法是基于知识的问答系统的核心算法,其具体实现如图 7.14 所示。基于知识的问答算法的核心逻辑分为以下 5 个步骤。

① **预处理**:对问题进行规范化处理,通过黑名单过滤掉不合法的问题。

② **句式识别**:基于模型对是否型问题进行识别。

③ **实体链接**：通过相似度和排序模型进行实体链接。

④ **语义分析**：通过 HKBAM(hierarchical KB-aware attention model,基于知识库的多层次注意力模型)进行领域识别、属性识别和文本约束识别,再加上数值约束识别和序数约束识别,获得精细化的语义理解。

⑤ **后处理**：根据实际需求,进行约束回退等操作,并进行图查询,返回最终答案。

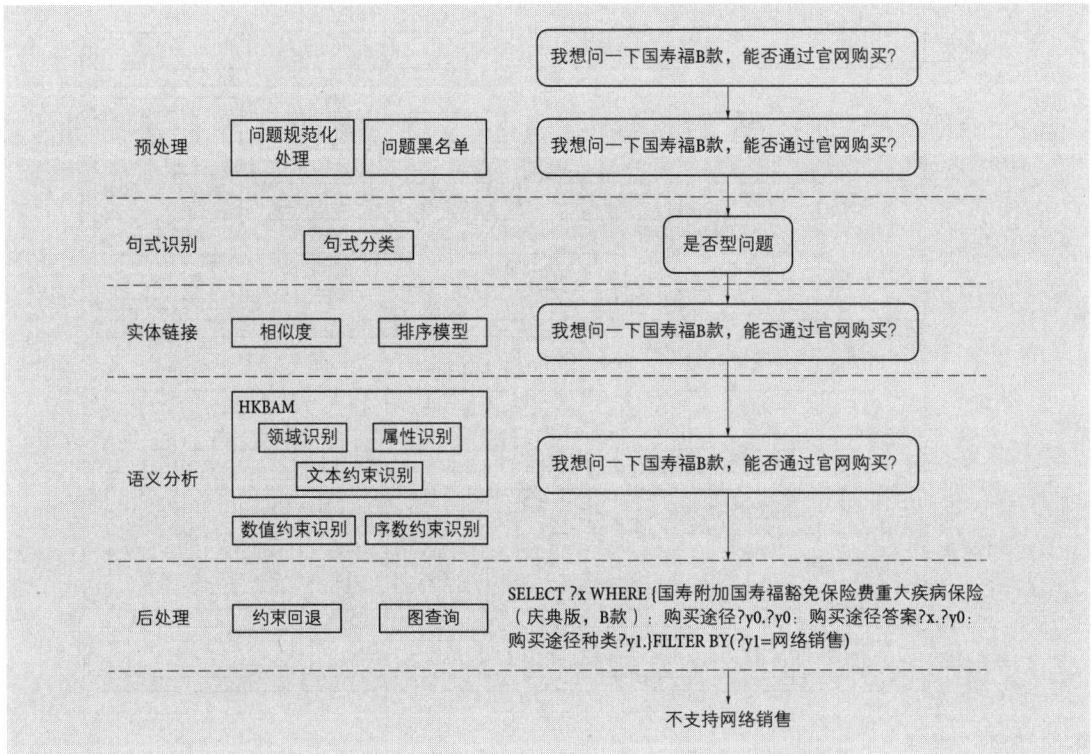

图 7.14 保险业基于知识的问答系统的核心算法

7.5 金融智能客服的未来展望

随着深度学习技术的发展,智能客服的应用越来越广泛。下面将针对深度学习技术在金融智能客服应用中所面临的一些挑战和问题进行讨论。

1. 低数据资源冷启动问题

对话系统涉及的模型训练需要依赖大量的数据,但这些数据通常都是异构的并且数据量非常小,如何解决这种场景中的问答系统冷启动问题是金融智能客服所面临的一大挑战。目前通常的方法有直接用人工众包标注、半监督和无监督学习、数据增强、迁移学习、通过主动学习降低人工标注成本等方法。如何用更快、更低成本的方式获取足量的训练数据将会成为未来的一个热点问题。

2. 领域适应问题

智能客服通常是分领域的,如金融领域、购物领域和政务领域,每个领域都有各自的问题、知识、专业回复话术和规则模板等。如何以更低的成本获取更多的相关领域的数据,是提升智能客服精确率的关键。目前,这类问题的主要解决方法有迁移学习、多任务学习、零次学习和单例模式学习等。其中,迁移学习是目前解决领域适应问题的首选方案,它将原领域中的可复用特征和知识迁移到目标领域,作为目标领域的训练数据进行学习。

3. 知识数据引入

深度学习模型在整个训练过程中通常是一个黑盒,很难用人工进行有效的干预,目前融合知识的深度学习模型正在成为一个研究趋势。金融智能客服是针对金融这一特定领域的,而在特定领域会有专门的知识数据的积累。如何让深度学习模型融合这些知识数据以进行更加有效的语义理解和推理,已经成为问答系统的一个重要研究课题。

本章小结

本章从基本概念、主要流程、核心技术、未来展望 4 个方面对金融智能客服做了全面的介绍。本章首先介绍了金融智能客服的定义、发展和分类,其次介绍了构建金融智能客服系统的流程和核心技术,最后介绍了金融领域中的一个实际案例: 保险智能客服系统构建。此外,还针对金融智能客服系统当前存在的问题对其发展进行了展望。本章旨在帮助读者对金融智能客服有一个整体认识,并为后续的学习打下基础。

习题

1. 结合本章的内容和实际案例,对应于金融智能客服的流程,梳理各个环节涉及的核心技术。
2. 从金融智能客服提供者(如银行)的角度,谈谈人工客服与智能客服的优劣。
3. 从金融智能客服服务对象(如银行客户)的角度,谈谈人工客服与智能客服的优劣。

第8章　金融智能风控

8

【开篇案例】

ZestFinance 的大数据征信平台

近期,美国互联网金融公司 ZestFinance 基于大数据的信用评分模型引起了人们的关注。ZestFinance 在 2009 年 9 月成立于美国洛杉矶,该公司专注于提供信用评分服务,旨在利用大数据技术重塑审贷过程,为难以获得传统金融服务的个人进行可用的信用评分,降低他们的借贷成本。ZestFinance 的战略发展目标是在贷款领域深入发展,为提供信用卡贷款的银行,以及提供汽车、房屋贷款的企业打造整体服务方案。

ZestFinance 利用大数据技术采集多源数据,一方面继承了传统征信体系的决策变量,重视深度挖掘授信对象的信贷历史,另一方面将影响用户信贷水平的其他因素,如社交网络信息、用户申请信息等考虑在内,从而从深度和广度上实现了两者的高度融合。ZestFinance 获取信息的途径非常广泛,无论是结构化数据还是非结构化数据都包含在内。除此之外,它还能提供很多非传统数据,如借款人的房租缴纳历史、典当交易行为、网络交易资料等,甚至借款人的书写习惯、提交申请前是否愿意花费时间了解产品说明等信息,为信用评分提供极为全面和精细的参考依据。

ZestFinance 的信用评分框架,采用机器学习的预测模型和集成学习策略进行大数据挖掘。首先,系统将数千种来源于第三方和借贷者的原始数据输入系统。其次,系统寻找数据之间的关联关系并对数据进行转换,再在关联关系的基础上将变量重新整合成较大的测量指标,每一个测量指标都可以反映信贷申请人某一个方面的特点,如诈骗概率、长期和短期内的信用风险和偿还能力等。最后,系统将模型输出的每一个结论都按照模型投票的原则,形成最终的信用评分。ZestFinance 开发了 10 个基于机器学习的预测模型,对每位信贷申请人的超过 1 万条数据信息进行分析,并得出 7 万余个可对其行为进行测量的指标,在 5 s 内就能完成全部分析工作。

近年来,这种基于大数据的信用评分框架被国内外多家互联网金融机构,如德国的Kreditech、美国的 Kabbage,以及我国的闪银等所采用,对传统的信用体系形成了冲击。

虽然以 ZestFinance 为代表的新兴信用评分体系还不够成熟,但是该体系为征信业的变革注入了活力,对我国征信体系的建设也有一定的启示作用。

本章将介绍另一种金融智能应用场景——金融智能风控。金融智能风控在发现风险、控制风险和管理风险等方面,运用人工智能技术解决潜在的风险问题,推动社会信用体系不断完善,助力经济发展。

8.1 金融智能风控概述

随着互联网的普及,以及大数据和人工智能的迅速发展,金融智能风控应运而生,让更广泛的用户群体获得金融服务和信贷支持,为金融业带来了巨大的变化。下面将对金融智能风控的定义、金融智能风控的发展历程及其应用场景进行具体介绍。

8.1.1 金融智能风控的定义

风控即风险控制。金融风险是由信用风险、市场风险和操作风险等多种风险构成的。在大数据时代,金融机构面临的内外部环境更加复杂。金融智能风控可以为监管部门和金融机构提供欺诈检测、信用评分、风险预警、逾期客户管理和征信等服务,以控制金融业务中存在的风险。

8.1.2 金融智能风控的发展历程

金融风险控制是一个相对古老但却经典的研究问题,学术界一般认为其始于美国。1931 年,美国管理协会保险部开始倡导风险控制,并展开风险管理及保险问题研究。20 世纪 50 年代早期和中期,美国的一些大公司发生的意外事件,使其遭受了巨大的损失,也使公司高层决策者认识到风险控制的重要性。其中,1953 年通用汽车公司发生的一场火灾震惊了美国企业界和学术界,这场火灾成为系统风险控制发展的契机。概率论和数理统计的运用,使风险控制从传统经验走向科学管理。此后,人们对风险控制的研究逐步系统化、专门化,使风险管理成为企业管理领域的一门独立学科。

在传统风险管理阶段,金融风险控制思想从萌芽到逐步全球化,其间取得了许多理论成果。这些理论成果大大提高了金融风险控制的水平和策略,但关于风险控制的研究还局限在某些单一、局部或分离性的层面上,没有涉及众多层面的风险控制问题。

20 世纪 90 年代,在计算机运行效率得到大幅度提高后,逻辑斯谛回归登上历史舞台,成为风险评估人员的主要工具。近年来,数据挖掘技术中的神经网络、支持向量机、随机森林等方法开始应用于金融风险控制领域。

对金融风控影响最大的是巴塞尔协议。巴塞尔协议经历了三个版本:巴塞尔协议Ⅰ、巴塞尔协议Ⅱ、巴塞尔协议Ⅲ。巴塞尔协议Ⅰ由巴塞尔银行监管委员会于 1988 年提出,该协议的目的是促进国际银行市场稳定,防止银行冒险,消除不同国家监管资本要求差异所导致的银行竞争优势的差异。然而,巴塞尔协议Ⅰ存在忽略利率和汇率波动、对不同类型的损失没有加以区分、忽视全面风险管理等缺点。巴塞尔协议Ⅱ对存在的问题进行了改进,该协议包含三个方面的要求,被称为三大支柱。第一大支柱提出了最低风险资本的要求,以及在信用风险、操作风险和市场风险方面计算最低资本金的理论框架,即资本充足率要达到 8%,核心资本充足率要达到 4%;第二大支柱规定了监督审查过程的要求,并引入了第一大支柱没有包括的其他风险,如集中度风险;第三大支柱声明了市场自律的要求。巴塞尔协议Ⅲ对于其之前的两个版本而言,主要的变化是提高了对资本充足率的要求,加大了对系统性风险的重视程度。

进入 21 世纪,互联网与金融的融合不仅使传统金融业的运营方式发生了改变,还使其发展出了新的金融业态。与国外金融机构相比,国内金融机构在风险管理领域的研究起步比较晚,近年来才出现了有关大数据风控模型的研究和应用。在大数据时代,金融机构所面临的内外部环境更加复杂,需要收集大量的用户信息,并对用户信息进行全面的分析,只有这样才能够完善信贷风险控制体系。金融机构在这种状况下面临着严峻的挑战,它们需要利用自身的渠道和信息优势,引入先进技术,收集和积累用户数据和交易数据,构建数据库,然后在此基础上利用大数据技术对数据进行分析和挖掘,提高自身的风险控制能力。

8.1.3　金融智能风控的应用场景

金融风控的发展历史悠久,时至今日仍然影响着人们的生活,大数据、人工智能等技术的发展则为其研究注入了新的活力。下面将简单介绍 5 个典型的金融智能风控应用场景,分别是欺诈检测、信用评分、风险预警、逾期客户管理以及征信。

1. 欺诈检测

欺诈检测是指金融机构利用大量的外部数据,采用第三方信息验证、电话核实、反欺诈排查等手段来降低欺诈发生的概率。技术的发展和模式的创新,使得金融领域的欺诈现象屡见不鲜。例如,互联网个人信贷业务创新模式追求快捷、便利、高效,这给不法分子带来了可乘之机。而图像处理技术的发展也使得不法分子可以轻易制造虚假材料,大大降低了欺诈成本。在掌握的数据足够多的情况下,金融机构可能更了解客户。例如,通过学历数据可以了解客户的受教育情况,通过中国人民银行征信中心提供的数据可以了解客户的贷款情况,通过电子商务数据可以了解客户的消费信息等。如果金融机构有足够高维度和足够大深度的数据,且这些数据能够得到很好的整合,金融机构就能提升对欺诈的防范能力。

2. 信用评分

信用评分是指通过对客户信息进行量化计算得出信用分值,以反映客户的信用状况,它被广泛地应用于个人信贷、信用卡、保险理赔等金融业务中。针对不同的应用场景,信用评分又可以分为风险评分、收入评分、响应度评分、客户流失评分、催收评分、信用卡审核评分、信用额度评分等。大数据时代,金融机构在进行信用评分时,所使用的数据包含大量的非传统数据,这些非传统数据和传统数据相结合,使金融机构可以更全面地评估贷款人的信用情况;所使用的风险计量技术会出现新的突破,不再受限制于逻辑斯谛回归、决策树等成熟的统计方法,新型的模型技术将在信用评分业务中得到有效应用,从而使金融机构能够全面、准确地评估客户的信用。信用评分的基本流程包括数据准备、数据处理、变量分析以及评分卡构建。

3. 风险预警

所谓风险预警,是指提前发现未来会出现的风险,即根据研究对象的特点收集资料,监控风险因素的变化趋势,并评价各种风险状态偏离预警线的程度,向决策层发出预警信号并提前采取风险控制对策的过程。金融智能风控在风险预警方面有着得天独厚的优势。例如,电子商务平台拥有商家每个月的交易信息,用户的评价信息、浏览信息、收藏信息等,电子商务平台在实际运行过程中跟踪每一个环节的异动,从而实现对风险的提前预警,而不需要等待违约真正发生。另外,金融智能风控对于借款人共债问题也提供了有效的解决途径。

银行等传统金融机构解决共债问题的主要途径是通过中国人民银行征信中心提供的信用报告了解借款人在其他金融机构的贷款情况。对于很多创新型金融机构来说,现阶段并不能从中国人民银行征信中心获得客户信用报告,也无法将客户违约的情况接入中国人民银行征信系统。金融智能风控使得金融机构可以通过互联网获取关于借款人更多维度的信息,如通过对借款人的联系人、社交圈等进行关联分析,让风险预警体系具有实时性与智能化的特征;可以使不同来源的数据相互印证,快速更新,并将其实时地输入风险控制体系,令风险异动在第一时间反映出来。

4. 逾期客户管理

逾期客户管理是风险全流程管理中非常重要的一个环节,是实现闭环管理和风险指标控制的关键。大数据对逾期客户的管理主要体现在以下三个方面:一是优化催收策略;二是客户信息丰富化;三是触达客户方式多样化。催收策略主要由计量工具和催收方式两部分构成,计量工具决定了客户的分类,而客户的分类则决定了金融机构所采用的催收方式。金融机构传统的催收方式包括信函催收、短信催收、电话催收、上门催收、司法催收等,利用大数据技术它们则可以获取客户的微博、微信等,这些新兴的社交工具,增加了触达客户的方式,从而丰富了催收方式。目前,金融机构所面临的失联问题,主要是指其利用内部系统存储的联系方式没有办法联系到客户,但是如果能够获取第三方数据,则可以对客户的联系方式进行补充和修复。

5. 征信

征信又称为信用信息服务,包括信用记录、信用调查、信用报告和信用评分。随着大数据技术的发展,金融从业者意识到客户的互联网行为数据、电信运营商的数据等拥有巨大的价值,对于全面进行客户的风险评估、响应营销等都有非常大的帮助。国内有不少银行已经将大数据应用于征信业务。基于大数据技术的征信业务主要有两类,第一类征信业务主要是进行真实性核查,对数据进行简单的整合、统计,从而验证其真实性;第二类征信业务主要是在数据收集、整理的基础上挖掘数据的潜在价值,同时建立信用评分模型和策略,提供信用评分服务。

8.2　金融智能风控的流程

金融智能风控流程主要分为三个阶段,分别是贷前申请准入管理、贷中存量客户管理和贷后逾期客户管理。在整个风险控制的过程中除了涉及大数据技术外,还涉及人工智能技术,下面将结合上述三个部分的内容进行介绍。

8.2.1　贷前申请准入管理

贷前申请准入管理是金融机构控制风险的第一道门槛,它可以为之后的存量客户管理及逾期客户管理带来极大的便利。贷前申请准入管理阶段主要解决两个方面的问题:一是引入什么样的客户;二是如何授信。在实际操作中,用于辨识客户资质的模型主要有申请风险模型和申请欺诈模型。

基于金融智能风控,金融机构可以通过刻画客户画像来进行贷前申请准入管理,客户画像包括个人客户画像和企业客户画像。其中,个人客户画像涉及个人客户的人口统计学特征、消费能力、兴趣、风险偏好等数据;企业客户画像涉及企业的生产、流通、运营、财务、销售和客户数据,以及相关产业链上下游数据等。在进行贷前申请准入管理时,银行不仅仅要考虑自身业务所采集到的数据,更要考虑整合更多的外部数据,以加深对客户的了解。

外部数据有以下几类。

① 客户在社交媒体上的行为数据。例如,光大银行建立了社交网络信息数据库,通过打通银行内部数据和外部社会化数据获得了更为完整的客户拼图,从而能够进行更加精准的营销和管理。

② 客户在电子商务平台上的交易数据。例如,中国建设银行将自己的电子商务平台和信贷业务结合起来;阿里金融根据阿里巴巴用户的历史信用,为其提供无抵押贷款。

③ 企业客户的产业链上下游数据。如果银行掌握了企业所在的产业链上下游数据,就可以更好地掌握企业的发展环境和发展状况,预测企业未来的发展。

④ 其他有利于加深银行了解客户兴趣和爱好的数据,如可实现广告有效投放的数据管理平台(data management platform,DMP)所记录并分析的互联网用户行为数据。

具体来说,在贷前申请准入管理阶段,智能风控主要体现在**申请风险模型以及申请欺诈模型**的创建上。

1. 申请风险模型

申请风险模型是金融机构目前最常用、最重要的模型。该模型通过多维度、多层次的属性对客户资质进行综合评价,全面评估客户的风险,为制定差异化的客户管理策略提供依据。申请风险模型衡量的是客户的风险,其目标变量由客户的逾期程度来确定,表现期内逾期天数超过给定阈值的为坏客户,表现期内没有逾期或者逾期程度较低的为好客户。

金融机构对于不同的客户申请评分采取不同的策略。申请评分低的客户,风险较高,对于这样的客户金融机构直接拒绝;对于申请评分在准入评分阈值附近的客户,金融机构可以通过二次审批决定是否批准贷款;对于申请评分较高的客户,金融机构可以直接批准贷款。申请风险模型预测变量在很大程度上依赖于客户的申请信息和信贷历史信息,主要从以下几个方面来考虑。

- 客户属性,包括家庭、工作、学历等;
- 资产负债;
- 信贷历史、还款历史;
- 逾期行为、透支情况、额度占用情况;
- 第三方数据,包括客户流水数据、网络交易行为、浏览行为、评价行为等。

2. 申请欺诈模型

在贷前申请准入管理阶段,金融机构除了关注信用风险外,对欺诈风险也非常重视。虽然欺诈客户所占的比例较小,但一旦发生损失便很难追回,若额度较大甚至会影响银行体系的资金流动性与安全性。申请欺诈模型根据客户信息来判断客户欺诈的可能性。金融机构可以按照欺诈风险的高低采取不同的策略:对于欺诈得分很低、欺诈风险特别高的客户直接拒绝;对于欺诈得分较低的客户,可以进行二次审核,若发现其有欺诈嫌疑则拒绝该客户贷款;对于欺诈得分较高、欺诈风险较低的客户,可以通过抽样的方式进行欺诈风险排查。

在贷前申请准入管理阶段,金融机构能够获取的信息主要是客户申请信息和中国人民银行征信中心提供的客户信用信息,同时客户在互联网上的相关数据对申请欺诈预测也有很大的帮助。申请欺诈模型预测变量主要从以下几方面来考虑。

- 客户单位名称、地址是否在征信单位的列表中;
- 过去一段时间内同一联系人、同一单位地址是否有过多次进件;
- 申请人及其所在的单位是否曾经发生过欺诈进件;
- 同一 cookie 或相近 IP 地址是否在短时间内频繁进件;
- 申请贷款的 cookie 和 IP 地址是否为活跃客户所使用;
- 申请贷款的地点离客户家庭住址和单位地址的距离。

8.2.2 贷中存量客户管理

近年来,消费金融在我国快速发展,人均授信总额不断增长。但是随着市场竞争日趋激烈,金融机构客户群体下沉(即向低一级目标人群拓展),金融监管政策不断收紧。在此背景下,互联网金融、小额贷款、点对点(peer-to-peer,P2P)网络借贷等行业开始洗牌,并进行业务调整,从而导致次级下沉客户向银行、持牌消费金融公司传导,使共债风险持续增加,坏账率增高。因此,新客户获取所带来的业务增加遇到了瓶颈期,各大金融机构开始缩减新客户的获取规模,至此我国的消费金融市场进入存量客户精细化运营管理时代。

贷中存量客户管理主要包含交易欺诈管理、再贷客户营销管理、授信额度管理、流失客户管理等业务。在贷中存量客户管理阶段,金融机构需要识别客户的风险、收益、流失倾向等,并设计出差异化的客户管理策略,在实现资源有效配置的同时降低管理成本,提升客户满意度。存量客户管理模型体系主要包含行为风险管理、行为收益管理以及行为流失管理等模型。

1. 行为风险管理

行为风险管理是贷中存量客户管理中最常用的模型之一,是金融机构进行风险控制、再贷客户营销管理、授信额度管理等活动的重要工具。行为风险管理模型通过客户历史行为预测客户未来出现坏账的可能性,目前通常用逻辑斯谛回归算法来开发行为风险管理模型。由于金融机构从申请端获取的数据较少,因此当客户成为金融机构的存量客户时,可以利用行为风险管理模型来对客户的风险情况做进一步的评估,以更准确地把握客户的风险。此外,随着外部环境的变化,客户资质会发生变化,对客户的风险评价也需要动态调整。

有的金融产品,如信用卡产品,其交易行为频繁且能被完整地记录下来,可用的预测变量较多。但是有的金融产品的交易行为不能被完整地记录下来,可用的预测变量也较少,这给行为风险管理模型的开发带来了较大的困难,不利于模型预测的准确性,因此金融机构需要引入第三方数据进行补充。在行为风险管理模型中,预测变量主要由客户的交易行为组合而成。行为风险管理模型预测变量可以基于以下几个方面进行考虑。

- 还款行为;
- 消费行为;
- 信用卡提现;
- 欠款情况;
- 资金使用情况;
- 第三方数据,包括中国人民银行征信中心提供的信用数据、交易数据、非银行支付流水数据等。

2. 行为收益管理

对于信用卡等产品而言,金融机构的收益通常来自少部分客户,基本遵循帕累托法则,因此准确识别高收益客户对于信用卡公司来说是非常重要的。在贷中存量客户管理中,风险由行为风险管理模型来衡量,而收益则由行为收益管理模型来评价。行为收益管理模型通过客户的历史行为来预测客户未来收益的高低。金融机构的资源通常会向低风险、高收益的客户倾斜。

金融机构总是希望用有限的资源创造最大的利润,不同的金融机构会用不同的方式定义收益率,从而导致行为收益管理模型的目标变量定义方式不同。不同的目标变量定义方式通常会影响行为收益管理模型的应用策略,在确定目标变量定义时需要考虑该模型未来的应用方向。客户收益的高低由客户自身属性和行为属性决定,通常可以从以下几个方面考虑。

- 客户属性：性别、年龄、学历；
- 消费行为；
- 提现行为；
- 分期行为；
- 逾期情况；
- 额度使用情况。

3. 行为流失管理

金融机构之间的竞争日益激烈，服务、产品、管理不佳都有可能使客户离开一家金融机构，而投向其他金融机构。由于引入新客户的成本较高，因此金融机构都很重视对流失客户的管理。在客户有流失倾向时，金融机构可以通过回访等方式了解客户的情况，找到客户流失的原因，采取针对性的措施挽留客户。行为流失管理模型不是单一的模型，而是一系列模型，其优劣通常用精确率、召回率来衡量。

根据客户流失前的异常交易行为可以比较准确地预测客户流失，故行为流失管理模型预测变量通常与客户行为的稳定性相关。此外，还可以通过中国人民银行征信中心提供的信息获取客户在其他金融机构持有信用卡的情况。通常从以下几方面考虑客户行为的稳定性。

- 近 N 个月的交易金额、交易笔数；
- 信用额度；
- 信用卡到期时间；
- 持有其他银行信用卡的数目；
- 所持有的其他银行信用卡的活跃程度；
- 所持有的其他银行信用卡的信用额度。

8.2.3　贷后逾期客户管理

金融业是通过经营风险实现盈利的。客户逾期不可避免，坏账损失是金融机构的主要成本之一，而逾期利息、逾期费用又是金融机构的收入来源之一。贷后逾期客户管理就好像一把"双刃剑"，金融机构如果能有效管理逾期客户，不仅可以有效控制坏账损失，也可以增加收入，否则容易产生大量的坏账损失，消耗大量的资本资源。另外，金融机构通过逾期客户管理，可以获取催收信息，加强对逾期客户的分析，进而发现授信审批政策中存在的问题，将信息反馈给客户引入单元，优化授信政策，实现风险闭环管控。

1. 逾期客户的形成

逾期客户指客户在和金融机构约定的时间内未履行还款的约定,是银行损失的重要来源之一。客户逾期的原因有多种,归纳起来主要有两个方面:还款意愿差和还款能力不足。还款意愿差是指客户的信用意识不强,存在侥幸心理,故意拖欠金融机构贷款;还款能力不足是指客户没有足够的能力去支付贷款,这是客户逾期最主要的原因,它可以分为临时性资金周转困难、经济恶化导致还款能力不足、贷款金额超出自己经济承受能力三种情况。

2. 逾期催收管理

逾期催收是逾期客户管理最重要的组成部分,它通过不同方式触达客户实现欠款催回,同时对于风险持续恶化的客户采取措施,防止风险敞口进一步扩大。催收工具包括短信催收、信函催收、电话催收、上门催收、司法催收等。随着逾期客户的复杂性和触达方式的增加,新兴的催收方式不断出现,如微信催收、警务协作催收、公安催收函催收、智能催收等。智能催收基于自动语音识别(automatic speech recognition, ASR)、自然语言处理、文语转换(text to speech convert)等智能语音技术,能够精准识别客户意图,并在充分理解客户意图的基础上解答客户疑问,且具备上下文记忆功能,能够与客户进行多轮沟通。智能催收不但可以准确识别和记录与借款人的对话内容,而且自身话术也经过了数亿次真实应用场景的打磨,规避了人工催收因受外部环境或情绪影响而进行不合规催收的现象。

3. 失联客户管理

失联即失去联系,是逾期催收中最为常见的问题,同时也是最难解决的问题。失联分为两种情况:一是主观失联;二是客观失联。主观失联是指客户不接催收人员的电话,导致催收人员联系不上客户。客观失联就是客户的联系方式失效,催收人员没有办法联系上客户。在新兴的金融模式下更要关注客户失联问题。一方面,线上信用贷款申请缺少现场环节,有的客户会提供虚假的联系方式、地址、工作证明或居住证明等,在难以核实数据真实性的情况下,客户失联的可能性增加。另一方面,在客户失联以后,可用于修复的外部信息较少,像P2P网络借贷行业目前难以获取中国人民银行征信系统、公安系统数据,因此从外部获取客户联系方式的可能性较小。

4. 账龄滚动率催收

逾期账龄是指客户未按约定时间点还款的违约时间长度,逾期账龄越长,客户的风险越高。逾期账龄是通过逾期天数来定义的。例如:

M1阶段:客户借款逾期时间为1~30天;

M2 阶段:客户借款逾期时间为 31~60 天;

M3 阶段:客户借款逾期时间为 61~90 天;

M4 阶段:客户借款逾期时间为 91~120 天。

账龄滚动率模型是逾期催收中最常用的模型,用来预测一个逾期账龄段的客户迁徙到下一个逾期账龄段的概率。评分越低的客户,迁移至下一个逾期账龄段的概率越高,客户的风险也越高,在下个月内还钱的可能性就越小。账龄滚动模型通过对客户的历史特征数据进行分析,预测其未来的表现,常用的账龄滚动率模型开发方法有逻辑斯谛回归和决策树等。

5. 失联催收管理

失联催收管理主要应用于催收策略的制定,另外其在贷中存量客户管理阶段也常和存量客户管理模型结合使用,对于风险较高、失联概率较高的客户,金融机构需要及时了解其实际情况。如果发现客户已失联,则需要及时采取措施修复客户信息,降低失联率,尽量确保客户可联系;甚至可以采取限额等措施提前将金融机构的损失降到最低。

失联催收管理模型预测变量通常需要结合金融机构内部的客户信息、交易信息、催收信息、营销信息,以及第三方信息来提高预测能力。例如,通过社保数据提高对客户工作稳定性的预测能力,通过互联网数据提高对客户居住地稳定性的预测能力。失联催收管理主要关注客户的以下信息:

- 贷款余额情况;
- 额度占用情况;
- 最近一次联系客户的时间;
- 联系方式变更情况;
- 户籍信息、工作和家庭情况;
- 历史催收结果。

8.3　金融智能风控的核心技术

金融智能风控的核心技术主要包括贷前欺诈检测、贷前申请评分卡建模、贷中行为评分卡和贷后催收评分卡 4 个部分,涉及多种机器学习模型以及统计学分类算法。

8.3.1　贷前欺诈检测

欺诈检测在整个金融智能风控系统中起着举足轻重的作用,特别是在金融智能风控系统积累样本的阶段。在欺诈检测场景中,欺诈样本所占的比例极少,正样本和负样本之比可以达到 100 000∶1,因此在很多情况下传统的监督学习难以适用。即便使用一些采样方法或者半监督学习方法来对负样本进行扩充,仍然存在诸多问题。此外,因为欺诈手段也在不断变化,通过历史欺诈样本学习到的模型在应对新的欺诈手段时很难起到识别作用,因此需要使用其他模型对欺诈样本的特殊性质进行学习。

欺诈检测可以进一步分为个体欺诈检测和团伙欺诈检测。其中,个体欺诈检测具有所占比例极少、与整体分布显著不同的特点,与异常值的性质十分相近,因此常将异常检测技术用于个体欺诈检测。而团伙欺诈检测的中心思想为团伙发现,在金融领域,团伙的聚集通常意味着风险,因此常常将基于图结构的社区发现算法应用于团伙欺诈检测。

1. 个体欺诈检测

下面着重介绍两个简单但却非常有效的个体欺诈检测算法:z-score 检验以及孤立森林异常检测。

(1) z-score 检验

z-score 检验假设样本服从正态分布,首先计算正态分布中的参数——均值 μ 和方差 σ^2,得到当前样本所属正态分布的概率密度函数,然后分别计算每个样本在这个概率密度函数下产生的概率。当概率小于某一阈值时,认为样本不属于这个正态分布,并将其定义为异常值。μ 和 σ^2 的计算公式分别如下:

$$\mu = \frac{1}{m} \sum_{i=1}^{m} x^{(i)} \tag{8.1}$$

$$\sigma^2 = \frac{1}{m} \sum_{i=1}^{m} \left(x^{(i)} - \mu \right)^2 \tag{8.2}$$

其中,m 表示样本的个数,$x^{(i)}$ 表示集合中第 i 个样本。一旦获得了均值和方差的估计值,对于一个新的样本,就可以根据以下模型计算 $p(x)$:

$$p(x) = \prod_{j=1}^{n} p(x_j \mu_j \sigma_j^2)$$
$$= \prod_{j=1}^{n} \frac{1}{\sqrt{2\pi}\sigma_j} \exp\left(- \frac{(x_j - \mu_j)^2}{2\sigma_j^2} \right) \tag{8.3}$$

其中,n 表示特征的总维度数,j 表示特征维度 j,即第 j 个特征。在欺诈检测中,会预先给定一个阈值 ε。当 $p(x)<\varepsilon$ 时,数据为欺诈数据。

不过 z-score 检测要求样本服从正态分布,但在大部分应用场景中数据都很难满足正态分布的假设,因此在实际应用中,下面要介绍的孤立森林(isolation forest, IF)异常检测应用得更为广泛。

(2) 孤立森林异常检测

孤立森林是一种基于空间随机划分思想的集成算法,它先建立多棵二叉树,然后再对输出结果进行加权平均,以实现集成学习。可以将孤立森林异常检测的整个过程分为两部分:训练孤立森林以及计算异常分数。

训练孤立森林的过程如下。

① 从样本集中随机选择一部分样本,在特征空间中随机选择一个特征,即行列采样。

② 在现有特征维度上随机选取一个特征值作为划分结点,即阈值。

③ 分化决策树,将小于或等于该阈值的样本放入左枝,将大于该阈值的样本放入右枝。

④ 重复上述过程,直到数据不可再分或者当前树的分化达到了开始设定的二叉树深度。

训练好孤立森林后,需要计算每个样本的异常分,并找到异常值。这里的异常分可以定义为

$$\text{score}(x_i) = 2^{-\frac{E(h(x_i))}{c(\phi)}} \tag{8.4}$$

其中, $E(h(x_i))$ 表示数据 x_i 在所有孤立树上的平均路径长度, ϕ 表示一棵孤立树上训练样本的个数, $c(\phi)$ 表示用 ϕ 个样本训练的二叉树的平均路径长度,这里作为归一化项。

从孤立森林异常分的计算公式可以看出,数据 x_i 在多棵孤立树上的平均路径长度越短,异常分越接近 1,表明数据 x_i 越异常;数据 x_i 在多棵孤立树上的平均路径长度越长,异常分越接近 0,表明数据 x_i 越正常;如果数据 x_i 在多棵孤立树上的平均路径长度接近整体均值,则异常分会在 0.5 左右。而如果所有样本的异常分都为 0.5 左右,那么很可能样本中不存在异常值。

2. 团伙欺诈检测

在欺诈领域,若犯罪分子发现某些平台存在风险控制漏洞,就会集中作案,以期望在短时间内获得巨额利润,因而呈现出明显的团伙特征。针对团伙欺诈检测,目前最有效的方法是基于图结构的社区发现算法。所谓"物以类聚,人以群分",具有相似属性的人往往会形成亲密的小圈子,圈子内部成员之间联系紧密,而圈子与圈子之间的联系相对稀疏。对于网络中的社区而言,一般社区内部的点之间的联系比较紧密,而不同社区的点之间的差异则比较大。因此,社区发现的性质与聚类相似,都属于无监督学习的范畴。但是 k 均值聚类之类的传统聚类方法在划分社区的实践中精度差、不稳定,下面简单介绍社区发现中经典的格文-纽曼(Girvan-Newman,

GN）算法。

GN 算法的基本思想是如果去除社区之间的连接边,那么留下的便是社区。GN 算法假设两个社区的点之间的最短路径总是要通过社区之间的连接边。按照这个假设,中心度越大的边越有可能是不同社区之间的连接边。因此,只要不断将中心度大的边去掉,就可以得到独立的社区。按照上面的介绍,可以得到 GN 算法的主要流程。

① 计算所有边的中心度。

② 去除中心度最高的边。

③ 重新计算与被去除边相关的边的中心度。

④ 重复步骤②和步骤③,直至不连通的社区的个数达到预设值。

按照上述思路,在图 8.1 中,去掉 3 个圆形区域之间的连线,最后得到 3 个子集,而这 3 个不连通的子集就是我们所要寻找的 3 个社区。

8.3.2 贷前申请评分卡建模

申请评分卡（application scoring card）也就是人们常说的 A 卡,主要应用在贷前申请准入管理阶段。这里的申请评分卡可以被看作一个二分类模型,即根据客户申请贷款时的多维数据来预测客户未来是否会违约,并根据分类输出结果给出客户的信用评分。这里以某公司信用贷 A 卡为例,如图 8.2 所示,来介绍申请评分卡的建模细节。

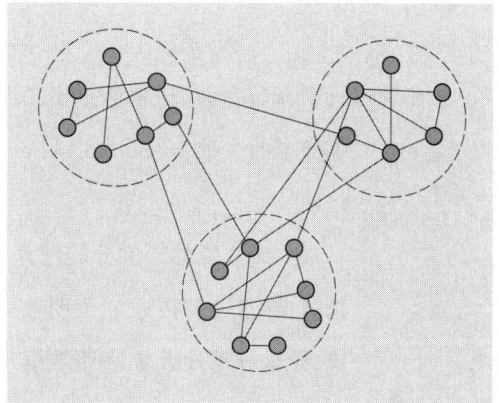

图 8.1　社区示意图

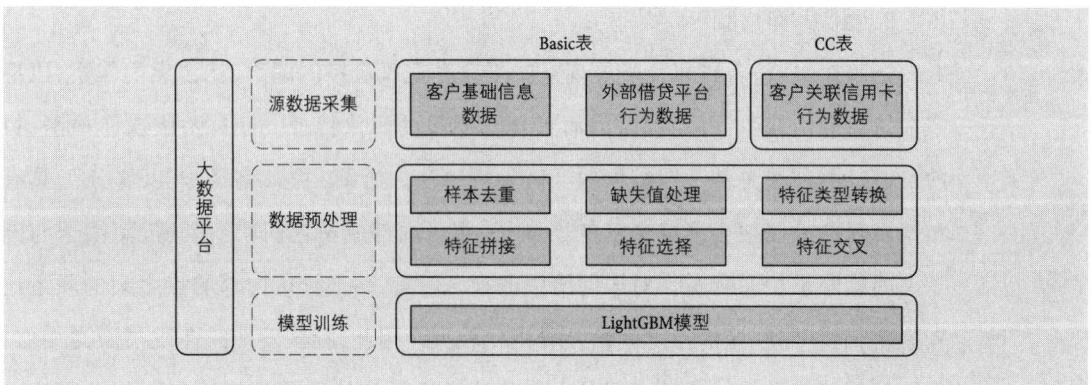

图 8.2　某公司信用贷 A 卡建模方案

图 8.2 中的数据来自两张表——Basic 表和 CC 表,客户基础信息数据以及外部借贷平台行为数据来源于 Basic 表,客户关联信用卡行为数据来源于 CC 表,两张表通过客户标识拼接在一起形成宽表。宽表中的数据经过样本去重、缺失值处理、特征类型转换、特征拼接、特征选择以及特征交叉等一系列数据预处理操作之后使用 LightGBM 模型进行训练,从而得到针对未来客户的贷前风险预测分数,即 A 卡分。上述过程需要重点考虑特征来源、标签定义、特征工程、模型构建以及效果评估 5 个部分,以下分别做一介绍。

1. 特征来源

信用评分卡是一个基于客户个人数据对其还款能力、还款意愿进行定量评估的系统。在消费金融业,信用评分卡主要有三种,即 A 卡、B 卡、C 卡。其中,A 卡是申请评分卡,用于在获取客户时,预测客户带来违约风险的概率大小。评分卡对客户的信用风险进行建模,而这通常包括两部分:客户的还款能力与还款意愿。对于还款意愿,在贷前欺诈检测阶段已经做了一定的防控,因此在贷前申请评分卡建模阶段我们更加关注客户的还款能力,这样客户与金融属性、消费能力相关的特征就显得尤为重要了。一个比较成熟的申请评分卡模型通常包含以下几个方面的数据。

(1) 个人基本信息

个人基本信息一般包括客户的年龄、性别、职业等信息,这类信息可以比较粗略地刻画一个人的形象,具有统计意义。以年龄为例。通常来说,针对 18 岁到 50 岁的客户群体,其经济实力一般随着年龄的增长而逐步提升,风险也随之逐步降低;但是针对一些利率较高的小额现金贷款场景,风险可能会随着年龄的增长而逐步提升。

(2) 多头信息

多头信息指的是客户在多家借贷平台上借款的情况。这类信息通常是客户比较重要的特征,当客户借款的平台较多时,该客户通常会被认为有严重的负债倾向,偿还能力比较差。

(3) 消费信息

消费信息通常包括系统收集到的客户行为数据,如电子商务数据、外卖数据、出行数据、点评数据、信用卡消费数据等,这些都可以反映客户在某一时间段内的消费水平,进而可以体现客户的还款能力。

(4) 其他

此外,移动应用程序(App)上的埋点数据、外部征信数据等也是非常重要的数据来源。在实际应用中,人们常说"数据和特征决定了机器学习的上限,而模型和算法只是更多地逼近这个上限而已",这在申请评分卡建模中体现得尤为明显。很多时候,多么精巧的模型和算法所带来的收益都比不上数据的积累和有效特征的挖掘。

2. 标签定义

与图像、推荐、广告这些可以直接从数据中获取标签的领域不同,金融智能风控的专家在很多时候不是将精力放在对模型和算法的改进上,而是将精力放在对模型标签的定义上。因为在信用评分模型中,逾期客户通常会有一个对应的逾期天数,这时就需要用一个阈值来确定逾期多少天以内的样本才算是正样本,而逾期多少天以上的样本可以认为是负样本,不同的阈值划分对模型起着至关重要的作用。

在某公司申请评分卡的建模过程中,我们将最大逾期天数小于或等于 3 的客户定义为好客户,最大逾期天数大于 90 的客户定义为坏客户。同时,为了使标签的划分更有区分度,便于模型学习,我们将中间的客户定义为灰度客户,在实际建模过程将灰度客户剔除,使其不参与建模和评估。

3. 特征工程

这里的特征工程与之前所讲的内容相似,通常也包括数据预处理、特征选择、特征交叉等,不过在制作申请评分卡的过程中经常会使用证据权重(WOE)进行特征变换,这里着重介绍证据权重。证据权重是一种针对原始特征的编码形式,其计算公式为

$$\mathrm{WOE}_i = \ln\left(\frac{\mathrm{Bad}_i}{\mathrm{Bad}_T} \middle/ \frac{\mathrm{Good}_i}{\mathrm{Good}_T}\right)$$

$$= \ln\frac{\mathrm{Bad}_i}{\mathrm{Bad}_T} - \ln\frac{\mathrm{Good}_i}{\mathrm{Good}_T} \tag{8.5}$$

其中,T 表示总的分箱数,Bad_T 和 Good_T 分别表示总的坏样本数和好样本数,对应地,Bad_i 和 Good_i 分别表示第 i 个分箱的坏样本数和好样本数。

从公式 8.5 中我们可以看出,第 i 个分箱的证据权重表示的是该分箱中的好坏样本数占比与总体好坏样本数占比之间的差异。在实际应用中,特征与标签之间的关系往往是非线性的,而使用证据权重进行编码,则可以得到变量与标签之间的线性关系,因此可以用证据权重来判断变量和预测目标之间关系的强弱,这就涉及申请评分卡建模中用来筛选变量的指标——信息价值(IV)。

信息价值是证据权重的加权和,即 $\mathrm{IV} = \sum_{i=1}^{n} \mathrm{IV}_i$。其中,$\mathrm{IV}_i$ 的计算公式如下:

$$\mathrm{IV}_i = \left(\frac{\mathrm{Bad}_i}{\mathrm{Bad}_T} - \frac{\mathrm{Good}_i}{\mathrm{Good}_T}\right) \times \mathrm{WOE}_i$$

$$= \left(\frac{\mathrm{Bad}_i}{\mathrm{Bad}_T} - \frac{\mathrm{Good}_i}{\mathrm{Good}_T}\right) \times \ln\left(\frac{\mathrm{Bad}_i}{\mathrm{Bad}_T} \middle/ \frac{\mathrm{Good}_i}{\mathrm{Good}_T}\right) \tag{8.6}$$

在申请评分卡建模过程中,我们通常会用 IV 的值来判断变量与标签关联的强弱。

一般而言,IV 的值大于 0.1 说明变量与预测用户违约有一定的关联,IV 的值大于 0.3 说明变量与预测用户违约有很强的关联,而若某一变量的 IV 的值特别高,例如大于 0.5,则需要检查是否发生了信息泄露等问题。IV 的值的含义如表 8.1 所示。

表 8.1 IV 的值的含义

IV 的值的范围	预测效果	英文描述
小于 0.02	几乎没有	useless for prediction
0.02 至 0.1	弱	weak predictor
0.1 至 0.3	中等	medium predictor
0.3 至 0.5	强	strong predictor
大于 0.5	难以置信,需确认	suspicious or too good to be true

4. 模型构建

在进行特征工程处理之后,在建模前需要将数据集划分为三个子集:训练(train)样本、验证(validation)样本以及时间外(out of time,OOT)样本。其中,对于训练样本与验证样本使用分层抽样的方式进行划分,以保证两个数据集中坏样本所占的比例大致相同。一般来说,训练样本与验证样本的比例大致为 7∶3,而时间外样本通常使用整个建模样本中最后一段时间切片的样本。

由于数据量的限制以及对于可解释性的要求,深度学习的相关方法在申请评分卡建模中应用得较少。目前主要使用逻辑斯谛回归(LR)以及梯度提升决策树(GBDT)进行申请评分卡建模。

(1) 逻辑斯谛回归

逻辑斯谛回归是假设数据服从伯努利分布,利用最大似然函数的方法,通过梯度下降来求解参数,以达到对数据进行二分类的目的。逻辑斯谛回归用最大似然函数作为损失函数,对其取对数以后得到对数损失函数,用对数损失函数训练参数的速度比较快。逻辑斯谛回归由于简单易用、适合于大规模并行训练,同时具有良好的可解释性,在申请评分卡建模领域非常流行。使用逻辑斯谛回归建模需要对变量进行缺失值填充、特征归一化等处理,同时为保证模型的稳定性,进行证据权重编码之后入模变量一般会控制在 20 个以内。

(2) 梯度提升决策树

梯度提升决策树又称为多重累加回归树(multiple additive regression tree,MART),它由多棵决策树组成,并将所有决策树的结果累加起来得出最终答案。它一被提出来,就和支持向量机一起被人们视作泛化能力很强的算法。近年来梯度提升决策树由于开始被用于搜索排序而引起了人们的关注:一是它的效果确实不错,二是它既可以用于分类任务也可以用于回归任务,三是可以筛选特征。与逻辑斯谛回归相比,梯度提升决策树的预测精确度通常更高,同时也不需要进行特征归一化等处理,不过它的可解释性较差,稳定性不足,容易发生过拟合现象。

5. 效果评估

模型效果评估通常包括两个方面:准确性与稳定性。在申请评分卡建模中,人们通常用曲线下面积(area under curve,AUC)和科尔莫戈罗夫-斯米尔诺夫(Kolmogorov-Smirnov,KS)值来评估模型的准确性,用群体稳定性指数(population stability index,PSI)来衡量模型的稳定性。

(1) 曲线下面积

曲线下面积反映的是分类器对样本的排序能力。从样本集中随机抽取一对正负样本,用模型 f 对抽取出来的这对样本进行预测,其中正样本预测值大于负样本预测值的概率,即曲线下面积可用以下公式计算:

$$\text{AUC} = \frac{\sum_{x^+ \in D^+} \sum_{x^- \in D^-} \text{rank}(x^+ x^-)}{m^+ m^-}. \tag{8.7}$$

这里假设样本集包含 m^+ 个正样本和 m^- 个负样本,分别表示违约客户和正常履约客户,使用 D^+ 与 D^- 分别表示正样本和负样本的集合,用 f 表示风险控制模型。其中,$\text{rank}(x^+ x^-)$ 表示排序函数,其定义为

$$\text{rank}(x^+ x^-) = \begin{cases} 1, & f(x^+) > f(x^-) \\ 0.5, & f(x^+) = f(x^-) \\ 0, & f(x^+) < f(x^-) \end{cases} \tag{8.8}$$

(2) 科尔莫戈罗夫-斯米尔诺夫

科尔莫戈罗夫-斯米尔诺夫(KS)统计量是信用评分中常见的统计量,在金融智能风控领域中,常用它来衡量模型对正负样本的区分度。通常来说,KS 值越大,模型区分正负样本的能力越强,如果 KS 值大于 0.3,则说明模型的效果比较好。在具体计算时,KS 值可以通过真阳性率(true positive rate,TPR)和假阳性率(false positive rate,FPR)来求解。

在给定阈值 α 的情况下,真阳性率的计算公式为

$$\text{TPR}_\alpha = \frac{1}{m^+} \sum_{x^+ \in D^+} \mathbb{I}\left(f(x^+) > \alpha\right) \tag{8.9}$$

对应地,假阳性率的计算公式为

$$\text{FPR}_\alpha = \frac{1}{m^-} \sum_{x^- \in D^-} \mathbb{I}\left(f(x^-) > \alpha\right) \tag{8.10}$$

其中,$\mathbb{I}()$ 表示指示函数,即若条件为真则输出为 1,否则输出为 0。最终 KS 值的计算公式为

$$\text{KS} = \max \left| \text{TPR}_\alpha - \text{FPR}_\alpha \right| \tag{8.11}$$

(3) 群体稳定性指数

群体稳定性指数(PSI)用来衡量分数在训练样本和验证样本上分布的差异性,反映了分数分布的稳定性,是一种评判模型稳定性的指标。例如,对于申请评分卡来说,模型在验证样本(作为实际分布)上分数分布偏高或者偏低,都会导致验证样本上的 PSI 值变高。在计算 PSI 值时,常常将训练样本(作为预期分布)上的分数分布作为基准,具体步骤如下:首先利用分箱对预期分布进行切分,形成 n 个分箱,统计分箱 i 中训练样本所占的比例($\text{Actual}_i\%$);其次按照相同的分箱区间,对于实际分布统计分箱 i 中验证样本所占的比例($\text{Expected}_i\%$),最后利用如下公式计算 PSI 值。

$$\text{PSI} = \sum_{i=1}^{n} \left(\text{Actual}_i\% - \text{Expected}_i\% \right) \ln\left(\frac{\text{Actual}_i\%}{\text{Expected}_i\%} \right) \tag{8.12}$$

在实际应用中,可以使用群体稳定性指数来评判模型或者单个入模变量的稳定性。一般来说,若 PSI>0.25,则说明模型预测的稳定性不够或者分数分布在近期发生了比较大的变化,需要重新训练模型。

8.3.3　贷中行为评分卡

行为评分卡(behavior scoring card)也就是人们常说的 B 卡,它可以根据借款人放贷后的行为表现,预测其未来的逾期风险。与 A 卡主要依赖客户的静态特征相比,在进行 B 卡建模时可以根据客户已有的借贷行为加入其更多的动态特征,以提高预测的准确性。B 卡常用于客户授信额度管理以及客户流失预测。

B 卡的建模流程与 A 卡基本一致,但在特征交叉上往往更为细致。例如,在某公司的行为评分中,针对其信用卡的账单余额,我们就可以构建大量的交叉特征。潜在的可用特征有"过去 3 个/6 个/1 个月的平均账单余额""过去 3 个/6 个月的最大账单余额""上期账单余额与过去 6 个月平均账单余额之比""过去 12 个月账单余额范围""账单余额超过信用额度 50%/75%/90%的次数""账单余额为 0 的次数""过去 12 个月中本月账单余额与上月账单余额之差的均值""本月账单余额比上月账单余额的增长量与过去 12 个月差额均值之比""过去 12 个月账单余额的增长率""超过当前账单余额的次数""当前账单余额与信用额度之比""账单余额的标准差"等。

176

可见,B卡关注的主要是历史上至少有过一笔订单的老客户,除了传统的评分卡建模思路之外,还可以使用马尔可夫链来估计借款人账户从一种状态向另一种状态转移的可能性;或者将客户的历史账单看成一个序列,使用递归神经网络(RNN)、长短期记忆网络(LSTM)等方法进行序列建模,相关内容由于篇幅有限,这里不做展开,感兴趣的读者可以查阅有关资料学习。

8.3.4　贷后催收评分卡

催收评分卡(collection scoring card)也就是人们通常所说的C卡,在客户当前还款状态为逾期的情况下,人们用它来预测未来客户还款的可能性。C卡有助于催收员根据客户不同的逾期程度,采取不同的催收措施。例如,对于轻微的逾期可以采用短信、电话提醒,而对于重度逾期则可能需要采用律师函等手段。

在介绍催收评分卡之前,需要介绍催收中常用的两个名词:入催与出催。

> **定义8.1　入催与出催**
>
> 入催:客户当期逾期,则视为入催,即进入催收库。
>
> 出催:客户结清逾期账单,则视为出催。

对于催收来讲,通常可以将其目标概括为降低入催率(使逾期人数更少),提高出催率(使更多的逾期账单被结清)。

1. M1阶段催收模型

对于大多数金融机构来说,入催客户在M1阶段出催的概率是最大的,等客户进入M2阶段之后,出催的可能性就比较低了。因此,M1模型是比较重要的。根据作用的时间段不同,M1阶段催收模型可以进一步分为**缓催响应模型**和**贷后m天流转模型**。

(1) 缓催响应模型

通常来讲,很大一部分入催客户可能是由于遗忘而造成逾期,因此催收人员不做提醒或者只要稍做提醒(短信、邮件等)他们就会很快还款。对于这部分客户就可以缓催,因为不对他们进行催收,他们也会还款。缓催响应模型主要用于预测哪些客户适合缓催,这可以降低催收的人力成本,以将更多的人力用于后续阶段的催收工作中。对于缓催模型的响应时间,应该根据相应时间段内的出催率变化来定义。

(2) 贷后m天流转模型

去除缓催客户群后,需要更进一步地预测入催客户群中哪些客户的出催概率较高,那么在人力有限的情况下,可以先对出催概率较高的客户进行催收,提高出催率,这也是催收评分卡着重关注的部分。例如,定义缓催期为 m 天,则可以把入催样本中 m 天后还没有出催的样本作为训练样本,构建贷后 m 天流转模型,去除缓催样本的影响,使模型更多地学习 m 天后才出催的样本信息。不同时间段出催的样本信息存在差异性,为了进行精细化操作,在 M1 阶段可以构建多个贷后流转模型,如 5 天缓催响应模型+贷后 5 天流转模型+贷后 15 天流转模型等(各个模型的应用时间应根据具体的催收样本数据决定)。

2. M2+阶段催收模型

处于 M1 阶段的入催客户,大部分还是会出催的。但是客户从 M1 阶段进入 M2+阶段,意味着该客户出催的概率将逐步降低。因此,若无特殊原因,处于 M2+阶段的客户需要人们重点关注。在之前的催收策略里,对于处于 M2+阶段的客户常常会进行委外处理,通常能保持不低的出催率。但是就目前的情况而言,放弃这部分客户会损失大量的资金,但若投入大量的人力进行催收,也不划算,这时就需要利用 M1 阶段催收模型来预测哪些客户的出催概率更高,以提高催收效率。

在构建 M2+阶段催收模型时并没有严格的时间段划分。如果 M2、M3 以及 M4 阶段的样本都很充足,为了得到精细化催收策略,则可以分别构建 M2 阶段催收模型、M3 阶段催收模型和 M4 阶段催收模型。如果刚开始构建的是 M2+阶段催收策略,则可以直接构建统一的 M2+阶段催收模型,限定样本为逾期 31 天至逾期 120 天。贷后催收策略和模型构建是一个逐步的过程,需要不断地积累用于决策和建模的样本。

> **笔记**
>
> 进行不同的评分卡建模主要是由于不同评分卡的特征来源以及标签定义不同,通过在 C 卡之前建模的 A 卡以及 B 卡得到的预测分数也可以作为特征加到 C 卡的建模当中。

8.4 金融智能风控的未来展望

金融业在快速发展的过程中,呈现出即时监管、持续监管的态势,风险控制成为金融业发展的重点。尤其是野蛮生长的新兴金融业态开始进入良性发展阶段,它们开始加大智能风控的力度,以在竞争激烈的市场中脱颖而出。

8.4.1　金融智能风控场景创新

除了传统的 A 卡、B 卡、C 卡建模以及欺诈检测之外,智能风控有着非常广阔的应用前景。例如,智能风控可以用于解决冷启动问题。在新的信贷业务上线初期,由于缺乏目标场景的标签,金融机构可以尝试借助于迁移学习的方法从其他相似的业务中学习先验知识并将其应用到新业务之中。智能风控还可以用于解决样本不平衡问题。在金融风控场景中,坏样本的占比往往远远小于好样本的占比,这就会造成样本不平衡的问题,进而影响机器学习的性能,因此如何利用非常少的坏样本训练出一个具有良好区分能力的智能风控模型,也是金融机构一直在尝试解决的问题。针对这一问题,目前已经在图像领域取得不错效果的小样本学习和半监督学习成为智能风控领域的一个研究热点。

8.4.2　金融智能风控技术变革

金融智能风控的典型特点是:通过人工智能、云计算等技术,加速向全场景进行渗透,对互联网金融机构的工作模式进行重塑,实现由传统模式向新型模式以及改善客户体验、挖掘客户潜在价值的模式的转变。未来,人工智能技术的深度应用,可以大幅度地降低金融机构的人力成本,并提升其金融风险控制和处理能力,进而提升整个金融体系的安全性和稳定性。人工智能等技术的应用也将使金融智能风控技术不断更新、调整和完善,在此基础上实现信用空白人群的信用等级补充,为更多的人群提供金融服务。

8.4.3　金融智能风控服务扩展

中小微企业是国民经济的重要组成部分,而消费则是拉动经济发展的重要力量,这些决定了普惠金融是我国金融业的发展重点。而在落实普惠金融的过程中,金融业离不开智能风控。过去,传统风控手段过多依赖线下审核和抵押质押,无法有效判断中小微企业和弱势群体的信用情况,普惠金融很难落地。近年来,智能风控技术的出现,让金融机构有能力对更广泛客户群体的信用情况做出判断,从而有效地控制了金融风险和打击了欺诈行为,推动了普惠金融的发展。

本章小结

本章主要从基本概念、主要流程以及核心技术三个方面对金融智能风控进行了介绍。本章首先介绍了金融智能风控的定义、发展过程和应用场景，其次针对贷前、贷中以及贷后业务介绍了不同的业务所涉及的智能风控流程和技术，最后对金融智能风控的发展进行了展望。可以看到，一个成熟的智能风控模型的构建是建立在建模人员对金融业务充分理解的基础之上的。希望读者在学习本章内容之后，能够对金融智能风控业务有一个总体的认识，为进一步的学习打下基础。

习题

1. 试分析巴塞尔协议 I、II、III 对金融风控要求的区别，以及对智能风控的影响。

2. 试分析智能风控流程和传统金融风控流程的区别。

3. 随着金融业态的变化，智能金融风控将会发生什么样的变革？

4. 完成智能风控实验，实验要求与实验指南参见第五篇实验六。

第9章 金融智能营销

9

【开篇案例】

华泰证券的智能营销平台

证券公司和客户之间存在巨大的信息和知识不对称。一方面,金融市场知识体系的深度和广度已经远超普通投资者能够驾驭的程度,普通投资者常常无法找到最佳的投资渠道;另一方面,证券公司面临着如何更精准地将产品投放到每个特定客户身上,以促使他们产生真正的有价值的交易行为的难题。

为了解决上述问题,华泰证券与明略数据共同对此展开了研究,设计了一套融合了客户行为、证券基本信息、市场行情,以及互联网数据的综合智能营销系统。该系统通过机器学习、自然语言处理等人工智能技术,从动态用户画像构建、个性化金融营销以及全渠道营销链路整合等方面,为每个客户建立了一个符合其个性化需求的产品档案,并在此基础上,实现了真正意义上的将理财产品向特定人群定向投放的功能。

该数据驱动的智能营销系统覆盖了80%以上的客户,推荐的产品涵盖了股票型、债券型、混合型、货币型和指数型等类型的4 000余个基金产品,经过实际测算,该系统将客户真实的交易转化率提升了整整4倍。通过基于人工智能的营销方式,实现了客户立体化、渠道层次化、营销个性化,进而实现了千人千面的精准化营销。同时,它在将线上线下打通后,可以帮助线下营销人员将更多的时间聚焦在营销业务本身,而不是在海量数据中定位目标客户。

由第8章介绍的金融智能风控可以看出,人工智能等技术提高了金融服务的安全性,降低了风险控制成本,使风险管理差异化和业务人性化,有利于构建更和谐的金融生态。本章将介绍第三种金融智能应用场景——金融智能营销。金融智能营销从挖掘客户、服务客户、维护客户的角度,助力金融机构增效增收,提升客户体验,打造更好的金融生态。

9.1 金融智能营销概述

金融智能营销自出现以来,其模式就随着技术的变革而迭代更新。整体而言,它是传统金融营销在大数据和人工智能时代的新型表达,也是人的创造力和科技创新力在金融领域巧妙结合的产物。本节将介绍金融智能营销产生的原因及其发展历程。

9.1.1 金融智能营销的业务背景

金融营销具有营销客体的无形性、金融产品的不可存储性、交易的持续性和买卖双重营销等性质。

1. 营销客体的无形性

营销客体的无形性指的是金融营销的产品或服务具有无形性。在金融营销中,客户难以感知到金融产品的形态和功能,因此营销人员需要对金融产品进行大量的说明和讲解,使其便于被客户记忆、辨识和选择。

2. 金融产品的不可存储性

金融产品的不可存储性指的是金融产品由于生产和消费是同一个过程而无法存储。因此,金融营销中客户的参与度很高,金融机构与客户的沟通以及对营销过程的管理变得十分重要。

3. 交易的持续性

交易的持续性指的是在金融产品被购买之后的很长一段时间内,客户会不断与金融机构打交道。例如,客户购买了一种基金,如果该基金绩效好,客户有很大的可能性会追加购买。交易的持续性使得金融机构在营销中需要特别关注客户关系管理。

4. 买卖双重营销

买卖双重营销指的是在金融营销中,金融机构既是买方又是卖方,资金的来源和运用都与客户有关,买卖双方在不同的金融交易中可以互换身份。与其他买卖关系固定的营销相比,金融营销的难度有所增加。

基于金融营销以上的性质,利用智能化手段开展营销的金融智能营销应运而生。金融智能营销旨在利用大数据和人工智能技术来打造完善的营销数据管理体系、制定智能化的营销策略、构建产品管理系统和客户多维画像,从而加强金融机构与渠道、人员、产品、客户等的联系,使得金融产品和服务覆盖更多的客户群体,为客户提供个性化与精准化的金融服务。

9.1.2 金融智能营销的发展历程

金融智能营销的发展一共经历了三个阶段,如图 9.1 所示。

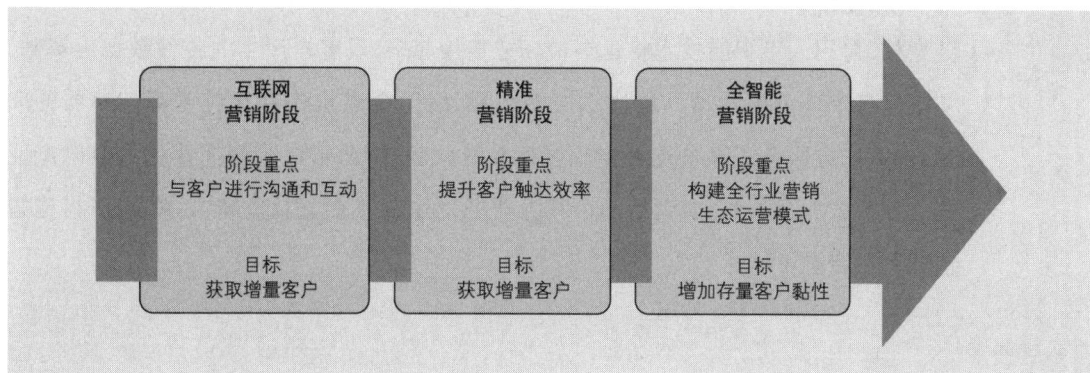

图 9.1 金融智能营销不同发展阶段关注的重点和营销目标

1. 互联网营销阶段

在互联网营销阶段,金融机构重视与客户的沟通和互动,其目标是获取增量客户。在这一阶段,媒体和广告业的发展以及促销手段的多样化,使吸引客户购买商品变得更加容易;营销开始强调市场细分与定位,并开始以数据为导向结合购买时间、购买频率、购买金额来预测客户行为。

2. 精准营销阶段

在精准营销阶段,金融机构注重利用数据提升客户触达效率,其目标依然是获取增量客户。在这一阶段,数据对于营销推广的重要性进一步提升,数据被广泛应用于客户行为分析、关联性分析和营销互动等过程中。

3. 全智能营销阶段

在全智能营销阶段,金融机构的重点是构建全行业营销生态运营模式,其目标从获取增量客户上升到了增加存量客户的黏性。在该阶段,运用互联网思维,创新金融服务,借助于大数据深度挖掘客户需求,持续拓展客户资源,打造多元化获客场景,并且以高频次场景带动金融交易,打造场景化、个性化、数字化、智能化、轻型化和综合化的营销模式。

随着互联网金融和人工智能的发展,金融智能营销在我国发展迅速。2017 年国务院印发了《新一代人工智能发展规划》,明确地提出了发展智能金融,建立金融大数据系统,提升金融多媒体数据处理与理解能力,创新智能金融产品和服务,发展金融新业态,特别是鼓励金融业应用智能营销等技术和设备。与此同时,市场对金融智能营销的接受度不断提高。2017 年的中国市场调研数据表明,67%的客户为了得到更加符合个人需求的服务,愿意授权金融机构获取更多的个人信息;71%的客户在咨询银行业务时,希望得到自动化辅助服务。2017年,中国农业银行和百度达成战略合作,提出 Bank 4.0 智能银行的设想,期望通过前台智能服务和后台智能引擎的结合,形成从场景化获客、生成客户画像到人工智能销售的全智能金融产品和服务架构,并用人工智能技术将营销市场链连接起来,以客户产生的各种数据为基础,实现其各个环节的联动。从技术层面来看,由于金融机构存在技术基础薄弱的问题,向第三方服务商寻求技术支持成为普遍做法,因此形成了智能营销的金融产业链合作模式。另外,金融营销的第三方服务商也在不断优化关键技术,积极搭建智能营销平台。

9.2　金融智能营销流程

虽然不同的金融智能营销服务商的业务表现形式不尽相同,但其业务流程是相似的,它们都包含以下一项或多项核心环节:潜在客户挖掘、产品生命周期识别、精准营销执行、营销效果评估、营销闭环搭建,如图 9.2 所示。下面就这几个环节分别进行介绍。

图 9.2　智能营销业务的核心环节

9.2.1　潜在客户挖掘

定义 9.1　潜在客户挖掘
潜在客户挖掘是指利用智能技术挖掘出那些有购买某种金融产品需要、有购买能力、有购买决策权,却还没有购买该产品的客户的过程。

金融智能营销的第一个重要环节是挖掘金融产品的潜在客户。金融产品营销渠道具有多样性和复杂性的特点,在这种情况下,潜在客户挖掘的目标是发现与锁定具有消费能力和动机,但还未产生消费行为的客户群体。潜在客户挖掘不仅可以缩小具体金融产品的营销群体,减小精准营销的难度,还可以增加客户转化率,提升营销效率。除此之外,潜在客户挖掘在营销推广的过程中充分考虑了受众的个性,提升了金融产品的服务效果。

潜在客户挖掘主要分为数据理解、数据准备、模型建立和模型评估等阶段。数据理解阶段需要获取客户的常规信息、业务领域专家的意见信息和现有条件下的交互信息;数据准备阶段包括数据预处理工作;模型建立阶段通常将潜在客户预测看作分类问题,并选择相应的分类算法予以解决;模型评估阶段从技术层面判断模型效果的好坏,从业务层面判断模型的实用性。

9.2.2 产品生命周期识别

> **定义 9.2 产品生命周期识别**
> 产品生命周期识别指的是利用智能技术识别金融产品从投入市场,到成长、成熟,再到最后衰退的整个生命周期的过程。

金融智能营销第二个重要环节是识别金融产品的生命周期,并在不同的产品生命周期阶段采用合适的营销手段。金融产品同其他任何产品一样,在市场上会经历从出现、成长到最后被淘汰的整个过程,通常将其称为生命周期。根据金融产品的销售情况和盈利状况,其生命周期可以分为导入期、成长期、成熟期和衰退期4个阶段。如图9.3所示,其曲线类似于倒"U"形。下面将分别介绍这4个阶段,以及每个阶段对应的营销策略。

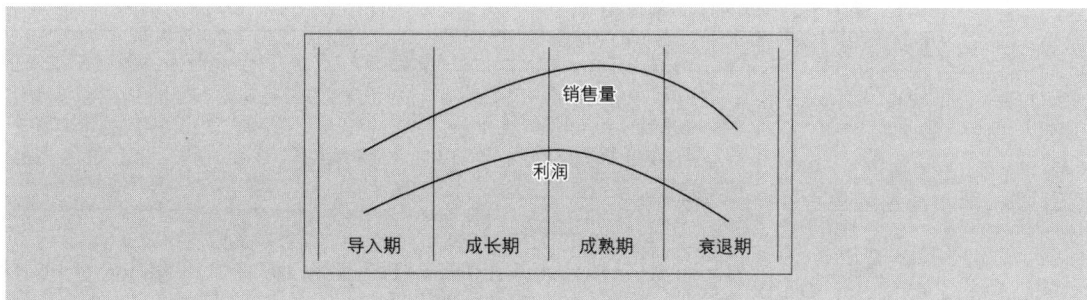

图 9.3 金融产品生命周期曲线

1. 导入期

导入期是金融产品初次投入市场的时期。在导入期,消费者对产品的认知程度不高,金融产品具有销售量少、利润低、成本高、风险大等特征。导入期的营销策略是充分考虑市场需求,对金融产品进行准确定位;加强宣传推广,提升金融产品的市场占有率;选择适合金融产品类型的价格策略;做好渠道网络布点、咨询和服务准备工作。

2. 成长期

成长期是金融产品的销售量和利润都迅速增长且市场竞争愈发激烈的时期。成长期的营销策略是加大金融产品的宣传力度,创建企业形象,提升品牌价值;优化金融产品,改善金融产品的服务质量;开发新渠道、新市场,提高金融产品的销售量。

3. 成熟期

成熟期是金融产品在市场上基本呈现饱和状态的时期。为了增加产品的存续时间,实现利润最大化,成熟期的营销策略是采用市场改良策略、产品改良策略和营销组合改良策略。市场改良策略意味开拓细分市场,刺激现有客户和寻找潜在客户;产品改良策略是指增加金融产品用途、提升金融产品质量;营销组合改良策略则是通过改变价格、销售渠道、促销方式,延长金融产品的成熟期。

4. 衰退期

衰退期是金融产品的销售量和利润都开始降低,而且其开始不适应市场需求,逐渐退出市场的时期。衰退期的营销策略是根据金融产品销售量的变化选择性地采取维持经营策略、集中经营策略、收缩经营策略和放弃经营策略,以降低成本,扩大利润空间。

表 9.1 列举了金融产品在不同生命周期所对应的营销策略的经典案例。产品周期识别一般根据历史数据,计算得到产品生命周期曲线方程,以预测后续阶段的金融产品销售量。

表 9.1　金融产品生命周期营销策略案例

阶段	营销策略案例
导入期	2014 年,中信银行推出了"中信红·感恩季爱在感恩有礼"零售业务综合营销活动。由于当时中信银行新推出的一系列产品正处于导入期,中信银行将"9 元看电影""与爸妈一起拍全家福""幸福年华卡广场舞大赛"等活动串联起来,准备了多种特色产品及产品套餐
成长期	中国建设银行在识别到其金融产品"龙卡信用卡"进入成长期后,启动了"真心 10 意十全十美——建行龙卡信用卡暖冬回馈季"活动,对于持中国建设银行信用卡的消费者有 10 项优惠,以增大其产品的销售量
成熟期	2014 年,中国工商银行为应对客户存款"搬家"的市场风向,宣布将多项存款利率上浮到顶,以延长产品成熟期
衰退期	兴业银行在 2011 年发行的"天天万利宝"保本浮动收益结构型理财产品,在 2018 年发布的《关于规范金融机构资产管理业务的指导意见》落地后,逐渐进入衰退期并正式退出市场

9.2.3　精准营销执行

> **定义 9.3　精准营销执行**
> 精准营销执行指的是运用智能化技术,分析大量的客户信息和行为特征,定位目标客户需求,对目标客户进行有针对性的金融产品营销的过程。

金融智能营销的第三个重要环节是精准营销执行。互联网金融的迅速发展使得客户的金融消费行为特征发生了变化,客户需求也出现了分化。因此,千人千面的精准营销成为增加客户黏性和提升金融产品竞争力的必要途径。对于金融机构而言,精准营销将提高营销的精准度和命中率,在营销资源有限的情况下获得比较高的投资收益率;对于客户而言,精准营销将大大降低搜寻金融产品的时间、精力等成本,在时间和精力有限的情况下找到符合客户自身需求的产品。

为了更深入地维护和服务个人客户,培育长尾客户群体,精准营销改变了利用单一维度衡量客户贡献度的模式,从多个角度搭建客户综合价值评估模型以确定客户的综合贡献度,进而细分客户层级并匹配相应的增值服务。在此基础上,精准营销通过对客户存量数据和外部引入的数据进行整合,形成标签并建立客户画像,实现对客户的线上线下联动闭环营销,提升营销精准度和客户满意度。

9.2.4　营销效果评估

> **定义 9.4　营销效果评估**
> 营销效果评估指的是建立起一套评估指标体系,包括活动效果评估、成交效果评估、渠道推广等方面的可量化评价指标,来综合评定营销效益的过程。

金融智能营销的第四个重要环节是对营销效果进行评估,传统的做法是基于小样本的市场调研来对营销效果进行评估。例如,早期广告主想知道自己的电视广告到底覆盖了多少目标人群,主要的办法是通过打电话或者上门的方式进行抽样访问。而今天随着智能营销技术的成熟,已经可以通过基于测量的复杂数据科学来对营销效果进行评估。

营销效果评估包括营销活动效果评估和营销全链效果评估。营销活动效果评估,是指在较短的时间周期(通常是几周)内对某次营销活动的测量数据进行汇总,得到这次营销活动覆盖的消费者数量、反馈数量等指标,并以此来考核该次营销活动的效果。营销全链效果评估,则是一种更宏观的、对在较长时间周期(一般是一个季度)内多次营销活动对消费者的共同作用进行评估的方法。营销全链效果评估贯穿消费者采购决策链的前端(营销)、中端(流量池)和后端(交易)。

9.2.5 营销闭环搭建

> **定义 9.5 营销闭环搭建**
>
> 营销闭环搭建指的是搭建由产品研发、品牌传播、渠道建设和售后服务四大环节组成的营销闭环,通过每一次循环,螺旋形上升地提高客户的满意度和信任度。

金融智能营销的第五个重要环节是搭建营销闭环,即在产品研发、品牌传播、渠道建设和售后服务的过程中完善对客户的营销,不断提高客户再次选择该金融产品的可能性,从而形成一个营销闭环。营销闭环搭建使得金融机构在与客户的互动中深度把握客户的习惯和需求,让营销不仅是一个卖出金融产品的过程,还是一个维持客户关系、防止客户流失的关键过程。

搭建营销闭环目前还没有在金融领域得到广泛的应用,但从其他领域的应用实例中可以看到该环节对营销的促进作用。例如,HubSpot,一家入境营销(inbound marketing)机构,它通过访问者到达网站、访问者浏览网站、访问者转化为潜在客户、潜在客户成为购买者4个步骤完成营销闭环。理肤泉微信公众号通过微信的智能系统,控制线下活动的流量,同时获得了有效的客户信息,并将其打造成一个反馈窗口,形成了营销闭环。

9.3 金融智能营销的核心技术

利用基于大数据的金融智能营销技术,对潜在客户挖掘、产品生命周期识别、精准营销执行、营销效果评估、营销闭环搭建等营销流程进行创新和赋能,从而优化广告投放策略、增强广告投放的针对性,最终帮助金融机构节约成本、提高效率、增强客户触达能力。本节将简要介绍金融智能营销的一些核心技术,并给出相关的应用场景。

9.3.1　潜在客户挖掘技术

> **定义 9.6　潜在客户挖掘技术**
> 潜在客户挖掘技术指的是定义什么是好的潜在客户,然后寻找规则将满足特征的人群作为营销目标的技术。

简单地说,好的潜在客户就是那些至少表示有兴趣成为客户的人。潜在客户挖掘技术通常根据历史数据为客户打上标签:"1"表示未来会购买金融产品的客户,"0"表示不会购买金融产品的客户。根据客户的标签,潜在客户挖掘技术将预测潜在客户看作一个分类预测问题。一个完整的潜在客户挖掘过程可以分为数据准备与理解、潜在客户模型建立、模型评估三个阶段,如图 9.4 所示。

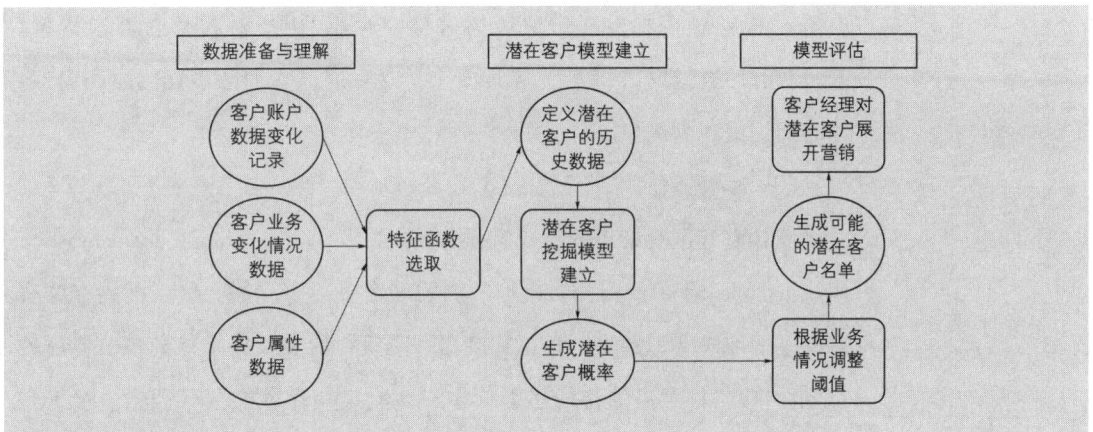

图 9.4　潜在客户挖掘过程

下面以某银行"潜在存款客户挖掘"为例介绍潜在客户挖掘技术。

> **案例**　[潜在客户挖掘案例分析]
> 　　某银行以前挖掘潜在存款客户,主要是根据专家的人工判断,划分出一部分潜在存款客户进行电话营销。这就存在工作量大和成功率低等问题。因此,该银行希望基于客户大数据建立潜在存款客户预测模型,找到有价值的潜在存款客户,从而缩小推送存款产品的客户范围,助力存款产品的精准营销。
> 　　在该案例中,构建潜在存款客户挖掘的目标是,通过客户的基本信息和历史数据预测出下一个季度存款大概率会增长的客户,其具体过程包括数据准备与理解、潜在存款客户模型建立、模型评估三个步骤。

190

（1）数据准备与理解

从该银行数据库中抽取过去一年的客户数据。所用的数据库包含客户的基本情况、资产结构和交易渠道偏好三类信息，如客户账户数据变化记录、客户业务变化情况数据、客户属性数据。对原始客户数据进行去重、缺失值填充、异常检测、表连接等数据预处理，得到完整的客户记录。再通过一系列的特征变换，得到七类特征：客户基本信息、客户产品信息、资产余额信息、资产比值信息、资产趋势信息、交易频率信息、交易渠道信息。

（2）潜在存款客户模型建立

通过分析上述特征，得到客户的存款波动情况。利用季日均存款、季日均资产等的变动情况来定义客户是否为潜在存款客户，潜在存款客户为正样本，其他客户为负样本。考虑到银行数据量大、数据属性多、正负样本不平衡等特点，使用梯度提升决策树来建立模型，生成潜在存款客户概率。基于已有的数据窗口（1 年），选取 6 个月观察期、3 个月表现期的时间窗口，划分训练集和测试集。

（3）模型评估

计算模型预测结果的接受者操作特征（receiver-operating characteristic）曲线下面积（即 AUC），分析模型预测的准确率；AUC 的值越大，潜在存款客户模型的准确率就越高。根据梯度提升决策树的实验结果得到各个特征的重要性排名：排名高的特征是影响客户认购定期存款的主要因素。接下来重点分析这些特征，生成可能的潜在存款客户名单，对潜在存款客户展开营销，以为存款营销活动提供指导。同时，根据业务情况调整相关阈值。模型预测结果大大缩小了银行推送定期存款的客户范围。

实践证明，在具体业务的应用中，该模型显著提高了银行的投资收益率，提高了银行的经营效率并在一定程度上为客户提供了更好的服务。这对银行拓展业务、提高核心竞争力有着非常重要的意义。

9.3.2　产品生命周期识别技术

金融产品生命周期是指金融产品从投入市场开始一直到退出市场所经历的整个过程，也就是金融产品在市场上存在的时间。加强对金融产品生命周期的研究，及时了解金融产品生命周期的各个阶段，是现代金融营销的重要内容。产品生命周期识别技术如表 9.2 所示，通常包括经验判别与数学模型两类技术。

表 9.2　产品生命周期识别技术

类别	具体方法
经验判别	销售增长率法
	类比判断法
	普及率分析法
数学模型	冈珀茨曲线法
	模糊数学法

　　经验判别类技术包括销售增长率法、类比判断法、普及率分析法。这类技术是指根据预测对象的性质、特点、过去和现状等信息,通过经验判断的形式,对预测对象进行非量化分析,推测和判断其未来的发展趋势。经验判别之所以能够成为基本的预测技术之一,是因为有些预测对象不但是极为复杂的,而且其信息性状也是无法被量化分析的。对这类预测对象的预测,就需要依靠预测者的主观经验和逻辑思维能力,他们根据以前大量的实践经验,通过类推和比较,去预测对象未来的发展趋势。

　　数学模型类技术包含冈珀茨曲线法、模糊数学法。商业银行的金融产品处于生命周期的哪个阶段,很难用准确的金融数据或时间来判断,一般只能做出大致的判断。这类技术不将具体的金融数据作为判断依据,而是通过数学模型来自动识别金融产品的生命周期。

　　下面分别介绍这些技术。

1. 销售增长率法

　　销售增长率法用产品销售增长率 $\eta = \Delta Q / \Delta T$ 来判断金融产品所处的生命周期阶段。其中,ΔQ 为销售量的增长率,用百分比表示;ΔT 为时间的增量,以年为单位。金融产品处于导入期时,$\eta < 10\%$。之后:

- 若 $\eta \geqslant 10\%$,则金融产品处于成长期;
- 若 $0 \leqslant \eta < 10\%$,则金融产品处于成熟期;
- 若 $\eta < 0$,亦即销售量逐年下降,则金融产品处于衰退期。

2. 类比判断法

　　类比判断法通过比较和分析某一金融产品与类似金融产品生命周期的发展变化规律,来判断该金融产品的生命周期。该方法与销售增长率法的区别在于,销售增长率法规定了评价的指标,但类比判断法没有规定用于对比的特征,而是需要根据分析得出决定性的特征。

3. 普及率分析法

　　根据金融产品在某一地区按人口或按家庭的平均普及率,来判断该金融产品处于生命周期的哪个阶段。金融产品的普及率 p 越高,市场潜力就越小,市场需求也越趋于饱和。

- 若 $p \leqslant 5\%$,则金融产品处于导入期;
- 若 $5\% < p \leqslant 50\%$,则金融产品处于成长期;
- 若 $50\% < p \leqslant 90\%$,则金融产品处于成熟期;
- 若 $p > 90\%$,即市场需求趋于饱和,则金融产品处于衰退期。

4. 冈珀茨曲线法

冈珀茨曲线法用 S 形生长曲线(冈珀茨曲线)拟合产品生命周期的状态曲线,以对产品生命周期进行识别。

冈珀茨曲线法假设第 t 期的销售量 Y_t 符合曲线 $Y_t = Kab^t$。根据观察到的销售量 Y_t,冈珀茨曲线法预估该曲线的参数 a, b,从而实现对产品所处生命周期阶段的理论估计。

- 若 $a > 1, b > 1$,则金融产品处于导入期;
- 若 $0 < a < 1, 0 < b < 1$,则金融产品处于成长期;
- 若 $0 < a < 1, b > 1$,则金融产品处于成熟期;
- 若 $a > 1, 0 < b < 1$,则金融产品处于衰退期。

冈珀茨曲线法利用典型的产品生命周期曲线进行拟合,但由于产品生命周期并不总是遵循这种曲线进行,因而它不具有通用性。

5. 模糊数学法

模糊数学法是指在建立产品生命周期模糊识别模型时忽视其他因素,只选择对金融产品生命周期有直接影响且能够收集到真实数据的三个指标,即客户增长率、产品利润率和市场占有率。其具体步骤如下。

(1) 建立隶属函数

这一步骤建立描述某一个元素属于某一个集合的特征函数。该函数可以反映各个指标的不同状态,将这些状态综合起来,形成用特征函数表达的产品生命周期不同阶段的模糊集合。

(2) 求不同阶段的隶属度

这一步骤求出某一个元素属于某一个集合的程度,即隶属度,隶属度用于描述元素的阶段特征。

(3) 生命周期判断

这一步骤根据最大隶属原则对金融产品的生命周期阶段进行判断:哪个阶段的隶属度最大,就属于哪个阶段,从而完成对金融产品生命周期的识别。

金融产品生命周期的 4 个阶段,只是一种抽象化的描述。由于各个金融机构经营的金融产品不同,因此其金融产品的生命周期及所经历的各阶段的时间长短也不同。有的金融产品的生命周期只有几个月,有的金融产品的生命周期则长达几十年甚至数百年。此外,各种金融产品也不一定都能经历生命周期的全部阶段。有的金融产品可能刚进入市场不久就衰退,成为"短命"的金融产品;有的金融产品则可能一进入市场就能达到成长阶段。因此,根据不同的业务场景和需求,金融智能营销可以选择合适的产品生命周期识别技术。

9.3.3　精准营销技术

定义 9.7　精准营销技术

精准营销技术指的是基于客户的数据和行为特征,关注交易行为之间的相关性,精准化和个性化地向客户推荐相关产品的技术。

随着大数据技术的发展,金融营销利用大数据技术,摆脱了传统营销模式,从关系型营销转变为大数据精准营销。下面将介绍精准营销中的两个关键技术——客户分层和交叉营销。

1. 客户分层

基于客户行为进行客户分层是最主要的精准营销技术。例如,按照客户的风险偏好将客户分为激进型客户、成长型客户和保守型客户,按照客户的年龄、职业等状况将客户分为职场新人、职业白领、中年有成和退休有闲等类型,然后可以根据相应的客户特征进行产品推荐。

客户分层从提出到最终落地是一项长期的系统性工程,需要有清晰的实现路径以确保客户分层的有效实施。客户分层分为以下 5 个步骤。

(1) 界定分层的客户主体

客户是金融机构一切经营活动的中心。进行客户分层,首先要明确分层的客户主体。在具体实践过程中,金融机构可以根据战略规划和导向界定要进行分层的客户主体,依据产品和业务对客户进行精准定位。

(2) 明确客户细分的基础维度及其具体变量

综合金融业客户分层的常用方法,以及自身的实际情况,同时根据选定客户的特征,明确客户细分的基础维度并选择相应的衡量指标。衡量指标的选择要坚持以下两个标准:一是应能在客户获取和经营的关键层面上体现出明显的差异性;二是应能在客户获取和经营的应用层面上保证易于理解、便于使用。

(3) 客户初步细分及归并

根据选定的指标对客户进行初步细分,并根据细分的结果按需分类归并。对具有相似需求的客户进行归并,归并考虑的主要因素包括客户所处的生命周期阶段、客户的收入水平、客户价值以及客户的产品需求等。

(4) 客户画像描摹

通过对分层数据的归纳和分析,对每个层次的客户展开研究,细分客户的习性,完成对不同层次客户的画像描摹;对每个层次的客户进行特征识别,并对客户的分布、客户的偏好进行初步分析和洞察。

(5) 客户战略归集

从价值性和可行性两个方面对客户分层进行战略归集,识别未来发展的重点目标客户。

案例 [客户分层案例分析]

下面以某银行的"客户价值评价体系建设"项目为例介绍客户分层的具体应用。

在该案例中,某银行建立了新的客户价值评价体系,通过调整原有的较为单一的客户分层标准,引入了多维度的客户标签体系来评估客户的综合价值,并据此对客户进行分层,推动基于价值导向的客户资源精细化管理。

该银行使用客户基本情况、资金变动情况、客户信用情况这三类数据来创建客户标签体系;根据银行业务的实际情况,得出该银行的客户价值主要体现在对银行利润的贡献度上,而银行利润是由收益和风险构成的。因此,定义衡量客户价值的基础维度为:客户当前价值、客户潜在价值以及客户个人风险。这三个维度作为客户价值评价体系的一级指标,并以此为依据选择具体的评价指标。最终的客户价值评价体系如图9.5所示。根据其中的指标,可以计算客户价值得分。

在图9.5中,一级指标的分支为二级指标,二级指标的得分直接影响一级指标的客户价值得分。原始指标则是二级指标的分支,也是底层直接用于分箱打分的指标。总的来说,整个客户价值评分体系首先直接对原始指标打分,然后通过一级指标、二级指标权重的影响,得到综合的客户价值得分。其中的客户个人风险,是做减法,因为这个指标对于客户价值来说是负面的。

原始指标得分示例

分段	得分
$x \leqslant 0$	0
$0 < x \leqslant 1\,000$	20
$1\,000 < x \leqslant 10\,000$	40
$10\,000 < x \leqslant 30\,000$	60
$30\,000 < x \leqslant 80\,000$	70
$80\,000 < x \leqslant 300\,000$	80
$300\,000 < x \leqslant 1\,000\,000$	90
$> 1\,000\,000$	100

一级指标　　二级指标　　原始指标权重　　原始指标

- 综合得分
  - 一级指标权重 0.7 → 客户当前价值
    - 二级指标权重 0.8 → 存款业务
      - 0.3 季月均内部资金转移定价利息
      - 0.4 季日均资产
      - 0.1 季日均活期存款
      - 0.1 季日均定期存款
    - 0.2 → 贷款业务
      - 0.1 季日均基金、理财、溢缴款
      - 0.3 季月均总负债余额
      - 0.1 季月均贷款余额
      - 0.1 季月均按揭余额
      - 0.1 季月均信用卡透支余额
      - 0.1 季月均信用卡分期余额
      - 0.3 季月均内部资金转移定价利息(贷款)
  - 一级指标权重 0.2 → 客户潜在价值
    - 0.5 → 成长性
      - 0.7 年龄
      - 0.1 月日均增长率
      - 0.1 离柜率
      - 0.1 App交易占比
    - 0.5 → 依赖度
      - 0.4 配置资产类别数
      - 0.2 消费+信用卡交易次数
      - 0.05 转账交易次数
      - 0.35 定期+理财+基金+贷款交易次数
  - 一级指标权重 (−)0.1 → 客户个人风险
    - 1 → 信用风险
      - 0.2 风险标识信息
      - 0.2 系统内贷款不良信息
      - 0.2 系统内信用卡不良信息
      - 0.3 征信信息
      - 0.1 不良担保信息

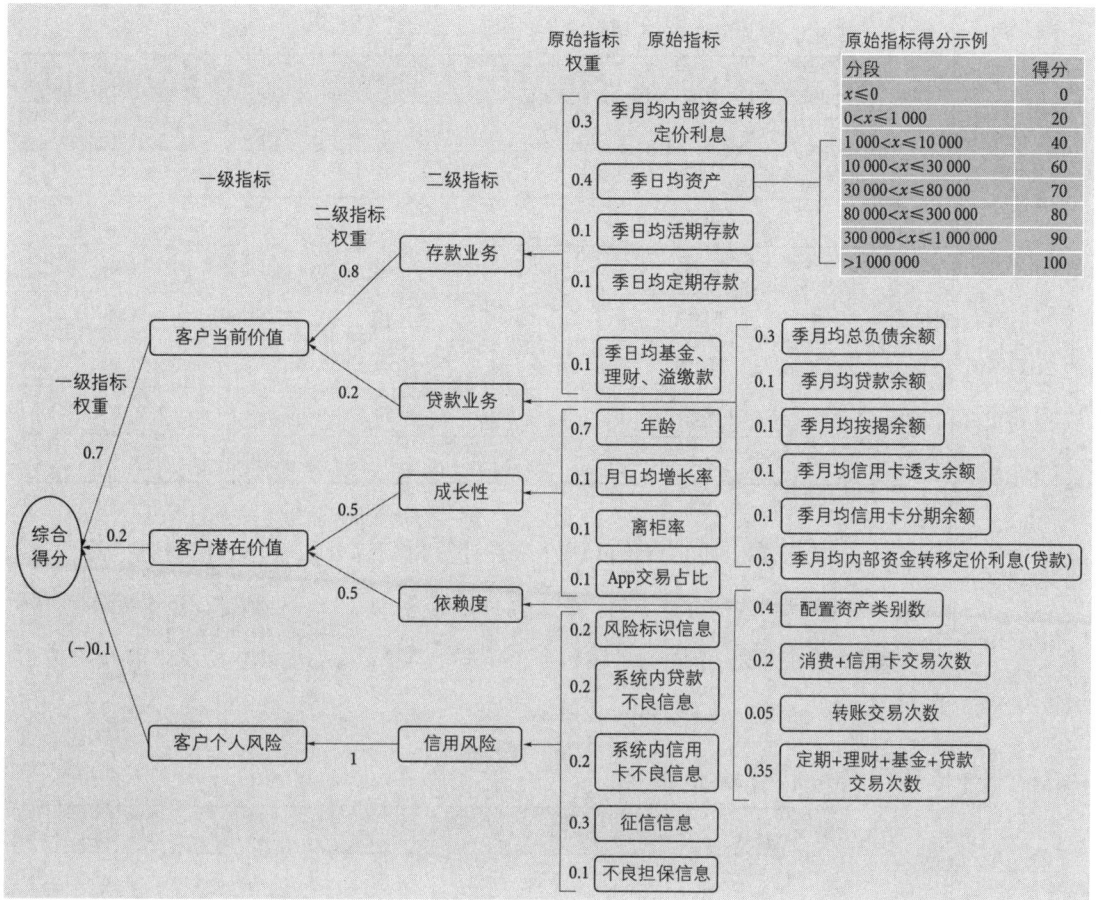

图 9.5　客户价值评价体系

　　在计算综合的客户价值得分时需要用分箱法来平滑存储数据的值,分箱时主要根据原始指标样本分布情况和业务经验对数据进行切分。在分配权重时,一方面要单独考虑每一级指标的每个分支指标的权重,另一方面还要考虑原始指标数据的区分度,如果某个指标的大部分数据都缺失或者都相同则不应该为其分配较大的权重。最终客户价值得分的配置和切分点都可以根据业务经验调整。例如,表 9.3 为"季日均资产"指标分箱表,分段后四段的切分点对应的值为 $[0.9, 0.95, 0.99, 0.999]$ 分位数(这里分位数的意义为:30 000 元对应的分位数为 0.9,意思是"季日均资产大于 30 000 元就超越了 90% 的客户")。由于该指标超过 70% 的数据为 0,因此此分段的前三段的意义不大,可以根据业务经验进行切分。

表9.3　"季日均资产"指标分箱表

切分点	得分	分位
0	0	
1 000	20	—
10 000	40	—
30 000	60	0.9
80 000	70	0.95
300 000	80	0.99
1 000 000	90	0.999
>	100	

根据上述客户价值评价体系计算得到综合的客户价值得分。然后,将该银行的客户价值得分按照27.42、34.94、41.12、48.26、57.36分箱得到0~5六个星级,不同的星级相当于不同的客户群,如表9.4所示。客户价值得分分布情况如图9.6(a)所示。

表9.4　客户价值评分分箱表

切分点	星级
0	0星
27.42	1星
34.94	2星
41.12	3星
48.26	4星
57.36	5星

通过分析图9.6(b)可以得到,星级为0星到5星的客户所占的比例线性递减。0星客户的当前价值与潜在价值都比较低,风险较高;1星到5星客户的风险并没有明显的差异,但当前价值与潜在价值递增;5星为最高级客户,所占的比例只有3.3%,其当前价值与潜在价值最高。

定义9.8　分箱

数据分箱是指通过考察"邻居"(周围的值)来平滑存储数据的值,用"箱的深度"表示不同的分箱里有相同个数的数据,用"箱的宽度"表示每个分箱的取值区间。分箱的主要目的是去噪声,将连续数据离散化,增加粒度。

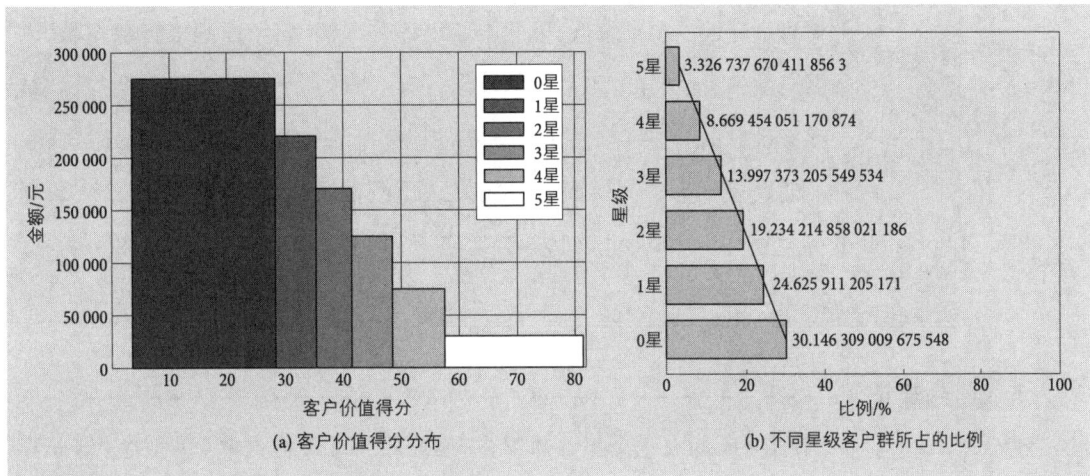

图9.6　客户价值得分分布和不同星级客户群所占的比例

总的来说,根据综合的客户价值得分对客户进行分层,可以使各个星级客户的价值具有明显的区分度,从而可以为客观评价客户价值,科学细分客户,更有效地实现分层营销与差别服务提供支持。

2. 交叉营销

在银行客户关系管理中,交叉营销是指根据客户的历史数据有针对性地向客户推荐产品的技术。利用交叉营销可以达到降低营销成本、提高营销效率的目的。具体来说,交叉营销就是通过数据分析和挖掘技术,了解客户已经购买的产品和服务,预测客户下一步要购买的产品和服务,从而有针对性地向特定客户推荐特定产品,以提高客户忠诚度、客户回报率,以及营销活动的命中率。

下面以某银行"信用卡转贷款"项目为例,介绍交叉营销的实现过程及其具体应用。该银行的信用卡和贷款之间存在一定的关联,同时拥有交叉营销建模的数据优势,因此可以深度挖掘银行行内客户数据,并通过机器学习的方式进行分析,建立交叉营销模型,降低银行营销成本。

> **案例**　[交叉营销案例分析]
>
> 　　在该案例中,交叉营销模型的目标是通过客户在信用卡方面的历史数据预测下个季度有较大可能性办理贷款的客户。所用的数据集包含客户的基本情况、资产结构、交易渠道偏好、贷款信息、持有产品信息 5 类信息。
>
> 　　建模人员利用客户的贷款信息、持有产品信息来定义客户是否是信用卡转贷款客户,并根据客户的基本信息、资产结构、交易渠道偏好等建立模型,

以预测未知客户是否会订购贷款产品。在确定所采用的模型时,由于此案例对可解释性的要求偏低,因此不使用评分卡模型;考虑到银行数据量大、数据属性多、正负样本不平衡的特点,因此选择基于决策树的模型;最后结合该案例对训练速度与性能的要求确定使用 LightGBM 模型。

建模人员为了使模型具有较好的预测能力,将模型预测分数从高到低等频划分为 100 个区间,并计算各个区间的累积转化率,如图 9.7(a) 所示。

笔记

转化率是指在一个统计周期内,完成转化行为的次数(转化次数)占营销信息总点击次数(点击量)的比率,其计算公式为

转化率 =(转化次数/点击量)×100%

例如,10 个用户看到某个贷款产品的推广信息,其中 5 个客户点击了该推广信息并跳转到该贷款产品的网址上。之后,其中 2 个客户有了后续的转化行为(浏览、购买或是咨询)。那么,这次营销的转化率就是(2/5)×100% = 40%。

由图 9.7(b) 可见,前 1% 的客户对应的转化率高达 15.67%。前 10% 的客户对应的转化率也有 5.51%。相对于整体 0.96% 的转化率,提升非常明显。

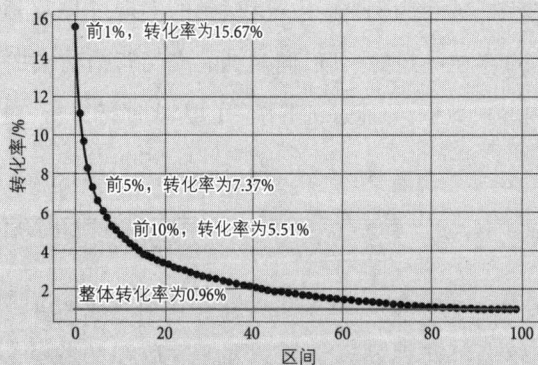

(a) 等频划分为 100 个区间的累积转化率

客户	转化率	提升度
前1%客户	15.67%	16.32
前5%客户	7.37%	7.67
前10%客户	5.51%	5.32

(b) 转化率与提升度

图 9.7 转化效果图

交叉营销除了能为客户经理提供目标客户名单与客户画像以辅助决策外,还能帮助客户经理找到影响信用卡客户办理贷款的特征。

9.3.4 营销效果评估技术

在良性的营销循环中,营销效果评估很重要,它能够推动营销持续改进。营销效果评估技术主要分为营销效果评估指标体系构建、营销活动效果评估模型构建、渠道推广效果评估模型构建三个部分。

1. 营销效果评估指标体系构建

营销效果评估往往有一套评估指标体系,涉及营销活动效果评估、成交效果评估等方面,部分常用的评估指标如表 9.5 所示。

表 9.5 部分常用的营销效果评估指标

一级指标	二级指标
营销活动效果评估	当日访问客户
	召回率
	营销客户中的日活跃客户在总日活跃客户中所占的比例
成交效果评估	成交客户数
	营销客户精确率
	营销客户转化率
	营销客户成交额
	营销金额贡献度
	营销人数贡献度

每种指标的介绍如下。

(1) 当日访问客户

利用该指标可进一步观察这些客户所使用的移动端操作系统、所在地域、年龄、活跃时间等属性。

(2) 召回率

利用该指标可以评估营销活动的触达效果。除此之外,将该指标与历史营销活动的一般水平进行对比,可评估此次营销活动的召回效果:如果低于历史营销活动的一般水平,可以先分析不同营销活动组、不同客户群的召回率,再针对不同营销活动组查找召回率偏低的原因。

(3) 营销客户中的日活跃客户在总日活跃客户中所占的比例

由于营销活动效果的衰减非常明显,所以该指标中的日活跃客户只统计当日访问的客户。

(4) 成交客户数

该指标统计发生成交行为的客户数量。利用该指标,营销人员可以分析这些客户的性别、年龄、地域等属性特征。

(5) 营销客户精确率

营销客户即可以进行营销的对象。该指标是指在参与营销活动的所有客户中营销客户所占的比例。该指标可以客观地反映营销客户是否是营销活动的目标客户,如果该指标的值低于历史营销活动的一般水平,则说明营销客户与营销活动之间的匹配度不高,需要进一步分析匹配度不高的原因。

(6) 营销客户转化率

该指标是指营销成交客户数与营销召回客户数的比例。可以直接用该指标同参与营销活动的非营销客户转化率做对比,一般其值应高于非营销客户转化率。若该指标的值偏低,则同样需要对营销客户与营销活动之间的匹配度进行分析。

(7) 营销客户成交额

该指标是指营销客户订单成交金额,它不仅能反映营销活动实际产生的价值,还能使营销人员根据客户所使用的移动端操作系统、地域、年龄、活跃时间等进一步观察参与营销活动的客户的成交金额分布。基于该指标可以建立漏斗,追踪营销客户成交路径中每一步的转化率,并通过在适当环节增加二次营销活动,引导客户完成交易。

(8) 营销金额贡献度

该指标是指营销客户成交额在营销活动总成交额中所占的比例。一般情况下,该指标的值应该与营销客户精确率持平。如果该指标的值高于营销客户精确率,则说明此次营销活动触达的客户质量较高,可以通过进一步分析客户属性,了解优质客户的特征;如果该指标的值低于营销客户精确率,则说明营销客户的购买能力较弱,可结合客单价的实际情况,考虑后续是否增加相应的购买能力限制条件。

(9) 营销人数贡献度

该指标是指参与营销活动的客户在所有客户中所占的比例。

2. 营销活动效果评估模型构建

构建营销活动效果评估模型的方法较多,常用的方法有以下几种。

(1) 事件分析方法

事件分析方法具有强大的筛选、分组和聚合能力,逻辑清晰且操作简单,因而得到了广泛的应用。事件分析法一般包括事件定义与选择、多维度分层分析、解释与结论等环节。

① 事件定义与选择。事件是指一个客户在某个时间点、某个地方,以某种方式完成了某件具体的事情。谁(who)、何时(when)、何处(where)、什么(what)、如何(how)是定义一件事件的关键因素。其中,who 是指参与事件的主体,对于未登录的客户,可以是 cookie、设备标识(ID)等匿名标识;对于登录客户,可以使用后台配置的真实客户标识。when 是指事件发生的实际时间,应该记录精确到毫秒的事件发生时间。where 是指事件发生的地点,可以通过互联网协议来解析客户所在的区域,也可以通过全球定位系统获取客户所在的地理位置信息。what 是指描述客户所做的事件的所有具体内容。例如,“购买”类型的事件,可以记录的字段有商品名称、商品类型、购买数量、购买金额、付款方式等。how 则是指客户处理这个事件的方式。

② 多维度分层分析。多维度分层分析通过添加筛选条件,对事件数据不断进行细分,分析在各种细分条件下事件数据之间的关系,找出影响事件数据的关键因素,为金融机构回答变化趋势、维度对比等各种细分问题。

③ 解释与结论。解释与结论环节要对分析结果给出合理的理论解释,判断分析结果是否与预期相符,如判断产品细节的优化是否提升了触发客户数。如果分析结果与预期不符,则要针对不足的地方再次进行分析。

> **案例**　[事件分析方法案例分析]
>
> 以某互联网金融企业为例。某日,客户运营人员发现当日来自×网站的页面浏览量异常高,因此需要快速排查原因:是异常流量,还是虚假流量?
>
> 该客户运营人员可以先定义事件,利用“筛选条件”限定广告系列来源为“×网站”。再从其他多个维度,如“地理位置”“时间”“广告媒介”“移动端操作系统”“浏览器”等进行多维度分层分析。多维度多层分析使得虚假流量无处遁形。在剔除虚假流量后,该客户运营人员可以进行其他客户行为分析,寻找流量异常的原因。例如,分析“投资成功”条件下的事件数据,查看各个时段客户的投资金额,分析是否存在特殊的、影响客户行为的时间点。还可以进一步分析每种产品的投资金额,即按照“产品类型”分组查看投资金额,并实时关注“提现率”的变化趋势,分析这些客户投资到期后的行为,是提现还是继续投资。

需要强调的是,事件分析方法是一种数据分析模型,它与其他数据分析模型之间存在无法割裂的关系。只有将各数据分析模型有效地结合起来,才能科学地揭示客户个人和群体行为的规律,并据此做出理论推导,不断在实践中优化营销决策。

(2) 漏斗分析方法

漏斗分析方法是一套流程式数据分析方法,它能够科学反映客户行为状态,以及从起点到终点的各个阶段的客户转化率。

漏斗分析方法广泛应用于流量监控、产品数据化运营等日常的数据运营工作之中。例如,在某服务移动应用程序(App)中,直播用户从激活 App 开始到"刷礼物",一般有激活 App、注册账号、进入直播间、互动行为、"刷礼物"5 个阶段,漏斗分析方法能够展现每个阶段的转化率,并通过对各阶段相关数据的比较,直观地说明问题所在,从而使客户运营人员找到优化的方向。

(3) 留存分析方法

留存分析方法是一种用来分析客户参与情况和活跃程度的分析方法。留存分析方法考察在有初始行为的客户中,有多少客户会进行后续行为。这是衡量产品对于客户价值高低的重要方法。随着市场饱和度提升,绝大多数金融机构都亟待增加客户黏性,延长每一个客户的生命周期,因此留存分析方法受到金融机构的青睐。

客户运营人员如果想从总体上看客户留存情况是否越来越好了,则可以首先将新客户激活某金融 App 的时间按日或月分组,得到同期客户群;其次观察该客户群发生投资的 7 日留存、14 日留存或 30 日留存(可自由选择);最后分析留存下来的客户的一些详细的基础信息,如借款次数、借款金额、年龄等,通过总借款次数以及借款金额可以进行客户质量评估,通过年龄可以分析出该金融 App 吸引的客户群的年龄分布。

如果想深度挖掘高留存客户有哪些共性特征等,以供后续产品优化与改进借鉴,则可以根据留存情况对客户进行分群,然后再利用客户行为路径分析方法等做进一步的分析。

(4) 客户行为路径分析方法

客户行为路径分析方法追踪客户从开始某个事件直到结束该事件的行为路径,即对客户流向进行监测,它通常分为以下 5 个步骤。

① 分析客户使用金融网站或 App 的流程。首先分析客户使用金融网站或 App 的每个步骤,然后依次计算每个步骤的流向和转化,通过数据真实地再现客户从打开到离开该金融网站或 App 的整个过程。

② 查看客户访问商品页面的行为路径分布情况。例如,客户在访问了某个商品的首页后,有多少比例的客户对该商品进行了搜索,有多少比例的客户访问了商品分类页,有多少比例的客户直接访问了商品详情页。

③ 进行行为路径优化分析。例如,哪条客户行为路径发生的频次最高,走到哪一步客户最容易流失。

④ 通过行为路径识别客户行为特征。例如,分析客户是访问完即离开的目标导向型客户,还是无目的浏览型客户。

⑤ 对客户进行细分。通常按照金融网站或 App 的使用目的来对客户进行分类。例如,金融理财 App 的客户可以细分为关注型、意向型、购买型客户,并对每类客户进行不同访问任务的行为路径分析。例如,意向型客户在进行理财产品比较时,通常有哪些行为路径,存在什么问题。

此外,还可以利用算法基于客户所有的行为路径进行聚类分析,也就是依据行为路径间的相似度对客户进行分类,再对每类客户进行分析。

以保险理财产品交易为例。客户从登录网站/App 到购买成功,要经过首页浏览、搜索产品、查看产品详情、选择产品购买的数目、选择支付方式、支付金额、更新资产持仓等步骤。而且客户真实的选购过程是一个反复的过程。例如,支付完成后,客户可能会返回网站/App 首页继续搜索产品,也可能立即赎回,每一条行为路径都有不同的动机。可以将客户行为路径分析方法与其他数据分析方法配合使用,以进行深入分析,从而快速找到客户动机,引导客户走最优路径或者期望的投资路径。

3. 渠道推广效果评估模型构建

渠道推广效果评估模型的构建方法较多,常用的方法有以下几种。

(1) 基础维度方法

基础维度是指渠道能够带来多大的客户规模,可以用渠道成交的客户数量及渠道转化率来表示。基础维度方法通过整体观察渠道所带来的客户数量及收益情况,对渠道推广效果进行评估,其具体的评估方法如下。

① 渠道客户数量大,说明渠道引流效果好。

② 渠道注册客户数量大且转化率高,说明渠道获取的新客户与目标客户群定位相符。

③ 渠道带来的实际收益,可以通过渠道销售总额、人均消费额(客单价)等指标来衡量。

④ 受投放费用、渠道本身属性等的影响,各渠道获取流量的能力不同,为消除客户基数的影响,需要分析转化率。

(2) 渠道转化效果分析法

对各渠道的转化效果进行分析的方法如下。

① 付费转化率、人均消费额都高,说明渠道推广效果好,可以结合获客成本、投资收益率等指标判断是否继续推广。

② 若付费转化率低,则可以通过分析人均使用次数、人均使用时长、平均访问深度、留存率等指标考察客户质量:如果客户质量类指标效果不理想,则需要先排查是否存在作弊流量,然后再考虑网站或 App 的优化;如果用户质量类指标效果好,则说明客

户对网站或 App 本身的满意度较高,可结合漏斗分析方法分析哪些环节影响了付费转化率。

③ 人均消费额低,说明渠道的首要贡献能力低,需要结合投资收益率判断是否调整广告投放预算。

9.3.5 流失预警技术

> **定义 9.9** 流失预警技术
>
> 流失预警技术是针对某业务客户活跃度下降、沉默客户比例较高的现状,建立潜在高概率流失客户预警及挽留机制的技术。建立流失预警模型的目的是提前识别潜在流失客户,为挽留客户赢得时间。

客户留存和客户流失是一组相对的概念。众多商业实践表明,获得一个新客户的成本是保持一个老客户的 5 倍。可见,提升客户留存率,降低客户流失率,对于任何一家金融机构来说都是非常重要的。对于金融机构来说,客户留存率是反映金融机构及其产品核心竞争力的关键指标。

常见的流失预警技术是把流失看成二分类问题,预测哪些客户将会离开。其落脚点是建立一套流失预警模型,预测客户的流失率。

> **案例** [流失预警案例分析]
>
> 下面以某银行"存款客户流失预警"项目为例介绍流失预警技术的应用。
>
> 在该案例中,建立流失预警模型的目的是根据客户的基本信息和历史数据预测下个季度存在活期存款流失可能的客户。建模人员利用季日均存款、季日均资产变动情况来定义客户是否存在活期存款流失的可能。由于两者之间没有直接的函数关系,所以银行专家要根据业务制定标准。建模所用的数据集与潜在客户模型所用的数据集字段完全相同,特征工程以及训练集和测试集的划分,此处不再赘述。根据之前给出的定义对数据进行标签设置,筛选活期存款大于 1 万元的客户;定义活期存款流失客户为正样本,其他客户为负样本;然后利用梯度提升决策树解决这个二分类问题。
>
> 将模型得到的预测分数按分值降序排序,并等频划分为 100 个区间,计算各个区间的累积转化率,如图 9.8 所示。统计流失客户在选取的客户中所占的比例,以及流失客户在全局流失客户中所占的比例,结果如表 9.6 所示。

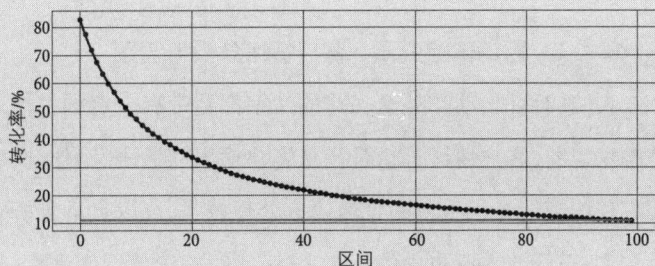

图 9.8　活期客户流失模型提升图

表 9.6　各分段流失客户人数及金额表

分段	流失率/%	流失人群覆盖度/%	流失金额覆盖度/%
前 1%客户	82.85	7.89	8.8
前 5%客户	69.7	31.8	29.0
前 10%客户	53.9	49.2	44.7
前 20%客户	36.7	67.3	62.6

　　关于流失模型应用,我们主要聚焦在以下两个方面。第一,通过该模型可以找出影响客户流失的重要因素。通过单变量分析可以找出对业务有显著影响的一系列特殊指标,这些特殊指标能给业务增长带来明显的促进效果。对有关键影响的指标进行量化分析,可以帮助业务人员有效制定运营目标。第二,通过该模型可以预测客户流失的可能性。利用模型输出的结果,可以对流失率最高的一部分客户开展有针对性的运营管理,如设计有效的唤醒机制、个性化推荐以及合作产品引导等,挖掘客户的需求点和兴趣点。此外,建立分析—应用—反馈的闭环流程,持续对客户留存和流失进行监控管理,及时发现问题,以促进模型优化及策略更新。

9.4　金融智能营销的未来展望

　　在大数据和人工智能时代,技术的发展给金融营销带来了更多的想象力,精确化、智能化、自动化,将成为未来人工智能在营销方面发展的三个关键词。基于此,金融智能营销将走向千人千面的智能营销体系,帮助金融机构洞察更为精准的客户需求,而在金融业人工智能和业务流程必将产生实质性融合,让金融机构全面进入智能营销时代,推动业绩增长。

9.4.1　营销体验变革：客户情绪分析与管理

人们的话语、动作甚至书写的文字都会带有一定的情绪表达，有的是直接的，有的是潜意识的，客户情绪分析是指从客户输出的话语、动作、文字中挖掘这些情绪。基于人工智能情绪分析引擎的自然语言处理技术，可以自动分析客户与客户服务人员的对话文本、通话文本所包含的情绪表达，实时解读他们的满意、感激、愧疚等情绪。

利用基于情绪分析的营销，可以与客户开展精准互动，为客户提供良好的体验。利用实时商务智能可以在整个企业范围内快速进行情绪分析，从而制定可靠的决策，同时为客户提供愉悦的体验，提高营销绩效。此外，结合认知科学和人脸识别、视频分析等人工智能技术，研究客户对于市场刺激的生理行为，也能为营销带来很多创新。简言之，客户情绪分析与管理使金融机构得以从更多的维度对客户情绪进行解析，而且不同于常规的人工质量检查手段。基于这些新技术产生的洞察，能够真正做到实时、全面、深度分析，使智能营销的精确性得到进一步提高。

9.4.2　营销渠道变革：社交营销和智能客服

在以"智能社交"为特征的社交营销 4.0 时代中，社交大数据不仅在舆情监测、关键意见领袖（KOL）口碑营销、内容赞助商选择及评估方面极具价值，其触角还延伸到了市场洞察、研发创新以及内容创作等更为广泛的领域。金融机构如何应用社交和洞察分析工具，加速营销和业务创新成为营销发展所面临的新问题。借助于内容创作、图像识别、数据标注等人工智能技术处理海量的客户数据，正成为社交营销发展的新趋势。

随着智能化程度的提高和感知界面的日益友好，智能客服在营销服务方面的广泛应用将是必然趋势。客服机器人能够完成金融机构营业网点大部分服务经理的职能，在成本和工作时长方面都有着明显的优势，使服务效率和服务水平得到巨大的提升。此外，客服机器人能胜任不同领域的专业化服务，在营销方面显示出多样化的能力。除了能分流柜台客户外，客服机器人的即时交互方式能够与客户产生更多的互动，在处理业务过程中可以积累更多客户关注的问题，通过数据分析来优化服务流程。

9.4.3　营销决策变革：决策分析报告自动生成

目前的营销决策系统往往被称为决策支持系统或者决策辅助系统，因为它们仅仅做到了辅助决策。智能营销系统能够生成一些关键的业务指标，人们可以对这些关键的业务指标进行分析，进而做出决策。可以看到在这一过程中最终的决策是由人做出的,所以称之为辅助。未来的发展趋势是由机器来做决策,即由智能营销系统在战术和运营级别上做出智能的决策,如给什么样的客户做什么样的推荐等。

未来,在营销策略的生成上,智能营销系统将通过自动化建模引擎实现营销策略的快速生成。其核心优势在于封装建模过程,降低建模门槛,更加聚焦业务。当业务或营销人员存在新的营销需求时,可以在先期搭建特征库和变量库的基础上进行自动化特征工程,自动选择变量,一键部署模型。同时,未来的智能营销系统基于新样本数据更新,能进行自适应、自优化的模型调整,使数据分析与业务始终保持同步。智能营销策略引擎提供了多种直观的可视化模型评估功能,以及高级参数调整功能,可以兼顾营销人员和建模人员的使用需求,让模型的应用更加高效、透明。

本章小结

本章首先介绍了金融智能营销的业务背景和发展历程,说明了金融智能营销在金融智能中的位置;其次,从金融智能营销的主要流程和核心技术的角度,介绍了金融智能营销技术及其应用;最后,对金融智能营销的变革做出了展望。

习题

1. 概述金融智能营销与其他领域智能营销的区别,并思考其他领域的智能营销对金融智能营销有何启示。
2. 结合某一个具体的金融应用场景,谈谈如何有针对性地设计一个金融智能营销系统。
3. 完成智能营销实验,实验要求与实验指南参见第五篇实验七。

第 10 章　智能投顾

10

【开篇案例】

智能投顾平台 Betterment

投资对于绝大多数普通人来说是一件困难的事情,特别是很多投资者希望用更少的时间和精力获得更高的投资回报。这个想法在过去也许是天方夜谭,但智能投顾的出现却将其变为现实。下面以规模最大的智能投顾平台 Betterment 为例,探究智能投顾产品能够降低投顾服务门槛的原因,以及其所提供的高效、专业的服务。

智能投顾平台在进行投资前,首先需要了解客户的投资偏好和个人画像。在传统的金融平台中,客户经理往往需要专门与客户进行访谈以收集信息,而智能投顾平台则基于算法对客户进行快速建模。当客户初次登录 Betterment 时,仅需要填写个人的基本信息、投资目的、投资偏好和风险承受能力,而其他操作则由智能投顾平台自动完成。智能投顾平台一方面通过量化金融模型、数据分析算法等来跟踪投资市场,定期调整和优化不同产品的配置比例,实现与客户投资风格相匹配的智能投顾决策;另一方面,通过客户的操作历史不断更新客户画像,以自适应客户投资风格的转变。

根据智能投顾平台所收集的客户投资偏好和个人画像,智能投顾平台将为不同类型的客户提供不同类型的服务。概括来说,智能投顾平台将目标客户划分为零售客户、机构客户及退休客户,并提供相应的投顾平台,即 Betterment、Betterment for Advisor(B4A)和 Betterment for Business(B4B),以满足三种客户不同的投资需求。而在投资标的物上,智能投顾平台更青睐于配置股票 ETF(交易型开放式指数基金,具有覆盖范围广、交易便捷、费用低廉的特点)和债券 ETF,从而使每个客户都能以较低的投资费用来高效地配置全球资产。另外,智能投顾平台没有任何起投门槛,仅针对不同的资金规模,征收相应比例的管理费,从而使拥有任何规模资产的投资者都能享受到高效、专业的投顾服务。

Betterment 是智能投顾领域的开创者,目前全球已涌现出许多与 Betterment 类似的智能投顾公司,如蚂蚁聚宝和灵犀智投等。他们不仅仅面向非专业的投资者,还面向包括投资经理在内的专业人士。

在介绍了金融智能客服、金融智能风控、金融智能营销等金融智能应用场景后,本书将介绍第 4 个金融智能应用场景:智能投顾。本章将从智能投顾的基本概念、投资流程、理论基础、技术基础和未来展望 5 个方面带领大家走进智能投顾的世界。

10.1 智能投顾概述

下面将围绕智能投顾的定义、作用和发展历程,来对智能投顾做一概括性的介绍。

10.1.1 智能投顾的定义

智能投顾是指基于机器智能获得投资分析能力来为投资者提供服务。从传统意义上讲,投资顾问(简称投顾)是客户和金融产品之间沟通的重要桥梁,它通过一系列细致深入的访谈了解客户的风险偏好,为其提供个性化的投资建议。而一般来说,智能投顾是机器智能和传统投顾的结合。在机器智能方面,智能投顾通过一系列智能化算法跟踪投资市场,实现最优的资产配置。而在替代传统投顾方面,智能投顾依靠客户的历史操作建立相应的客户画像,以实现符合客户期望的动态的、理性的决策。智能投顾和传统投顾的结合,使智能投顾能够匹配投资市场和客户风险偏好的变化,实现财富的自动化管理和投资组合的自动优化,并通过互联网将投资情况以可视化的方式呈现给客户。

10.1.2 智能投顾的作用

智能投顾主要有理性投资行为、个性理财推荐、节约人力和推进普惠金融 4 个作用。

1. 理性投资行为

理性投资行为是指与个人的投资决策相比,智能投顾往往更加理性、全面,弥补了传统投顾容易受投资专家情绪影响的缺点。

2. 个性理财推荐

个性理财推荐是指智能投顾为不同客户提供有针对性的定制服务。通过客户风险偏好调研、投资期望评估和历史操作捕捉,智能投顾能够针对特定客户的特定投资偏好,提供专业的投资理财建议。

3. 节约人力

节约人力是指智能投顾结合了人工智能、交易管理和信息分析等领域的知识,大大提高了市场分析和投资交易的效率。在传统投顾领域,依靠人工进行交易处理和市场分析往往需要一小时甚至半天的时间,这就可能导致传统投顾企业错过市场行情。而在智能投顾领域,仅在数秒内便能完成复杂的数学运算,甚至海量数据的处理。

4. 推进普惠金融

推进普惠金融是指智能投顾提高了投资效率,降低了资产管理公司的成本,使其更愿意开发面向普通投资者的投顾产品。智能投顾的应用将进一步提高我国投顾业务的覆盖率,帮助普通投资者共享经济增长的红利。

10.1.3　智能投顾的发展历程

智能投顾从 20 世纪末诞生发展至今,经历了标签过滤阶段、客户风险承受能力测试阶段、个性化投资组合推荐阶段和全自动智能投顾阶段这 4 个阶段。

1. 标签过滤阶段

标签过滤阶段出现在 20 世纪 90 年代后期至 2007 年。该阶段的智能投顾平台主要作为个人投资者和机构投资者的辅助投资工具。客户需要在智能投顾平台上回答调查问卷或手动选择个人标签,并去除其不希望投资的产品。智能投顾平台进一步利用投资理论和金融模型,选择与该客户相匹配的投资产品类型,或给出相应的投资产品组合。但获得投资组合建议后,客户仍然需要到其开户的证券公司自行购买。

2. 客户风险承受能力测试阶段

客户风险承受能力测试阶段出现在 2008 年金融危机以后。此时智能投顾已进入半自动化阶段。客户除了需要在智能投顾平台上回答调查问卷以筛选投资产品外,还需要接受风险承受能力测试。就便捷性而言,客户可以在智能投顾平台上开户并直接进行交易,而且智能投顾平台上可供客户选择的投资组合类型的数量也大大增加。同时,投资经理可以通过智能投顾平台收集和分析客户信息,实时调整投资组合建议。

3. 个性化投资组合推荐阶段

个性化投资组合推荐阶段出现在 2013 年左右。尽管投顾模型和算法更加智能化,但此时智能投顾行业的发展仍停留在半自动化阶段。智能投顾平台基于数据分析、量化金融模型和一系列智能算法实时动态监测投资产品的变化,最终的投资决策仍由专业的投资顾问给出。

4. 全自动智能投顾阶段

全自动智能投顾阶段是各大金融机构和公司所追求的智能投顾,是结合人工智能和大数据技术的全自动投顾系统。客户需要回答更加复杂的调查问卷,以便于智能算法学习更加复杂的客户偏好。智能算法将通过投资产品的历史行情及其实时行情的动态变化来预测其未来的发展趋势。在该阶段智能投顾不需要客户过多地参与，便可以帮助客户管理财富。

智能投顾的发展阶段如图 10.1 所示。

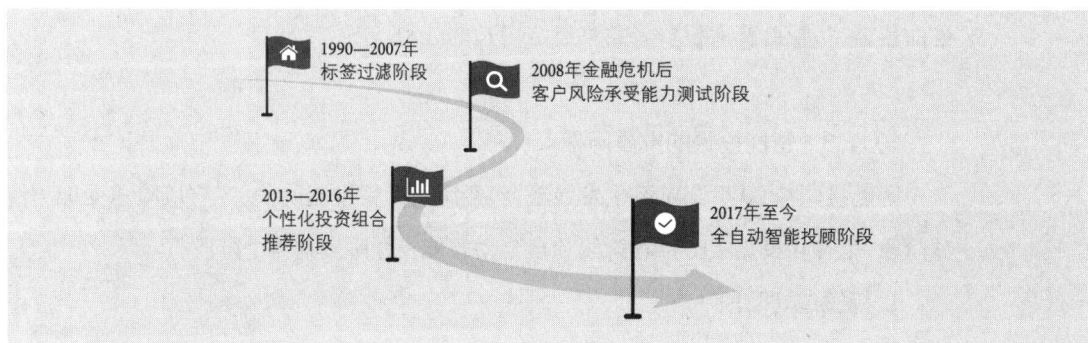

图 10.1 智能投顾的发展阶段

10.2 智能投顾的投资流程

不同的智能投顾业务形式不完全相同，但它们一般都具有相似的投资流程，即都包含以下一项或多项投资组合的核心环节：客户分析、投资组合构建、交易执行、投资组合再平衡、税负管理和投资组合分析，如图 10.2 所示。面向客户的智能投顾平台通常包含投资组合流程的全部核心环节。而面向金融从业者的智能投顾平台则主要包含后 5 个核心环节。下面主要介绍智能投顾的主要投资流程。

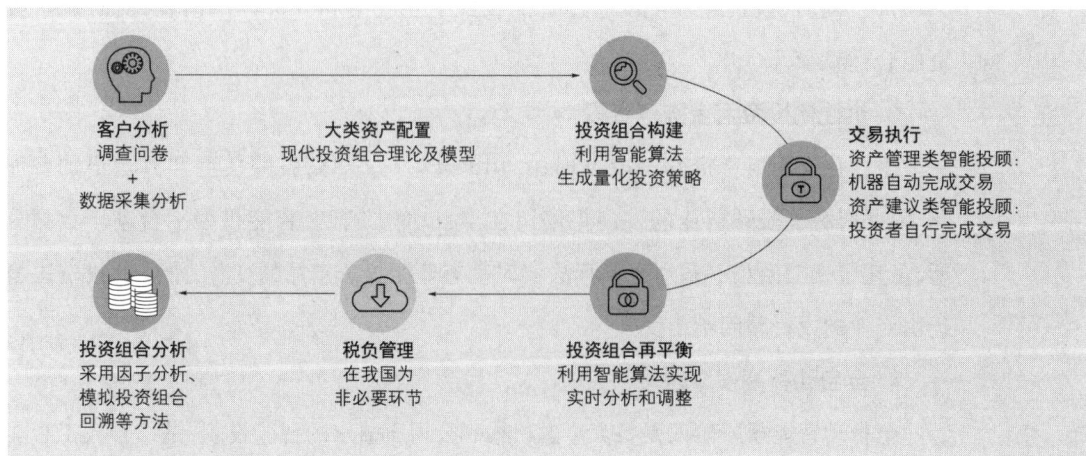

图 10.2 智能投顾的主要投资流程

10.2.1　客户分析

客户分析是指根据客户数据来分析客户特征,评估客户价值。在给出相应的投资建议之前,智能投顾平台需要了解客户的基本信息、风险承受等级、风险偏好和投资偏好等。这些信息一般通过调查问卷的形式收集。在了解了以上信息后,智能投顾平台需要处理调查问卷中部分答案与客户实际操作不一致的问题,并对适合客户的投资产品进行再评估。而且投资顾问将定期询问客户的个人资料是否有更改,或根据客户的历史操作,通过行为模型和智能算法动态学习客户风险偏好和投资偏好的变化。

10.2.2　投资组合构建和投资组合再平衡

投资组合(portfolio)构建是指选择纳入投资组合的标的物并为其确定适当的权重,它包括大类资产配置、投资组合选择和投资组合再平衡等。智能投顾特别重视大类资产配置,根据现代投资组合理论及模型将资金分散到不同的资产类别以分散投资风险。大类资产配置中的股票、债券、大宗商品和现金是智能投顾在大类资产配置中的主要产品。尽管仍有部分智能投顾平台专注投资特定类别的资产,但大部分智能投顾平台希望为客户提供不同类别的资产,以增加客户的选择范围。在进行投资组合前,智能投顾将根据经济情况和市场趋势确定资产类别的比例。例如,在市场经济景气时配置更大比例的股票,而在市场经济不景气时则配置更大比例的债券。

在确定大类资产配置比例后,需要进行投资组合选择,即进一步细化每个资产类别中投资产品所占的比例。在每个特定的资产类别中,智能投顾平台通过智能算法用投资产品的历史行情构建模型,用最优化方法预测投资产品的收益,并确定投资产品在投资组合中所占的比例,生成量化投资策略。最优化方法通常包括两种方式,一种方式是给定风险求最大收益,另一种方式是给定收益求最低风险。根据这两种方式确定模型相应的优化函数,进而迭代求解模型参数,最终实现对投资产品收益的预测。

当投资组合的当前表现与投资目标出现偏差时,需要通过投资组合再平衡的方式重新调整各类资产的权重。发生投资组合再平衡的场景有以下两类:第一类是客户的风险承受能力和投资偏好出现变化,需要更换持仓;第二类是市场的变化导致投资产品的收益浮动不符合期望。智能投顾平台使用的策略是利用智能算法实现买入再平衡、卖出再平衡、组合调整配比再平衡、波动再平衡和观点再平衡。买入再平衡和卖出再平衡是指当投资者买入或卖出时,系统自动调整投资组合以使其接近投资组合目标;组合调整配比再平衡是指投资者可以人为地设定资产组合配比目标,系统会使每次再平衡调整接近客户的设置;波动再平衡将定期根据客户偏好的变化或市场的变化调整资产配置至投资组合目标;而观点再平衡则根据强化深度学习技术或深度学习技术,通过构建复合模型不定期地对资产组合配比进行调整。

10.2.3 交易执行

交易执行是指按照投资组合进行交易及调整。从交易类型来看,智能投顾按照产品操作方式可以分为资产管理类智能投顾和资产建议类智能投顾。在资产管理类智能投顾中,人工操作较少,交易由机器自动执行。而在资产建议类智能投顾中,机器仅对投资组合进行建议,投资者需要自行完成交易。从交易市场来看,智能投顾平台涉及不同类别的理财产品,其范围涵盖国内市场和国外市场,包括股票、债券和商品期货等不同类型的投资产品。从交易机制来看,智能投顾平台的理财产品由传统理财产品组成,其交易机制与传统投顾机构一致,包括信号触发机制、交易执行机制、风险监控机制等。

10.2.4 税负管理与投资组合分析

税负管理是国外智能投顾平台中的重要一环,指的是通过投资组合的调整,优化投资者的税收负担。例如,投资者可以通过出售亏损证券来抵销资本利得税。通过这种方式,投资者可以对投资组合中任何已缴税的产品进行税收抵扣,并用相似的资产替换已出售的资产。虽然投资亏损收获不能恢复投资者的亏损收益,但可以减轻损失的严重程度。

投资组合分析是智能投顾的最后一个环节,其目的是维持稳定投资组合与最大期望收益之间的平衡。一方面专家通过因子分析、模拟投资组合回溯等方式了解产品收益、风险、业绩稳定性和调仓情况等业绩指标;另一方面,技术人员将对产品的数据和基本面等信息进行可视化,以辅助专家的投资决策。

10.3 智能投顾的理论基础

投资组合问题是研究投资者如何对资产进行合理配置以及如何进行投资组合选择的决策问题。1952年,诺贝尔经济学奖得主马科维茨在其论文《投资组合选择》中首次提出了投资组合的概念,并建立了第一个系统的投资组合理论。

随着对投资组合理论研究的深入,金融、计算机和统计等领域开始在投资组合理论的基础上,使用有自身优势的工具对投资组合展开研究,并发展出了各自的研究方向。根据所依据的核心金融理论的不同,本节从两个角度进行介绍:第一个角度是基于马科维茨投资组合理论,均值-方差模型及其扩展模型多以此为基础;另一个角度是基于凯利（Kelly）等人提出的资本增长理论，多周期投资组合策略多以此为基础，进行多周期的投资组合构建。

本节从智能投顾的角度，介绍现代投资组合理论和资本增长理论的起源与发展，并在此基础上，通过介绍金融市场中的不确定性案例引出行为金融学理论。

10.3.1　现代投资组合理论

投资中有两个核心问题，即投资者的期望收益与投资者对于风险的承受能力。那么如何为每个投资者提供最符合其个人偏好的个性化投资组合，同时将风险控制在其可承受的范围内，是投资顾问迫切需要解决的问题。

1952 年，马科维茨在投资组合理论方面取得了开拓性的研究成果。马科维茨首次提出了"投资组合"的概念，并提出投资的目标是获得投资收益最高且风险最小的投资组合。与此同时，基于马科维茨投资组合理论可以推导出投资组合的有效边界。可以说，马科维茨投资组合理论奠定了现代投资组合理论的基石。

1. 马科维茨投资组合理论

马科维茨投资组合理论对投资组合风险与收益之间的关系进行了深入的研究，并分析了多元化对投资组合收益的影响，由此提出了构建投资组合的目标，即期望收益率最高且风险最小的投资组合。

假设

为了保证理论的有效性，该理论需要依据以下几个假设：

① 投资者在确定每一个交易周期的投资决策时，依据的是资产期望收益率的分布，且这种分布近似于正态分布。

② 投资者根据资产期望收益率的均值估计投资组合的收益，根据资产期望收益率的协方差估计投资组合的风险。

③ 投资者的决定只依赖于资产或投资组合的收益和风险。

④ 在一定的风险水平上，收益最高；相对应地，在一定的收益水平上，风险最小。

马科维茨投资组合理论主要包括均值-方差模型和投资组合有效边界模型两部分。

基于投资组合理论，马科维茨提出了一个投资组合策略，即均值-方差模型。该模型的目标是在期望收益率相同的情况下使风险最小，或者在风险水平相同的情况下使期望收益率最高。均值-方差模型分别量化了投资组合的收益和风险，提出分散投资可以降低投资组合的总风险。

　　马科维茨利用均值和方差来衡量资产的期望收益率与风险,利用单一资产与其他资产的协方差来衡量投资组合的风险。均值-方差模型将投资组合问题成功地转化为限定条件下求最优解的问题,即如何求资金的最优分配比例,这为该理论日后被应用于投资组合模型提供了数学基础。

　　由于一个理性投资者总是厌恶风险而偏好收益,因此对于同样的风险水平,他们总是会选择能提供最高期望收益率的投资组合;对于同样的期望收益率,他们总是会选择风险最小的投资组合。能同时满足这两个条件的投资组合的集合就是有效集(efficient set),又称为有效边界(efficient frontier)。处于有效边界上的投资组合称为有效投资组合(efficient portfolio)。

假设

　　针对有效边界模型,在马科维茨投资组合理论假设的基础上,还需要构建以下几个基本假设:

　　① 投资者希望财富越多越好,且投资效用是财富的增函数,但财富的边际效用是递减的。

　　② 投资者事先知道资产期望收益率的分布为正态分布。

　　③ 投资者希望投资效用的期望值最大而该期望值是期望收益率和风险的函数,因此影响投资决策的主要因素是期望收益率和风险。

　　④ 投资者对风险是反感的,投资风险用期望收益率的方差或标准差来表示。

　　⑤ 理性投资者遵循的原则是:在期望收益率相同的情况下选择风险最小的证券,或者在投资风险水平相同的情况下选择期望收益率最高的证券。

　　⑥ 市场有效性,即金融市场中证券价格总能及时充分地反映所有的相关信息。

案例　　以图10.3为例,平面上的点代表可能的投资组合。在图10.3中,曲线的上半部分 bc 曲线代表投资组合的有效边界,其每一个点都是一个最优投资组合,即同一风险水平下期望收益率最高,或者同一期望收益率下风险最小的投资组合。而曲线 ab 的收益率却没有达到预期,因此不属于最优投资组合。

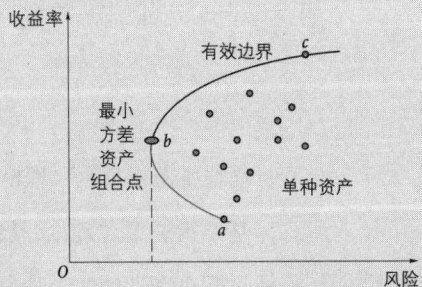

图10.3　投资组合的有效边界曲线

> 在整条曲线上,b 点处投资组合期望收益率的方差达到最小,所对应的投资组合的风险最小。由此可知,有效边界上的所有点都是有效的投资组合点,而有效边界以内各点的投资组合都不是有效的。

由于有效边界上的每一种投资组合都是有效的投资组合点,因此投资者选择哪一点的投资组合取决于投资者偏好,即投资无差异曲线。以图 10.4 为例,I_1,I_2 分别代表两种不同投资偏好的无差异曲线。若投资者选择 N 点,则表明该投资者获得了有效投资组合。而投资无差异曲线 I_2 与有效边界 EF 相切于 M 点,则表明投资者具有进攻型投资偏好,其愿意以较大的风险换取更高的投资收益率。

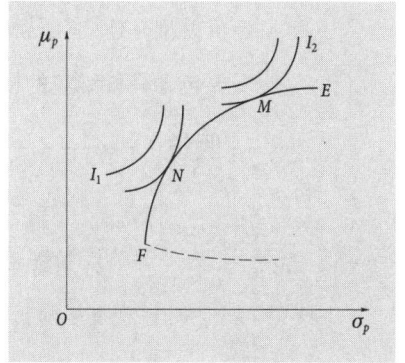

图 10.4 有效边界模型中的投资无差异曲线

总的来说,马科维茨投资组合理论本质上是在收益和风险之间进行权衡,从而找到可以平衡收益和风险的最优投资组合。

2. 资本资产定价模型

马科维茨的工作主要是在投资组合理论方面考虑了优化投资者的行为方式,而没有考虑经济均衡对投资组合的影响。于是,从 20 世纪 60 年代初开始,以夏普(W. Sharpe,1964)、林特纳(J.Lintner,1965)和莫辛(J.Mossin,1966)为代表的学者的研究直接导致了资本资产定价模型(capital asset pricing model,CAPM)的产生。

资本资产定价模型阐述市场均衡状态下的资产定价准则。在资本资产定价模型中,资本资产(capital asset)主要指股票资产,而定价(pricing)则指的是资本市场如何决定股票收益率,进而决定股票价格。通过建立一般均衡模型,我们可以选出相关指标来度量任意资产的风险,以及发现市场处于均衡状态时任意资产的期望收益率与风险之间的关系。此外,尽管均衡模型的推导源自投资组合模型的建立,但均衡模型本身对于揭示最优投资组合的性质有着极为重要的意义。

作为基于风险和资产期望收益率均衡的预测模型,资本资产定价模型将市场均衡状态考虑在内,用一个简单的线性关系来表达资产期望收益率与风险之间的关系。应该说,作为单一指数模型的代表,资本资产定价模型不仅大大简化了投资组合的运算过程,使马科维茨投资组合理论朝现实世界的应用迈进了一大步,也使得证券理论从以往的定性分析转入定量分析,从规范性转入实证性,进而对证券投资的理论研究和实际操作,乃至整个金融理论与实践的发展都产生了巨大的影响,成为现代金融学的理论基础。

　　现实世界是复杂的,为了更好地分析现实世界并建立关于现实世界运作情况的模型,我们必须通过假设来剔除那些对市场行为只有很小(或几乎没有)影响的复杂因子。例如,物理学家在假设无摩擦的前提下,建立了物质运动模型。类似地,经济学家在假设股票价格波动中不存在制度性摩擦的前提下,建立了均衡模型。由于资本资产定价模型是建立在马科维茨投资组合理论基础上的,因此资本资产定价模型的假设也需要包含马科维茨的模型假设。

假设

　　资本资产定价模型在建立时需要以下条件:

　　① 投资者希望财富越多越好,投资效用是财富的函数,财富又是资产期望收益率的函数,因此可以认为投资效用为资产期望收益率的函数。

　　② 投资者事先知道资产期望收益率的分布为正态分布。

　　③ 投资风险用资产期望收益率的方差或标准差标识。

　　④ 影响投资决策的主要因素为资产期望收益率和风险。

　　⑤ 投资者都遵守主宰原则(dominance rule),即在同一风险水平下,选择期望收益率较高的证券;在同一期望收益率的情况下,选择风险较小的证券。

　　⑥ 存在无风险资产收益率,且所有投资者都能够以这一收益率不受限制地借入或贷出资金。

　　⑦ 所有投资者对证券投资收益率分布的看法一致,因此市场上的有效边界只有一条。

　　⑧ 所有投资者都具有相同的投资期限,而且只有一期。

　　⑨ 所有的证券投资都可以被无限制地细分,任何一个投资组合都可以包含零星股份。

　　⑩ 买卖证券时没有税负及交易成本。该假设是指投资人买卖任何资产都不存在成本(摩擦)。如果交易成本不为零,那么任何资产的期望收益率都取决于决策时点之前投资者是否拥有该资产。

　　⑪ 所有投资者都可以及时、免费地获得充分的市场信息。

　　⑫ 投资者具有相同的预期,即他们对资产期望收益率、标准差和资产期望收益率的协方差具有相同的期望值。

上述假设表明:首先,投资者是理性的,而且严格按照马科维茨投资组合理论的规则进行多样化的投资,并从有效边界的某处选择投资组合;其次,资本市场是完美/完全市场,没有任何摩擦阻碍投资。

资本资产定价模型假设每一个投资者的投资组合都包括一种无风险资产和一种风险资产,唯一有待做出的决定是如何对两者进行配置,这取决于投资者对风险的厌恶程度。因此,可以在不了解投资者偏好的情况下确定风险资产的最佳投资组合。为了衡量这种最佳投资组合,资本资产定价模型包括两个部分,分别是资本市场线(capital market line,CML)和证券市场线(security market line,SML)。资本市场线描述的是

当资本市场处于均衡状态时,由多种资产构成的有效投资组合的期望收益率与标准差之间的线性关系。如图 10.5 所示,过 M 处的切线为无风险资产收益率 r_f 下的资本市场线,M 为风险资产的最佳投资组合。其中,$E(r_P)$ 表示资本市场线上投资组合 P 的期望收益率;σ_P 表示投资组合 P 的标准差。它作为一条与马科维茨投资组合有效边界相切的射线,可以表示由风险资产和无风险资产构成的投资组合。

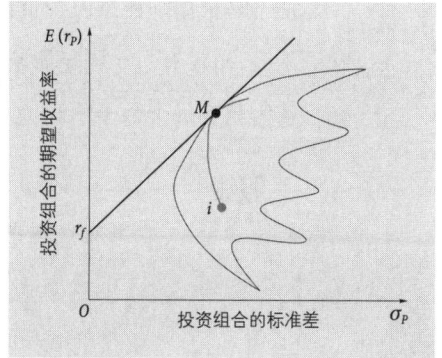

图 10.5　资本市场线

证券市场线源自资本市场线,描述的是当市场达到均衡时,任意资产或投资组合的期望收益率和风险之间的关系。证券市场线可以提供每一种资产或投资组合的期望收益率。

如图 10.6 所示,x 轴为投资组合的系统性风险系数(β),y 轴为投资组合的期望收益率($E(r_P)$),直线 AM 就资产的证券市场线,其在 y 轴上的截距 r_f 为市场无风险收益率,$E(r_M)$ 表示投资组合 M 的期望收益率。证券市场线可以体现投资组合的期望收益率和系统性风险之间的线性关系。

资本资产定价模型主要阐述了在投资者都依据马科维茨投资组合理论进行投资管理的情况下,市场均衡状态是如何形成的,以及资产的期望收益率和风险之间的线性关系。然而,资本资产定价模型在保留和拓展了马科维茨投资组合理论

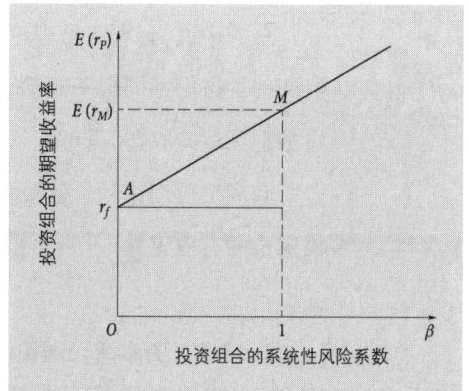

图 10.6　证券市场线

的同时,也存在其自身的局限性。

3. 套利定价理论

套利定价理论(arbitrage pricing theory,APT)的名字中虽然含有"套利",但其实际与套利交易无关,是适用于所有资产的估值模型。可以说,套利定价理论是资本资产定价模型的拓展,由套利定价理论给出的定价模型与资本资产定价模型一样,都是市场均衡状态下的模型,不同的是套利定价理论的基础是因子模型。

考虑到在市场均衡的条件下,每一种资产的期望收益率都包括无风险收益率和风险溢价,期望收益率与若干因子之间存在线性关系。然而,套利定价理论对资产的评估不是根据马科维茨投资组合理论,而是根据无套利原则和因子模型。套利定价理论认为,不仅有一个因子影响期望收益率,还有其他"若干因子",这与资本资产定价模型认为只有一个因子不同。

假设

套利定价理论在建立时需要以下条件:

① 市场是一个有效的、完全竞争的和没有摩擦的资本市场。

② 投资者只要有机会获得利润,就不会满足于现状,并做出相应的反应,直到获利为止。因此,没有必要对投资者的风险偏好进行推测。

③ 资产收益率可以用因子来表示。

④ 套利定价理论并不要求"一致的期望",也不要求各方采取一致的行动,为了消除套利机会,只需要少数投资者的套利活动,而不是要求所有投资者都进行套利活动来避免风险。

利用套利定价理论进行分析思路是:① 进行市场均衡性分析。② 分析投资者在市场均衡状态下应采取的行动。③ 分析投资者行为对市场的影响,并最终加以均衡。④ 分析在市场均衡状态下影响资产期望收益率的各种因子。

总的来说,套利定价理论是一种基于多因子的资产定价模型,其基本原理是:一种资产的价格由不同因子驱动,将这些因子分别乘以其对资产价格影响的系数,相加后再加上无风险收益,就可以得出该资产的价值。

套利定价理论从价值投资的角度来分析投资组合,是一个可用于识别证券市场错误定价的有效工具。

10.3.2 资本增长理论

由于均值-方差模型需要估计资产的收益和风险,因此在均值-方差模型的计算中,研究者必须建立资产价格的动态模型,并且不断地对均值、方差等参数进行预估、优化。显然,均值-方差模型的准确度取决于其所建立的资本资产定价模型的精确度,这使得均值-方差模型的实用性和有效性受到较大的限制。这一不足在基于资本增长理论的投资组合中得到了解决。

在金融实践中,投资行为,特别是机构投资者的投资行为往往是长期的,投资者将随着投资环境的变化适时地调整投资组合头寸,而不是将初期构建的投资组合一成不变地保持到投资计划期末。投资组合问题的本质就是一个在线学习(online learning)问题,在每期或每个阶段得到证券价格信息后要当机立断决定未来的投资策略,因此金融实践对投资组合优化问题的研究提出了在线学习研究的要求。1956 年,美国贝尔实验室工程师凯利受到信息论的启发提出了资本增长理论,以寻找最优投资权重,使长期资产投资的增长速度最快。与马科维茨的均值-方差模型对单周期的投资组合进行求解不同,基于资本增长理论的投资组合策略基本上是多周期的投资组合策略,也就是在线投资组合策略。这些策略通过复利的投资理念,追求长期收益最大化。其中,首个基于资本增长理论的投资组合策略来源于 1991 年 Cover 提出的泛投资组合(universal portfolio,UP)策略。

在该策略中,Cover 将在线学习方法应用于在线投资组合问题中,以累积收益率的对数增长最大化为目标,提出了在线学习算法。该策略不需要持续模拟未来的资产价格,因而摒弃了马科维茨给出的资产价格服从正态分布的假设。泛投资组合策略挖掘资产的历史价格信息,通过在线学习算法逐步优化投资组合,以获得接近最优的投资组合。泛投资组合策略及其相关理论分析开创了泛投资组合研究的先河,亦是在线投资组合策略的重要理论基础。它以全新的视角将在线学习思想引入投资组合问题,开启了利用在线学习技术研究投资组合问题的大门。

10.3.3　有效市场假说与行为金融学

1. 有效市场假说

早在 1953 年,另一种关于市场的理论观点就已经提出,该观点认为任何股票价格都没有可预测的形式,股票价格的变化是随机游走的,即股票价格的变化是随机的且不可预测的。

理性投资者的存在,使得所有可以用来对股票价格进行预测的信息都已反映在股票价格中。由于股票价格是公开可得的,已经反映在股票价格中的信息就成为旧信息了。若用反映现有信息的股票价格来预测未来的股票价格,相当于将旧信息作为决策依据,这种决策是无效的,即未来股票价格是随机游走的。

随机游走并非说明市场是非理性的,而这恰恰表明投资者争相寻求新信息,以使得自己在从别的投资者处获得这种信息之前买入或卖出股票而获得收益。这里,股票价格变化的随机性并不等同于市场的非理性和无序性。如果股价是理性确定的,则只有出现新信息才能导致股价变化。而且,如果股票价格不是随机游走而是可以预测的,那么任何投资者均可以通过直接从市场上无成本地获得信息来获得收益,这样的市场才是非理性的。将股票在任何一个时间点的价格都是对所有相关的信息做出的反应称为有效市场假说(efficient market hypothesis,EMH)。

有效市场假说根据反映信息的不同将资本市场分为三类,如图10.7所示。

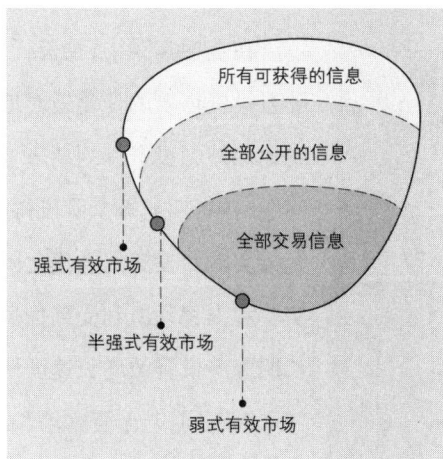

图10.7 有效市场分类

(1) 弱式有效市场

弱式有效市场(weak form EMH)是指如果股价已经反映了能从市场交易数据中得到的全部信息,则称这样的资本市场为弱式有效的或者满足弱有效形式。从市场交易数据中得到的信息包含过去的股价、交易量等数据。这些股票价格的历史数据是可以免费得到的,如果这些数据包含有用的数据,则所有的投资者都会利用它,从而导致价格调整,最后这些数据就失去了预测性。

(2) 半强式有效市场

半强式有效市场(semi-strong-form EMH)是指如果股票价格反映了所有公开可得的信息,则这样的资本市场是半强式有效的。公开可得的信息除了有历史交易数据外,还有与上市公司生产有关的基本数据、管理质量、资产负债表、专利情况、收益预测、会计处理等经营信息和宏观信息。股票价格会根据可以获得的所有公开信息迅速、准确地进行调整。

(3) 强式有效市场

强式有效市场(strong-form EMH)是指如果说一个资本市场是强式有效的,则其中的股票价格反映了所有的信息,不管是公共信息,还是私有信息。股票价格反映了与上市公司有关的所有信息,甚至包括内幕信息。强式有效市场是一种理想状态,其意义和价值在于从理论上确定了理想市场的标准。

从以上分类的定义可以看出,大部分现代金融学模型的基础性假设都是弱式有效市场。

┌─ **笔记** ────────────────────────────────────┐

有效市场假说的悖论与推论

有效市场假说在一些人看来是一个悖论。

首先,有效市场是竞争的结果,而证券研究是竞争的手段。格罗斯曼和斯蒂格利茨认为,为了在竞争中获得优势,就必须开发更有用的模型,改进信息挖掘技术。因此有效市场假说本身也是证券研究的一个成果。

其次,如果可以利用信息进行套利,则在推动证券市场价格趋向均衡价格时,价格能够反映全部有价值的信息。若市场上其他投资者不对市场进行信息挖掘,则进行信息挖掘的投资者就有套利的机会。这使人愿意对市场进行信息挖掘,希望可以得到其他投资者得不到的信息,或者优先其他投资者一步,以获得收益,正是这种不断寻找套利机会,并不断套利的行为使市场变得有效起来。

最后,市场有效性的根源是信息充分性问题。信息充分又与信息的研究(包括信息抽取技术)有关。如果投资者都不进行研究,那么信息的发现和传播效率一定会大大降低,市场有效性也会降低。市场之所以有效,是因为进行信息的研究和信息的有效传播,而不是因为少数人的长时间垄断,这样证券市场价格才能充分及时地反映全部有价值的信息。

此外,也有一些人根据有效市场假说得到了推论。

首先,信息是无成本的。根据无套利原则,无成本就无收益,因此可以得出的结论是,提出选股建议的专家也没有成功的把握。

① 如果专家发现了确实能获利的投资方案或价格确实会上涨的股票,他可能更愿意将投资方案或股票的名字保密,并利用其进行投资以获取较大的收益,而不是将它说出来换取少量的报酬。

② 选股建议只有无成本,才会被无成本地公布出来。而无成本的选股建议是无效的。

其次,大众已知的投资策略不能产生超额收益。某些业绩表现突出的投资者仅仅是运气(因为公平赌局),过去的业绩不能代表将来的业绩。

再次,内幕信息往往不是内幕。信息是否有用取决于是否真实,以及多少人知道。

最后,不应过分教条地遵从有效市场假说,而认为努力研究是不必要的。

└──┘

2. 行为金融学

图 10.8 列举了一些有效市场失效的案例。这些违背有效市场假说的现象的出现,使理性分析范式受到挑战,理性假设可能违背投资者实际的决策行为。在这种背景下,一个新的研究方向出现了,就是行为金融学,它是以新的人性模式来研究不确定性环境下投资决策行为的学科。心理学与经济学的结合逐渐形成了行为经济学,行为经济学在投资领域的应用就形成了行为金融学。

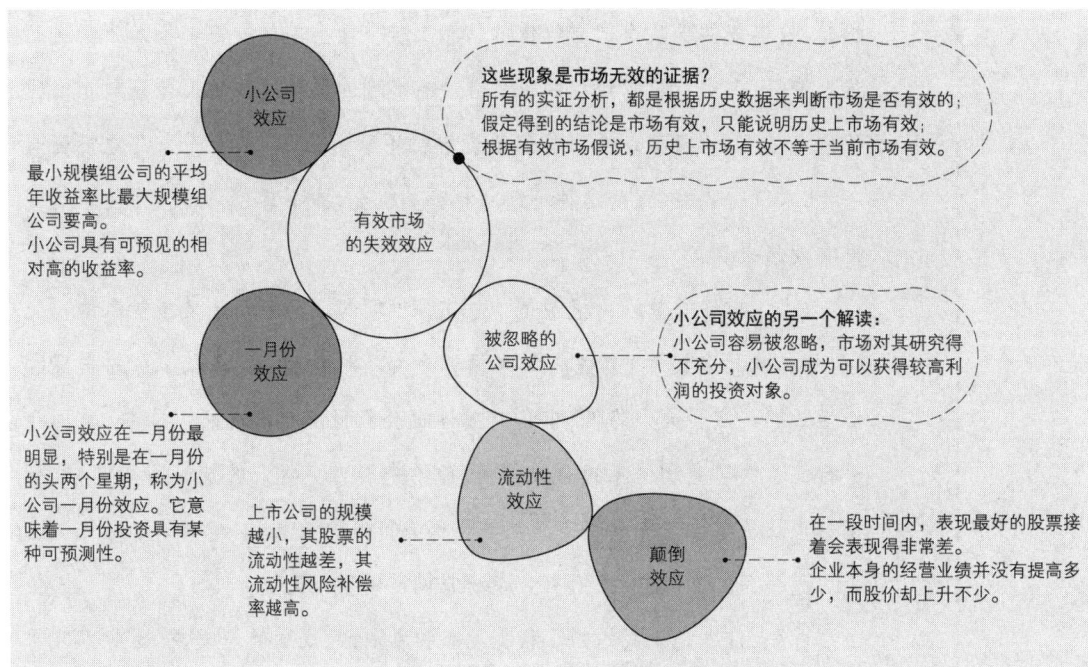

小公司效应

最小规模组公司的平均年收益率比最大规模组公司要高。
小公司具有可预见的相对高的收益率。

有效市场的失效效应

这些现象是市场无效的证据?
所有的实证分析,都是根据历史数据来判断市场是否有效的;假定得到的结论是市场有效,只能说明历史上市场有效;根据有效市场假说,历史上市场有效不等于当前市场有效。

一月份效应

小公司效应在一月份最明显,特别是在一月份的头两个星期,称为小公司一月份效应。它意味着一月份投资具有某种可预测性。

被忽略的公司效应

小公司效应的另一个解读:
小公司容易被忽略,市场对其研究得不充分,小公司成为可以获得较高利润的投资对象。

流动性效应

上市公司的规模越小,其股票的流动性越差,其流动性风险补偿率越高。

颠倒效应

在一段时间内,表现最好的股票接着会表现得非常差。
企业本身的经营业绩并没有提高多少,而股价却上升不少。

图 10.8 有效市场失效案例

行为金融学是金融学、心理学、行为学、社会学等学科相交叉的学科,力图揭示金融市场的非理性行为和决策规律。

行为金融学认为,证券市场价格并不只是由证券的内在价值决定的,还在很大程度上受到投资者主体行为的影响,即投资者心理与行为对证券市场的价格决定及其变动具有重大影响。它与有效市场假说相对应,其主要内容可以分为套利限制和心理学两个部分。可以说,行为金融学从个体行为以及产生这种行为的心理等微观视角来解释、研究和预测金融市场的发展,分析金融市场主体在市场行为中的偏差和反常,以此来寻求各个金融市场主体在不同环境下的决策行为特征,从而建立一种能正确反映金融市场主体实际决策行为和市场运行状况的描述性模型,最终成功地预测金融市场的发展。

图 10.9 列举了一些典型的非理性行为。虽然行为金融学试图深挖金融市场运作背后的奥秘,但由于个体差异大,目前其依然不能系统地对个体行为进行分析。到目

前为止,投入实际使用的行为金融学模型还不多,行为金融学的研究重点还停留在从微观视角来对市场异常现象和认知偏差的定性描述和历史观察上。

在智能投顾业务中,行为金融学也有一些有趣的应用。

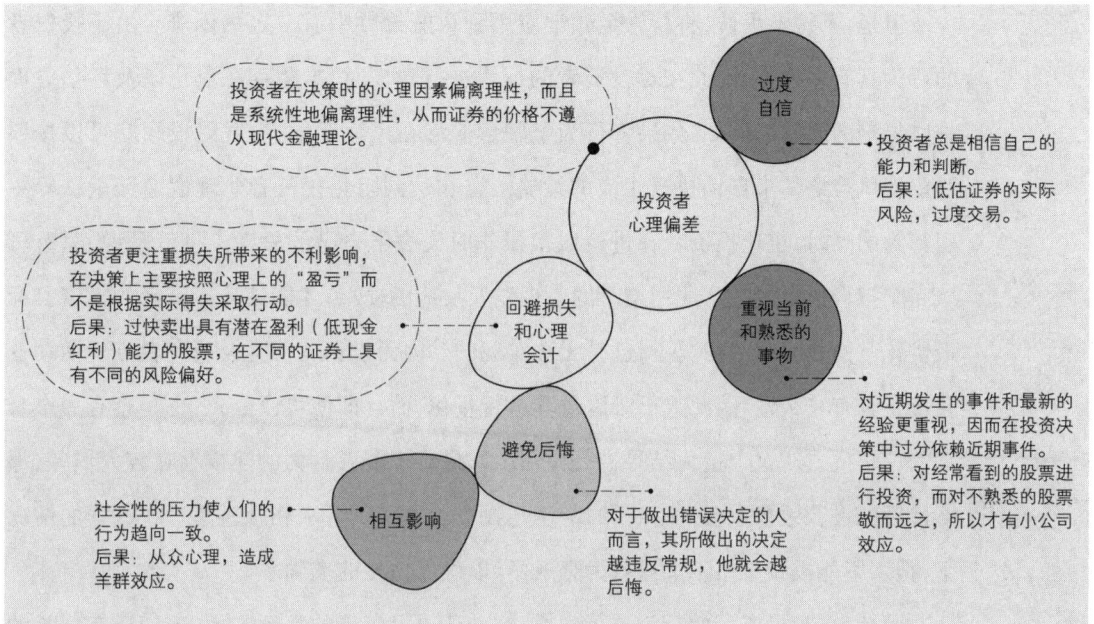

投资者在决策时的心理因素偏离理性,而且是系统性地偏离理性,从而证券的价格不遵从现代金融理论。

过度自信

投资者总是相信自己的能力和判断。
后果:低估证券的实际风险,过度交易。

投资者更注重损失所带来的不利影响,在决策上主要按照心理上的"盈亏"而不是根据实际得失采取行动。
后果:过快卖出具有潜在盈利(低现金红利)能力的股票,在不同的证券上具有不同的风险偏好。

投资者心理偏差

回避损失和心理会计

重视当前和熟悉的事物

对近期发生的事件和最新的经验更重视,因而在投资决策中过分依赖近期事件。
后果:对经常看到的股票进行投资,而对不熟悉的股票敬而远之,所以才有小公司效应。

避免后悔

社会性的压力使人们的行为趋向一致。
后果:从众心理,造成羊群效应。

相互影响

对于做出错误决定的人而言,其所做出的决定越违反常规,他就会越后悔。

图 10.9　非理性行为示例

案例　　目前,我国处在财富管理规模高速增长,同时又面临"资产荒"的市场格局。换一个角度看,"资产荒"是一种货币供应过剩的现象。从历史上看,当货币供应快速增长时,投资者对投资有较高的收益诉求,投资者的投机心理会进一步加强。在这样的情况下,泡沫往往会产生,投资者的心理非常容易产生偏差。

第一,要防止投资者过度自信。在市场发生泡沫时投资者比较容易产生过度自信的心理偏差,进而导致过度交易等行为上的偏差。智能投顾应帮助投资者在不同的时间点,对不同的资产进行相对客观中立的投资判断,而不是让投资者根据不全面的信息进行投资判断,或是头脑一热做出不切实际的决定。

第二,克服损失厌恶(loss aversion)。散户投资者通常不爱止损,一旦出现了浮亏他们就在心理上不愿意面对这个真实的损失。他们虽然没有"翻本"的希望,但是仍然长期保持着深度套牢的状态。在这一点上,智能投顾可以有效地避免投资者损失厌恶的心理。

第三,化解羊群效应。散户投资者总是有一个强烈的跟风投资的动机,跟风投资有两个原因,首先是所有投资者的消息来源类似,其次是投资者有攀比的心理,看到别人买的股票有收益,自己觉得也应该跟着买。其实很多研究表明,追涨杀跌的心态最容易导致散户投资者亏损。在这一点上,智能投顾可以使投资者有一个更为平和的心态。

但是,不得不承认,将行为金融学应用到智能投顾中有一定的困难。由于投资者的行为具有多样性,因此在对投资者的行为进行建模时,难免存在量化以及评估方面难以界定的问题。例如,如果将行为金融学应用在风险评估上,智能投顾就可以按照既定的风险评估来自动执行相应的策略。这在达到阻止投资者非理性追涨杀跌等主观行为的同时,也让投资者在进行股市操作时失去了自己的思考。也就是说,只有可以完全拟合投资者在不同情境下的心理以及反应的模型,才能使该投资者的投资目标最优化。而在目前的情况下,这是无法实现的。因为投资者行为及投资者心理活动变化轨迹具有复杂性,因此人们难以对其进行量化,而且即使可以量化,也很难有一个合理的评估模式对这个量化结果进行评估。如果对投资者行为的建模存在较大偏差,那么最后的推荐效果也会大打折扣,甚至与投资者本身的诉求相距甚远。在这样的情况下,很多智能投顾策略不加入行为金融学,以确保模型的准确率。

因此,在对投资者的行为进行建模,精准还原投资者的特征方面,人们还有很长的一段路要走。

10.4 投资组合配置技术

投资组合配置技术基于现代投资组合理论,近年来又与机器学习和强化学习相结合,是智能投顾最核心的环节之一。

投资组合是投资过程中不同证券和其他资产的集合。当然,所有投资者都希望在投资中获得更大的收益,但是更大的收益伴随着更大的风险,因此投资组合的目的是通过使投资分配合理化以及分散投资来分散或降低风险。总的来讲,可以将投资组合理解为两种形式,一种是在适当的风险水平下获得最高的期望收益率,另一种是在一定期望收益率的前提下,实现风险最小化。

本章主要介绍两类常见的投资组合策略:单周期投资组合策略和多周期投资组合策略,然后给出常见的投资过程评价指标。需要说明的是,本章所使用的变量及其定义如表 10.1 所示。

表 10.1 变量定义

变量	定义
p	资产的价格向量
r	资产的收益率向量
b	资产的价格比向量
x	投资组合中各种资产的权重向量
S_0	初始资产收益
S_n	最终资产收益
n	投资的天数
m	资产的数量

10.4.1 单周期投资组合策略

1. 均值-方差模型

首先介绍最基础的均值-方差模型,该模型主要利用均值和方差这两种统计量来分别刻画收益和风险这两个关键因子。均值指的是投资组合的期望收益率,用投资组合中各种资产收益率的加权平均值来表示,资产的权重即为投资组合中不同资产的配置比例。而方差指的是投资组合中各种资产收益率的方差,用来刻画投资风险。接下来我们用数学公式来表示均值-方差模型。假设有 m 种资产,其中,第 i 种资产的收益率为 r_i,其期望收益率为 $\mu_i = E(r_i)$;方差 $\sigma_i^2 = E[(r_i - \mu_i)^2]$,表示投资风险的大小,即收益率关于期望收益率的偏离程度。第 i 种资产和第 j 种资产收益率的协方差为 σ_{ij}。

- 令 x_i 为投资者在第 i 种资产上的配置比例,$x = (x_1, x_2, \cdots, x_m)$ 表示 m 种资产的权重向量;$r = (r_1, r_2, \cdots, r_m)$ 表示 m 种资产的收益率向量;$\mu = (\mu_1, \mu_2, \cdots, \mu_m)$ 表示 m 种资产的期望收益率向量。

- 由 m 种资产组成的投资组合的收益率为 $R = r^T x$,其期望收益率为 $E(R) = E(r^T x) = \mu^T x$。

- 投资组合收益率 R 的方差为 $E[(R - E[R])^2] = E[\sum_{i=1}^{m} x_i(r_i - \mu_i)^2]$。

- m 种资产收益率的协方差矩阵为 $Q = (q_{ij})$,其中 $q_{ij} = \sigma_{ij} x_i x_j$,则该式可记为 $x^T Q x$。

- 令投资组合的期望收益率 $E(R) = \mu^T x$ 满足:$\mu^T x \geq M$,M 为给定的投资组合期望收益率。

要在投资组合期望收益率为 M 的条件下使风险最小化,可建立以下均值-方差模型:

$$\min f(x) = \frac{1}{2} x^T Q x$$

$$\text{s. t. } \boldsymbol{\mu}^{\mathrm{T}} \boldsymbol{x} \geqslant M \tag{10.1}$$

$$\sum_{i=1}^{m} x_i = 1, x_i \geqslant 0$$

上述问题属于二次规划问题的范畴,其计算可以使用 Python 中的 CVXOPT、MAT-LAB 等实现。

---- **笔记** ----

均值-方差模型是非线性规划,不过该规划属于非线性规划中最为特殊的一类——二次规划。二次规划的目标函数是变量的二次函数,而约束条件是变量的线性不等式。由于二次规划易于求解,所以该方法已经成为金融数学、管理科学、运筹学和组合优化科学的常用方法之一。

首先,二次规划是非线性规划的一种特殊形式。二次规划的一般形式可以表示为

$$\min_{\boldsymbol{x} \in \mathbf{R}^n} f(\boldsymbol{x}) = \frac{1}{2} \boldsymbol{x}^{\mathrm{T}} \boldsymbol{Q} \boldsymbol{x} + \boldsymbol{c}^{\mathrm{T}} \boldsymbol{x}$$

$$\text{s. t. } \boldsymbol{A}_1 \boldsymbol{x} \geqslant \boldsymbol{b}_1 \tag{10.2}$$

$$\boldsymbol{A}_\varepsilon \boldsymbol{x} = \boldsymbol{b}_\varepsilon$$

其中,$\boldsymbol{x}$ 为待求的最优解,$\boldsymbol{Q}$ 为目标函数的黑塞(Hessian)矩阵,$\boldsymbol{c} \in \mathbf{R}^n$;$\boldsymbol{A}_1, \boldsymbol{b}_1$ 为不等式约束条件的约束矩阵和向量,$\boldsymbol{A}_\varepsilon, \boldsymbol{b}_\varepsilon$ 为等式约束条件的约束矩阵和向量。约束条件中既可以有等式也可以有不等式。约束条件为线性约束,故其可行集为凸集。目标函数为非线性函数,当黑塞矩阵 $\boldsymbol{Q}$ 为非负定矩阵时,目标函数为凸函数,此时优化问题为凸二次优化问题。

二次规划的卡罗需-库恩-塔克(Karush-Kuhn-Tucker,KKT)条件为

$$\boldsymbol{A}_1 \boldsymbol{x} \geqslant \boldsymbol{b}_1$$

$$\boldsymbol{A}_\varepsilon \boldsymbol{x} = \boldsymbol{b}_\varepsilon$$

$$\boldsymbol{Q}\boldsymbol{x} + \boldsymbol{c} = \boldsymbol{A}_1^{\mathrm{T}} \boldsymbol{\lambda} + \boldsymbol{A}_\varepsilon^{\mathrm{T}} \boldsymbol{\mu}, \boldsymbol{\lambda}、\boldsymbol{\mu} \text{ 为约束系数} \text{。} \tag{10.3}$$

$$\boldsymbol{\lambda}^{\mathrm{T}}(\boldsymbol{A}_1 \boldsymbol{x} - \boldsymbol{b}_1) = 0$$

- 凸二次规划的 KKT 解就是全局最优解。
- 非凸二次规划的 KKT 解为局部极小值点。
- 求解凸优化问题可转化成求 KKT 解的问题。
- 对于简单的 KKT 条件可以直接求解,对于复杂的 KKT 条件可以采用梯度投影法求解。

均值-方差模型是最基础的投资组合模型之一,但是这个模型忽略了经济均衡对投资组合的影响,因此下面介绍由均值-方差模型扩展出的一些模型。

2. 资本资产定价模型

资本资产定价模型重新对单种资产或者投资组合的期望收益率进行了定义,新的定义如下:

$$E(r_i) = r_f + \beta_i \times (E(r_M) - r_f) \tag{10.4}$$

其中,r_i 表示资产 i 的收益率;$E(r_i)$ 表示资产 i 的期望收益率;r_f 表示无风险资产收益率;β_i 表示资产 i 的贝塔(Beta)系数,即资产 i 的系统性风险系数;$E(r_M)$ 表示最佳投资组合 M 的期望收益率,$E(r_M) - r_f$ 指的是市场溢价。

在资本资产定价模型中,任何一种资产的价格都由三个因子决定:无风险资产收益率、风险的价格和风险的计算单位,这三个因子是有机结合在一起的。它使投资者可以根据绝对风险而不是总风险来对各种资产做出评价和选择。这种方法已经被金融市场上的投资者广为采纳,用来解决投资决策中的一般性问题。

3. 法马-佛伦奇 (Fama-French) 三因子模型

法马(Fama)和佛伦奇(French)在研究股票超额收益率时,提出了一个观点:就小公司股票以及具有较高账面市值比的股票而言,其历史平均收益率一般会高于资本资产定价模型所预测的收益率。

法马和佛伦奇认为:① 市值较小的公司通常规模比较小,其整体风险更大,需要获得更高的收益来补偿投资者;② 公司的所有者权益除以市值,简称为账面市值比(book-to-market ratio,BM)。账面市值比较高的公司平均月收益率高于账面市值比较低的公司。

顾名思义,法马-佛伦奇三因子模型包含三个因子:市值因子(small portfolio return minus big portfolio return,即小市值公司股票组合的收益减去大市值公司股票组合的收益,简称 SMB)、账面市值比因子(high BM portfolio return minus low BM portfolio return,即高账面市值比股票组合的收益减去低账面市值比股票组合的收益,简称 HML)、市场风险因子(risk of market,RM)。法马-佛伦奇三因子模型的本质就是对资本资产定价模型中未被解释的超额收益率进行分解,将其分解成市值因子、账面市值比因子、市场风险因子和其他未能解释的因子,用公式表达如下:

$$R_i = r_f + b_i \text{RM} + s_i E[\text{SMB}] + h_i E[\text{HML}] + \varepsilon_i \tag{10.5}$$

其中:

R_i 是指资产 i 相对于无风险资产的期望超额收益率。

r_f 是指无风险资产的收益率。

$\text{RM} = E(r_M - r_f)$,是最佳投资组合 M 相对无风险资产的期望超额收益率。

$E(\mathrm{SMB})$ 是指小市值公司相对大市值公司股票组合的期望超额收益率。

$E(\mathrm{HML})$ 是指账面市值比高的股票组合相对账面市值比低的股票组合的期望超额收益率。

b_i、s_i、h_i 为线性回归的常数项,分别表示市场风险因子、市值因子、账面市值比因子对期望收益率的影响。

ε_i 为回归残差项。

10.4.2 多周期投资组合策略

虽然均值–方差模型等单周期模型可以运用数学理论和各种工具进行计算,但是这类模型要求投资者提前掌握各种资产的收益率,也就是投资者要先建立投资价格的动态模型,这使得单周期模型的准确率在很大程度上依赖于投资价格模型的准确率,而且在实际应用过程中,人们也很难掌握投资价格未来的变化,因此单周期模型的实用性也受到了较大的限制。

实际上,一个投资者的投资行为往往是随着投资环境的变化逐步调整的,而不是按照初始确定的投资组合进行固定投资。因此,在实际应用中,投资组合是一个在线学习的问题,即在每个阶段都对信息进行更新,以反映当前最新的投资价格信息,并根据这些信息来调整投资组合。

1. 基准策略

本小节介绍用于评价在线投资组合模型的一些基准策略。为了便于说明,我们首先给出在线投资组合模型中的一些基本假设和公式。假设一共有 m 种资产。定义价格比向量 $\boldsymbol{b}_t = (b_t(1), b_t(2), \cdots, b_t(m))$,其中 $t = 1, 2, \cdots, n$;$b_t(i)$ 为第 i 种资产在第 t 个交易日的价格与其在第 $t-1$ 个交易日的价格之比。定义权重向量 $\boldsymbol{x}_t = (x_t(1), x_t(2), \cdots, x_t(m))$,其中 $x_t(i)$ 为第 t 个交易日第 i 种资产的权重。由于大部分在线投资组合模型都假定不允许买空卖空行为,因此权重的可行域为 $\boldsymbol{x}_t \in \Delta_m = \{\boldsymbol{x} : \boldsymbol{x} \geqslant \boldsymbol{0}, \boldsymbol{x}^{\mathrm{T}} \boldsymbol{I} = 1\}$,即所有权重都为非负数且其和为 1。假设投资组合策略 $\boldsymbol{x}^n = (\boldsymbol{x}_1, \boldsymbol{x}_2, \cdots, \boldsymbol{x}_n)$ 在市场价格比 $\boldsymbol{b}^n = (\boldsymbol{b}_1, \boldsymbol{b}_2, \cdots, \boldsymbol{b}_n)$ 的条件下,n 个交易日结束之后的收益为

$$S_n(\boldsymbol{b}^n, \boldsymbol{x}^n) = S_0 \sum_{t=1}^{n} \boldsymbol{b}_t^{\mathrm{T}} \boldsymbol{x}_t \tag{10.6}$$

其中,S_0 为初始的资产收益,在市场价格比 $\boldsymbol{b}^n$ 以及投资组合策略 $\boldsymbol{x}^n$ 的作用下,最终的资产收益为 S_n。

(1) 买入并持有策略

买入并持有(buy and hold,BAH)策略是最常用的基准策略,即初始的交易权重向

量为 x_1，然后假设按照该权重购入资产之后就不再变化，直到交易周期期末。在这种基准策略中，投资者只在一开始买入，然后即使资产价格发生变化也不再进行交易。因此，可以得到买入并持有策略的收益为

$$S_n(\boldsymbol{x}^n, \boldsymbol{b}^n) = S_0 \boldsymbol{x}_1^{\mathrm{T}} \left(\prod_{t=1}^n \boldsymbol{b}_t \right) \tag{10.7}$$

其中，$\boldsymbol{x}_1$ 在买入并持有策略中是永恒不变的。

(2) 最佳单一资产买入并持有策略

最佳单一资产买入并持有（best-stock，BEST）策略是买入并持有策略的一个特例，即事后选择收益最佳的一种资产，并将所有财富全部投资于该资产。由于是事后选择，该策略的选择与之后的市场表现有关，其计算公式为

$$\boldsymbol{x} = \mathop{\arg\max}_{\boldsymbol{x} \in \Delta_m} \boldsymbol{x}^{\mathrm{T}} \left(\prod_{t=1}^n \boldsymbol{b}_t \right) \tag{10.8}$$

因此，根据最佳单一资产买入并持有策略，投资的收益为

$$S_n(\mathrm{BEST}) = \max_{\boldsymbol{x} \in \Delta_m} \boldsymbol{x}^{\mathrm{T}} \left(\prod_{t=1}^n \boldsymbol{b}_t \right) \tag{10.9}$$

显然，事后看来，没有任何向前移动算法能够在事前挑选出最佳资产。但是，这个策略经常作为重要的竞争策略与其他策略进行比较。

(3) 定常再平衡投资组合策略

定常再平衡投资组合（constant rebalanced portfolio，CRP）策略的思想是使每种资产的权重都保持固定。这种策略设置一个固定的权重（记为 $\boldsymbol{x}_{\mathrm{CRP}}$），在每个交易周期期末都要重新调整投资组合的权重，使各种资产在下一个交易周期期初的权重与 $\boldsymbol{x}_{\mathrm{CRP}}$ 相等。在使用这种策略时每天都需要进行大量交易，以确保投资组合的权重重新回到 $\boldsymbol{x}_{\mathrm{CRP}}$。

下面举例说明定常再平衡投资组合策略。假设对两种资产进行投资组合，其中一种资产非常稳定，其价格向量为 $(1,1,\cdots,1)$，另一种资产则为高风险资产，其价格向量为 $(0.5,2,0.5,2,\cdots)$，假设定常再平衡投资组合策略为 $(0.5,0.5)$，这样在奇数时刻是亏损的，收益率为 0.75，而在偶数时刻是盈利的，收益率为 1.5，经过综合总的收益率为 1.125。总的来讲，该定常再平衡投资组合策略是盈利的。

定常再平衡投资组合策略的一个特例是最佳定常再平衡投资组合（best constant rebalanced portfolio，BCRP）策略，它是根据事后的市场表现来确定在当前环境下最佳的权重向量 $\boldsymbol{x}^*$，其计算公式为

$$\boldsymbol{x}^* = \mathop{\arg\max}_{\boldsymbol{x} \in \Delta_m} \log S_n(\boldsymbol{x}) = \mathop{\arg\max}_{\boldsymbol{x} \in \Delta_m} \sum_{t=1}^n \log(\boldsymbol{x}^{\mathrm{T}} \boldsymbol{b}_t) \tag{10.10}$$

其中，$\boldsymbol{b}_t$ 是第 t 个交易日的资产价格比向量。

Cover 等人证明了在假定资产是独立同分布的情况下，最佳定常再平衡投资组合策略是最优的策略，故而该策略常被当作最优策略与其他策略进行比较。

定常再平衡投资组合的另一个特例是平均定常再平衡投资组合（uniform constant rebalanced portfolio, UCRP）策略，若投资组合中有 m 种资产，则在每个交易周期开始时重新平衡为平均的投资组合策略 $x = \left(\dfrac{1}{m}, \cdots, \dfrac{1}{m} \right)$。

2. 趋势性在线投资组合策略

趋势性在线投资组合策略的特点是每个时刻增加更加成功的专家或者资产的权重，同时减少收益率较低的资产的权重，其中最为经典的是 Cover 的泛投资组合策略以及 Helmold 等的指数梯度（exponential gradient, EG）策略。

(1) 泛投资组合策略

泛投资组合策略的基本思想是将资产权重分配的任务交给一系列专家，最后汇集他们的策略。专家在这里通常是指各种定常再平衡投资组合（CRP）策略。在泛投资组合策略中，取一个等权重向量 $x_1 = \left(\dfrac{1}{m}, \cdots, \dfrac{1}{m} \right)$ 作为初始的交易权重向量，每个交易周期的权重更新公式如下：

$$x_{t+1} = \frac{\displaystyle\int_{x \in \Delta_m} x S_t(x) \mathrm{d}\mu(x)}{\displaystyle\int_{x \in \Delta_m} S_t(x) \mathrm{d}\mu(x)} \tag{10.11}$$

其中，x 表示投资组合策略；x_{t+1} 表示第 $t+1$ 个交易周期的策略，它是所有可能的定常再平衡投资组合策略的加权平均；$\mu(x)$ 表示 x 为定常再平衡投资组合策略的概率；$S_t(x)$ 表示前 t 个交易周期投资组合策略 x 的收益。显然该收益越大，在下一个交易周期中该资产的权重越大。同理，历史收益比较差的资产，在之后的投资过程中的权重将不断下降。

泛投资组合策略是对于趋势性在线投资组合策略的一个朴素的实现，对于投资市场中收益的分布不做任何假设，其遗憾界（reget bound）可以达到 $O(m\log n)$。但是泛投资组合策略的实现却需要指数级别的时间复杂度 $O(n^m)$，即使用随机游走算法对其进行优化，也只能达到 $O(m^7 n^8)$ 这样大的多项式时间复杂度。

(2) 指数梯度策略

由于泛投资组合策略在时间和空间上的开销都非常巨大，因此 Helmbold 等人提出了更有效率的趋势性在线投资组合策略。该策略利用相对熵使以下目标函数最大化：

$$x_{t+1} = \arg\max_{x \in \Delta_m} \eta \log(x^\mathrm{T} b_t) - R(x, x_t) \qquad (10.12)$$

其中，$R(x, x_t)$ 是正则化项，η 表示学习率。对于这个公式最直观的解读是，通过优化算法尽可能地多增持上一个交易周期中表现最佳的资产，同时还要使得权重贴近上一个交易周期的投资组合策略的权重。

这里，根据所选择的正则化项可以将上述策略分为指数梯度策略、梯度投影（gradient projection, GP）策略、最大期望值（expectation maximization, EM）策略。它们的正则化项分别如下：

$$R(x, x_t) = \begin{cases} \displaystyle\sum_{i=1}^{m} x_i \log \frac{x_i}{x_{t,i}} & \text{EG 策略} \\[3mm] \displaystyle\frac{1}{2} \sum_{i=1}^{m} (x_i - x_{t,i})^2 & \text{GP 策略} \\[3mm] \displaystyle\frac{1}{2} \sum_{i=1}^{m} \frac{(x_i - x_{t,i})^2}{x_{t,i}} & \text{EM 策略} \end{cases} \qquad (10.13)$$

则对应的权重更新公式如下：

$$x_{t+1,i} = \begin{cases} x_{t,i} \exp\left(\eta \dfrac{b_{t,i}}{x_t^\mathrm{T} b_t}\right) \Big/ Z & \text{EG 策略} \\[3mm] x_{t,i} + \eta\left(\dfrac{r_{t,i}}{x_t^\mathrm{T} b_t} - \dfrac{1}{m} \displaystyle\sum_{i=1}^{m} \dfrac{r_{t,i}}{x_t^\mathrm{T} b_t}\right) & \text{GP 策略} \\[3mm] x_{t,i}\left(\eta\left(\dfrac{b_{t,i}}{x_t^\mathrm{T} b_t} - 1\right) + 1\right) & \text{EM 策略} \end{cases} \qquad (10.14)$$

其中，Z 是指数梯度策略中归一化约束的变量。

指数梯度策略的遗憾界可以达到 $O(\sqrt{n \log m})$，但是时间复杂度可以达到 $O(nm)$，与泛投资组合策略相比其大幅度地提升了效率，非常适合大规模计算。同时，根据上面的公式，可以继续增加历史收益较高的资产的投资比例，减少历史收益较低的资产。此外，由于指数梯度策略也受学习率的影响，因此它属于趋势性在线投资组合策略。

(3) 在线牛顿步策略

Agarwal 等人利用历史信息提出在线牛顿步（online Newton step, ONS）策略。不同于指数梯度策略，在线牛顿步策略的目标函数如下：

$$x_t = \arg\max_x \sum_{i=1}^{t-1} \log(x^\mathrm{T} b_i) - \frac{\beta}{2} R(x) \qquad (10.15)$$

其中，$R(x)$ 为正则化项，通常使用第二范式作为正则化项；β 为权衡系数，用来平衡正则化项对目标的影响。与指数梯度策略不同，在线牛顿步策略的所有历史信息都在第一项中被挖掘，而且用正则化项来约束下一个交易周期的投资组合。和常规离线版本的牛顿步策略一样,在线牛顿步策略将对数项用在 x_t 处的二阶泰勒公式展开,以进行近似替换,计算下一个交易周期投资组合权重的封闭解。

在线牛顿步策略的时间复杂度为 $O(m^3 n)$,n 个交易周期后的遗憾界为 $O(m\log n)$。虽然在线牛顿步策略的计算复杂度略高于指数梯度策略,但是由于在线牛顿步策略将历史信息加入更新公式,其遗憾界要低于指数梯度策略。因而,在实际交易过程中在线牛顿步策略能更好地适应金融市场并表现出更优的性能。

3. 反转性在线投资组合策略

反转性在线投资组合策略基于行为金融学的研究结果,即金融市场存在均值回归(mean reversion)现象。通俗地说,就是不要"追涨杀跌"。本节将介绍三类均值回归策略:反相关策略(anti-correlation strategy,简称 Anticor)、在线移动平均回归策略(online moving average reversion strategy,简称 OLMAR)、稳健均值回归策略(robust median reversion strategy,RMR)。

(1) 反相关策略

Bordin 等人提出了首个反转性在线投资组合策略,即 Anticor 算法。该算法不像趋势性在线投资组合策略那样,对资产的收益分布不进行任何假设。Anticor 算法假设市场遵循均值回归,即从统计学上认定正滞后互相关和负自相关是一致的。为了获得第 $t+1$ 个交易周期的投资组合,Anticor 算法建立了两个特殊的时间窗口 $t-2w+1:t-w$ 和 $t-w+1:t$,取两个时间窗口的对数价格,即 $y_1 = \log(p_{t-2w+1}^{t-w})$ 以及 $y_2 = \log(p_{t-w+1}^{t})$,并且据此在时间窗口 w 内建立以下统计关系:

$$M_{\mathrm{cov}}(i,j) = \frac{1}{w-1}(y_{1,i}-\overline{y}_1)^{\mathrm{T}}(y_{2,j}-\overline{y}_2)$$

$$M_{\mathrm{cov}}(i,j) = \begin{cases} \dfrac{M_{\mathrm{cov}}(i,j)}{\sigma_1(i)\sigma_2(j)} & \sigma_1(i),\sigma_2(j) \neq 0 \\ 0 & \text{其他} \end{cases} \qquad (10.16)$$

其中,w 为时间窗口大小,$\overline{y}_1$ 和 $\overline{y}_2$ 是时间窗口内的所有资产的平均对数价格,$\sigma_1(i)$ 和 $\sigma_2(j)$ 分别表示两个时间窗口内资产 i 和资产 j 的对数价格的方差。

基于上述相关矩阵,Anticor 算法实现了反转性在线投资组合策略,即减持相对收益大的资产,增持相对收益小的资产。由于具有均值回归属性,Anticor 算法很难使用遗憾界来评价,这也是反转性在线投资组合策略普遍存在的缺点。不过 Anticor 算法在实证实验中优于当时的所有其他类别的策略,尤其是趋势性在线投资组合策略。除此之外,Anticor 算法是一种启发性算法,因此无法彻底挖掘均值回归属性。除了 Anticor 算法之外,Li 等人先后提出了基于被动攻击在线学习技术的均值回归(passive aggressive mean reversion,PAMR)策略和基于置信加权在线学习技术的均值回归(confidence weighted mean reversion,CWMR)策略。这两个算法通过系统的学习,能够更深入地挖掘均值回归属性。

(2) 在线移动平均回归策略

反相关策略的相关算法尽管采用了均值回归的思想,但它们都依赖一个相同的简单假设,即下一个交易周期的价格比向量 $\boldsymbol{b}_t$ 与上一个交易周期的价格比向量 $\boldsymbol{b}_{t-1}$ 成反比。这种单周期的均值回归假设使得这些算法很容易受价格波动的影响,从而在实际交易中表现不佳。

针对上述缺点,Li 等人提出在线移动平均回归策略。该策略利用多个交易周期的移动平均价格作为窗口来预测下一个交易周期的相对价格比向量。在时间序列预测问题中,移动平均技术经常用于平滑短期的价格波动,体现价格的长期趋势。因此,移动平均技术可以解决现有均值回归策略易受价格波动影响的缺点。

在在线移动平均回归策略中,给定时间窗口 w,预测第 $t+1$ 个交易周期的价格比向量如下:

$$\hat{\boldsymbol{b}}_{t+1}(w) = \frac{\mathrm{MA}_t(w)}{\boldsymbol{p}_t} = \frac{1}{w}\left(1 + \frac{1}{\boldsymbol{r}_t} + \cdots + \frac{1}{\odot_{i=0}^{w-2}\boldsymbol{b}_{t-i}}\right) \quad (10.17)$$

其中,$\mathrm{MA}_t(w) = \frac{1}{w}\sum_{i=t-w+1}^{t}\boldsymbol{p}_i$,表示当时间窗口为 w 时第 t 个交易周期的移动平均价格;$\boldsymbol{p}_t$ 表示第 t 个交易周期的价格;$\odot$ 表示元素积。

基于在线移动平均回归策略,投资组合的权重计算公式为

$$\boldsymbol{x}_{t+1} = \arg\min_{\boldsymbol{x}\in\Delta_m}\frac{1}{2}\|\boldsymbol{x}-\boldsymbol{x}_t\|^2 \quad (10.18)$$
$$\mathrm{s.t.}\ \boldsymbol{x}\hat{\boldsymbol{b}}_{t+1} \geqslant \varepsilon$$

其中,$\varepsilon>1$ 是均值回归阈值。

(3) 稳健均值回归策略

由于价格波动中存在噪声,现有的均值回归策略无法应对噪声数据和数据中的异常值。为了解决这一问题,Huang 等人提出了一种更稳健的算法,即稳健均值回归(RMR)策略。该策略的基本思路是利用具有稳健性的 L_1-中位数估计器预估下一个交易周期的价格向量。该策略比其他均值回归策略的准确率更高,并且可以大大减弱噪声和异常值对投资组合的影响。

在第 t 个交易周期结束时,稳健均值回归策略采用 L_1-中位数估计器来预估下一个交易周期的价格 $\hat{\boldsymbol{p}}_{t+1} = L_1\mathrm{med}_{t+1}(w) = \boldsymbol{\mu}_{t+1}$,其中 w 是时间窗口的大小,$\boldsymbol{\mu}_{t+1}$ 是通过求解一个优化问题得来的,即 $\boldsymbol{\mu}_{t+1} = \arg\min_{\boldsymbol{\mu}}\sum_{i=0}^{w-1}\|\boldsymbol{p}_{t-i}-\boldsymbol{\mu}\|$。从本质上来讲,$L_1$-中位数是与

w 个采样的价格数据点的累积欧几里得距离最小的点。因此,稳健均值回归策略预估的下一个交易周期的价格比向量如下:

$$\hat{\boldsymbol{b}}_{t+1}(w) = \frac{L_1 \text{med}_{t+1}(w)}{\boldsymbol{p}_t} = \frac{\boldsymbol{\mu}_{t+1}}{\boldsymbol{p}_t} \tag{10.19}$$

基于该策略的投资组合的权重计算公式与在线移动平均回归策略一致,这里不再展开叙述。

4. 基于模式识别的投资组合策略

最后一类在线投资组合策略是利用通过模式识别技术匹配的价格集合构建投资组合。这类投资组合策略涵盖了非参数化的序列投资策略,可确保一定的通用性,即相应的交易规则对于任何平稳的市场过程均具有最佳的增长速度。需要注意的是,与基于独立同分布假设的最佳定常再平衡投资组合策略不同,基于模式识别的投资组合策略考虑了非独立同分布的市场,并根据对历史信息的观察,使预期条件下的对数收益率最大化。

基于模式识别的投资组合策略包括两个步骤,分别是采样选择阶段和组合优化阶段。在采样选择阶段,该策略根据历史价格数据选择一个价格数据点集合 C,使得根据这个集合里的相对价格最有可能预估下一个交易周期的相对价格;然后利用模式识别技术为这个集合里的那个相对价格的数据点分配一个概率 $P_i, i \in C$,通常是均等概率。在组合优化阶段,该策略基于这个价格数据点集合及其概率,通过优化如下问题来获得投资组合的权重:

$$\boldsymbol{x}_{t+1} = \arg\max_{\boldsymbol{x} \in \Delta_m} U(\boldsymbol{x};C) \tag{10.20}$$

其中,$U(\boldsymbol{x};C)$ 是权重向量 $\boldsymbol{x}$ 在价格数据点集合 C 上的效用函数,在对数最优投资策略中效用函数为 $U(\boldsymbol{x};C) = \sum_{i \in C} \log \boldsymbol{x}^{\mathrm{T}} \boldsymbol{b}_i$。

依据不同的模式识别技术,这类策略中比较重要的算法包括基于非参数核的对数最优投资策略(nonparametric kernel-based log-optimal investment strategy,简称 B^K)、基于非参数近邻的对数最优投资策略(nonparametric nearest neighbor log-optimal investment strategy,简称 B^{NN})、相关性驱动的非参数学习方法(correlation-driven nonparametric learning approach,简称 CORN)等。

也有部分算法选择使用其他效用函数,包括使用半对数最优函数的基于非参数核的半最优投资策略(nonparametric kernel-based semi-log-optimal investment strategy,简称 B^S)、使用马科维茨模型的基于非参数核的马科维茨效用投资策略(nonparametric kernel-based Markowitz-type investment strategy,简称 B^M)。

多周期投资组合策略的汇总如表 10.2 所示。

表 10.2　多周期投资组合策略汇总

策略类型	策略算法
基准策略	买入并持有策略（BAH 策略）
	最佳单一资产买入并持有策略（BEST 策略）
	定常再平衡投资组合策略（CRP 策略）
趋势性在线投资组合策略	泛投资组合策略（UP 策略）
	指数梯度策略（EG 策略）
	在线牛顿步策略（ONS 策略）
反转性在线投资组合策略	反相关策略（Anticor 算法）
	在线移动平均回归策略（OLMAR 策略）
	稳健均值回归策略（RMR 策略）
基于模式识别的投资组合策略	基于非参数核的对数最优投资策略（B^K、B^{NN}、CORN）
	基于非参数核的使用其他效用函数的投资策略（B^S、B^M）

10.4.3　投资过程评价

为了测定投资策略的效果，需要对投资过程进行评价，即需要衡量投资组合策略在样本外的表现。一般从投资的风险与收益两个视角对投资过程进行评价。本小节将介绍传统金融领域中常用的两类投资过程评价指标。第一类是收益类评价指标，包括累积收益、年化收益率和基准收益率。第二类是风险类评价指标，包括贝塔系数、阿尔法值、波动率、夏普比率、索提诺比率、最大回撤和卡默比率。

1. 收益类评价指标

(1) 累积收益

累积收益是指从投资组合策略计算各资产权重并产生收益开始累积到最后一个计算收益的时间点的累积财富（cumulative wealth）值，其计算公式如下：

假设初始资产收益为 S_0，在 n 个交易周期之后，投资者的累计收益为

$$\mathrm{CW}_n = S_0 \prod_{t=1}^{n} \big[(\boldsymbol{x}_t^{\mathrm{T}} \boldsymbol{b}_t) \times c_{t-1}(\boldsymbol{x}_t, \boldsymbol{x}_{t-1}, \boldsymbol{b}_{t-1}) \big] \tag{10.21}$$

其中，$\boldsymbol{x}_t$ 是第 t 个交易周期投资组合计算的各种资产的权重，$\boldsymbol{b}_t$ 是第 t 个交易周期各种资产的价格比向量，一般以相对价格变化（这一时刻的价格除以前一时刻的价格）代替，$c_{t-1}(\ )$ 是第 t 个交易周期产生的交易成本。

投资组合策略的累积收益越高，其盈利能力越强。毫无疑问，累积收益应该纳入评价指标，因为这是所有投资的基本目标和第一追求。

(2) 年化收益率

年化收益率（annualized rate，AR）把当前收益率（日收益率、周收益率、月收益率）换算成年收益率来计算。它是一种理论收益率，并不是真正的已取得的收益率。

$$\mathrm{AR} = ((\mathrm{CW}/S_0)/H) \times 365 \times 100\% \tag{10.22}$$

其中，S_0 为初始资产收益，H 为投资天数，CW 为累积收益。

需要注意的是，年化收益率和年收益率不是一个概念。年收益率，就是一笔投资在一年内的实际收益的比率。而年化收益率，是投资（常用于货币基金）在一段时间内（如 7 天）的收益，在假定一年都是这个水平的条件下所折算的年收益率。因为年化收益率是变动的，所以年收益率不一定和年化收益率相同。

(3) 基准收益率

基准收益率是指在相同的条件下，一个简单的买入并持有策略的收益率（默认基准合约为沪深 300 指数，这里假设指数可交易，最小交易单位为 1）。

$$基准收益率 = \frac{买入并持有至期末收益 - 期初收益}{期初收益} \tag{10.23}$$

2. 风险类评价指标

(1) 贝塔系数

贝塔系数（beta，β）衡量资产收益率对市场变化的敏感性，代表资产的系统性风险，并显示对市场的战略敏感性，其计算公式不具有普遍性，最好能结合基金平台上的数据。如果该系数为 1，基金就和市场共同进退。如果该系数为 1.1，市场增长 10%，基金增长 11%；市场下降 10%，基金下降 11%。在牛市，贝塔系数较高的基金由于上升的趋势而表现出较高的收益率；在熊市，贝塔系数较低的基金更抗跌。

(2) 阿尔法值

虽然投资组合策略可能受到市场的影响，但每一个策略都有其自身的超出市场因素的收益，阿尔法（alpha，α）值表示风险资产收益率与平均风险资产期望收益率之间的差异，能够衡量投资的非系统性风险，其计算公式如下：

$$\alpha = (账户年化收益率 - 无风险资产收益率)$$
$$- \beta \times (参考基准年化收益率 - 无风险资产收益率) \tag{10.24}$$

当投资组合策略所选股票的总体表现优于市场基准组合成分股时，阿尔法值为正，反之为负。

(3) 波动率

波动率（volatility，简称 VO）是一种通过资产收益率的年化标准差来描述风险的度量指标，体现了投资组合策略的波动风险。假设 σ 是投资组合策略在当前交易频率下的收益率标准差，H 是交易天数。那么，波动率的计算公式如下：

$$VO = \sqrt{H}\hat{\sigma} \tag{10.25}$$

波动率越大，表示投资组合收益的稳定性越差。如果权重调整频率为每日，使用 $H = 252$ 作为每年度调整权重的频次来计算波动率。

(4) 夏普比率

夏普比率(Sharpe ratio, SR)是用于衡量投资组合策略绩效的一种收益风险比,它通过用投资组合的收益率除以其标准差得到,是体现波动风险的收益风险比。夏普比率是投资组合问题中的经典评价指标,描述除去无风险资产收益后,每增加一个单位的波动风险所获得的超额收益增益值。其计算公式如下:

$$SR = \frac{AR - R_f}{VO} \tag{10.26}$$

其中,AR 是年化收益率,R_f 是年化无风险资产收益率,VO 是投资组合的年化波动率。夏普比率是一个更科学的衡量标准,它将收益和风险同时纳入评价范畴。夏普比率越大,投资组合的收益率与波动率之比就越大,即投资组合在波动相同的情况下能够获得更多的收益。

(5) 索提诺比率

索提诺比率(Sortino ratio)用于衡量投资组合收益率相对于目标收益率的表现。与夏普比率不同,它使用下行波动率作为风险度量指标。在目前的计算中我们使用基准投资组合收益率作为期望收益率。

夏普比率用于评估投资组合相对于包含无风险资产的投资组合的表现,一般适用于多-空结合的交易策略,如市场中性策略或配对交易策略;或者没有公认基准投资组合的资产的交易策略,如期货交易顾问策略(commodity trading advisor, CTA)。索提诺比率使用下行波动率作为风险度量指标,因而有别于波动率和夏普比率。下行波动率有收益向上波动和收益向下波动两种情况,并认为收益向下波动才代表风险。

索提诺比率的优点在于其使用的风险度量指标更切合投资者在实际投资中所面对的风险;而缺点是不如夏普比率常用,且其目标收益率(区分收益波动是向上还是向下的标准)的设定是任意的,并不依赖任何基准投资组合(不同于夏普比率)。

因此,在横向对比不同投资组合策略或基金业绩时,我们需要使用统一的目标收益率来区分收益向上波动和收益向下波动。在实际计算中,我们以包含无风险资产的投资组合的收益率作为索提诺比率的目标收益率。

(6) 最大回撤

最大回撤(maximum drawdown,简称 MDD)是通过衡量投资组合策略可能出现的最大亏损情况来描述风险的风险度量指标,它体现了投资组合策略的回撤风险。

最大回撤是指在整个交易周期中,某个最低点与该点之前的最高点的累积收益之差同该最高点的累积收益的最大比值。其计算公式如下:

$$MDD = \max_{i \in [1,n]} \left(\frac{CW_i - \min_{j \in (i,n]} CW_j}{CW_i} \right) \tag{10.27}$$

最大回撤越小,投资者可能遭受的临时损失越小。这个风险度量指标对基金等类型的投资组合有十分重要的现实意义。由于收益大幅度下跌会不可避免地造成投资者恐慌,进而造成撤资,因此最大回撤一直以来都是资金管理行业首要的风险度量指标。

(7) 卡默比率

卡默比率(calmar ratio,CR)是用于衡量投资组合策略绩效的一种收益风险比,它通过用投资组合的收益除以其最大回撤得到,是体现回撤风险的收益风险比。不同于夏普比率,卡默比率描述了每增加一个单位的回撤风险所获得的超额收益增益值。其计算公式如下:

$$CR = \frac{AR}{MDD} \tag{10.28}$$

其中,AR 为投资组合的年化收益率,MDD 为最大回撤。

常见的投资过程评价指标的汇总如表 10.3 所示。

表 10.3 常见的投资过程评价指标汇总

指标类型	评价指标
收益类评价指标	累积收益
	年化收益率
	基准收益率
风险类评价指标	贝塔系数
	阿尔法值
	波动率
	夏普比率
	索提诺比率
	最大回撤
	卡默比率

10.5 智能投顾的未来

随着新一代人工智能的兴起,智能投顾将迎来一个崭新的发展时期。基于人工智能、区块链、云计算、大数据、边缘计算等支撑技术,构建智投"大脑",打造人工智能驱动的智能投顾策略,将是智能投顾的重要发展方向。下面是智能投顾发展所面临的挑战和开放性问题。

10.5.1　智能投顾体验变革：更好地度量风险

捕获投资者真实的风险偏好,并向其推荐相匹配的投资产品是智能投顾的重要环节之一。在均值-方差模型中,通常采用方差作为风险度量指标。但是,方差仅能衡量投资组合收益率波动的风险,不能区分正向波动和负向波动,而投资者想要避免的风险是负向波动风险。为了解决这个问题,一些新的风险度量方法被提出,如风险价值(value at risk,VaR)和条件风险价值(conditional value at risk,CVaR)。除此之外,更多新的风险度量方法将会被提出,以用来评估智能投顾中资产的风险水平。

10.5.2　智能投顾交易优化：控制交易费用

交易费用是实际交易过程中不可避免的交易摩擦成本。若不加以控制,过度交易反而会引起收益减少。因此,投资组合策略要行之有效,就必须充分考虑交易费用对其的影响。近年来,一些研究者通过控制交易频次、减少单次成交量等手段改进投资组合策略,并取得了一定的效果。然而,交易费用问题依然是智能投顾必须考虑的重要问题。

10.5.3　智能投顾交易拓展：市场流动性考量

市场流动性是金融交易需要考虑的重要因素之一。在流动性不足的市场中,尽管投资组合策略可以给出投资者未来的投资决策,但是该决策无法得到有效执行,且会给投资者带来难以挽回的损失。目前已有的投资组合策略几乎都声称其只用于流动性最高的投资品种,如股票中的蓝筹股,但这并不能解决市场流动性的问题。完全解决此问题需要真实的交易环境,因为很难在模拟交易的环境中进行研究。因此,如何准确地对市场流动性进行建模,并基于此研究有效的策略,将是巨大的挑战。

10.5.4　未来的智能投顾：零和博弈问题

投资经常被视为"零和博弈"的游戏,尽管这一说法并不准确。但是,现有的投资组合策略几乎不考虑市场变化对投资者投资行为所产生的影响。随着智能投顾和投资组合策略的普及,投资市场中智能化交易行为越来越多,投资组合策略与投资组合策略之间、投资组合策略与投资市场之间的关系可能会发生一些无法预测的变化。因此,投资组合策略对投资市场的影响将会成为未来智能投顾研究面临的又一全新挑战。

本章小结

本章从智能投顾的定义、作用、发展历程、投资流程、理论基础、投资组合配置技术和未来展望几个方面对金融智能在智能投顾中的应用做了阐述。智能投顾的发展经历了标签过滤阶段、客户风险承受能力测试阶段、个性化投资组合推荐阶段和全自动智能投顾阶段。智能投顾的核心理论是现代投资组合理论和资本增长理论，依托两者分别发展了单周期投资组合策略和多周期投资组合策略。最后指出了智能投顾所面临的具有挑战性的问题。

习题

1. 查阅资料，分析国内外智能投顾发展的差异，并谈谈国外智能投顾对国内智能投顾的发展有何启发。

2. 谈谈将智能投顾应用于实际还需要考虑哪些因素，并思考这对于智能投顾研究有何启发。

3. 完成智能投顾实验，实验要求与实验指南参见第五篇实验八。

第 11 章　传统金融的智能化

11

　　金融智能涉及的领域广泛,应用场景也是多元化的。除了前面介绍的金融智能客服、金融智能风控、金融智能营销和智能投顾外,金融智能在传统金融领域还有很多其他的应用场景,本章将介绍金融智能在传统金融领域的其他三个应用场景——保险科技、数字银行和数字货币。

11.1　保险科技

　　作为金融业的重要领域,保险业的发展与金融智能带来的信息技术变革产生共振,保险科技应运而生。保险科技不仅为保险业的发展注入了活力(如图 11.1 所示),也优化了保险服务体验,改变着人们的生活。

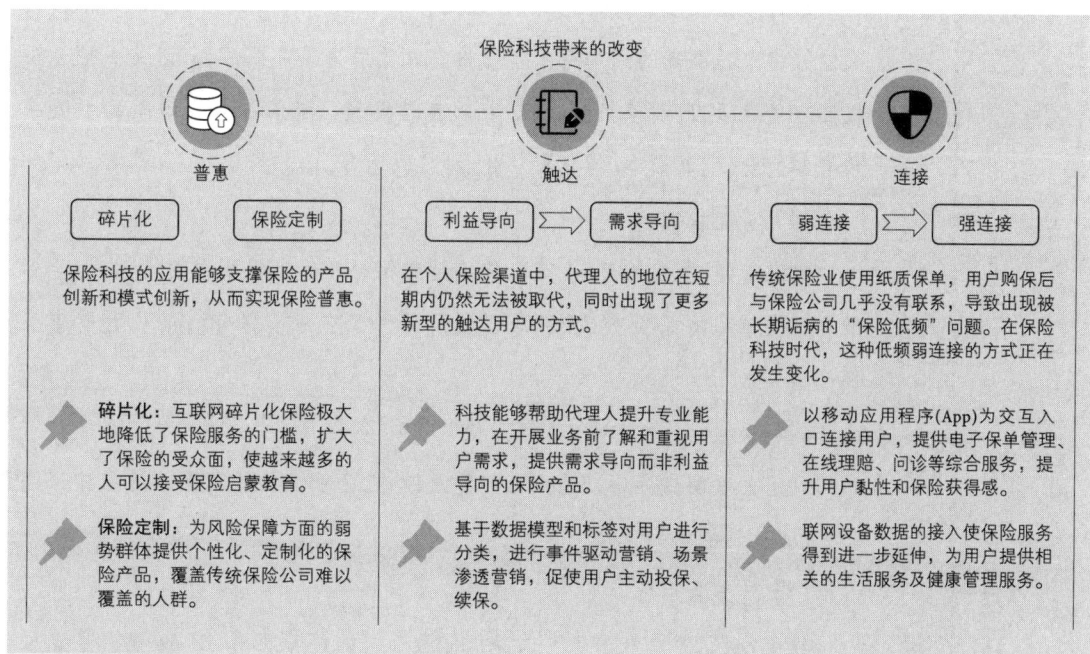

保险科技带来的改变

普惠

碎片化　　保险定制

保险科技的应用能够支撑保险的产品创新和模式创新,从而实现保险普惠。

▶ **碎片化**:互联网碎片化保险极大地降低了保险服务的门槛,扩大了保险的受众面,使越来越多的人可以接受保险启蒙教育。

▶ **保险定制**:为风险保障方面的弱势群体提供个性化、定制化的保险产品,覆盖传统保险公司难以覆盖的人群。

触达

利益导向 ⟹ 需求导向

在个人保险渠道中,代理人的地位在短期内仍然无法被取代,同时出现了更多新型的触达用户的方式。

▶ 科技能够帮助代理人提升专业能力,在开展业务前了解和重视用户需求,提供需求导向而非利益导向的保险产品。

▶ 基于数据模型和标签对用户进行分类,进行事件驱动营销、场景渗透营销,促使用户主动投保、续保。

连接

弱连接 ⟹ 强连接

传统保险业使用纸质保单,用户购保后与保险公司几乎没有联系,导致出现被长期诟病的"保险低频"问题。在保险科技时代,这种低频弱连接的方式正在发生变化。

▶ 以移动应用程序(App)为交互入口连接用户,提供电子保单管理、在线理赔、问诊等综合服务,提升用户黏性和保险获得感。

▶ 联网设备数据的接入使保险服务得到进一步延伸,为用户提供相关的生活服务及健康管理服务。

图 11.1　保险科技带来的改变

保险科技以科技为核心,以用户的需求为催化剂,将改变用户的行为,使用户更好地认识风险、理解风险、重视风险、管理风险,从而达到降低风险,提高生活品质的目的,并进一步促进保险市场服务质量和服务内涵的提升。

11.1.1 保险科技概述

保险科技根植于金融智能的土壤中。保险科技首先是科技,其次才是保险。它以区块链、人工智能、大数据、云计算、物联网等科技为核心,广泛应用于保险产品创新、保险营销和保险公司内部管理等方面,通过创建新的平台、运用新的技术服务保险消费者。

当前保险科技发展的方式得益于以下几个方面。首先,随着保险业的发展壮大,越来越多的保险企业开始关注保险科技,并利用保险科技进行业务革新和市场开拓;其次,为了服务实体经济,防控金融风险,大型金融机构逐步回归主业,初创企业、科技公司开始成为保险科技的主导者;最后,面对科技的快速发展,传统保险业将受到很大的冲击,这使得保险科技在保险业的发展规划和布局战略中占有极为重要的地位。

> **笔记**
>
> 科技赋能保险。与传统保险相比,保险科技具体有以下优势。
>
> **1. 降低了综合成本率**
>
> 通过与科技融合,保险公司可以用多种方式来降低综合成本率。同时,又能够将节约下来的成本用于市场推广以及用户服务提升,从而使保险公司提高市场竞争力,改善经营状况,实现良性发展。降低综合成本率的主要手段有智能营销、反欺诈、流程自动化、替代人力等。
>
> **(1)智能营销**
>
> 精准营销、智能推荐、人工智能电话营销提升了直销所占的比例,对于标准化程度较高的保险产品,用户已逐渐习惯了在线投保/续保,从而节省了佣金。
>
> **(2)反欺诈**
>
> 利用关联图谱分析以及人工智能反欺诈,企业能够提高保单的欺诈识别率,从而达到挽损的目的。
>
> **(3)流程自动化**
>
> 线上投保、保单电子化可以降低保险公司的经营费用,RPA(机器人流程自动化)/IPA(智能流程自动化)可以提升保险公司的业务自动化水平。

（4）替代人力

人工智能客服、自动核保等的应用也大大降低了保险公司的人力成本。

2. 实现了普惠保险,并改变了触达和连接用户的方式

保险科技正在潜移默化地改变整个保险业。在这一进程中,更具互联网思维的保险企业和保险科技公司仍然是创新的"排头兵",为保险业带来"普惠""触达"和"连接"等改变。

（1）普惠上的改变

保险科技带来了互联网碎片化保险和保险定制。互联网碎片化保险极大地降低了保险服务的门槛,扩大了保险的受众面;而保险定制为风险保障方面的弱势群体提供了个性化、定制化的保险产品,覆盖了传统保险公司难以覆盖的人群。

（2）触达上的改变

保险公司基于数据模型和标签对用户进行分类,进行事件驱动营销以及场景渗透营销,促使用户主动投保、续保,而不需要代理人参与,实现保险产品从利益导向向需求导向的转变。

（3）连接上的改变

传统保险业使用纸质保单,用户购保后与保险公司几乎没有任何联系,导致出现被长期诟病的"保险低频"的问题。在保险科技时代,这种低频弱连接的情况正在发生变化,例如,以移动应用程序为交互入口连接用户,提供电子保单管理、在线理赔、问诊等综合服务,提升用户黏性和保险获得感。此外,联网设备数据的接入使保险服务得到进一步延伸,为用户提供相关的生活服务及健康管理服务。

11.1.2　保险科技的技术支撑

随着数字化技术的发展,技术的创新促进了保险业各个领域的创新和变革,本节将介绍为保险业价值链重塑带来机遇的几大关键技术——人工智能、云计算和大数据。

1. 人工智能

人工智能在保险业中可以解决的问题,主要集中在需要大量人力来处理且极易产生委托代理问题和信息不对称问题的领域。在保险营销过程中,智能机器人对保险中介的替代可以在一定程度上降低渠道费用,提高保险营销团队的专业性,降低投保人

的退保率,同时还能促使投保人在场景中主动思考自身风险,对自身风险进行积极的管理。在核保、承保和理赔的过程中,以人工智能为核心的无纸化系统可以减少重复性的人工工作,降低运营成本,加快信息流转,提高正确率,减少保险欺诈。在厘定费率的过程中,人工智能和其他技术结合,能够对风险进行个性化评估,提高精算与实际风险水平的契合度,并使部分过去不可保、不愿保的风险转化成可保、愿保的实际保险产品,扩大了保险业的服务范围。

2. 云计算

用户保险信息的全行业共享可以通过云计算平台来实现。云计算技术可以用来存储和管理保险信息,进而改善精算定价,并减少用户的逆向选择问题。同时,云计算和人工智能、大数据结合,使得保险产品的潜在用户更容易被识别,从而降低了识别成本,使得保险公司可以有计划、有重点地投放资金,最大限度地提升服务质量,及时挽留易流失用户、识别保险欺诈案件,同时也使得用户能够更好地根据自身的风险特征打造属于自己的保险一揽子计划。云计算提高了信息的实时交互性,有利于构建标准化的保险工作流程,加快了保险审核、理赔等环节的速度。

3. 大数据

大数据和云计算相辅相成,大数据需要借助于云计算的高效计算能力,云计算需要使用大数据的庞大信息,两者结合起来可以解决保险业中存在的用户拓展成本高、产品同质化严重、产品创新性不强、定价不精准、理赔难等问题。因此,通过使用大数据技术,保险公司可以对用户的类型进行细分,精准定位用户需求,实现差异化定价和差异化产品。计算机也通过对大量数据进行学习和积累,加快索赔请求的处理速度,降低失误率。

11.1.3 保险科技案例

2017年,《新一代人工智能发展规划》和《促进新一代人工智能产业发展三年行动计划(2018—2020年)》先后出台,促进了人工智能与各行业融合发展,提升了各行业的经济效益。利好政策的相继发布,使得人工智能技术开始在保险领域得到大规模应用。下面以中国平安"智能闪赔"和蚂蚁集团"定损宝"为例进行说明。

1. 中国平安"智能闪赔"

理赔难、理赔慢、手续繁等,历来是保险行业饱受诟病的几大顽疾,也是保险投诉的"重灾区"。随着保险技术的深度应用,保险公司理赔服务正在升级。不少保险公司的移动应用程序、微信公众号都实现了电子化自动理赔功能。此外,部分保险公司还推出了智能理赔服务,不需要人工介入,支持低风险、小额案件全流程自动化作业,大幅度提升了理赔服务效率。

　　智能理赔的服务流程为：用户将原始材料拍照上传到理赔平台上，理赔平台对原始材料进行识别、确认，并自动给出理赔金额、来年保费等解决方案。人工智能的应用简化了理赔流程，优化了用户体验，同时减轻了理赔人员的工作量，降低了理赔运营成本。

　　中国平安通推出的"智能闪赔"，对车险理赔的端到端流程进行了梳理与优化，并应用深度学习、大数据挖掘等技术，为保险用户提供了良好的智能车险理赔服务体验。如图 11.2 所示，"智能闪赔"平台包括图像智能处理、智能定型定件、部件分割归集、损失程度识别、自动精准定价和智能风险阻断等，覆盖从报案调度、查勘定损、核损核价、理算核赔到结案支付的理赔全流程。该解决方案搭建了覆盖 98% 的市场车型、85% 的定损配件、96% 的定损工时的地域化数据库，配合一整套反渗漏及反欺诈模型，实现车物定损与人伤定损的自动化。同时，智能闪赔应用先进的图片识别技术，提供通过拍照自动识别车辆损失的图片定损工具，将车险理赔定损缩短至"秒级"。目前"智能闪赔"解决方案已经与超过 20 家保险公司合作，得到了用户的广泛认可。

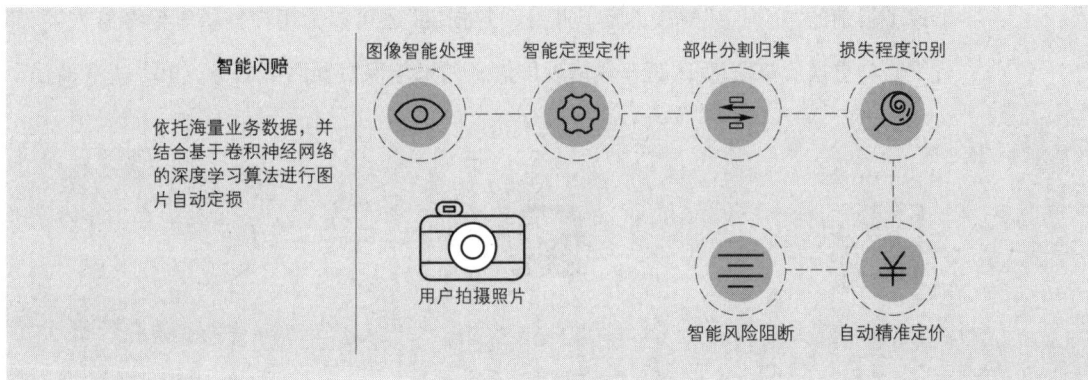

图 11.2　中国平安智能闪赔概况

　　"智能闪赔"运用大数据、人工智能等技术，为保险销售提供"科技+服务"支撑。其赋能体现在以下三个部分。

　　① **产品力赋能：**根据市场反馈，结合大数据分析及优秀的保险产品研发经验，帮助保险公司筛选或开发高质量的保险产品。

　　② **营销力赋能：**整合大数据、人工智能、区块链等技术，提供一站式的解决方案。支撑保险公司多样化的营销需求。

　　③ **影响力赋能：**加强市场教育，促进良性发展，在为保险公司树立良好行业口碑的同时，充分激发保险市场活力。

　　2. 蚂蚁集团"定损宝"

　　蚂蚁集团"定损宝"是蚂蚁集团保险业解决方案中的一种保险科技产品，其基于人

248

工智能技术模拟车险定损环节中的人工作业流程,对用户远程拍摄的车辆损伤图片进行精准识别,帮助保险公司实现简单、高效的自动定损,降低理赔服务的成本。2017 年 6 月,蚂蚁集团针对车险定损推出了智能化解决方案——"定损宝"1.0 版。"定损宝" 1.0 版面向机构开放,使用者需要具备一定的车险理赔专业知识,使用门槛较高。2018 年 5 月,蚂蚁集团发布了"定损宝"2.0 版。"定损宝"2.0 版将"定损宝"1.0 版使用的图像识别技术升级为智能视频识别技术,新增视频追踪、增强现实、损伤实时检测等技术手段,持续优化产品和服务,实时反馈车辆损伤情况,降低了保险产品的使用门槛,使普通用户可以实现远程简单定损。截至目前,"定损宝"为多家保险公司提供定损、定价服务超过千万次,为保险业节省案件处理成本超过数十亿元。

"定损宝"的定损结论主要根据用户通过移动互联网上传的照片进行判定。单据上传的移动化,可以实现无缝自动理赔,极大地提高了理赔效率。同时,"定损宝"对车辆受损程度的判定借助于云服务器的算法模型进行。"定损宝"的云服务器算法模型可以针对不同的车型、颜色和光照条件进行模型迭代学习,它融合了多个模型的经验,形成了目前的"定损宝"解决方案。此外,"定损宝"还可以为用户提供车辆维修方案、部件维修与更换价格信息、附近车辆修理厂信息和来年保费预测等服务,如图 11.3 所示。

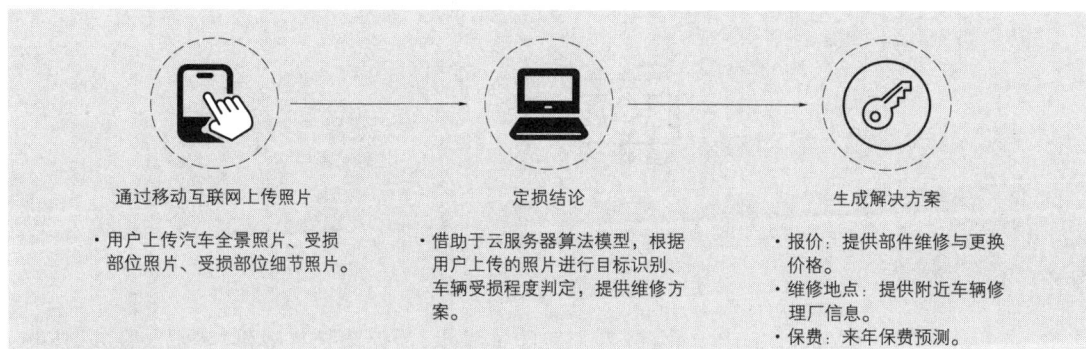

图 11.3 蚂蚁集团"定损宝"服务流程

与传统的车险定损方式相比,在保险核赔环节,"定损宝"有一定的优势,对保险公司有一定的积极作用,主要体现在以下几个方面。

(1) 减少工作量与理赔成本

在每年的小型汽车保险理赔案件中,超过半数的案件都是车辆纯外观损伤。"定损宝"通过参与这部分案件的定损工作,可以减少保险公司查勘人员在这些简单的、纯外观损伤案件上的工作量。保险公司也就可以适当地调整查勘人员的配置,优化核赔环节的资源与结构。与此同时,得益于查勘人员的数量减少以及定损工作的简化,保险核赔成本也会相应地下降。

(2) 提高查勘能力

随着交通网络的快速建设和不断完善,我国跨省市的交通越来越方便。加上自驾游的兴起,使得当地承保、异地出险的案件越来越多。但是一些中小保险公司由于存在分支机构少或人力不足等问题,使得被保险人在异地出险后只能返回投保地办理索赔手续,给被保险人带来了极大的不便,既耽误了保险公司查勘定损的时间,又使得被保险人求助、报案、修理极不方便,进而耽误了其汽车修理和保险索赔的时间。对于发生在偏远地区的赔案,保险公司查勘人员也很难保证在短时间内到达出险地点进行定损。不仅如此,由于路途较远或者交通条件受限,单次定损与核赔的成本会很高。而对于高峰时期的保险赔案来说,保险公司极有可能面临同一时间段案件数量过多而查勘人手不足的问题。而如果使用"定损宝",一方面可以增强定损的及时性、提高核赔效率,另一方面也可以将有限的查勘人员配置在复杂、大型的赔案之中,解决查勘能力不足的问题。

(3) 防止理赔渗漏

目前在实际的保险理赔中存在被保险人虚假报案、提供不真实的报告或出险图片;汽车销售服务店与报案人或保险公司达成协议从赔案中获利;保险从业人员操作不当等问题。据此判定的赔款与应付赔款之间的差额,就是所谓的理赔渗漏。车险行业每年有约 500 亿元的小额赔款,这其中有 10% ~ 20% 的理赔渗漏。"定损宝"的应用,一方面能够通过图像识别技术甄别上传照片的真实性,另一方面以机器代替定损人员,防止保险公司核赔人员进行暗箱操作,进而在一定程度上减少车险实务中的理赔渗漏。

11.1.4　保险科技的未来发展趋势

随着保险科技的不断演进与发展,其作为保险业未来重要基础设施的地位不断加强。保险科技与保险生态的融合不断加深,与场景的结合更加紧密,必然推动保险业不断向新的保险形态演进,在这个演进过程中保险业将呈现出以下趋势。

1. 保险流程自动化、智能化的趋势显现

目前,人工智能等技术已应用到保险核心业务流程,技术的不断完善与成熟奠定了部分保险流程实现自动化、智能化的基础,大幅度提升了保险业务流程的效率,实现了更为精准的智能投保。未来,保险业务自动化、智能化等创新方式必将成为保险业竞争的焦点。

2. 打通"数据孤岛",推动保险业以开放的心态进行交流

数据是保险创新的核心,有效地识别风险和分散风险是保险业的重要基石。风险识别已经从对历史风险进行统计分析,发展为利用大数据建模对风险进行高精度、高维度的及时识别。当前限制保险科技发展的不是算力和算法而是数据,无论是在云计算、大数据的应用上还是在区块链的应用上,保险公司对数据的分享意愿和态度都是极为谨慎和保守的,而只有整合数据资源才能促使保险科技进一步发展。保险业为了获得更有深度的发展,需要以更加开放的态度进行合作,打通"数据孤岛",共同推动保险业的发展。

3. 传统保险公司将成为保险科技领域越来越重要的参与者

保险科技创新企业具备提升传统保险公司技术基础设施的能力,在升级用户体验、进行数字驱动型决策、研发用户驱动型产品等方面发挥了重要的作用。随着保险业监管的加强,这类企业提升规模的最佳途径就是同传统保险公司合作,并通过其卓越的技术能力帮助传统保险公司解决发展的瓶颈,这使得传统保险公司成为保险科技领域越来越重要的参与者。

4. 保险科技与其他金融智能应用的交叉会逐渐增多

保险科技是金融智能在保险领域的应用,金融智能带来了保险产品和服务的创新,改变了传统保险公司的经营模式,促进其转型升级。与此同时,金融智能的其他应用,如智能客服、智能营销、智能风控等也可以为保险科技提供服务,使得保险科技可以更加有效地触达用户,为用户提供更加个性、多样化的保险服务。

5. 保险科技"强监管"迈入常态化,监管科技等新型监管模式成为主流

保险科技的发展使得保险公司容易存在黑箱问题,在这种情况下监管方也需要进行监管科技建设,从而及时掌握保险业的风险状况,应对更加复杂的监管场景。监管科技作为新型监管方式,在保险科技的不断发展之下有了更大的发挥空间。伴随着人工智能、大数据等新技术的高速发展,监管科技将成为未来监管的主流模式。

保险公司、保险科技企业与监管方之间的关系如图 11.4 所示。

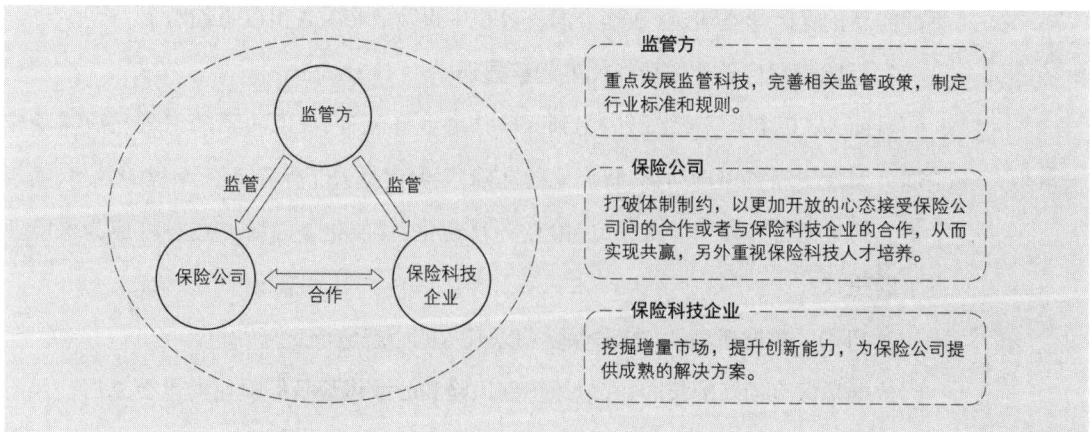

图 11.4　保险公司、保险科技企业与监管方之间的关系

11.2　数字银行

11.2.1　数字银行概述

与传统银行相比,数字银行具有如下特征:

① 数字银行不设立实体分行,所有银行服务都通过互联网进行,并借助于前沿技术为客户提供在线金融服务,服务趋向于定制化和互动化。

② 数字银行打破了时间和区域的限制,提供全天候的在线服务,流程简单、服务方便、快捷高效。

③ 数字银行不设最低账户结余要求,同样不征收低结余服务费。

-笔记-

与传统银行相比,数字银行主要在服务理念、客户体验以及生态圈建设三个方面体现创新优势。

1. 从服务理念来看,数字银行提供的线上服务更加灵活和敏捷。数字银行能够根据客户的偏好随时调整产品的结构与特征,为其提供更加有效的、量身定制的服务,从而更好地满足客户的需求。

2. 从客户体验来看,数字银行业务手续简单、操作便捷,客户可以通过互联网快速办理银行业务。

3. 从生态圈建设来看,非银行金融机构和科技公司进入数字银行领域,改变了传统银行业格局。这些组织将数字银行与原有的银行生态资源有机结合在一起,形成了虚拟的银行生态圈;在虚拟的银行生态圈中,数字银行与客户的生活场景更加紧密地结合在一起,使客户可以享受到便捷、高效的银行服务。

11.2.2　数字银行的技术支撑

金融智能与银行业场景的深度融合,极大地推动了实体银行的数字化进程,银行大数据、光学字符识别等技术的成熟也大大提高了数字银行的业务效率。

1. 银行大数据

大数据技术已经应用于银行的各大业务板块,如公司存贷款、普惠金融、交易银行业务,以及个人存贷款、财富管理、信用卡业务等,形成了银行大数据。下面主要从4个方面对银行大数据进行介绍。

(1) 存量客户管理

借助于大数据,银行通过多种数据源收集和积累客户数据,获取客户的基本信息、行为信息(如浏览时长、频率)、金融信息(如风险偏好、产品偏好)等,建立客户标签体系,构建全方位的客户视图,准确地识别客户的行为,预判其需求变化,以制定有效的营销策略,精准地传递产品和服务信息,提高客户黏性。

(2) 精准用户营销

借助于大数据,银行能够对用户的基础信息(如性别、职业)、行为信息(如付费方式、交易频次)等进行追踪和分析,区分客户群,挖掘不同客户群的需求,制定个性化的营销策略,实现实时营销、交叉营销和持续优化。

(3) 助力信贷管理

借助于大数据,银行可以对信贷客户进行全周期管理。在贷前阶段,通过黑名单自动过滤、欺诈实时识别、身份在线核验等技术把好第一关;在贷中阶段,基于客户多维数据用自动化决策引擎判断客户信用分数,并做出信贷决策;在贷后阶段,制定预警规则,建立预警模型,进行实时动态评分和预警处置跟踪,主动防御贷后风险。

(4) 创新产品应用

借助于大数据,银行除了可以提高经营效率、优化风险控制水平外,还可以改造传统银行产品、创新业务模式和服务流程,以突破业务瓶颈,增强竞争力。

2. 光学字符识别技术

光学字符识别技术是当前应用得非常广泛的一项技术。银行业务的运行模式决定了它非常适合用光学字符识别技术来取代部分人工劳动。光学字符识别技术的应用主要有以下两个方面。

(1) 远程开户

首先,利用基于深度学习的卡证识别技术,快速、精准地识别客户的各类证件,自动抽取相关信息,填写开户表格,极大地提升了客户体验;其次,通过人脸识别技术进行活体检测并留取现场人脸照片,将其与权威的高清晰度人像数据源进行对比,经过多重数据交叉验证,以有效防止伪造、冒用他人身份的欺诈行为,提高风险控制能力。

(2) 票据识别

光学字符识别技术不仅可以用于远程开户中的卡证识别,还可以用于银行其他业务中的票据识别,包括支票、汇票、送货单、合同以及其他各种式样的票据的识别。利用光学字符识别技术,银行不仅可以精准地进行发票识别,抽取票面信息,还可以自动进行发票验真,极大地提高了票据处理效率。

11.2.3 数字银行案例

下面以我国的新网银行和英国的原子银行(Atom Bank)为例对数字银行进行介绍。

1. 新网银行

新网银行的全称是四川新网银行股份有限公司,是首家涉足网贷资金存管业务的互联网银行,它通过监管部门的批准,依法经营货币银行业务。新网银行主要依托大数据风控技术、金融智能能力以及基于互联网的开放运营模式,提供大额云贷款产品——好人贷、资金存管业务产品以及面向小微企业的企业网银。新网银行的主要业务和业务条线如图 11.5 和图 11.6 所示。作为一家新兴互联网银行,新网银行的业务具有以下特点。

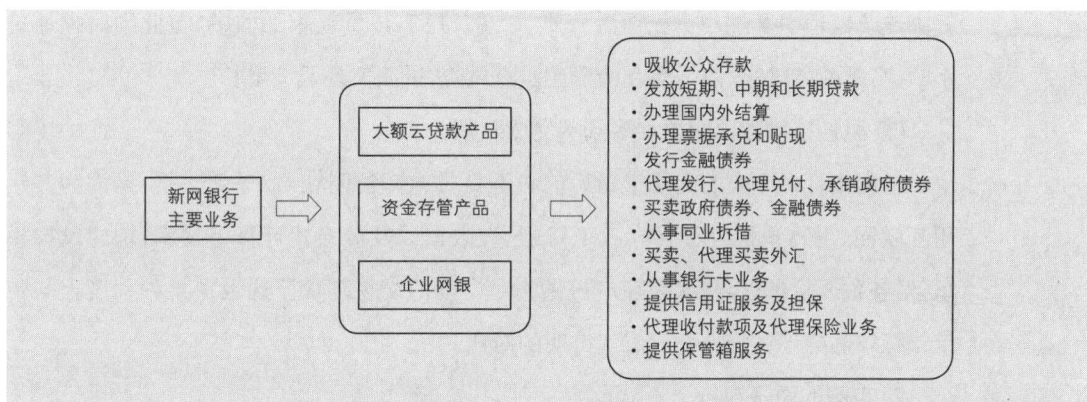

图 11.5 新网银行的主要业务

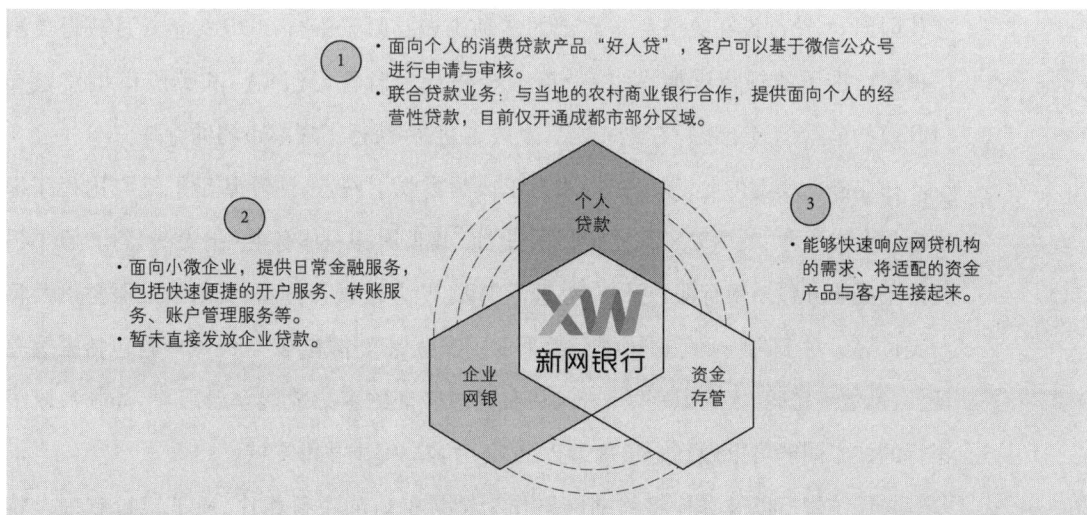

图 11.6 新网银行业务条线

(1) 不依赖股东资源和场景流量，跳出传统的银行盈利模式

新网银行采取平台化策略，以存管业务为切入口，将自身定位于基于金融智能的万能连接器和转换器，为缺乏应用场景、大客户流量的金融机构提供产品及业务。这是新网银行最重要的特点。新网银行采用不同于传统银行存贷利差的盈利模式，它运用多种科技手段，对多种类型的金融功能模块进行封装整合，将各种类型应用场景的流量连接起来，探索不依赖股东资源、不依赖场景流量的新的盈利模式。

(2) 获客范围广、限制小，弥补传统银行对 B 端、C 端服务的不足

随着运营全流程的数字化，新网银行的获客不再受物理网点的限制。同时，新网银行力求完成"服务小微群体、支持实体经济、践行普惠金融"的使命。面对 B 端（代表企业），新网银行将其账户、支付、风险控制等多种业务封装起来，并通过模块化、组件化输出，使企业具备"自金融"的能力。面向 C 端（代表个人），新网银行则主要通过自主的开放平台，将金融服务以标准化的接口接入应用场景。这样新网银行可以有效解决传统银行中 B 端小微企业融资难、C 端长尾客户贷款难的弊端，与此同时也通过小额、高频的方式，分散了潜在的资产质量风险，进而实现业绩增长。

(3) 风控技术效果明显，降低不良贷款率

新网银行在庞大的交易量背后能将不良贷款率控制在 0.6% 的水平，是因为其运用互联网、生物识别、反欺诈、人工智能、大数据以及分布式计算等技术，构建风控模型，对各种风险进行管控，为客户提供相对安全的交易环境。这也在某种程度上与传统银行较高的不良贷款率形成了鲜明的对比。

2. 英国的原子银行

原子银行是首家明确获得英国中央银行颁发的银行牌照的数字银行，于 2014 年在英国创立，总部设在英格兰东北部的达勒姆城。原子银行在 2015 年 6 月获得英国中央银行授予的银行牌照，并接受英国金融行为监管局（FCA）和英国审慎监管局（PRA）的监管。原子银行在创立之后发展迅速，并获得了资本市场的青睐。

在业务发展定位上，原子银行致力于成为零线下网点、纯粹基于手机应用程序提供远程金融服务、英国第一家完全在手机端实现所有银行服务的"指尖"银行。原子银行的主要业务包括银行账户开户、办理活期账户、办理抵押贷款、贷款后续服务以及移动支付等。对于这些业务原子银行都采取了安全保障措施，安全保障措施包括三重验证：六位数字密码、人脸识别及语音识别，经过验证的客户才能登录账户。同时，原子银行的技术团队可以做到全年每天 24 小时为客户提供技术支持。

与传统银行以及其他将移动网络作为销售渠道的银行相比，原子银行有三个特点，体现在客户体验、风险管理和成本控制三个方面。

(1) 客户体验方面

在客户交互方面,原子银行实现了操作的便捷性与交互界面的个性化。在客户识别方面,原子银行使用了人脸识别、语音识别等技术;在客服沟通方面,原子银行记录客户提出的常见问题并不断学习和修正;在产品设计方面,原子银行根据客户的习惯为其设计不同场景和目标的储蓄产品。在人工智能技术的支持下,客户可以在 5 分钟之内就以端到端的方式连线到银行并开户,而无须提交纸质材料、前往实体网点或进行人工干预。原子银行秉持以客户为中心的理念,融入更加灵活、活泼的设计风格,让每个客户都拥有自己喜欢的手机应用程序设计风格。

(2) 风险管理方面

原子银行既与大型科技公司合作以确保技术安全,又制定了自己的风险管理框架以确保业务操作安全。原子银行将风险控制作为发展的基石,有着一系列强大的技术设置,包括 FIS 公司的 Profile 核心银行系统和 Ambit Quantum and Ambit Focus 财务与风险管理系统;CSC 公司的 Confident ID 安全系统;IRESS 公司的用于抵押贷款业务前中后台操作的抵押贷款销售与发起(MSO)组件;Wolters Kluwer 公司的用于监管报告的 OneSumX 系统;具备前台功能的智能环境(IE)系统;等等。此外,原子银行还独立构建了企业级风险管理框架,确保使用全面且一致的方法来进行风险管理,并将其整合到业务管理和政策中。企业级风险管理框架包括风险管理策略、治理和升级机制、风险操作模型、风险管理流程、监控报告体系以及风险文化体系。原子银行在这一风险管理框架之下建立了三道安全防线:第一道防线负责识别、评估和管理与日常业务活动相关的风险及控制。它根据风险管理框架运作业务,并确保其风险防范需求被转化为有效的操作流程。第二道防线具备风险管理功能,它独立于第一道防线,负责监督风险管理框架的应用,并确保业务在银行董事会设定的风险偏好、限制框架和容忍范围内执行。第三道防线具备内部审计职能,它为与业务相关的前两道防线的活动提供保障,包括风险管理实践和内部控制的有效性。

(3) 成本控制方面

原子银行基于移动网络运营,且借助于各类数字技术,实现了无实体、无纸化的数字化操作,从而节省了大量的成本,因此能够提供收益更高的储蓄产品和利率更低的贷款产品。

11.2.4　数字银行的未来发展趋势

1. 渠道一体化

数字银行将整合网上银行、手机银行、直销银行、销售终端收单等渠道,实行一体化经营,从而实现产品、客户、服务以及线上与线下的相互融合,为客户提供更好的服务与支持。

2. 场景化和生态化

数字银行业务与传统银行业务的最大区别就是场景化,因为数字银行营销需要综合考虑时间、地点、对象三个方面的因素,这就意味着数字银行的业务是场景化的。与传统银行相比,数字银行更容易实现场景化。因此,创设场景、融入场景,成为数字银行开展业务、提高客户黏性的重要方式。同时,数字银行充分体现了生态化的特点,具体表现在其集资产管理、保险、支付、基金、信托等金融服务于一体,为客户提供实时、全面、快速、专业的银行服务。

3. 跨界合作

非银行支付的兴起,日益弱化了银行作为"社会支付"平台的基本功能,也打破了银行在支付领域的垄断地位,与非银行支付的合作和竞争将成为数字银行的趋势。未来数字银行将不断创新经营模式,通过跨界合作,获得新的发展空间。

11.3 数字货币

货币在人类社会中占有极其重要的位置,是衡量商品价值大小的尺度。随着科技的进步,货币的存在方式以及支付方式发生了很大的改变,数字货币成为货币发展的趋势。

11.3.1 数字货币介绍

数字货币是一个广义的概念,涵盖了所有数字形式的货币资产,与传统货币相比,它的发行、转移和存储都是以数字化方式进行的。数字货币主要有两种类型:集中式数字货币和去中心式数字货币。集中式数字货币主要是指中央银行数字货币,这种货币由一个国家的中央银行发行,是有国家信用背书、有法偿能力的法定货币,这种类型的数字货币通常受国家货币政策的约束。去中心式数字货币的特征是去中心化,其运行基础是分布式网络,典型的去中心化数字货币有比特币等。

加密后的数字货币被称为数字加密货币,数字加密货币主要基于密码学原理来保障货币流通和交易的安全。一般而言,数字加密货币主要依赖区块链,而人们通常所说的数字货币大多是指数字加密货币。

> **笔记**
>
> 　　数字货币是数字技术与货币的深度融合。与传统货币不同,数字货币不依赖任何实物,它基于密码学、互联网、区块链等技术,由计算机程序产生并在互联网上发行和流通。与传统货币相比,数字货币具有如下的优势。
>
> 　　1. 降低了成本,提高了效率
>
> 　　传统货币每隔一段时间就需要提升防伪技术,而防伪技术从研发到实施,需要耗费大量的人力和物力。此外,传统货币在流通过程中也会存在损耗,贮藏也需要成本。与传统货币相比,数字货币的成本大大降低,除了初始投入的成本较高外,其后期的边际成本极低。同时数字货币还具有携带方便、支付灵活、交易费用低等多种优势,可以大大提升持有者的消费意愿和交易效率。
>
> 　　2. 缩短了交易时间
>
> 　　传统货币在交易的过程中需要经过多个环节,因此所需的交易时间较长。尤其是跨境交易,传统的跨境支付一般需要几个工作日才能完成。而中央银行数字货币则可以将跨境支付所需的时间从几个工作日减少到几秒,使得跨境支付变得更加迅速、安全和低成本。
>
> 　　3. 有效降低欺诈、洗钱等恶意金融行为发生的概率
>
> 　　人们在日常生活中使用的现金,无论是纸币还是硬币,一旦离开金融机构进入流通环节,人们就很难对其进行追踪和监控,或者需要投入很大的成本来对其进行追踪和监控。这样就给欺诈、洗钱等恶意金融行为以可乘之机,现金也成为行贿、走私等非法交易的首要选择。而数字货币,本质上是一串带有关键信息的字符,信息不会随着交易的进行而被随意更改、擦除,相关的监管机构在需要时可以对数字货币的流向进行监控和追踪,以降低欺诈、洗钱等恶意金融行为发生的概率。

11.3.2 数字货币的技术支撑

　　本小节将对支撑数字货币发行、交易和存储的底层技术中的区块链技术、加密技术和分布式账本技术进行介绍。

1. 区块链技术

　　区块链技术通过建立电子信息、加密、确认交易、实时广播、添加区块和网络复制记录 6 个步骤传递和存储信息,因此具有去中心化、开放性、透明性、匿名性、数据不可篡改

性和自治性等特征,这些特征使得过去信息传递和存储过程中存在的安全性低、连续性差、采集成本高、推广渠道限制多、信息不对称等问题有了一个可靠的解决途径。

　　数字货币是区块链技术的产物。从金融会计的角度来看,区块链是一个全结点参与的、高度可信的网络电子账本。与微信、支付宝等应用系统的背后有一个大型的中心数据库账本相比,区块链实行全网协作记账、核账,所有结点均参与记账,每次记账便会形成一个新的区块。每一个区块都只能由一个结点负责将交易打包,并在哈希算法判定交易合法后将其向全网广播,最后再将其添加至上一个区块的尾部且被其他结点记录。由此形成的账本链条即为区块链(blockchain)。为了激励记账者(即负责打包的结点),系统将给予其一定的数字货币奖励,该过程即为挖矿。数字货币的产生机制决定了其数量是有限的。

　　2. 加密技术

　　在大多数数字货币系统中,为了保障货币发行、交易、存储的安全性,人们通常都会采用加密技术。根据密钥类型的不同可以将加密技术分为两类:对称加密技术和非对称加密技术。对称加密技术是指加密和解密均采用同一个密钥,而且通信双方都必须获得这个密钥,并保持这个密钥的保密状态。非对称加密技术所采用的加密密钥和解密密钥是不同的。具体来说,对称加密技术常用来对敏感数据等信息进行加密,其常用的算法有以下几个。

　　① DES(data encryption standard,数据加密标准),是一种使用密钥加密的块算法,加密速度较快,适用于加密大量数据的场合。

　　② 3DES(triple DES)基于数据加密标准,它对一块数据用三个不同的密钥进行三次加密,加密强度更高。

　　③ AES(advanced encryption standard,高级加密标准),是下一代的加密算法标准,加密速度快,安全级别高。

　　非对称加密技术常用的算法有以下几个。

　　① **RSA 算法**:三位数学家李维斯特(Rivest)、萨莫尔(Shamir)和阿德曼(Adleman)设计了的一种加密算法,可以实现非对称加密,该算法以他们三个人的名字命名,称为RSA 算法。RSA 算法是一个支持变长密钥的公钥算法,待加密的文件块的长度也是可变的。

　　② **DSA**(digital signature algorithm),是一种标准的数字签名算法,它的一个重要特点是使用公钥,这样即便不知道私钥,也可以验证数据的完整性。

　　③ **ECC**(elliptic curve cryptosystem,椭圆曲线密码体制),是一套关于加密数据、解密数据和交换密钥的算法。

3. 分布式账本技术

分布式记账问题由来已久。为了正常进行商业活动,参与者需要找到一个多方均信任的第三方来负责记账,确保交易记录准确。然而,随着商业活动的规模越来越大,商业过程日益动态化和复杂化,在实际应用中难以找到符合要求的第三方记账方(例如,供应链领域动辄涉及来自数十个行业的数百家企业)。这就需要交易各参与者探讨在分布式场景中进行协同记账的可能性。分布式账本技术方案如图 11.7 所示。

实际上,可以很容易设计出一个简单的分布式账本结构(记为方案 1,如图 11.7(a) 所示):允许多个参与者对账本进行任意读写,一旦发生新的交易就将其追加到账本上。在这种情况下,如果参与者均诚实可靠,则该方案可以正常工作;但是一旦有参与者篡改已发生过的记录,则无法确保账本记录的正确性。

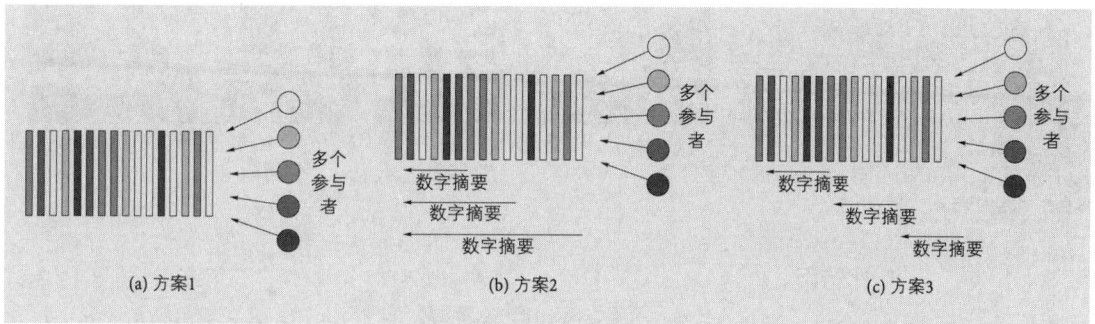

图 11.7　分布式账本技术方案

为了防止参与者对交易记录进行篡改,需要引入一定的验证机制。可以借鉴信息安全领域的数字摘要(digital digest)技术对方案 1 进行改进,形成方案 2(如图 11.7(b) 所示)。每当有新的交易记录被追加到账本上时,参与者可以使用哈希算法计算完整的交易历史的数字摘要,获取当前交易历史的"数字指纹"。此后在任意时刻,每个参与者都可以重新对交易历史计算数字摘要,数字指纹不匹配,则说明交易记录被篡改过。同时,追踪数字指纹发生改变的位置,可以定位到被篡改的交易记录上。

方案 2 可以解决账本记录防篡改的问题,然而其在实际应用中仍存在较大的缺陷。由于每次追加新的交易记录都需要从头对所有的交易历史计算数字摘要,当存在大量的交易历史时,数字摘要的计算成本会变得很高。而且,随着新交易的发生,计算耗费的能源将越来越多,系统的扩展性也将越来越差。为了解决系统可扩展性差的问题,需要对方案 2 进行改进,形成方案 3(如图 11.7(c) 所示)。由于每次计算数字摘要已经确保了交易历史的完整性,在新的交易发生后,需要进行额外验证的只是新的交易,即增量部分。因此,可以将计算数字摘要的过程改进为对旧的数字摘要值加上新的交易内容进行验证。这样就既解决了防篡改问题,又提高了系统的可扩展性。

实际上,方案 3 中的账本结构正是一个区块链结构。可见,从分布式账本技术的基本问题出发,可以自然地推导出区块链结构,这也说明了对于分布式账本问题,区块链结构是一个非常有效的解决方案。

11.3.3 数字货币案例

下面介绍几种比较典型的数字货币——比特币、元(Meta)公司的 diem 和中央银行数字货币,如图 11.8 所示。

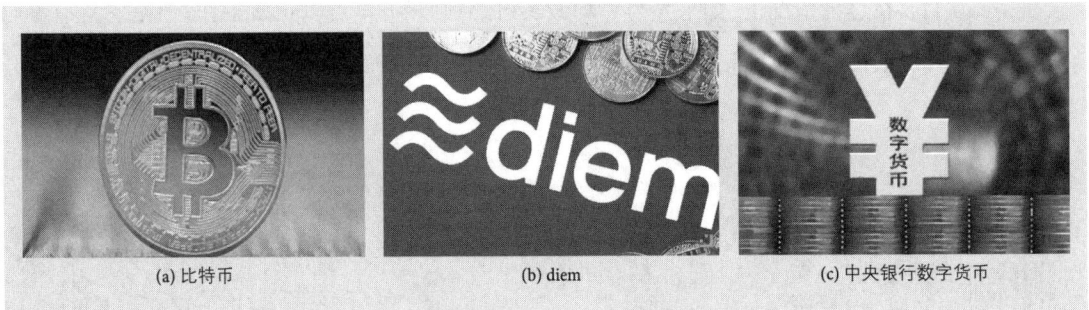

(a) 比特币   (b) diem   (c) 中央银行数字货币

图 11.8 数字货币图示

1. 比特币

比特币是一种 P2P 形式的虚拟的加密数字货币。与其他货币不同,比特币不依靠特定的货币机构发行,它依据特定的算法,通过大量的计算产生。比特币使用由整个 P2P 网络中众多结点构成的分布式数据库来确认并记录所有的交易行为,同时使用基于密码学的设计来确保货币流通各个环节的安全性。

P2P 网络的去中心化特性与特定的算法,可以确保无法通过大量制造比特币来人为操控比特币的币值。基于密码学的设计可以使比特币只能被真实的拥有者转移或支付,这同样确保了货币流通交易的匿名性。比特币与其他虚拟货币最大的不同,是其总数非常有限,具有极强的稀缺性。

2. 数字货币 diem

数字货币 diem 的币值稳定,不会大幅度地波动,可用于支付,就像是存在手机中的现金。用户可以使用 diem 通过手机在线上或者线下便利店中购物。与比特币类似,diem 通过加密,也可以变成一种具有安全性的数字货币。diem 的主要特征有两个。第一,diem 是全球首个由大型互联网企业发起的加密数字货币,除了元公司之外,威士(VISA)、万事达卡(MasterCard)、贝宝(PayPal)、优步(Uber)等也都参与其中。第二,diem 与一篮子货币的存款或政府债券挂钩。与比特币等没有任何资产支撑的加密数字货币相比,diem 具有稳定性、普遍接受和可互换等优势。

3. 中央银行数字货币

近年来,各国中央银行都在密切关注数字货币的发展,并研究其对经济及金融体系和中央银行的影响。目前,我国政府提出了中央银行数字货币,即数字人民币,是人民币的一种数字形式,由中国人民银行发行,并通过指定运营机构向公众提供兑换流通服务,是有国家信用背书、有法偿能力的法定货币。数字人民币具有以下性质。

① 以广义账户体系为基础,即在中央银行数字货币体系下,任何能够形成个人身份唯一标识的东西都可以称为账户。

② 支持银行账户松耦合功能,即人们不需要银行账户就可以开通数字人民币钱包,并享受相应的金融服务。

③ 与纸钞和硬币等价,即数字人民币能与法定货币以 1∶1 的比例相互兑换。

数字人民币与比特币等数字货币的区别在于,数字人民币是法定货币,与法定货币等值,具有最高的效力和安全性,而比特币是一种虚拟资产,没有任何价值基础,也不享受任何主权信用担保,无法保证价值稳定。

11.3.4 数字货币的未来发展趋势

随着金融与科技的深度融合,数字货币的应用场景也在不断扩大,其市场接受度、社会认可度也越来越高,数字货币的发展具有以下趋势。

1. 合法化

合法化是指数字货币要获得政府的认可与支持,这是数字货币发展的前提。数字货币应用场景的进一步拓展迫切需要更高的市场接受度、社会认可度和政府认可度。货币的本质是对一般等价物的信用保障,传统货币的信用保障来源于政府的公信力,多数数字货币缺乏政府信用的背书。数字货币未来的发展趋势必然是通过多种手段来进一步获得政府的认可与背书,只有数字货币合法化、法定货币数字化,才能够在社会中形成更为有效的公信力体系,才能够将更多的应用内容、应用领域纳入数字货币的应用场景,甚至将数字货币的发展动力主要来源于发行方,转变为发行方、应用方和监管方同向发力,形成强大的内生混合动力。

2. 实用化

实用化是指数字货币要融入更多的应用场景,这是数字货币可持续发展和稳定的重要支撑。数字货币只有得到广泛的应用才能够迎来更大的发展机遇。数字货币在未来的发展过程中必然会构建更多的应用场景,其具体表现为:一是规模化,在现有的应用场景中不断拓展数字货币交易规模,如在支付场景中不断提高接受数字货币支付的商家和消费者的数量以及交易额；二是多样化，是指基于现有的应用场景创造出新的应用场景，进而实现综合发展、持续创新；三是连续化，数字货币将会在全球供应链、全球支付、全时交易、多金融机构账户流转等应用场景中支持不间断、全流程交易。

3. 规范化

数字货币及其市场要实现可持续发展，就要形成高效、统一和兼容的发展规范与发展秩序，以及能够规避各类问题的有效措施。现阶段数字货币市场的进入门槛较低，导致数字货币发展良莠不齐。要实现数字货币及其市场的可持续发展，必须解决数字货币发展良莠不齐的问题。要用良币来驱逐劣币，有序推进法定货币的数字化，促进数字货币市场有序发展。同时，也要培育规范化的良币，并强化其核心竞争力，以规范化的发展扩大市场规模，实现可持续发展。

本章小结

本章围绕着保险科技、数字银行以及数字货币这三个金融智能在传统金融领域的应用，分别介绍了各个应用的基本概念和技术支撑，以及各个应用的相应案例，最后对各个应用的未来发展趋势做出了展望。

习题

1. 思考新兴科技与保险行业的结合将会给消费者带来哪些潜在的影响。
2. 简述数字银行的发展对传统银行的影响。
3. 阐述我国《新一代人工智能发展规划》与数字货币的结合点。

第四篇

金融合规与监管科技

导　语

　　本篇介绍了金融科技中的合规科技与监管科技。第 12 章介绍了大数据隐私保护以及帮助企业满足监管部门规定的合规科技,重点介绍了在金融智能中用于保护用户和机构数据安全的隐私保护技术,以及两个主要应用——隐私保护机器学习、联邦学习。此外,还对合规科技的发展进行了展望。第 13 章介绍了监管科技的概念、意义和发展现状,阐述了电子数据存证、监管沙盒在监管科技中的应用,最后对监管沙盒的发展进行了展望。

第 12 章　合规科技

12

【开篇案例】

2019 年 12 月,"国家网络安全通报中心"微信公众号发布了公安机关查处的约 100 款违法违规采集个人信息的移动应用程序(App)。其中,金融类 App 成为信息泄露的重灾区。2019 年 12 月 30 日,国家互联网信息办公室秘书局、工业和信息化部办公厅、公安部办公厅、国家市场监督管理总局办公厅联合发布了《App 违法违规收集使用个人信息行为认定方法》(以下简称《认定方法》),明确了六大违规行为。

《认定方法》发布后,部分银行类 App 迅速予以回应。一个被点名的银行 App 更是在第二天便发布了最新的手机银行用户隐私政策,包括明确 App 如何收集用户信息,以及收集和使用用户信息的范围;如何使用 cookie 技术;如何存储用户信息以及如何进行隐私保护。此外,该银行 App 对业务办理模块也进行了相应的调整,每一类业务中涉及用户信息收集与使用的内容都以加粗字体的形式显示,而且与以前的政策相比,新的用户隐私政策中用户的个人信息收集范围明显缩减。

总体来看,国家越来越重视数据的合法合规性。这次点名事件后各类 App 对用户信息的收集和使用更加慎重,隐私保护协议也更加完善,对于推动个人隐私保护和科技合规的发展起到了一定的作用。

12.1　大数据隐私保护与合规科技

大数据技术对人们的生活和工作等产生了深远的影响,然而大数据技术的使用存在一定风险,不合理的收集、存储和使用会导致用户隐私数据泄露,其带来的隐私问题将会给个人以及社会造成重大的影响。

12.1.1 隐私的定义

> **定义 12.1 隐私**
>
> 广义来讲,关于隐私并没有明确的定义。在我国,隐私主要指隐私权,
> 是指个人所具有的人格上的利益不受不法僭用或侵害,个人与大众无
> 合法关联的私事,亦不得妄予发布公开,而其私人活动,不得以可能造
> 成一般人精神痛苦或感觉羞辱之方式非法侵入的权利。

个人或者群体有权决定是否将自身的信息公开,其可以自愿提供隐私信息来换取等额报酬,但未经允许的信息获取行为应该被严格禁止。个人数据是指已经识别出来的或者可以识别出来的与自然人有关的所有数据。已经识别出来的数据包括用户姓名、身份证号等,利用这些数据可以直接确定某个自然人的身份;可以识别出来的数据是指不包含可以直接确定某个自然人身份的数据,但对已有的信息进行分析或推理可以得到某个自然人的数据,如家庭住址、兴趣爱好等。用户个人数据是隐私数据,一旦泄露将给用户造成难以挽回的损失。

在现实中,隐私泄露的场景是多种多样的,根据泄露的隐私数据的类型,通常可以将隐私泄露分为个人标识泄露、属性泄露和成员关系泄露。

1. 个人标识泄露

个人标识泄露是指数据使用者可以通过某种手段定位到一条数据属于某个自然人。这是一种非常严重的隐私泄露。

2. 属性泄露

属性泄露是指数据使用者可以通过分析数据了解到某个自然人的属性信息。这种泄露往往是由个人标识泄露引起,但也可能独立发生。

3. 成员关系泄露

成员关系泄露是指数据使用者可以通过分析数据确定某个自然人是否存在于数据表中,这种泄露造成的影响较小。

12.1.2 隐私泄露案例

隐私泄露事件每年都会发生而且数量不少。隐私泄露事件的发生一方面是由于用户本身的隐私保护意识不够强烈,另一方面则是由于收集信息的一方对数据的保护工作不够重视,而每一个隐私泄露事件都会牵扯众多的用户,所造成的社会和经济损失难以估计。下面列举了几个典型的用户隐私泄露案例。

1. Venmo 公开用户交易信息

Venmo 是贝宝(PayPal)旗下的一款小额支付软件。2018 年 7 月,一名隐私提倡者 Hang Do Thi Duc 发布调查结果表示,多数 Venmo 交易被记录在任何人均可以访问的一个公共应用程序接口(API)中,其原因是 Venmo 的移动应用程序默认将所有用户的相关权限设置为"公开"。该隐私提倡者通过这一隐私策略查询到了 Venmo 的公共应用程序接口并下载了其在 2017 年的所有公开交易记录,总计 207 984 218 条。除非用户特别更改了权限设置,否则他们通过 Venmo 做出的所有交易都会被记录且可以被任何人通过 Venmo 的公共应用程序接口访问。通过这个公共应用程序接口暴露的数据包括发送人和收款人的姓名、Venmo 头像、交易日期、交易留言、交易类型等。

2. Elasticsearch 数据泄露事件

Elasticsearch 是一台基于 Lucence 的搜索服务器。2019 年 12 月 4 日,Elasticsearch 数据库发生了数据泄露事件,网络安全研究人员在不安全的云存储桶中发现了 27 亿个电子邮件地址和密码,其中 10 亿个密码都是以简单的明文存储的。

3. P&N 银行数据泄露事件

2020 年 1 月 15 日,澳大利亚 P&N 银行在服务器升级期间遭遇了网络攻击,发生了数据泄露。作为西澳大利亚州的最大银行,该银行提供储蓄、贷款产品、保险和财务规划服务。在本次攻击中,该银行客户关系管理系统中的个人信息和敏感账户信息被泄露。黑客从网络攻击中窃取了 10 万个西澳大利亚州人的信息。

4. 甲骨文公司泄露数十亿条数据记录

2020 年 6 月,甲骨文公司的数据管理平台 BlueKai 因为在服务器上不加密码而泄露了数十亿条数据记录。BlueKai 是一个基于云计算的大数据平台,其能够利用 cookie 等技术来获取用户的个人网络信息、阅读习惯、浏览内容等,并据此推断和分析用户的收入水平、受教育水平、兴趣爱好等个人标签,进而向其精准地推送广告。

从上述隐私泄露案例可以看出,大数据时代用户使用数据是必不可少的,而用户隐私如何得到有效的保护,是值得人们深思的问题。

从非技术的角度来看,政府需要继续完善有关隐私保护的法律法规,进一步加强对大数据公司的监管;与此同时,用户自身也应该提高隐私保护意识,将隐私保护的主动权掌握在自己手中。从技术的角度来看,技术人员需要研究大数据隐私保护技术,以在大数据公司使用数据的过程中确保用户的隐私安全。

12.1.3　数据合规的定义

在大数据时代,数据合规,顾名思义,就是指要求企业的数据来源、数据用途等符合国家法律法规的规定。2020 年 4 月,中共中央、国务院印发的《关于构建更加完善的要素市场化配置体制机制的意见》,第一次将数据作为一种新型生产要素来看待,将数据与土地、劳动力、资本、技术等一道,共同视为此次要素市场化改革的重要组成部分。由此可以看出,大数据时代要求国家对数据有更强、更全面的掌控力,是否具有这样的能力也被视为衡量国家竞争力的关键因素。在金融智能领域,优质的数据带来的作用是巨大的,所有的模型都要有海量的真实数据作为支撑,但与此同时,企业的数据来源是否合法,企业的数据用途是否合规,以及用户的数据是否得到了有效的保护,都是人们在大数据时代需要重点关注的问题,也是当前监管科技需要解决的主要问题之一。

12.1.4 数据合规的全球监管趋势

近年来,越来越多的国家和地区开始重视用户隐私数据的保护,越来越严格地审核企业使用数据是否合规、用户的数据安全是否得到了有效的保障。2018 年,欧盟针对个人隐私数据保护的《通用数据保护条例》(GDPR)正式生效,数以万计的企业受到该条例的影响,甚至改变了其原有的数据处理方式。很多企业都因为数据使用不合规而收到了罚单。2018 年 8 月至 9 月,英国航空公司(British Airways)泄露了40 万条客户数据,其中包括用户姓名、地址、订座记录、登录信息以及信用卡数据等详细内容。由于发生了如此严重的数据泄露事故,英国航空公司被开出了 1. 83 亿英镑的罚单,创下了数据保护领域的处罚记录。而万豪国际酒店集团(Marriott International)所收购的喜达屋酒店集团的中央预订系统数据库遭到了黑客的攻击,导致超过 500 万个未加密的密码和800 万条信用卡数据被黑客掌握,万豪国际酒店集团因此被处以 9 900 万英镑的罚款。值得注意的是,此次数据泄露从 2014 年一直持续到 2018 年,其涉及的用户面之广、持续的时间之长也充分暴露了大数据时代一旦发生数据泄露事件可能出现的严重后果。虽然到目前为止依旧有企业发生数据泄露事件,但来自监管部门的约束已经越来越强。2020 年 1 月 1 日,美国加利福尼亚州颁布的《加州消费者隐私保护法》(CCPA)正式实施,该法案被认为是美国有史以来最全面的消费者隐私保护法案。

12.1.5 我国数据合规监管的现状

中国消费者协会的一项调查报告显示,中国有 85. 2%的手机移动应用程序用户遭遇过数据泄露。在日常生活中,很多手机用户都有过被拨打骚扰电话和被发送过骚扰电子邮件的经历,其背后都涉及数据隐私泄露的问题。在大数据时代,我国十分重视个人数据保护,出台了很多有关企业数据合规和保障用户数据隐私的法律法规。其中较为重要的法律法规如下。

- 2012 年发布的《全国人民代表大会常务委员会关于加强网络信息保护的决定》。
- 2012 年发布的《信息安全技术　公共及商用服务信息系统个人信息保护指南》。
- 2013 年修正的《中华人民共和国消费者权益保护法》。
- 2013 年发布的《电信和互联网用户个人信息保护规定》。
- 2014 年发布的《寄递服务用户个人信息安全管理规定》。
- 2016 年发布的《中华人民共和国网络安全法》(简称《网络安全法》)。
- 2017 年发布的《关于办理侵犯公民个人信息刑事案件适用法律若干问题的解释》。
- 2016 年发布的《移动智能终端上的个人信息保护技术要求》。
- 2018 年发布的《信息安全技术　金融信息服务安全规范》。
- 2019 年发布的《数据安全管理办法(征求意见稿)》。
- 2019 年发布的《儿童个人信息网络保护规定》。
- 2020 年发布的《信息安全技术　个人信息安全规范》。
- 2021 年发布的《中华人民共和国个人信息保护法》。
- 2021 年发布的《中华人民共和国数据安全法》。

除此之外,我国还出台了其他的法律法规来对数据合规进行监管。在这些法律法规中,尤为重要的是 2016 年发布的《网络安全法》以及 2021 年发布的《中华人民共和国数据安全法》(简称《数据安全法》)。

《网络安全法》明确地规定了什么是网络数据以及什么是个人信息,其第七十六条规定:"网络数据,是指通过网络收集、存储、传输、处理和产生的各种电子数据。"任何影响网络数据完整性、保密性和可用性的行为,都会使数据安全受到威胁。《网络安全法》第七十六条还规定,"个人信息,是指以电子或者其他方式记录的能够单独或者与其他信息结合识别自然人个人身份的各种信息,包括但不限于自然人的姓名、出生日期、身份证件号码、个人生物识别信息、住址、电话号码等。"该定义为今后对企业数据合规进行审核和监管提供了法律依据。

2021 年发布的《数据安全法》第三条规定,"数据,是指任何以电子或者其他方式对信息的记录。"随着国家越来越重视对数据处理活动的监管,越来越多与数据安全相关的法律出台,为对数据合规进行监管提供了保障。此外,《数据安全法》对于数据安全与发展、数据安全制度、数据安全保护义务、政务数据安全与开放以及法律责任,给出了详细的说明和规定。

12.2 核心技术——隐私保护技术

隐私保护是数据合规的核心技术之一,其目的是在保护用户隐私的基础上利用数据实现特定目标,如利用机器学习的方法进行数据建模等。下面介绍几种经典的隐私保护技术。

12.2.1 数据隐私保护概述

数据隐私保护一般涉及两个或两个以上的参与方。以两方(A方和B方)为例,常见的数据隐私场景有以下几种。

场景一:A方持有数据,B方持有模型,A方希望把自己的数据输入B方的模型,以获得结果,但并不希望把自己的数据直接给B方;同理,B方也不希望把自己的模型直接给A方。

场景二:对于同样的样本,A方持有一部分数据,B方持有一部分数据以及标签,B方希望借用A方的数据,增强自身的数据,以更好地预测标签。但是出于数据安全与数据隐私保护的考虑,A方不希望B方直接拿走自己的数据,希望仅将数据用于B方当前的任务上。

场景三:A方有许多用户,并且每个用户都在本地存储了部分数据。但是根据政策要求,A方无法将每个用户的数据都发送到自己的服务器上来进行建模,因此需要在数据不离开用户的情况下进行建模。

根据上述三种场景,我们可以对数据在各个参与方之间的分布方式进行分类。

分布方式一:数据与模型分离,即数据 X 与模型 M 分布在两处,这里的数据通常是指原始数据。

分布方式二:数据横向切分,即将数据集 X 表示成包含 N 个样本的集合,不同的参与方拥有这个集合的不同子集。

分布方式三:数据纵向切分,即对于数据集中的某个样本 $x = (x_1, x_2, \cdots, x_n)$,一方拥有其中的部分特征 $(x_1, x_2, \cdots, x_j)$,另一方则拥有剩余部分的特征 $(x_{j+1}, x_{j+2}, \cdots, x_n)$。

数据在各个参与方之间的分布方式如图12.1所示。

用户	属性				
	净值变化	资金等级	性别	贷款次数	交易金额
1	0.1	3	0	1	400.0
2	−0.2	4	0	1	100.0
3	0.3	1	0	2	300.0
4	−0.2	2	1	3	400.0

(a) 原始数据

银行A

用户	属性				
	净值变化	资金等级	性别	贷款次数	交易金额
1	0.1	3	0	1	400.0
2	−0.2	4	0	1	100.0

银行B

用户	属性				
	净值变化	资金等级	性别	贷款次数	交易金额
3	0.3	1	0	2	300.0
4	−0.2	2	1	3	400.0

(b) 横向切分

用户	属性	
	净值变化	资金等级
1	0.1	3
2	−0.2	4
3	0.3	1
4	−0.2	2

银行A

用户	属性		
	性别	贷款次数	交易金额
1	0	1	400.0
2	0	1	100.0
3	0	2	300.0
4	1	3	400.0

银行B

(c) 纵向切分

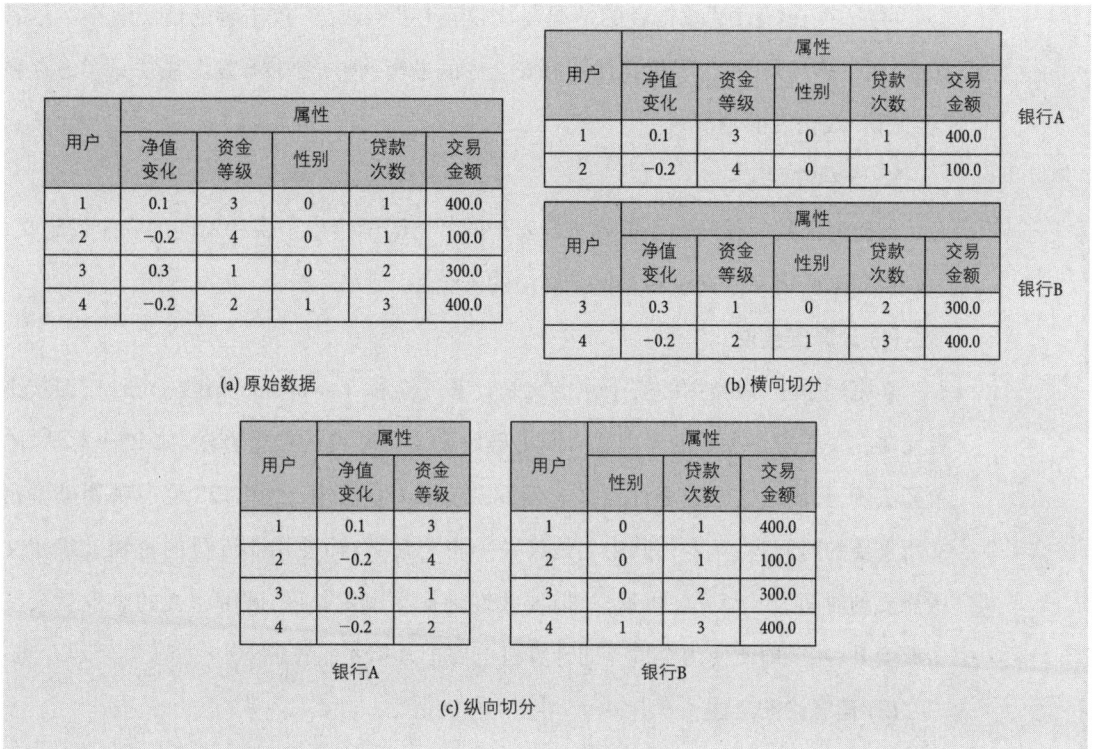

图 12.1 数据在各个参与方之间的分布方式

12.2.2 攻击者模型和安全性定义

1. 攻击者模型

在设计隐私保护算法时,往往会考虑以下两种攻击者模型。

(1) 半诚信(semi- honest) 攻击模型

一个"半诚信"的攻击者,会严格按照算法协议的流程进行操作,然后试图从自己"合法"得到的信息中获取更多的信息。

(2) 恶意 (malicious)攻击模型

一个"恶意"的攻击者,不一定遵循算法协议的流程,而会采用任何可能的方式进行攻击,以获得更多的额外信息。

下面举例说明半诚信攻击模型和恶意攻击模型之间的区别。

例如,A 方有一个数 a,B 方有一个数 b,采用如下算法计算 $a+b$:A 方把 a 发送给 B 方,B 方计算 $a+b$ 并将结果发送给 A 方。如果 B 方是一个"半诚信"攻击者,那么 B 方可以获得 a 的信息,A 方也仍然可以获得 $a+b$ 的计算结果。但是如果 B 方是一个 "恶意"攻击者,那么 B 方在获得 a 之后,可能发送一个错误的计算结果 $a+b'$ 给 A 方。此时 A 方既没有得到 $a+b$ 的正确计算结果,又暴露了自己的信息 a。

可见,存在"恶意"攻击者的情况要比仅存在"半诚信"攻击者的情况复杂。尽管如此,在很多场景中,为了达到性能和安全性的平衡,研究者和开发者往往只考虑存在"半诚信"攻击者的情况。

2. 安全性定义

如何论证某一种隐私保护算法是安全的? 密码学给出了多种不同的安全性定义,可以根据这些定义来衡量隐私保护算法的安全性。

(1) 计算安全性

在密码学中,最常用的安全性定义是计算安全性(computational security),即攻击者无法在关于安全参数的多项式时间内破解密文。常见的加密算法,如 RSA 算法、哈希算法等,都满足这一安全性定义。例如,在 RSA 算法中,使用 128 位的密钥破解密文所需要的时间为 $c \cdot 2^{128}$,其中 c 是某一个特定常数;而使用 256 位的密钥破解密文所需要的时间为 $c \cdot 2^{256}$。可见,只需要线性地提高密钥长度,破解密文的难度就会呈指数上升,甚至即便使用全世界的计算机也要千万年才能破解。

(2) 信息论安全性

信息论安全性(information theoretic security)又称为绝对安全性(unconditional security),指的是在任何情况下,攻击者都无法获得关于明文的任何信息。其最简单的实现方式是"一次一密"(one-time pad),即对明文中的每一个比特,都用一个随机的比特异或进行加密。

(3) 其他安全性定义

除了这两种安全性定义外,还有其他针对具体场景的安全性定义。例如,差分隐私(differential privacy)衡量的就是数据库场景中,某一条数据发生改变所引起的算法结果改变的最大值。如果某一条数据发生改变,算法结果几乎没有改变,就认为该算法对隐私保护得比较好。

无论是进行数据分析还是进行机器学习,数据集都是需要首要考虑的。而在数据的采集、使用过程中,会不可避免遇到数据隐私问题。因此,采用合适的隐私保护技术是十分必要的。下面从最基础的数据脱敏出发,介绍常见的隐私保护技术。

12.2.3 数据脱敏

数据脱敏通常是指为了实现对敏感隐私数据的可靠保护而利用相应的规则对数据进行改造的一种手段或方法。对于用户的敏感隐私数据以及商用数据,如身份证号码、手机号、出行记录等,在不影响数据所属系统运行的前提下,需要进行一定的数据改造。数据脱敏是最基本的隐私保护手段之一,其最重要的就是确保数据在改造后仍保留其可用性,脱敏后的数据需要保持原有的数据特征、数据关联性,保证已有的业务系统能够基于脱敏数据正常运行。数据脱敏的具体要求如下。

(1) 数据特征一致性

数据脱敏前后必须保持数据特征的一致性。例如,用户的身高数据具有大小关系,用户越高,相应的身高数据就越大,脱敏后的数据仍需与脱敏前的数据保持一致,而不能出现随机生成的数据。

(2) 关联一致性

不同业务的数据之间存在显式或隐式的关联性,脱敏后的数据仍需要维持原有的关联性。在不同的业务中,若需要使用同一用户的脱敏数据,则相同字段的脱敏规则应相对一致。例如,在交易系统和存款系统中,用户的余额信息在脱敏后应保持相对一致。

数据脱敏的方法多种多样,但从本质上来看,这些方法都是通过遮蔽原始数据中的隐私部分来实现的,下面列举常见的三种方法。

(1) 删除法

最简单的数据脱敏方法就是直接舍弃数据中的敏感字段,我们可以通过人工与程序联合分析的方式将数据中对系统无影响或者影响较低的敏感字段删除,从而避免隐私泄露。例如,在用户风险预警评估模型中,可以直接舍弃身份证号、用户名等字段。

(2) 遮蔽法

遮蔽法用特殊字符覆盖原始数据信息,如将手机号的中间位数用" * "号替换,这种数据脱敏方法常用于叫号系统、外卖订单中。

(3) 泛化法

泛化法是指仅保留数据的局部特征,从而提高数据的不可辨识度。例如,在数据统计系统中,我们使用年龄段而不是具体的数字来表示单个用户的年龄。

12.2.4　匿名化技术

在数据发布场景中,最重要的隐私信息是用户的敏感数据与个人身份之间的对应关系。通常直接删除敏感字段或局部特征(如身份证号、姓名)等的做法并不能有效地避免隐私泄露,攻击者可以通过一种称为链接攻击的策略来获取用户个人的隐私数据。

> **定义 12.2　链接攻击**
>
> 链接攻击是指攻击者通过对发布的数据和从其他渠道获取的外部数据进行链接操作,推理出隐私数据,从而造成隐私泄露。链接攻击等价于数据维度扩充。

针对链接攻击以及其变种,比较著名的匿名化技术有 K-匿名算法、L-多样化算法和 T-相近算法。

1. K-匿名算法

K-匿名(K-anonymity)算法由拉塔尼娅·斯威尼(Latanya Sweeney)等提出,主要是为了解决链接攻击问题,该算法通过遮蔽法和泛化法,降低数据发布的精度,使得数据表中的单条记录至少和 $K-1$ 条其他记录具有相同的准标识符属性值,从而减少链接攻击带来的隐私泄露问题。

K-匿名算法提出了两个关于数据的概念:显式标识符和准标识符。该算法将可以唯一定位用户记录的属性集合称为显式标识符,而将能够以较高的概率通过一定的外部信息定位用户记录的属性集合称为准标识符,表 12.1 所示的用户的"姓名""编号"字段就是常见的显式标识符,而"年龄""年收入"字段则是准标识符。

表 12.1 原始银行贷款情况表

姓名	年龄	年收入	编号	贷款
张三	23	10 万元	98011	无
李四	26	15 万元	98012	有
王五	19	12 万元	98013	有
赵六	42	30 万元	98115	无
孙七	38	22 万元	98113	有
周八	32	20 万元	98114	无

K-匿名算法所使用的手段主要是遮蔽法和泛化法,其中常用的遮蔽法就是将属性的部分或者全部用"*"号替换。例如,表 12.1 中的"姓名"字段应该被全部隐藏,"编号"字段应该被选择性隐藏。而泛化法是指仅保留数据的局部特征,即用粗粒度的值代替具体值,又称为离散化。例如,可以将表 12.1 中的"年龄"字段按照类别分类,小于 30 岁的归为"年轻人"一类,属于 30 岁到 60 岁的归为"中年人"一类,大于 60 岁的归为"老年人"一类。按照上述方法转换后,可以得到如表 12.2 所示的匿名后的表格。

表 12.2 匿名后的银行贷款情况表

姓名	年龄	年收入	编号	贷款
*	年轻人	低收入	980**	无
*	年轻人	低收入	980**	有
*	年轻人	低收入	980**	有
*	中年人	高收入	981**	无
*	中年人	高收入	981**	有
*	中年人	高收入	981**	无

需要注意的是,原始表(表 12.1)中"编号"字段的值是唯一的。例如,张三的编号为 98011。而在匿名后的表(表 12.2)中,对于一条记录,如"张三",至少有 2 条其他记录的"编号"字段的值与之相同,如"李四"和"王五"。分析两张表可以看到,任一属性字段(这里认为"贷款"字段是标签,不在考虑范围之内)都具有上述性质,因此称之为3-匿名算法。

K-匿名算法可以保证攻击者无法确定某个具体用户是否存在于给定的数据表中,同时也无法确认给定用户是否具有某一敏感属性。但 K-匿名算法的隐私保护能力有限,在给出足够多属性字段的情况下,攻击者仍然能够通过一些背景知识以较高的概率获取用户的隐私信息。常见的攻击手段有同质化攻击、背景知识攻击、未排序匹配攻击等。

2. L-多样化算法以及 T-相近算法

虽然 K-匿名算法能够使得数据表中的单条记录混杂在 K 条记录之中无法区分,但是如果 K 条记录的某个敏感属性都是一样的,那么攻击者就可以知道单条记录的敏感属性也必然是某个值。

表 12.3　银行贷款情况表

姓名	年龄	年收入	编号	贷款
*	中年人	高收入	981**	无
*	中年人	高收入	981**	无
*	中年人	高收入	981**	无

如表 12.3 所示,虽然该表使用了 3-匿名算法,但是表中用户的敏感属性"年收入"字段的值都是"高收入",使得 K-匿名算法失去意义。因此,L-多样化(L-diversity)算法被提出,它在满足 K-匿名算法要求的同时,也要保证敏感属性具有多样性,这样才能使攻击者无法猜出特定记录的敏感属性。

但是 L-多样性算法在实际中难以实现,即使实现,也会损失大量的信息,因此人们在 K-匿名算法的基础上提出了 T-相近(T-closeness)算法,该算法要同时保证每一组记录的敏感属性分布尽可能接近总体分布。

匿名化技术曾经被广泛使用,但是其不可避免地会减少很多数据的有效信息,因此在大数据和机器学习的场景中并不常用。

12.2.5　数据扰动

数据扰动,即通过对原始数据进行添加噪声或实施变换等操作来扰动数据。数据扰动作为一种直观的隐私保护手段,曾被广泛使用。数据扰动的方法一般有如下几种。

276

1. 添加噪声

添加噪声即直接在数据上添加噪声,是一种比较原始的手段。

2. 随机旋转变换

随机旋转(random rotation)变换是指用一个旋转矩阵去乘样本向量,即对样本向量进行"旋转"操作,该方法能够保持样本向量之间的距离等信息,因此不会对基于距离的聚类算法以及 k 近邻算法的效果产生任何影响。

3. 随机投影变换

随机投影(random projection)变换是指用一个随机生成的矩阵去乘样本向量,该方法与随机旋转变换相比具有更强的隐私保护作用,但是会损失部分样本间的距离信息,使得多种算法的效果受到影响。

数据扰动的思想和实现都较为简单,但是其一直缺乏严谨的安全性证明。研究者逐渐发现,攻击者在获得一些与原始数据有关的信息后,就可能根据扰动过的数据猜测出原始数据,因此数据扰动并不能保证安全性,近年来使用得较少。

12.2.6 基于密码学的技术

1. 隐私集合求交技术

隐私保护技术可以联合多个参与方的数据进行建模。在多个参与方使用各自的数据联合建模之前,要确定各个参与方的共同样本,而且要将共同样本按照顺序排序,否则将无法进行后续的计算。这就需要用到隐私集合求交技术。隐私集合求交(private set intersection),就是指在保护隐私的情况下对多个集合求交集。

> **定义 12.3 隐私集合求交**
> 假设 A 方、B 方分别有集合 $\mathcal{A}=\{a_1, a_2, \cdots, a_n\}$,$\mathcal{B}=\{b_1, b_2, \cdots, b_m\}$,隐私集合求交之后,A 方、B 方可以得到排好序的集合 $\{c_1, c_2, \cdots, c_k\}=\mathcal{A} \cap \mathcal{B}$,同时不能获取任何额外的信息。

最简单的隐私集合求交技术是直接求哈希值,即参与方 A 和 B 先用同一个哈希函数 H 来计算各自数据的哈希值,得到 $\{H(a_i)\}$ 和 $\{H(b_i)\}$,然后再将 $\{H(a_i)\}$ 和 $\{H(b_i)\}$ 互换,最后求得交集。但是这种技术存在一些弊端,如在某些情况下会遭受穷举攻击。例如,在对身份证号集合进行隐私集合求交时,A 方可以穷举所有可能的身份证号,在对这些身份证号求哈希值之后与 B 方发送来的 $\{H(b_i)\}$ 做比对,从而使得 B 方的身份证号集合元素暴露。

　　一种替代性的方法是将集合交换"加密"两次。令 A 方和 B 方分别持有密钥 a 和 b，并且共同持有一个大素数 p，即可计算出 $\{H(a_i)^{ab} \bmod p\}$，$\{H(b_i)^{ba} \bmod p\}$（例如，A 方先计算出 $H(a_i)^a$ 再发送给 B 方计算出 $H(a_i)^{ab}$）。这种方法使得单独一方无法通过穷举的方法来获取交集之外的另一方集合的信息。

　　然而在有的情况下隐私集合交集本身也会暴露一部分信息。因此，有研究者提出了一种算法，使得在隐私集合求交之后，双方能够以加法分享的方式持有交集元素对应的值，但是他们并不知道哪些元素是在交集之中。而有了加法分享的值之后（参见本章秘密分享技术），双方便可以进行后续的隐私保护计算。下面举一个简单的例子来说明该算法。

　　假设 A 方拥有包含标识符和特征的样本集合 $\{(\mathrm{id}_1,10)，(\mathrm{id}_3,15)，(\mathrm{id}_4,2)，(\mathrm{id}_7,4)\}$，其中样本的标识符字段表示该样本的唯一标识符，特征字段则用数字表示样本在对应特征上的取值（被 A 方所拥有）。B 方拥有仅包含样本标识符的样本集合 $\{\mathrm{id}_2,\mathrm{id}_3,\mathrm{id}_4,\mathrm{id}_6\}$。可以看出，A 方、B 方拥有的共同样本的标识符为 id_3 和 id_4，对应的特征为 15 和 2。利用上述方法，在得到共同样本之后，A 方、B 方还能够获得样本对应特征秘密分享之后的值。假设在 $\mathbf{Z}_{16}$ 这个剩余系中进行秘密分享，一种可能的秘密分享方法是 A 方获得 $\{9,5\}$，B 方获得 $\{6,13\}$。将 A 方和 B 方的分享值逐元素相加并对 16 取模，就可以获得 A 方、B 方的共同样本的分享值 $\{15,2\}$。

2. 同态加密技术

　　同态加密（homomorphic encryption）是一种特殊的加密算法，支持在密文上进行计算。由于大多数加密算法都是作用于整数域的，因此同态加密一般也只支持整数运算，如加法或乘法。一般将同态加密分为全同态加密和半同态加密两种。同时支持加法和乘法的同态加密算法被称为全同态加密算法。世界上第一种全同态加密算法在 2009 年由金特里（Gentry）首次提出。全同态加密算法往往具有很高的运算量要求，因此在实际应用中一般采用只支持加法的全同态加密算法，如 Paillier（帕耶）加同态加密算法。

　　考虑一个极度简化的利用对称密码算法加密的例子：A 方有两个数 $x,y\in\mathbf{Z}_{2^L}$，想要计算 $x+y\bmod 2^L$，因此他采用了"缩放"的加密方式，通过密钥 a 分别加密 x,y 得到密文 $ax\bmod 2^L$，$ay\bmod 2^L$，然后将其发送给 B 方。B 方便可以计算出 $ax+ay=a(x+y)\bmod 2^L$，并将结果返回给 A 方，A 方利用密钥 a 解密便可以得到 $x+y\bmod 2^L$。

　　但是，人们很少使用对称密码算法，这是因为在实际应用中，往往用加同态加密算法来计算乘法。

定理 12.1　加同态加密的性质

　　对于某种加同态加密算法，令"+"表示密文上的加法运算，那么有：

$$\mathrm{Enc}(xy)=\mathrm{Enc}(x)y=x\mathrm{Enc}(y)$$

证明 根据加同态加密的性质，$\text{Enc}(x)+\text{Enc}(x)=\text{Enc}(x+x)=\text{Enc}(2x)$，以此类推，$\text{Enc}(x)+\cdots(\text{总共 }y\text{ 个})+\text{Enc}(x)=\text{Enc}(x)y=\text{Enc}(xy)$。

需要注意的是，明文加法所对应的密文运算不一定是加法运算，而可能是乘法运算或者其他运算，并且一般需要用到公钥。

下面考虑 A 方拥有 a，B 方拥有 b 和 c，想要计算函数 $a\cdot b+c=a_1b_1+\cdots+a_nb_n+c$ 的情形。A 方生成同态加密的公钥/私钥对 (sk,pk)，并加密自己的 a 得到 $\text{Enc}(\text{pk};a_1),\cdots,$ $\text{Enc}(\text{pk};a_n)$，然后连同公钥 pk 发送给 B 方。B 方先计算 $\text{Enc}(\text{pk};a_ib_i)=\text{Enc}(\text{pk};a_i)b_i$，相加后得到 $\text{Enc}(\text{pk};a\cdot b)$，然后用公钥 pk 加密 c 得到 $\text{Enc}(\text{pk};c)$，再将 $\text{Enc}(\text{pk};a\cdot b)$ 和 $\text{Enc}(\text{pk};c)$ 相加即可得到 $\text{Enc}(\text{pk};a\cdot b+c)$。

当前广泛使用的同态加密算法有 Paillier 加同态加密算法，以及一些"部分全同态"（somewhat homomorphic）加密算法。"部分全同态"指的是尽管该加密算法可以支持密文上的加法运算和乘法运算，但是其乘法运算的次数不能超过某个定值，否则会造成解密失败，如 BFV、BGV 等同态加密算法。

3. 混淆电路技术

混淆电路（garbled circuit）由姚期智在 1986 年提出，用于两个参与方在不暴露自己的输入的情况下计算一个公开函数的值。使用该技术的最著名的例子便是百万富翁问题：两个百万富翁想知道谁更有钱，但又不想让别人知道自己的财富的具体金额。

两个参与方混淆电路的实现方式如下。

① A 方将需要计算的函数 f 以逻辑门的形式表示，每一个逻辑门都对应一个真值表。

② A 方将所有逻辑门的输入、输出中的0/1用随机生成的字符串（混淆输入、混淆输出）表示，形成新的真值表，并将其保存起来。

③ A 方将真值表中的输出用对应的输入值加密（注意：所使用的加密函数对应的解密函数在解密失败时，需要输出"解密失败"），得到经过加密的真值表，该真值表仅包含加密值，不包含任何混淆输入和混淆输出。然后 A 方将经过加密的真值表打乱顺序后发送给 B 方。

④ B 方在收到经过加密的真值表后，通过不经意传输（oblivious transfer，OT）获取其自身输入所对应的真值表的"混淆输入"，然后按照逻辑门的拓扑顺序，逐个对混淆输出进行解密，得到最外层的混淆输出。

⑤ B 方将最外层的混淆输出发送给 A 方，A 方解密出对应的明文。

下面是一个简单的例子，阐述两个参与方通过混淆电路计算 AND 函数的流程，如图 12.2 所示。

x	y	$x \wedge y$
0	0	0
0	1	0
1	0	0
1	1	1

(a) 原始真值表

x	y	$x \wedge y$
x_0	y_0	z_0
x_0	y_1	z_0
x_1	y_0	z_0
x_1	y_1	z_1

(b) 混淆后的真值表

$\mathrm{Enc}\,(x, y; x \wedge y)$
$\mathrm{Enc}\,(x_0, y_0; z_0)$
$\mathrm{Enc}\,(x_0, y_1; z_0)$
$\mathrm{Enc}\,(x_1, y_0; z_0)$
$\mathrm{Enc}\,(x_1, y_1; z_1)$

(c) 加密后的真值表

图 12.2　原始真值表、混淆后的真值表和加密真值表

假设 A 方和 B 方各自拥有一个比特 a 和 b，他们想计算 $a \wedge b$，但是又不想暴露额外的信息（尽管如果 $a=1$，就有 $a \wedge b = b$，也就是说，结果必然暴露一部分关于输入的信息）。于是，A 方先生成函数的真值表（见图 12.2(a)），再对其进行混淆得到混淆后的真值表（见图 12.2(b)），然后将混淆后的真值表加密得到加密后的真值表（见图 12.2(c)），最后打乱加密后的真值表的顺序，并将其发送给 B 方。

假设 A 方持有的 $a=0$，B 方持有的 $b=0$，那么 A 方要将 0 及其对应的混淆输入 x_0 一同发送给 B 方，同时 B 方和 A 方通过不经意传输，在 A 方不知道 b 且 B 方也不知道 a 的情况下获得 y_0。于是，B 方使用 x_0, y_0 作为密钥依次解密加密后的真值表，直到解密成功获得 z_0。B 方将 z_0 发送给 A 方，A 方根据真实值和混淆值之间的对应关系公布结果 0。

- - 笔记 -

最初的不经意传输，指的是发送方拥有两条信息，随机传送了一条信息给接收方，但是发送方不知道接收方收到的是哪一条信息，接收方也只能接收到一条信息而对另一条信息一无所知。之后的不经意传输算法，一般都支持接收方的选择，即：不经意传输的接收方往往可以输入一个选择比特（choice bit），指定自己接收到的是哪一条信息。

可以将不经意传输看作在两个参与方保证输入隐私的情况下实现了一个多路选择器。

一种简单的不经意传输协议（1-out-of-2 OT）如下：发送方有两条信息 M_0, M_1，接收方有一个选择比特 c。若 $c=0$，则接收方希望获得 M_0，反之则希望获得 M_1。双方指定明文和密文空间为整数环 $\mathbf{Z}_p$，并且指定一个生成元 g。

① 发送方随机选择 $a \in \mathbf{Z}_p$，接收方随机选择 $b \in \mathbf{Z}_p$。

② 发送方计算 $A = g^a$，并发送给接收方。

③ 若 $c=0$，则接收方计算 $B = g^b$，否则计算 $B = Ag^b$，然后将 B 发送给发送方。

④ 发送方生成 $k_0 = H(B^a)$ 和 $k_1 = H\left(\left(\dfrac{B}{A}\right)^a\right)$，分别对信息 M_0 和 M_1 进行加密，得到密文 e_0, e_1 后将其发送给接收方。

⑤ 接收方用密钥 $H(A^b)$ 去解密这两个密文，解密成功则得到 M_c。如果 $c = 0$，则 $k_0 = B^a = g^{a+b}$，反之 $k_1 = g^{a+b}$，因此解密成功后得到的信息一定是 M_c。

在这个协议中，发送方接收到的信息是 g^b 或 g^{a+b}，由于 b 是未知的，因此从信息论的角度，发送方无法区分 g^b 和 g^{a+b}。而接收方收到信息是 g^a 和 e_0，e_1。可以看出若接收方能得到另一条信息，则等价于接收方得到了 a 的值，与离散对数问题无法在多项式时间内求解矛盾。因此，这个协议可以被认为是安全的。

4. 秘密分享技术

秘密分享技术是隐私保护的一个核心技术，它将一个数值划分成多个部分，"分享"给多个参与方，而任意一个参与方又无法根据自己的部分获得关于这个数值的任何信息。

秘密分享（secret sharing）最初由萨莫尔（Shamir）提出，对一个数值进行 (t, n)-秘密分享，表示将一个数值 x 分享给 n 方，其中至少需要 $t(t \leq n)$ 方提供自己的分享才能恢复出 x。一般采用的方法是对 t 阶多项式采样 n 个不同点。

最简单的秘密分享技术是两个参与方的加法分享，即任意一方（可以是 A 方、B 方之外的第三方）若要分享一个数值 x，就要随机产生一个数值 r，然后将 $x - r$ 发送给 B 方，把 r 发送给 A 方。此时 A 方和 B 方以加法的方式分享了数值 x，将 r 记作 $[x]_1$，将 $x - r$ 记作 $[x]_2$。显然，这是一种 $(2, 2)$-秘密分享。

但是直接随机生成 r，依然会有安全隐患。例如，分享者产生的 $r \sim N(0, 1)$，若某一次要分享的 x 很大，则 $x - r \approx x$，导致两个参与方都能够得到关于 x 的信息。为了解决这一问题，秘密分享的一个基本要求，就是对于一个要分享的数值 x，要保证两个参与方得到的分享 r 和 $x - r$ 都属于同一个分布。研究者采用的方法是把要分享的值限定在一个整数剩余系集合内，一般为 $\mathbf{Z}_{2^L}$，也就是 $x \in \mathbf{Z}_{2^L} = \{0, 1, 2, 3, \cdots, 2^L - 1\}$。同时，$r \in \mathbf{Z}_{2^L}$，然后保证加法、减法和取余运算的结果也在同一个集合内。这种方法能够保证无论 x 是什么，两个参与方所获得的分享都是 $[x]_i$，满足 $[x]_i \overset{\$}{\leftarrow} \mathbf{Z}_{2^L}$。其中，$\overset{\$}{\leftarrow}$ 表示从某一集合中按照均匀分布随机取出一个元素。

> **定理 12.2**　整数加法分享的安全性
>
> 对于任何一个数值 $x \in \mathbf{Z}_{2^L}$，使用加法分享的方法分享给两个参与方，两个参与方收到的分享 $[x]_0$、$[x]_1$ 总是满足分布 $[x]_i \overset{\$}{\leftarrow} \mathbf{Z}_{2^L}$。

证明　令 A 方获得的分享为 $[x]_1 = r \overset{\$}{\leftarrow} \mathbf{Z}_{2^L}$，于是只需要证明 $x-r \bmod 2^L \overset{\$}{\leftarrow} \mathbf{Z}_{2^L}$。显然，$r$ 和 $x-r$ 是一一对应的关系，因此，$P\left(x-r \bmod 2^L = a \mid x = x_1\right) = P\left(r = a + x_1 \bmod 2^L \mid x = x_1\right) = \dfrac{1}{2^L}$，即 $x-r \bmod 2^L \overset{\$}{\leftarrow} \mathbf{Z}_{2^L}$。

为了方便，下面的加减运算均省略了同余符号，表示剩余系的加减运算。

可以对加法分享的数值进行加法、乘法等运算。对于加法运算，假设分享的两个数值为 x，y，A 方持有 $[x]_1$，$[y]_1$，B 方持有 $[x]_2$，$[y]_2$，那么计算 $x+y$，只需要双方分别将自己的 x，y 的分享相加即可，因为 $[x]_1 + [y]_1 + [x]_2 + [y]_2 = \left([x]_1 + [x]_2\right) + \left([y]_1 + [y]_2\right) = x+y$。这个过程不需要任何额外的通信，因此开销很小。

对加法分享的数值进行乘法运算是比较困难的，一般需要借助于预生成的乘法三元组（beaver triple）。

> **定义 12.4**　乘法三元组
>
> 在加法分享中，一个乘法三元组指的是三个加法分享的数值 u, v, w，满足 $uv = w$。

> **定理 12.3**　乘法三元组的性质
>
> 利用预先生成的乘法三元组，两个参与方可以对加法分享的两个数值进行乘法运算，得到乘积的加法分享，并且不暴露任何信息。

证明　假设两个参与方加法分享地拥有 x，y，u，v，w。其中，$u, v \overset{\$}{\leftarrow} \mathbf{Z}_{2^L}$。为了计算 xy，两个参与方首先恢复 $x-u$ 和 $y-v$ 的明文，然后计算出 $(x-u)(y-v) + (x-u)v + u(y-v) + w$ 的分享值，记作 z。显然，$z = (x-u)(y-v) + (x-u)v + u(y-v) + w = xy$。

下面证明该方法不会使任意一方获得任何额外信息：由于 $u \overset{\$}{\leftarrow} \mathbf{Z}_{2^L}$，因此对于任何 $x, x-u \overset{\$}{\leftarrow} \mathbf{Z}_{2^L}$，$x$ 的信息都不会被暴露。同理，在不同的 y 下，$y-v$ 的分布也是相同的，因此 $y-v$ 不会暴露任何关于 y 的信息。而且根据前面的假设，由于 u，v 分别是按照均匀分布随机采样得到的，$x-u$，$y-v$ 之间没有任何约束关系。因此，使用三元组进行加法分享下的乘法,不会额外暴露任何关于 $x-y$ 的信息。

通过预先生成的乘法三元组,两个参与方可以方便地对加法分享的值进行乘法运算,乘法运算不只是指两个数值相乘,也可以是向量点乘、矩阵乘法等任何支持分配律的乘法运算。

5. 差分隐私技术

差分隐私(differential privacy)由德沃克(Dwork)提出,是一种用于衡量隐私泄露的指标。通俗地讲,差分隐私衡量的是数据库中单条记录的改变对任意查询算法的结果所造成的影响。

定义 12.5　差分隐私

一种随机化算法 M 在所有可能的数据库集合 $\chi=\{X_i\}$ 上满足 (ε,δ)-差分隐私,如果对于任何 $S\subseteq\mathrm{Range}(M)$,以及 $X_i,X_j\in\chi,\|X_i-X_j\|\leqslant1$,有:

$$\Pr[M(X_i)\in S]\leqslant e^{\varepsilon}\Pr[M(y)\in S]+\delta$$

其中,$\|X_i-X_j\|\leqslant1$ 表示数据库 X_i,X_j 至多有一条记录是不相同的。

因此,一个算法满足 (ε,δ)-差分隐私,表示在 $1-\delta$ 的概率下,改变数据库中的任意一条记录,都会导致算法出现某种结果的概率提高/下降 ε 倍。可见,如果 ε 很大且算法结果又恰好在某个值域的子集 S 上,就可以以较大概率推测出某条记录的值。而 δ 则表示例外情况的概率,在例外情况发生时隐私性不受保障。

最理想的情况是 $\varepsilon=0$,表示一条记录改变前后,算法的结果不会有任何差别。但是在这种情况下,算法的结果也变得没有任何意义了。在实际使用中,ε,δ 两个值越小,表示隐私保护的程度越大。

下面举一个简单的例子来说明差分隐私。假设研究人员想做一个关于人群中吸烟者所占比例的调查,但是被调查者又想要保护自己的隐私,不希望调查者知道自己是否吸烟。此时被调查者可以通过一种随机算法 M 来实现差分隐私。

如果被调查者吸烟,则有 $\frac{1}{3}$ 的概率谎称自己不吸烟;如果被调查者不吸烟,则有 $\frac{1}{3}$ 的概率谎称自己吸烟。

在这种情况下,当某一个人从吸烟变为不吸烟时,考察随机算法 M 的结果,有

$$\frac{\Pr(M(X_i)=吸烟)}{\Pr(M(X_j)=吸烟)}=2$$

$$\frac{\Pr(M(X_i)=不吸烟)}{\Pr(M(X_j)=不吸烟)}=\frac{1}{2} \tag{12.1}$$

因此,可以说该随机算法具有 $\left(\ln\dfrac{1}{2},\ 0\right)$ -差分隐私。但是这种方法会导致统计出来的结果产生偏差。在人足够多的情况下,假设原有的吸烟者比例为 x ,则测得的比例 $x'=\dfrac{2}{3}x+\dfrac{1}{3}(1-x)=\dfrac{1+x}{3}$,因此可以通过该方程得到原始比例。但是在人少的情况下,误差较大。

在实际应用中,常常使用添加噪声的方法来实现差分隐私。有的实现差分隐私的方法是直接在原始数据上添加噪声,因此可以本地化实现,称为本地差分隐私(local differential privacy),还有一些差分隐私在具体的机器学习算法的某些过程中使用,称为结果差分隐私(output differential privacy)。由于在大部分情况下,噪声都会给模型训练效果带来影响,因此在实际应用中常常需要在模型的性能和隐私保护程度之间进行权衡。

6. 可信执行环境

与前面介绍的基于密码学的方法不同,可信执行环境从硬件层面保证数据安全。由于可信执行环境是一种工程上的解决方案,因此它并没有严格的定义。一般来说,可信执行环境需要具有以下特点。

(1) 隔离

在可信执行环境中执行的程序需要与其他程序隔离(isolation)开来,它们不能互相干涉,也无法互相访问内存。

(2) 安全存储

在可信执行环境中执行的程序若需要进行安全存储(secure storage),就必须进行加密,以保证硬盘存储内容无法被其他程序访问。

(3) 信任证明

信任证明(trust attestation)是指可信执行环境需要向第三方远程证明其是可信任的。

一种可信执行环境的解决方案是基于英特尔处理器(Intel CPU)的 Intel SGX 系统。这种解决方案基于“只有 Intel CPU”是可信的,其他一切硬件,包括内存、硬盘、通信总线等都存在被窃听的可能,从而实现了可信执行环境。支持 Intel SGX 系统的 Intel CPU,包含内存加密单元、加密内存页表、可信指令集等,并且能通过英特尔公司提供的验证服务远程证明程序运行在 SGX 环境中。

除此之外,安谋(ARM)公司的 TrustZone、超威(AMD)公司的安全处理器(PSP)等均可以实现可信执行环境。但由于硬件限制,在可信执行环境中运行的程序面临内存受限、难以多核运行等诸多问题,因此许多程序都必须重新开发适配可信执行环境的版本。

12.3 应用——隐私保护机器学习

随着机器学习的广泛应用,近几年来,越来越多的机构采用机器学习系统来辅助业务增长。例如,在银行等金融机构中,机器学习被应用于风险控制、欺诈检测等领域。由于机器学习需要汇聚大量的数据,而金融数据往往是高度敏感、不允许泄露的,因此对于金融机构,机器学习中的隐私保护尤为重要。本章将介绍几种常见的隐私保护机器学习方法,它们大多利用密码学方法,做到了严格的隐私保护,属于近几年来学术界的最新研究成果,目前尚未在业界广泛应用。

12.3.1 基于全同态加密的隐私保护机器学习

在 2009 年金特里提出第一种全同态加密算法之前,同态加密算法都是只实现了针对加法或乘法的单一运算。然而大多数机器学习算法,如神经网络等,需要进行包括加法、乘法以及非线性函数在内的多种运算,因此很难将其直接应用到机器学习算法中。2015 年,微软公司的研究人员使用 BFV 同态加密算法,进行了将全同态加密算法应用于神经网络的尝试,项目命名为 CryptoNets。

需要注意的是,BFV 同态加密算法,并非真正的全同态加密算法,其计算深度受到限制,嵌套的乘法的数目不能超过某个最大值,将其应用于神经网络训练是比较困难的,因此 CryptoNets 仅支持模型推断。而且因为全同态加密算法实际上支持的只是整数域上的加法和乘法,所以 CryptoNets 中的激活函数均采用了平方函数 (x^2),而不是一般神经网络所采用的 Sigmoid、ReLU 等激活函数。

应用 CryptoNets 的流程为:客户端使用自己的同态加密公钥 pk 加密自己的数据 x 得到 $Enc(pk;x)$,再将其与公钥 pk 一同发给拥有模型 f 的服务器。服务器利用全同态加密算法,得到 $Enc(pk,f(x))$,然后将其发送给客户端,最终客户端通过 sk 解密得到 $f(x)$。

CryptoNets 实现了卷积神经网络对来自美国国家标准与技术研究院(NIST)的 MNIST 手写数字数据集的识别,其模型可以达到 99% 的准确率。但是因为同态加密算法的开销较大,一批图片从输入网络到得到结果,会有几十秒乃至几百秒的延迟,同时密文长度也会比明文长数十倍。

12.3.2 基于混合协议的隐私保护机器学习

如上一小节所述,使用全同态加密算法实现机器学习面临开销巨大、难以训练等问题。因此,研究者们开始融合多种密码学方法来实现机器学习。SecureML 就是其中的一个经典例子。

SecureML 是一个两个参与方进行安全机器学习的协议,实现了线性回归、逻辑斯谛回归和神经网络这三种机器学习方案。对于线性运算部分,SecureML 采用秘密分享的方式进行计算;对于非线性的激活函数,如 Sigmoid 函数,则使用混淆电路进行计算;计算的结果依然以秘密分享的形式在两个参与方之间存储。

> **笔记**
>
> 乘法三元组的线下生成方法:使用了秘密分享技术的隐私保护机器学习,都需要使用乘法三元组来实现秘密分享下的矩阵乘法。在没有第三方协助的情况下,乘法三元组的生成往往需要在线下进行。注意到乘法三元组本质上就是满足 $([x]_0+[x]_1)([y]_0+[y]_1)=[z]_0+[z]_1$ 的 6 个量,因此两个参与方在计算三元组的过程中依然要利用安全矩阵乘法来计算 $[x]_0[y]_1$ 和 $[x]_1[y]_0$,一般采用加同态加密或不经意传输的方法进行。
>
> 同态加密生成三元组的流程如下:A 方生成密钥对,然后用公钥加密 $[x]_0$ 得到 $\mathrm{Enc}(\mathrm{pk},[x]_0)$,发送给 B 方,B 方计算 $\mathrm{Enc}(\mathrm{pk},[x]_0)[y]_1 - \mathrm{Enc}(\mathrm{pk},r)=\mathrm{Enc}(\mathrm{pk},[x]_0[y]_1-r)$(加同态加密的性质)后再将其发送回 A 方。其中,r 是 B 方随机生成的一个值。此时 A 方解密得到 $[x]_0[y]_1-r$,B 方得到 r,根据这两个值便得到秘密分享的 $[x]_0[y]_1$。除此之外,SecureML 也提出了使用不经意传输进行安全矩阵乘法的方法。该方法需要一方根据矩阵每一个元素的每一个比特是 0 或 1,通过不经意传输获取对应的乘积。

除了广泛采用的算术分享(arithmetic sharing)外,许多工作还采用了布尔(Boolean)分享、姚(Yao)分享等方法将一个值分发给多个参与方。其中,姚分享指的就是姚期智提出的混淆电路方法。一般来说,算术分享适用于加法和乘法的计算,而布尔分享和姚分享则适用于非线性函数的计算。研究者们通过对各种秘密分享下的运算开销以及各秘密分享方法之间相互转换的开销进行分析,最终使得各种秘密分享方法"各司其职",达到最优的性能。

ABY 框架集成了算术分享、布尔分享和姚分享这三种秘密分享机制,使其可以支持多种运算和分享值之间的转换。其中,整数的加法和乘法使用算术分享,而布尔分享和姚分享则支持多路选择器、大小比较、求余数等操作。ABY³ 框架在 ABY 框架的基础上进行了改进,加入了辅助计算的半可信第三方,使其可以支持逻辑斯谛回归与神经网络。

12.4 应用——联邦学习

联邦学习的概念是由谷歌最先提出的,其主要的想法是在尽可能不暴露隐私的前提下,将各个参与方提供的数据融合到一个机器学习模型中。

假设存在 N 个参与方 $\{F_1, F_2, \cdots, F_N\}$,将它们所拥有的数据记为 $\{D_1, \cdots, D_N\}$,令 M_{sum} 为直接联合全部数据所构建的模型,其精确度为 V_{sum},M_{fed} 为使用联邦学习算法无隐私泄露地联合全部数据所构建的模型,其精确度为 V_{fed}。令 δ 为一个非负整数,若公式(12.2)成立,则称这是一个满足精确度损失小于 δ 的联邦学习算法。

$$|V_{fed} - V_{sum}| < \delta \tag{12.2}$$

联邦学习根据数据分布方式的不同,一般可分为横向联邦学习、纵向联邦学习以及联邦迁移学习。下面简要介绍这几种联邦学习的任务目标和相关应用的实现。

12.4.1 横向联邦学习

联邦学习最初的设定就是横向联邦学习。如图 12.3 所示,横向联邦学习主要解决不同数据源共享相同的特征但样本不同的情况。例如,位于不同地区的两家同类型银行,所服务的客户的交集应该是非常小的,但是由于银行业务具有相似性,其数据特征有很大一部分是重合的,因此可以将两个参与方的数据横向合并以提高数据量,从而提升机器学习模型的性能。

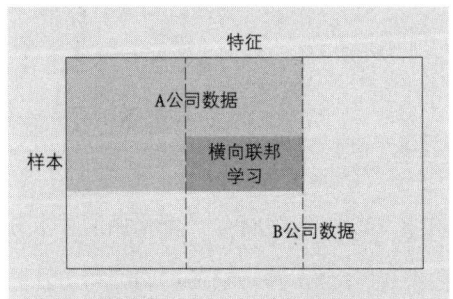

图 12.3 横向联邦学习

更一般的假设如下。在横向联邦学习系统中,多个具有相同数据结构的参与方在云服务器的帮助下共同训练机器学习模型,并且假设各个参与方是独立且诚信的,而服务器是半诚信的,不允许任何参与方向服务器泄露本地数据的信息,具体算法流程如下。

Algorithm 4：横向联邦学习

　　Input：训练参与方集合 $D = x_1, x_2, \cdots, x_m$；

　　Output：联邦模型；

1 初始化参与方参数；

2 while 模型满足收敛条件 **do**

3 | **for** 每个参与方 D_i **do**

4 | 　利用原始数据计算中间结果；

5 | 　利用隐私保护技术进行数据加密；

6 | **end**

7 | 服务器接收并整合各参与方无隐私泄露的中间结果数据；

8 | 服务器计算最终结果数据，并将其返回给参与方；

9 | 参与方根据服务器返回的数据更新本地参数；

10 end

11 return 训练后的模型；

　　横向联邦学习的基本特点是"数据不动模型动"，单个参与方需要进行本地训练，计算出梯度，再将梯度聚合到中心服务器来更新模型。但是一旦中心服务器获得了梯度 $g = f'(x)$，便可以通过其反函数 $x = f'^{-1}(g)$ 来得到 x。为了保护隐私，需要让服务器只获得多个参与方的梯度之和，而不允许其获得单个参与方的梯度。

　　2016 年，谷歌提出了基于深度神经网络聚合方法的联邦学习算法，它把一些训练数据分散在移动设备上并通过聚合本地计算结果的更新来实现共享模型的学习，解决了在横向学习中可能出现的由于本地数据量过小而导致的样本非独立同分布、偏差大等问题，并通过优化非凸损失函数得到了良好的实验结果。之后谷歌还设计了通信协议 SMPC（安全多方计算），用于安全聚合高维数据，并在半可信的环境中证明了协议的安全性。此外，在神经网络中引入加同态加密算法也是实现横向联邦学习的方法之一。

12.4.2　纵向联邦学习

　　纵向联邦学习则考虑了图 12.4 所示的情况，两个参与方共享数据标识但所拥有的特征不同。例如，位于同一座城市的两家企业，其中一家企业拥有用户的一些存款信息，而另一家企业是电子商务公司，其拥有同一用户的一些消费信息。使用纵向联邦学习可以联合同一用户的不同特征，将这

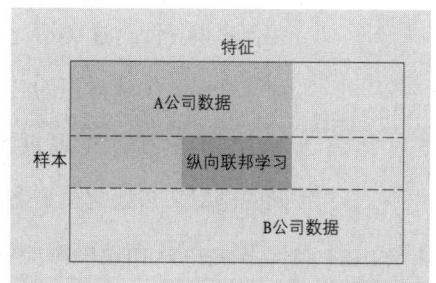

图 12.4　纵向联邦学习

288

些特征一同输入模型,从而扩大了模型的特征空间,使得模型的特征空间更大,预测能力增强。

更一般的情况如下。假设 A 公司和 B 公司想对它们所拥有的一部分共同的用户进行联合建模,并且它们拥有各自的业务数据。按照安全与隐私政策,双方无法直接交换数据,这时可以引入一个诚信的第三方机构,用来完成安全验证及加密数据处理等任务。假设机构,诸如政府等是值得信任的,而且三方之间不应该有直接的数据交换。基于以上假设,纵向联邦学习任务算法如下所示。

Algorithm 5:纵向联邦学习

Input:A 公司和 B 公司所有的特征集合 $D = \boldsymbol{v}_a, \boldsymbol{v}_b$;

Output:联邦模型;

1 第三方机构发布密钥对给两家公司;

2 两家公司在对密钥进行加密的基础上完成样本对齐;

3 初始化双方参数;

4 **while** 模型满足收敛条件 **do**

5 两家公司交换加密后的计算结果,并将结果发送至第三方机构;

6 第三方机构联合标签拥有者计算模型参数,更新相关数据,并将其返回给两家公司;

7 两家公司更新本地模型参数;

8 **end**

9 return 训练后的模型;

纵向联邦学习常采用同态加密、秘密分享、差分隐私等技术实现。已有的基于纵向联邦学习的隐私保护算法有协同统计分析、安全线性回归等。

12.4.3 联邦迁移学习

联邦迁移学习适用于两个参与方的数据不仅差异大,特征空间的交集也较小的情况。例如,不同国家的银行,由于地理位置的差异其服务的用户之间的差异会很大,而且银行的主营业务随着不同国家政策法规、社会情况的不同也会有较大的差别,如图 12.5 所示,无法直接利用已有的联邦学习技术联合建模。针对这类情况,我们可以考虑计算机视觉领域常用的迁移学习方法,面对小样本学习问题,通过预先训练一个相同的模型来初始化模型参数,即使用联邦学习算法,从而使模型能够更好地适应小数据集。

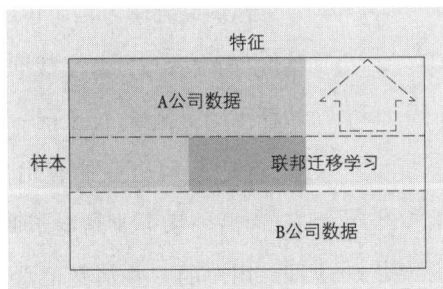

图 12.5 联邦迁移学习

12.5　未来展望

随着人们隐私保护意识的增强,以及政府、社会对企业数据合规越来越重视,未来合规科技将覆盖更多的企业和机构。首先,新的合规科技将会使更多的企业以更低的成本满足数据合规需求;其次,随着新技术的不断涌现,合规科技的相关标准将不断被提出,进而促进数据合规的标准化;最后,数据合规使用的相关法律也会不断出台和完善,以从制度层面保障数据合规。

12.5.1　合规科技的发展和应用

传统企业为了实现数据合规,往往需要投入大量的人力资源,在对企业各个环节的数据合规使用进行监控的同时,还需要填写大量的报表以满足监管机构的需求。随着技术的发展,越来越多的企业进行了数字化转型,大数据和人工智能等技术已被广泛应用于企业运营,合规科技也将迎来进一步的发展。从在企业内部进行员工身份和权限管理到企业内部的数据约束,从人工满足监管端的合规需求到合规报表的自动生成,合规科技的应用将会在极大降低企业数据合规成本的同时提高监管效率,从而在整体上降低企业不合规使用数据的可能性。此外,为了使更多的企业能够高效地实现数据合规,合规即服务理念也被提出。基于区块链、隐私计算技术的数据管理系统能够服务于监管机构、金融机构等掌握用户数据的企业,以及个人用户,让合规科技真正服务于社会大众。

12.5.2　合规科技的技术标准

随着合规科技的不断发展,各种合规科技需要有统一的标准。例如,基于密码学的隐私保护技术,包括隐私集合求交技术、同态加密技术、混淆电路技术等,人们用不同的方法来衡量其安全性。因此,近年来业界提出了共享学习等隐私保护技术标准。这些标准对企业实施各种合规科技进行了指导,确保合规科技的正确使用,对监管也具有一定的指导意义。

12.5.3　数据合规的相关法律法规

正如 12.1 节所介绍的,国内外针对企业合规使用数据已经出台了一系列法律法规。随着新的法律法规的出台,用户的数据安全将会得到进一步的保障。同时那些不满足数据合规要求的企业将受到处罚,从而促进企业合规使用数据。

本章小结

本章首先介绍了大数据技术所带来的隐私保护问题，并简述了为应对隐私保护问题而产生的合规科技。其次，介绍了合规科技的核心技术——隐私保护技术，以及隐私保护机器学习和联邦学习这两个合规科技的主要应用领域。最后，对合规科技未来的发展进行了展望。

习题

1. 日常生活中有哪些用户个人数据会被利用？请结合手机移动应用程序的权限设置，列举三个手机移动应用程序获取用户个人信息的例子。

2. 思考在多个金融机构联合建模的场景中，使用联邦学习、隐私保护机器学习技术的优缺点。

3. 完成联邦学习实验，实验要求与实验指南参见第五篇实验九。

第 13 章　监管科技

13

【开篇案例】

英国监管沙盒实践

近年来,随着金融智能的发展,各国越来越重视对金融智能领域的监管。为了既能支持真正的金融创新,又能防控风险,2015 年,英国金融行为监管局率先提出了"监管沙盒"(regulatory sandbox)的概念,并于 2016 年 5 月 9 日开始实施。

英国金融行为监管局对拟参与监管沙盒的企业进行筛选,每年都会有两批企业获准进入监管沙箱的测试,测试期一般为 3~6 个月。企业获批进入监管沙盒后,可以获得一个附带约束条件的业务授权,从而可以在真实的环境中测试创新性产品、服务和业务模式的运行效果。英国金融行为监管局会全程对测试过程进行监督和合规辅导,并对结果进行审核和评估,判定创新性产品、服务和业务模式是否能投放市场。"监管沙盒"项目在限定的范围内降低了市场准入标准,简化了市场准入流程,在确保消费者权益的前提下允许金融科技创新企业或业务快速落地运营,并根据其在"监管沙盒"内的测试情况决定相关成果是否予以推广。

13.1　监管科技概述

近年来,金融智能的快速发展,在提升金融服务水平的同时,也产生了新的金融风险,这些新的金融风险需要新的监管方式,同时也需要监管科技的支持。随着监管改革的深化,监管科技在金融业得到了越来越广泛的应用。

13.1.1　监管科技的概念

> **定义 13.1　监管科技**
>
> 监管科技(regulatory technology, RegTech)是指一种基于人工智能、大数据、云计算、区块链等技术,优化监管模式,提升监管效率,降低机构合规成本的新兴科技。

　　监管科技(RegTech)是一种新兴科技,它使用信息技术来强化监管流程。监管科技特别强调监管监控、报告和合规性。其目标是提高监管的透明度和一致性,并使监管流程标准化,对模棱两可的法规进行合理的解释,从而以较低的成本提高监管质量。将监管科技运用于金融智能领域,可以大大提高监管效率,并能更准确地把握金融智能领域的创新尺度和风险。对于监管科技,从技术的角度看,其强调对人工智能、大数据、云计算、区块链等新兴技术的应用;从应用主体的角度看,监管科技可以分为应用于监管机构的监管科技(supervisory technology,SupTech)和应用于被监管机构的合规科技(compliance technology, CompTech);而从应用场景的角度看,金融领域的监管科技则特指市场交易行为监测、电子数据存证、用户身份识别等应用场景。

> **笔记**
>
> 　　英国金融行为监管局在《支持监管科技的发展和应用》(*Supporting the development and adoption of RegTech*)征求意见稿中将监管科技定义为"利用新技术来帮助企业更好地满足监管要求,降低合规成本",并将其作为金融科技的一部分。国际清算银行(BIS)则在 2018 年发布的研究报告中将监管科技定义为"监管机构使用新技术为监管提供支持的过程"。而投资百科(Investopedia)则将其定义为"通过技术对金融业的监管流程进行管理",同时定义了监管科技企业是由一组运用技术手段来帮助金融机构高效且低成本地达成监管要求的公司。
>
> 　　英国金融行为监管局主要从被监管机构的角度来定义监管科技;国际清算银行是以监管机构为核心来定义监管科技;而投资百科则是从产业的角度对监管科技进行了定义。

13.1.2　监管科技的发展

　　在 2008 年全球金融危机之后,全球各国对金融机构的监管力度均有所加强,同时金融机构对新兴技术的使用也有所增加。技术突破使得金融科技创新企业的数量不断增加,同时也推动着监管科技不断发展。从金融监管的发展历史可以看出 ,其遵循金融发展自由化导致金融危机产生与金融危机发生后加强监管的周而复始的规律,监管科技在金融、监管改革和科技三种因素的共同推动下不断发展。总体来看,监管科技可以分为起步阶段、发展阶段和强化阶段。

1. 起步阶段

　　起步阶段是指从金融市场电子化开始到 2008 年全球金融危机这段时间。在这一阶段,金融机构的规模快速扩张,其金融服务范围从国内延伸到国际。监管机构也制定了一系列监管法案,并成立了相关的国际组织以加强国际监管合作。在起步阶段,监管科技以金融工程和风险量化模型为主,一方面支持经济和金融的全球化、国际化,减少跨境支付清算的风险,另一方面为金融机构进行量化风险管理提供支持,使其满足监管合规的要求。在本阶段,监管科技对监管的影响更多地体现在工具层面的应用上,监管与科技结合的紧密程度明显弱于之后的阶段。

2. 发展阶段

发展阶段主要是指从 2008 年全球金融危机到金融智能产生之前这段时间。2008年全球金融危机引起了监管和市场参与者的高度重视,监管机构陆续采取了一系列措施以加强监管。在该阶段,监管科技实现了监管合规义务和技术的结合,能够满足不同市场的不同监管要求,使得监管机构能够监控到创新性产品、复杂交易、市场操纵、内部欺诈等,从而提高监管能力。发展阶段的监管科技应用主要包括反洗钱、实时审慎监管、资产评估和压力测试、交易账户风险管理等。

3. 强化阶段

强化阶段主要是指金融智能产生之后的阶段。在该阶段,人工智能、大数据、云计算、区块链等技术深入应用到监管科技中,使得监管科技不仅支持高效、低成本的监管,还引发了金融监管方式的变革。本阶段的监管科技以数据为中心,其核心是数据主权和算法监管。在数据主权领域,电子数据存证技术异军突起,为数据确权和数据侵权方面的司法判定提供了重要依据。在算法监管领域,大量涵盖监管机构和被监管机构的金融监管大数据平台和"监管沙盒"不断涌现,为金融领域的科技创新监管贡献了重要的力量。在本阶段,监管科技通过对监管数据的共享与集成,建立数据驱动的监管和算法监管,最终实现审慎监管,有效地防范金融风险。

13.1.3 我国监管科技的发展现状

我国监管科技的起步较晚。2017 年 5 月,中国人民银行成立金融科技委员会,旨在加强金融科技工作的研究规划和统筹协调。中国人民银行金融科技委员会强调监管科技实践,鼓励利用大数据、人工智能、云计算、区块链等技术丰富金融监管手段,提升金融风险的识别和处理能力。2017 年 6 月,中国人民银行印发《中国金融业信息技术"十三五"发展规划》,提出要加强金融科技(FinTech)和监管科技(RegTech)的研究与应用。

在数据治理与监管领域,国家大力强调在数字化时代电子数据存证的重要性以及规范化的必要性。2012 年之前,在我国的法律体系下,电子数据不能作为独立证据参

294

与诉讼。我国 2012 年修正的《中华人民共和国民事诉讼法》《中华人民共和国刑事诉讼法》以及 2014 年修正的《中华人民共和国行政诉讼法》均将电子数据作为一种新的证据种类纳入立法,使其获得了独立的证据地位。而《中华人民共和国电子签名法》也明确了满足法律法规要求的数据电文的原件形式,并阐述了在审查数据电文作为证据的真实性时应考虑的因素。随着电子数据存证技术的发展,区块链技术逐渐成为该领域的主流技术。2018 年,《最高人民法院关于互联网法院审理案件若干问题的规定》首次承认了经区块链存证的电子数据可以用在互联网案件的举证中,标志着我国区块链存证技术手段得到了司法解释认可。2019 年 6 月发布的《区块链司法存证应用白皮书》进一步阐述了将区块链应用于电子数据存证领域的合理性和必要性。司法部在 2020 年 5 月发布的《电子数据存证技术规范》,从行业标准的角度明确了电子数据存证的相关规范。

在金融智能创新领域,监管沙盒作为一种新型的监管框架,日益受到有关部门的重视。2019 年 1 月,国务院批复同意北京市在依法合规的前提下探索"监管沙盒"机制。2019 年 12 月,中国人民银行启动金融科技创新监管试点,即中国版"监管沙盒"。试点项目率先在北京开展后,稳步向其他地方推进。截至 2020 年 8 月,9 个金融科技创新监管试点(监管沙盒)已全部落地,覆盖北京、上海、成都、广州、深圳、重庆、雄安新区、杭州、苏州,90 多家金融机构和科技公司以单独申报或联合申报的方式产生了 60 个项目进入沙盒测试。作为金融数字化和金融智能创新的重要协同机制,中国版监管沙盒在提升监管质效、促进金融创新、改善金融服务等方面取得了良好的效果。未来监管沙盒机制还将在目标、实施和应用等方面进一步优化和拓展,从而在推动金融创新与金融监管良性互动、金融高质量发展方面发挥更大的作用。

13.1.4 监管科技的意义

2008 年全球金融危机之后,世界各国的金融监管逐步收紧,金融机构遵守监管要求的成本也随之增加。摩根大通指出,2012—2014 年,为了应对政府制定的规范,其先后增加了约 6% 的员工,人数高达 1.3 万,每年支出的成本增加约 20 亿美元。德意志银行表示,2014 年为了应对相关法令,追加支出的成本高达 13 亿欧元。

对于金融机构而言,监管科技可以提高金融机构的合规管理效率。通过大数据、机器学习和人工智能等技术,监管科技为金融机构制定合规管理决策、降低合规成本等提供了更好的解决方案,并且已在数据聚合、风险建模、情景分析、身份验证和实时监控等多个领域得到了应用。监管科技用人工智能、机器学习等技术替代由人工执行的功能,帮助金融机构开展对反洗钱或员工不当行为的检测;利用大数据、云计算等技术对海量数据进行分析,帮助金融机构遵守相关监管制度,以避免由于不满足监管合规要求而受到的巨额罚款。

对于监管机构而言,当监管科技在金融机构中得到广泛应用时,它同样可以帮助监管机构解决更多的问题。首先,监管科技可以帮助监管机构解决严重的信息不对称问题。当金融机构通过人工智能和机器学习等技术分析金融大数据产生的信息与风险时,监管科技可以帮助监管机构进行数据分析,进而减小监管机构与金融机构之间的信息不对称。同时,监管机构对金融风险的识别与应对将变得更加有效,更有利于金融市场的稳定。其次,监管科技可以减少监管体系的漏洞,预防监管套利,进而提高监管的有效性。通过使用监管科技进行风险控制,监管机构还可以降低系统性风险,更好地制定顺周期性决策。

下面我们将重点从电子数据存证和监管沙盒这两个方面入手,介绍监管科技在金融智能领域的应用,并讨论现有监管科技的优缺点及其未来的发展趋势。

13.2　电子数据存证

> **定义 13.2**　电子数据存证
> 电子数据存证(digital evidence preservation)是指通过互联网向用户提供的电子数据证据保管和验证的服务。

数据存证问题历来都是司法和监管关注的重点问题,随着信息化的快速推进,监管和诉讼中的大量证据都以电子数据的形式呈现。与传统的数据存证相比,电子数据存证的效率更高且应用更为广泛,为政府监管和司法审判提供了更多的依据。但与此同时,电子数据证据的形成方式多样,而且普遍具有易消亡、易篡改、技术依赖性强等特点,与传统实物证据相比,对电子数据证据真实性、合法性、关联性的司法审查和认定难度更大。

为了解决电子数据存证所面临的问题,有必要引入新技术。而区块链所特有的不可篡改、不可抵赖、多方参与等特性,正好与电子数据存证的需求天然契合。电子数据存证将成为区块链技术重要的应用领域。区块链与电子数据存证的结合,可以降低电子数据存证的成本,方便对电子数据证据进行审查和认定,提高司法和监管存证领域的诉讼效率。

下面首先介绍电子数据存证面临的主要问题,分析引入区块链的必要性;其次,介绍基于区块链的电子数据存证技术；最后，介绍电子数据存证在金融智能领域中的应用，以及其面临的挑战，并对其未来发展进行展望。

13.2.1 电子数据存证面临的问题

虽然在法条、司法解释和相关规定中，国家已经对电子数据的范畴、原件形式、取证手段等做出了一些规定，但电子数据在监管和司法实践，包括存证环节、取证环节、示证环节、举证责任和证据认定环节中依然存在难以解决的问题。最高人民法院信息中心指导发布的《区块链司法存证应用白皮书》指出，传统的电子数据存证技术面临的问题主要体现在以下几个方面。

1. 存证中的问题

电子数据具有数据量大、实时性强、依赖电子介质、易篡改、易丢失等特性。传统的数据存证有公正存证、第三方存证、本地存证等方式，这些方式本质上都是由一方控制存证内容，是中心化的存证方式，在这种情况下。一旦中心遭受攻击，存证数据就容易丢失或被篡改。除此之外，电子数据的存储依赖电子介质，而且需要经常备份，加之电子介质的使用寿命较短，因此电子数据的存储成本很高。

2. 取证中的问题

首先，对电子数据进行取证时遇到的一个重要问题，就是在很多情况下证据原件与设备不可分，证据原件一旦离开设备，就变成了复制品而不能成为定案依据。在民事诉讼中，当事人经常需要向法院展示手机等设备，使得当事人本人必须到庭进行操作。而且在监管机构进行问责和诉讼时，由于查封电子数据的原始载体是取证的重要手段，被调查的人或企业的计算机硬盘、服务器等可能会被全部拿走调查，导致出现被调查的人或企业的正常业务被迫停止的情况。这一问题给监管人员带来了不必要的麻烦，同时也很难杜绝当事人此前就已经对原始文件进行删改的现象。

另外，目前互联网软件上的数据原件，都是基于当事人在自己的互联网软件注册账户下的行为记录形成的。在这种情形下，当事人具有删改行为记录的自由，这就无法保证所谓的数据原件是事件发生时真实、原始和完整的数据，同时也无法证明相关数据是否经过了互联网软件服务商的删改。因此，在对电子数据进行取证时，所取的证据是否属于数据原件，是存疑的。

3. 示证中的问题

电子数据展示和固定是电子数据使用的重要环节。由于电子数据的存在形式是存储在硬件中的电子信息，要获取其内容就需要使用相应的软件读取和展示，这给示证带来了困难。首先，并非所有电子数据的内容都可以通过纸质方式展示和固定，如电子数据的电子签名信息和时间信息。其次,对数据原件的截图、录像、纸质打印、复制、存储一般都由当事人自己完成,而在对数据原件和复制件进行核对和查验时是难以充分验明两者的差异的,这给了当事人以篡改数据的空间。最后,示证的困难使得对电子数据进行公证的需求增加,这加大了当事人的举证负担,也浪费了社会司法和监管资源。

总体来看,传统电子数据存证存在的主要问题是单方存证和可篡改性。这些问题导致司法和监管领域的电子数据的可信度不高,需要额外的数据公证工作,降低了监管和司法工作的效率,增加了多方的负担。在这种情况下,区块链的不可篡改、不可抵赖、多方参与的特性能够很好地满足电子数据存证的需求。由此可见,若将区块链技术应用于电子数据存证,可以从根本上解决很多问题。

13.2.2　基于区块链的电子数据存证技术

> **定义 13.3　区块链**
> 区块链是一种由多方共同维护,使用密码学原理保证传输和访问安全,能够实现数据一致存储、难以篡改、防止抵赖的记账技术,也称为分布式账本技术。

区块链系统具有难篡改、难抵赖、可追溯、系统稳定等技术特征。将区块链与电子数据存证应用场景结合起来,对于实现有效的监管大有裨益:对等网络技术,保证每个结点都能无差别地存储一份数据,以支持崩溃容错;哈希嵌套的链式存储结构,保证任何一个区块的内容发生变化,其所有后序区块的内容都会做相应的更改,以使系统数据不容易被篡改;数据签名技术,保证对于每个数据都能记录其出处,以使相关方难抵赖;合理的数据模型,保证对于每个数据的流转都可以追溯到源头;时间戳技术,保证对于每个数据的生成时间都有明确的认定;内置智能合约,保证对于每类电子数据系统都能自动识别和处理,以减少人为干预。

基于区块链的电子数据存证技术在社会存证场景中具有巨大的应用潜力,下面对电子合同场景和版权认证场景进行说明。

1. 电子合同场景

电子合同存证平台是一个在去信任的环境中由多方共同维护的防篡改的分布式数据库。借助于密码学原理,它使数据在区块链上能够被追溯与防篡改。电子合同存证平台可以提供“在线签约(电子合同)+全业务流程存证”的一站式解决方案,它利用区块链技术不仅可以实现电子合同数字指纹信息的分布式存储,还可以构建以电子数据取证—存证—出证为核心的存证联盟链,无缝对接和处理合同涉及的纠纷解决、仲裁机构裁决以及电子数据证据递送等问题;而存证联盟链的参与方,如司法鉴定中心、公证处、法院等,可以依托此联盟链,对司法鉴定中心保全的电子数据证据进行鉴定并出具鉴定报告。此外,电子合同存证平台针对商业环境以及用户需求,能够实现竞争企业之间的数据隔离需求,兼顾了联盟链各参与方的平等以及链上数据的隐私性,提高了数据在流转过程中的透明性和效率。

基于区块链的电子合同存证平台示意图如图 13.1 所示。

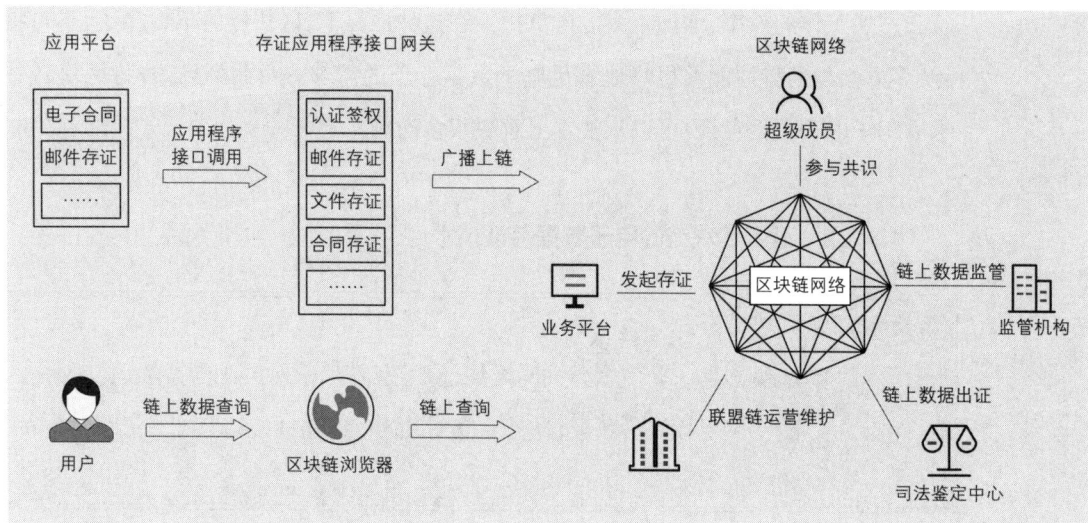

图 13.1　基于区块链的电子合同存证平台示意图

2. 版权认证场景

版权认证场景可以分为两类,第一类是侵权类存证,第二类是确权类存证。

(1) 侵权类存证

侵权类存证场景有两种情况。第一种情况是对侵权结果状态的取证,此时可以对侵权的网页进行存证,使得侵权行为的发生时间可查询、可追溯。第二种情况是对侵权行为过程进行取证,属于动态的证据固化过程,需要有相关的环境镜像系统加以配合,并将取证过程以可视化的方式展示出来,使得相关时间段可查询、可追溯、可验证。当发现侵权行为时,基于区块链的侵权取证平台快速调用版权服务中的侵权取证接口,对侵权网站进行页面抓取取证,并将取证结果保存在联盟链中;然后对侵权网址进行域名解析,通过预言机服务将该网址对应的侵权内容存储起来,并生成可供第三方机构检测的存证过程合理性依据,将侵权行为固化为证据进行保存;固化后的证据保存在区块链中,数据可以被永久存储、不可篡改,并配有平台版权证书,且符合法律对电子数据证据的要求。基于区块链的侵权取证示意图如图 13.2 所示。

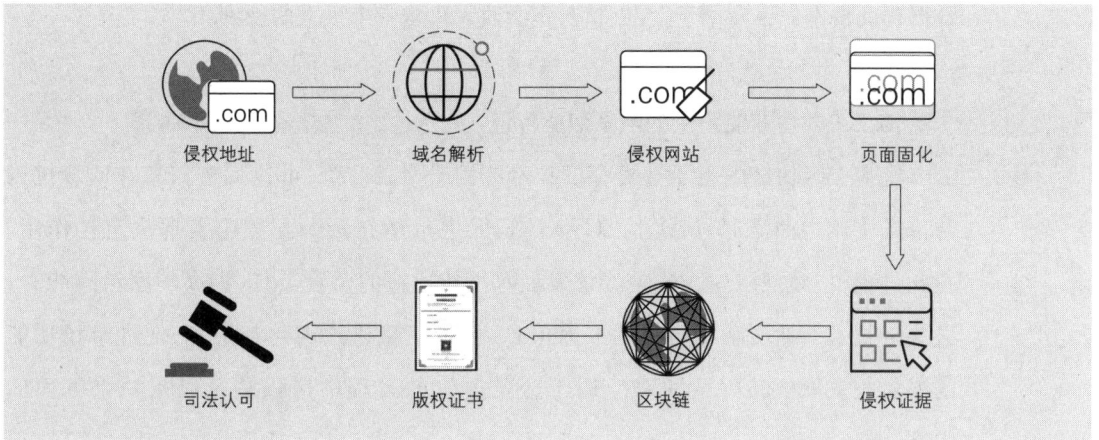

图 13.2　基于区块链的侵权取证示意图

(2) 确权类存证

确权类存证场景有两种情况。第一种情况是知识产权权属证明,应用于版权证明、在先权利证明等领域,是对作品数据进行保护的行为,类似于著作权备案登记。第二种情况是平台公告证明,即对发出过公告的行为以及对公告本身进行存证,对相关证据抽取哈希值、数字摘要并对相应的时间进行固化。确权类存证的关键,在于证明当事人在某一时间完成了某项内容或进行了某种行为,且该时间及内容均不可篡改。在确权类存证流程开始后,基于区块链的确权存证平台首先选择需要存证的原创作品,通过哈希算法计算出该作品和关联信息的数据指纹并整合所有信息的登记时间。其次,在用户确认后,平台将整合后的数据写入区块链,数据指纹和登记时间一经写入便不可篡改,与此同时进行版权登记;接下来用户就可以获取存证结果,平台将根据用户的需求生成版权证书供用户保留,也可以根据用户需求提供纸质报告。最后,平台提供数字指纹验证服务,可以根据用户的需要为其提供数字指纹比对和查询服务。

基于区块链的确权存证示意图如图 13.3 所示。

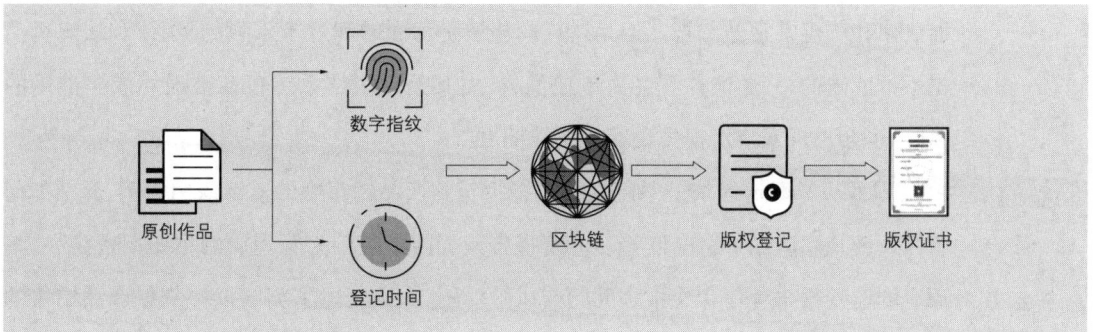

图 13.3　基于区块链的确权存证示意图

除了社会存证场景外,金融监管也需要大量的数据存证服务。基于区块链的电子数据存证技术如果应用于金融监管,将给监管机构带来极大的便利。

13.2.3 金融监管中的电子数据存证

将基于区块链的电子数据存证技术应用于金融监管,可以促进信息在监管机构与市场主体之间流通,减少信息不对称,促进市场在资源配置中发挥决定性作用。在此过程中,政府构建与当前经济发展水平相适应的监管工具,提高国家治理能力;区块链技术引导金融机构主动披露信息,促进信息风险内化与中和,促进市场功能的恢复与发展。在将区块链应用于金融监管的过程中应该注意以下三个方面的问题。

1. 构建监管模型

首先是基于区块链构建监管模型,监管模型的核心是数据管理,它通过整合多方的数据来源,为金融机构开展各类风险预警和风险态势分析提供支持。基于区块链构建的监管模型有助于解决数据交换中的数据孤岛、数据主权和对等管理难题,以保证数据来源方提供的信息、证明、文件等电子数据的不可篡改性、不可抵赖性、真实性、合法性和准确性。此外,区块链良好的可追溯性也保证了交易历史的真实性。

2. 构建风险预警机制

接下来要在监管模型的基础上构建大数据分析和风险预警机制,建立事前风险防范系统。监管机构需要对区块链系统收集的结算信息进行评估,并以此识别风险,利用良好的风险识别算法和模型可以避免很多违规行为发生。这样人们不仅可以在事务流程中对金融业务进行监管,也可以在事前发现可能存在的违规行为,从而从根源上避免严重违规行为的出现。

3. 制定法律法规

在使用基于区块链的电子数据存证技术的过程中,人们常常认为区块链能够确保数据的安全性、不变性以及透明性,也就是技术就可以弥补法律和法规治理之不足,因而法律和法规常常被忽视。但是这样的想法是片面的和过于乐观的,法律和法规仍然是不可或缺的,其影响并不会简单地消失,尤其是区块链系统存在被破坏或不准确的风险,也会出现谁将对损失负责的法律问题。

下面以 Maison 区块链系统在英国抵押贷款产品销售中的监管应用为例,介绍如何将区块链技术应用于金融监管。监管报告是英国金融行为管理局的主要职责之一,其原有的监管报告程序存在很多问题与风险。图 13.4 概述了英国抵押贷款产品销售的原有监管报告程序。这种程序随着业务规模的不断扩大暴露出很多问题。

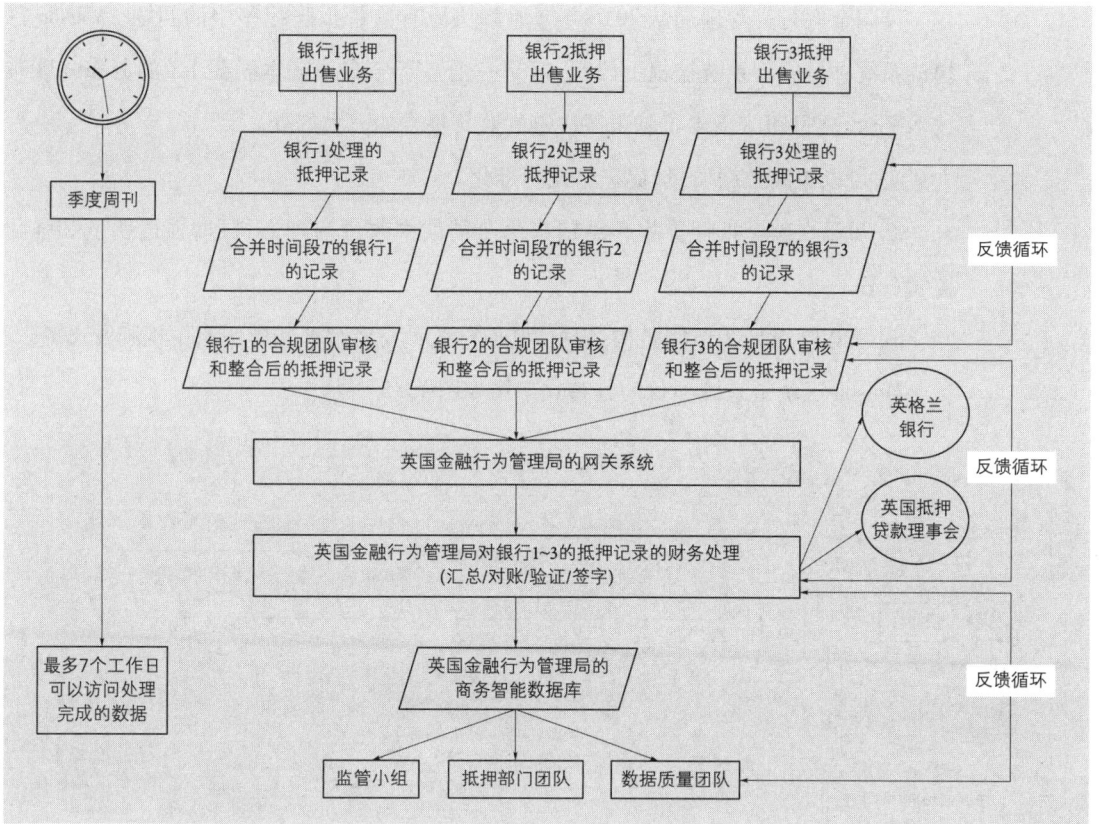

图 13.4 英国抵押贷款产品销售的原有监管报告程序

1. 对人力的需求巨大

原有的监管报告程序最主要的缺点在于需要使用大量的人力,每家银行都需要有一个庞大的合规团队来处理、审核和整合个人抵押贷款产品销售的细节。因此,在确保数据准确性方面银行需要投入大量的人力,而且这一过程也是非常耗时的。

2. 流程过于复杂

由于银行需要经常向监管机构提交报告,这又进一步增加了复杂性。一旦监管机构从不同的银行收到了数据,就需要对不同银行的数据进行汇总、对账、验证等,这就难以保证报告抵押贷款产品销售情况的及时性。

3. 差异合并缓慢

在原有的监管报告程序中,所有的银行都要向英国金融行为管理局(FCA)系统报告,FCA 系统充当了其他行业参与者的管理枢纽。要将不同银行的系统的数据汇集在一起,不仅要注意各家银行数据格式、业务组成方面的差异,还要注意各家银行数据上传时间的差异,这就需要监管机构花费大量的时间和资源,从而使得这项工作进展缓慢。

英国金融行为管理局从 2016 年开始解决原有监管报告程序中的问题。Maison 区块链系统项目原型系统被提上议程,这是一个基于分布式账本联盟 R3 的分布式账本技术平台,项目团队指出了基于区块链的监管报告的三大好处。

① 可以提高数据质量,促进格式标准化。

② 可以在整个抵押贷款产品销售生命周期中改进治理方式、增强透明度和强化监管责任。

③ 可以持续地为监管机构、银行、其他行业参与者解释和应用相关规则及义务。

Maison 区块链系统项目的分布式架构如图 13.5 所示。

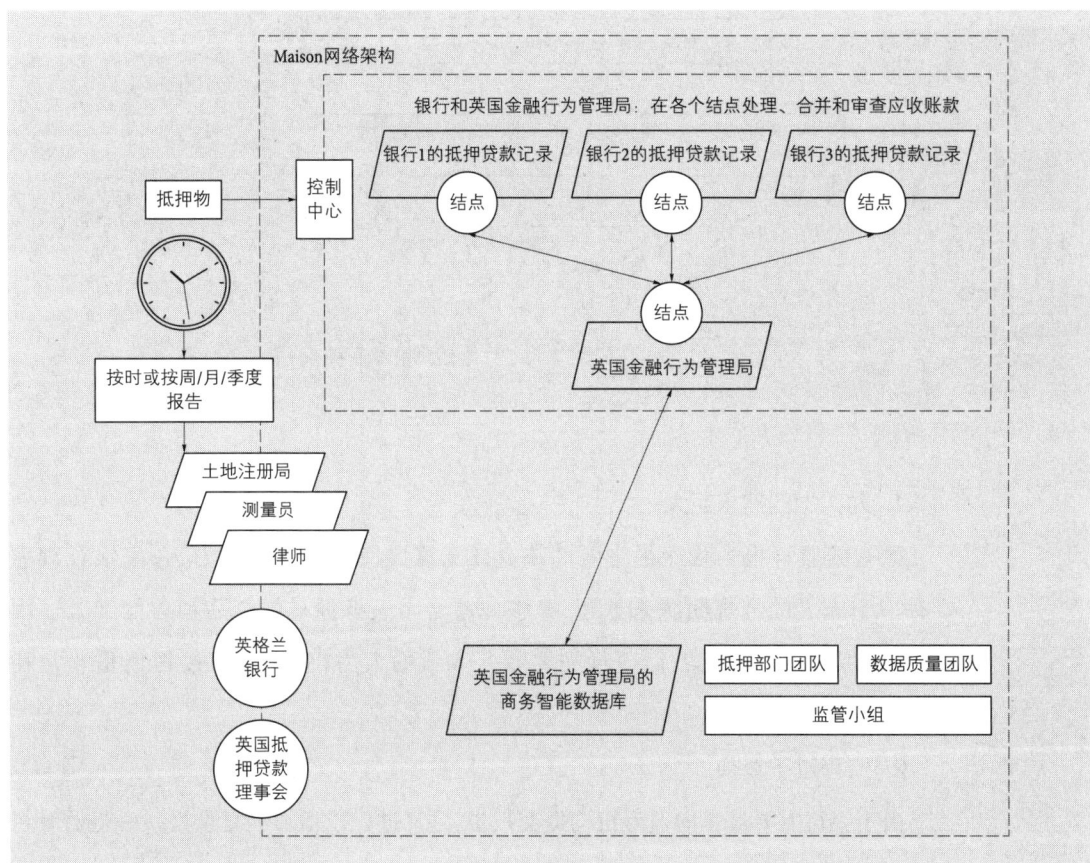

图 13.5 Maison 区块链系统项目的分布式架构

在 Maison 区块链系统中,银行和监管机构为区块链网络上的结点,从而实现了点对点通信,提高了数据隐私性。采用这种分布式架构后,监管系统就无须再作为监管报告的通信枢纽。此外,Maison 区块链系统的分散性意味着它可以由更多的参与方共同操作和维护。需要注意的是,虽然 Maison 区块链系统有上述好处,但是它高昂的运行成本使得该系统最终没有得到大规模应用。虽然区块链可以通过标准化数据、规则和报告来提高所有参与方的效率,但它也会降低一些参与方的竞争优势,使他们更容易受到风险的影响,更容易受到监管机构的审查。总的来说,将区块链应用于监管科技带来的优势是显而易见的,但是仍然有很多挑战使得目前大规模的基于区块链的监管系统还不成熟,基于区块链的监管系统还有待更多的研究人员和研究机构去完善。

13.2.4　挑战与展望

基于区块链的电子数据存证技术在实际应用中面临诸多挑战。

首先,将电子数据存证于区块链存证平台上仅可以保证被存入的电子数据可信(自存入起不会被篡改),但无法保证电子数据本身的真实性。如果被存证的电子数据本身的内容不真实,那么区块链存证平台中就没有真实的证据。因此,需要采取更多的辅助手段来保证被存入区块链存证平台的数据就是真实有效的证据。其次,区块链技术原理可信,并不等同于建立和运营区块链存证平台的主体适格与可信。区块链存证面临运营主体的适格问题,如何判定有关机构是否有资格建立和运营存证平台,还需要更多的讨论。最后,区块链技术尚处于发展阶段,尤其是在将其应用于司法存证领域时还有许多需要完善的地方,如何让司法和监管机构真正与区块链存证平台密切配合,还需要进行大量的实践。

从落地的角度看,基于区块链的电子数据存证平台还面临一些现实问题。例如,如何解决传输协议和编码方式不同所导致的数据哈希值改变的问题;如何提高大数据量下共识机制的效率;如何明确电子数据的取证手段、举证方式、质证和审理规则等;如何通过技术手段使电子数据证据在立法、司法、监管、技术等方面协同推进,促进电子数据证据的广泛使用、统一认定及在庭审程序中的规范适用。这些都是目前尚未解决的问题,再加上人们还没有很强的电子数据意识,对于将电子数据作为独立证据的司法效力也没有明确的认识。想要真正将基于区块链的电子数据存证技术大规模使用起来,还有很长的路要走。

13.3　监管沙盒

当前,金融智能已成为金融业的核心竞争力,如何激励金融智能创新,从而在国际竞争中占据一席之地,成为各国面临的新课题。在影响金融智能创新的众多因素中,金融监管无疑是非常重要的一个。适当的金融监管会助力金融智能创新;反之,则会抑制金融智能的发展。探求与金融智能相匹配的金融监管方式,完善与变革现有的监管模式,已成为各国刻不容缓的任务。为了适应这一趋势,全球越来越多的国家开始制定支持金融智能发展的战略规划,建立促进金融智能创新的生态环境,其中一项重要内容就是营造兼顾创新与风险的良好监管环境。英国提出的"监管沙盒"计划得到了各国监管者的积极响应,为监管科技创新探索了一条新路。

13.3.1 监管沙盒概述

> **定义 13.4** 监管沙盒
>
> 监管沙盒的概念由英国于 2015 年 3 月率先提出,是为促进金融创新而设立的专门机构——英国金融行为监管局的一种管理机制。监管沙盒被定义为一个"安全空间",在这个安全空间中金融科技创新企业可以测试其创新性产品、服务和业务模式,而不用在开展相关活动遇到问题时受到监管规则的约束。
>
> 除了监管沙盒外,英国金融行为监管局还提供了两种沙盒模型:产业沙盒和保护伞沙盒。其中,产业沙盒是指行业内许多公司聚在一起形成一种虚拟的测试环境,用来验证创新构想与概念。

笔记

沙盒本是计算机用语,是用于计算机安全领域的一种虚拟技术,是指在受限的安全环境中运行应用程序,并限制应用程序的代码访问权限,为一些来源不可信或无法判定其意图的程序提供试验环境,在预设的安全措施的保护下,程序一般不会修改受保护的真实系统和数据,以免造成安全影响。

监管沙盒是一种监管方法,通常以书面形式总结并发布,允许在监管机构的监督下对创新进行实时、有时限的测试。新的金融产品、服务和业务模式可以在一套规则、一定的监管要求和适当的保障措施下进行测试。换句话说,监管沙盒就是指监管者在保护消费者/投资者权益、严防风险外溢的前提下,通过主动、合理地放宽监管规定,减少金融科技创新的规则障碍,鼓励更多的创新方案积极主动地由想法变成现实,在此过程中实现了金融智能创新与风险有效管控的双赢局面。监管沙盒创造了一个有利且包容的空间,让监管者和创新者在现有的监管框架边缘甚至之外尝试创新。此外,监管沙盒降低了创新成本和进入壁垒,并允许监管机构在决定是否需要采取进一步的监管行动之前收集重要的信息。

笔记

　　英国金融行为监管局在 2015 年指出,一些金融科技创新公司利用区块链技术逃避监管,同时监管机构在面对新科技时不知道如何监管。监管沙盒从一开始就是一个学习机制,而非监管机制,其最重要的目的就是在国家监管体系下鼓励创新。监管沙盒具体包含三个方面:第一,让传统金融公司使用区块链技术,并评估使用区块链技术的效益;第二,让区块链技术回到正确的方向,不再逃避监管;第三,研发监管科技,用科技来监管科技。

　　第一个监管沙盒被推出后,引起了世界各地监管机构和创新者的极大兴趣。在监管沙盒 1.0 模式下,政府在监管沙盒中处于主导地位,制定监管沙盒业务的流程和各项技术标准,并对测试项目给出评定意见。随着技术的不断迭代、融合创新以及商业逻辑的延伸,监管沙盒面临的挑战不断增多。首先,知识库和人才储备需要及时更新,流程和制度需要不断迭代。面对有争议的项目,监管沙盒能快速、准确地判断其是否有技术创新,既不能将即将淘汰的技术纳入其中,也不能将新的技术拒之门外。其次,避免评估的主观性,需要引入透明化、科学化、系统化、客观化的测试评估工具。金融科技创新能否给用户和市场带来效益,属于商业预判,在一定程度上还存在主观性。最后,建立完备的、可追溯的项目数据库,确保沙盒测试结果的准确性。沙盒测试具有较高的商业价值,政府既需要正确引导市场预期,也需要自证清白,避免利益输送。

　　借助于区块链技术,监管沙盒由 1.0 模式升级到 2.0 模式。监管沙盒 2.0 模式将沙盒的功能分为制度监管和科技监管,就是使用监管沙盒 1.0 模式的流程来行使制度监管的职能,使用产业沙盒来开展产品研发和行业标准测试,给出客观的评判标准。在监管沙盒 2.0 模式下,政府负责制度监管部分,即制定监管政策和发布评估报告。授权的产业沙盒系统负责科技监管部分,即根据产业自身的生态,科学客观地得出测试和评估结果。由于科技监管部分的工作量非常大,因此产业沙盒被交给专门的公司和基金会来运营。在监管沙盒 2.0 模式下,由于产业沙盒的引入,监管机构和企业之间的关系将更加紧密,如何避免利益输送就变成了一个难题。然而如果使用区块链技术,将测试报告在区块链上发布,就可以保证政府、产业沙盒运营方以及测试企业,乃至更多的参与者同时收到测试报告,这种情形使得作弊无法发生。更进一步地,可以利用区块链技术改造监管沙盒,在底层设立监管结点的角色,对关键结点进行监管,一旦发现问题,就利用区块链技术的特点,一步一步回溯追踪,从而更好地开展三反(反洗钱、反恐和反逃税)工作。此外,还可以将特别重要的治理规则写入区块链底层和智能合约,并在共识层面,强制将监管结点的相关数据披露给政府,这些探索对于监管科技的发展也具有重要的借鉴意义。

13.3.2 监管沙盒框架

我国对金融智能的监管经历了从"自由放任"到"严厉整治"再到"强势监管"的历程。对如何平衡金融创新与金融风险的思考使得中国版监管沙盒应运而生。我国从2019年年底开始启动金融科技创新监管试点(即中国版监管沙盒),自此中国版金融科技监管沙盒不断铺开,并且呈现出加速发展的趋势。图 13.6 所示的是 2019—2020年我国金融科技监管试点的主要时间线。

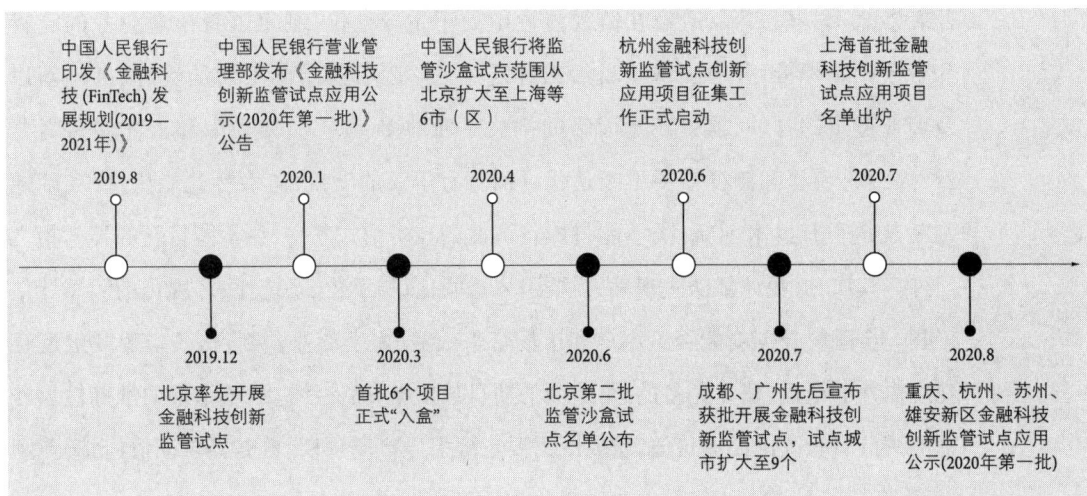

图 13.6 2019—2020 年我国金融科技监管试点的主要时间线

目前我国金融科技的发展已经取得了重大的进展,金融科技创新已经成为提升国家金融核心竞争力的重要支撑。我国应当鼓励金融科技的创新发展,同时由于金融科技风险具有金融和技术的双重属性,因此国家应在鼓励创新的同时有效地控制风险。监管沙盒则为促进金融科技创新与风险管理的融合提供了一种新的范式,我国金融监管当局应运筹帷幄,注重顶层设计和机制建设,创设中国版监管沙盒。在政策主体上,国务院金融稳定发展委员会是监管沙盒的发展规划主体、政策制定主体和政策协调主体。国务院金融稳定发展委员会下设专司监管沙盒计划的创新中心,作为监管沙盒计划的具体执行主体,统筹、实施、规范、评估相关的金融科技创新项目。我国监管沙盒的架构如图 13.7 所示。

在监管沙盒运行的主体关系上,需要注意三个重要关系的统筹:一是创新中心与微观监管主体之间的关系,尤其是与工业和信息化部、中国银行保险监督管理委员会、中国证券监督管理委员会之间的关系;二是创新中心与行业协会,如中国互联网金融

协会、中国银行业协会、中国证券业协会等之间的关系;三是创新中心与申请进入监管
沙盒的各类机构之间的关系。在监管沙盒创新项目的市场化运行上,需要重点考虑项
目的外溢效应,尤其是对现有监管体系以及消费者保护机制等的影响,以取得创新项
目推广和风险管理把控之间的平衡。

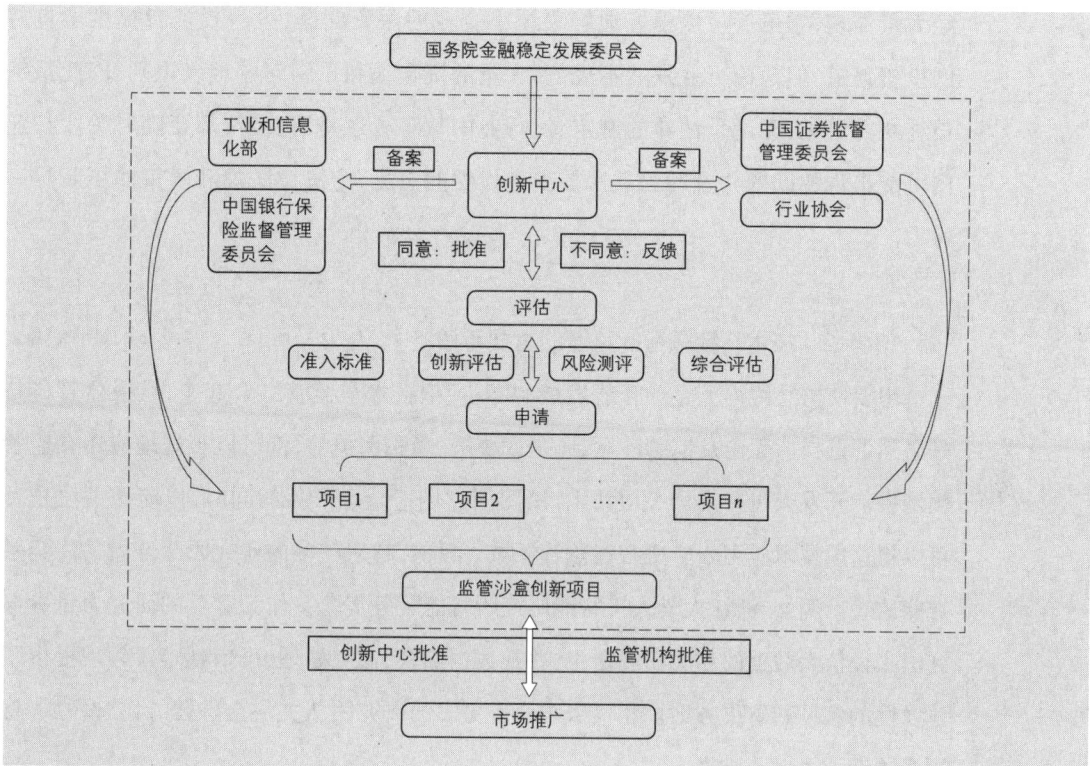

图 13.7　我国监管沙盒的架构

13.4　未来展望

金融智能应用于传统的金融领域,利用技术进步不断推动金融产品和业务的创新
与发展。在这种情况下,传统的监管手段已难以跟上金融智能发展的脚步,国家在发
展金融智能的同时必须将监管科技融入进来,利用监管科技的特点实现更加智能化、
全面化、规范化的监管,为此需要在法律法规和政策层面、技术层面以及管理等层面进
行大量的工作。

13.4.1　法律法规和政策: 金融智能监管的发展基石

要有效地对金融智能进行监管,在国家和行业层面制定相应的法律法规和政策
是必不可少的举措,也是实现强有力监管的基石。而只有有了明确的法律法规和政

策,监管机构才能依据政策制定更好的监管策略,并对违反法律的企业进行惩处。有法可依,是一个法治社会的重要准则,这当然也是金融智能监管的前提。但同时需要注意的是,法律法规和政策必然具有一定的滞后性,尤其是面对技术的飞速发展,立法者很难预料到所有可能出现的情况。例如,互联网金融点对点借贷平台曾经大量涌现,它虽然可以很好地解决中小企业的融资问题,也为投资者提供了良好的投资渠道,但是此行业发展不规范,大量的资金池和自融问题难以识别,因此最终被终止。可见,无论是法律的制定者、行业的从事者还是消费者,都要随时关注行业内可能出现的问题并及时为立法提出建设性的意见,为法律法规和政策的更新尽一份力。

13.4.2 技术：金融智能监管的重要手段

想要使监管跟得上金融智能发展的脚步,把技术与监管结合起来,重视监管科技是必然的选择。无论是监管沙盒,还是区块链、隐私保护等,都可以很好地应用在监管领域中。开发人员在推出一项技术,试图用它创造金融产品的同时,也应该关注是否可以将这项技术应用于金融智能监管领域。目前,越来越多的研究团队开始关注金融智能监管。例如,浙江大学人工智能研究所智能服务实验室作为重要的研究力量参与到国家征信大数据的相关研究之中,并在数据确权、冲突处理、可信判定等领域提出了建设性的意见和解决方案。相信未来会有更多的研究团队关注金融智能监管领域,将更多的新技术融入进来。

13.4.3 人力：金融智能监管的规模保障

金融智能是一个复杂而庞大的领域,而且随着人工智能和大数据的发展,金融智能的发展将会越来越快。想要实现强有力的监管,只靠法律的保障和技术的更新是不够的,还需要投入大量的人力。不仅需要大量的研究者开展深入的研究,也需要大量的监管领域从业者参与进来,在实践中贡献自己的力量。与此同时,国家和行业协会也需要提高对监管领域从业者的重视程度,只有将足够的资源投入监管领域,才会有更多高质量的人才参与到金融智能监管领域中来。

本章小结

　　本章详细介绍了监管科技在金融智能中的应用。 将技术和数据作为核心的金融智能，极大地改变了金融业的发展格局。 金融智能借助于技术创新，打造金融业的新业态和新模式，为传统的金融业注入了新的活力。 但与此同时，技术的快速迭代导致传统的监管手段难以跟上金融智能的发展脚步，所以需要引入监管科技来对金融智能进行有效的监管。 在此基础上，本章还介绍了基于区块链的电子数据存证技术和监管沙盒，并介绍了如何将这些技术应用于金融智能监管领域。 此外，本章还对金融智能领域的监管科技的未来进行了展望。 总体而言，有效地进行金融智能监管需要法律法规和政策，人力和技术等层面的共同努力。

习题

1.　查阅资料，分析基于区块链的电子数据存证技术在我国的发展现状，通过具体案例指出当前要将该技术落地需要解决的主要问题是什么。

2.　收集国内外的监管沙盒架构，我国监管沙盒的发展与其他国家有何不同？

3.　从目前的发展水平来看，监管科技明显滞后于金融智能的发展，这种滞后所带来的问题已经开始凸显。 收集资料，了解体现这种滞后所带来问题的实际例子，并谈谈解决或者缓解这种滞后的方法。

第五篇

实 验 指 导

第14章 实验要求和实验指南

14

14.1 实验一：金融数据获取实验

14.1.1 问题描述

数据获取是各项工作的基础,本实验主要是用 Python 语言编写
网络爬虫,采集网络数据。

14.1.2 实验目的

1. 了解 Python 开发环境的构建方法,学会环境变量配置方法和 Python 库的安装方法。

2. 了解 Scrapy 框架各组件的功能,学会构建 Scrapy 爬虫程序。

14.1.3 实验步骤

1. 搭建 Python 环境。可以选择安装 Python 3 环境或者 Anaconda 3 环境。

2. 安装 Scrapy 框架,可以通过以下命令完成。

```
conda install-c conda-forge scrapy #基于 Anaconda 安装

pip install scrapy #直接使用 pip 命令安装
```

3. 安装好之后通过 scrapy startproject tutorial(项目名)创建 tutorial 项目。

4. Scrapy 中的每个爬虫都被定义为"Spider"的子类,编写如下代码,将其保存在
tutorial/spiders/quotes_spider/py 文件中。这里创建了名为 quotes 的爬虫。

```python
import scrapy


class QuotesSpider( scrapy. Spider) :
    name = "quotes"


    def start_requests( self) :
        urls = [
```

```
        'http://quotes.toscrape.com/page/1/',

        'http://quotes.toscrape.com/page/2/',

    ] # 待爬取的 url

    for url in urls:

        yield scrapy.Request(url=url, callback=self.parse)


    def parse(self, response):
        # todo:编写代码,对网页进行请求并从 HTML 文件中抽取文本信息
```

5. 执行爬虫:scrapy crawl quotes。

14.2 实验二:金融数据预处理实验

14.2.1 问题描述

数据预处理是数据建模的第一步。Python 语言中的 Pandas 是进行数据预处理的主要工具。本实验将在原始数据集上应用各种数据预处理方法进行金融数据预处理。

14.2.2 实验内容

1. 掌握数据预处理的基本流程。

① 数据清洗:缺失值处理、噪声处理、异常检测等。

② 数据集成:特征相关性分析、冗余特征处理等。

③ 数据变换:特征离散化、分箱处理、特征交叉等。

2. 学习 Pandas、NumPy 等 Python 库的使用方法,学会基于 Pandas 进行数据预处理。

14.2.3 数据描述

在某互联网金融公司 2018 年积累的贷后数据中,每个用户数据的原始特征维度有 72 个。在文件 feature_x. csv 中说明了各个变量的类型、取值范围和意义。整个数据集被分割为训练集 train_new. csv 和测试集 test_new. csv,可以在训练集上训练模型,在测试集上验证效果。

14.2.4　实验步骤

1. 下载数据集和 ipynb 文件后，安装实验所需的 Python 库。本实验主要使用的 Python 库为 Pandas 和 NumPy，建议使用 pip 安装，相关代码如下。

```
pip install pandas
pip install numpy
```

2. 使用 Pandas 进行初步的探索性数据分析。

在代码中引入 Pandas：

```
import pandas as pd
```

Pandas 会将数据表示为 DataFrame 对象。通常调用 describe 函数，就可以快速获取数据集的完整统计分析信息。例如，对一个简单的单变量连续数据进行统计分析，相关代码如下。

```
>>> s = pd.Series([1, 2, 3])
>>> s.describe()
count    3.0
mean     2.0
std      1.0
min      1.0
25%      1.5
50%      2.0
75%      2.5
max      3.0
dtype: float64
```

对离散数据进行统计分析，相关代码如下。

```
>>> s = pd.Series(['a', 'a', 'b', 'c'])
>>>s.describe()
count    4
unique   3
top      a
freq     2
dtype: object
```

对计算更复杂的时间类数据进行统计分析,相关代码如下。

```
>>> s = pd.Series([
    np.datetime64("2000-01-01"),
    np.datetime64("2010-01-01"),
    np.datetime64("2010-01-01")
])
>>> s.describe(datetime_is_numeric=True)
count                      3
mean      2006-09-01 08:00:00
min       2000-01-01 00:00:00
25%       2004-12-31 12:00:00
50%       2010-01-01 00:00:00
75%       2010-01-01 00:00:00
max       2010-01-01 00:00:00
dtype: object
```

DataFrame 支持连续型数据、离散型数据,同时也支持用对象表示的变量。在同时具备这三种变量的数据集中,Pandas 可以自主地确定适用的统计指标,并且可以指定是对全部还是对部分变量进行统计分析。相关代码如下。

```
>>> df = pd.DataFrame({'categorical':
>>> pd.Categorical(['d','e','f']),
                'numeric': [1, 2, 3],
                'object': ['a', 'b', 'c']
                })
>>> df.describe(include='all')
```

	categorical	numeric	object
count	3	3.0	3
unique	3	NaN	3
top	f	NaN	a
freq	1	NaN	1
mean	NaN	2.0	NaN
std	NaN	1.0	NaN
min	NaN	1.0	NaN
25%	NaN	1.5	NaN
50%	NaN	2.0	NaN
75%	NaN	2.5	NaN
max	NaN	3.0	NaN

```
>>> df. describe( include = [ np. number ] )
       numeric
count     3. 0
mean      2. 0
std       1. 0
min       1. 0
25%       1. 5
50%       2. 0
75%       2. 5
max       3. 0
```

Pandas 的其他操作和常用接口的使用方法,请参考 Pandas 官网文档。

3. 执行多种数据预处理方法。

相关代码如下。

```
# todo:编写代码实现缩放（scaling）


# todo:编写代码实现规范化（normalization）


# todo:编写代码实现离散化（discretization）,并说明分箱方式、分享数量等


## todo:编写代码实现特征构造（交叉）,并说明源特征、交叉方式等
```

14.3　实验三: 聚类与分类实验

14.3.1　问题描述

聚类与分类算法在金融智能中应用广泛。为了深入了解相关算法并比较不同算法之间的差异,本实验将在虚拟数据集上测试多个聚类与分类算法。

14.3.2　实验内容

1. 聚类算法

(1) 文件描述

聚类算法实验包括 3 个代码文件 clustering. py、plot. py 和 todo. py 以及 1 个数据文

件 cluster_data. mat。其中,clustering. py 是聚类算法实验的主文件,具体代码如下所示。该主文件首先从数据文件中读取数据,然后分别用 k 均值聚类算法和 k-medoids 算法进行聚类($k=2$),并进行可视化的聚类结果展示。

```
# clustering. py
import scipy. io as sio
from plot import plot
from todo import kmeans
from todo import kmedoids


# 读取数据
cluster_data = sio. loadmat('cluster_data. mat')
X = cluster_data['X'] # 数据样本特征矩阵,(N, M),N 为数据样本数量,M 为
数据特征数量


# k 均值聚类
idx = kmeans(X, 2)
plot(X, idx, "k 均值聚类结果")


# k-medoids 聚类
idx = kmedoids(X, 2)
plot(X, idx, "k-medoids 聚类结果")
```

plot. py 包含可以直接调用的聚类结果展示函数。todo. py 中的内容是待实现的聚类算法。cluster_data. mat 中的样本分布呈非凸集形式,具体可视化分布情况如图 14.1 所示。

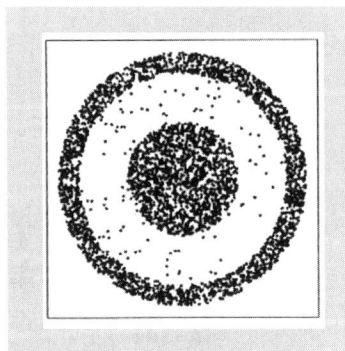

图 14.1　数据样本可视化分布情况

(2) 实验步骤

① 在 todo. py 中,根据给定的输入和输出,实现 k 均值聚类算法和 k-medoids 算法。

● 在 k-means 函数下实现 k 均值聚类算法(k 均值聚类算法的代码框架如下所示,其中 pass 部分为待实现的内容)。

● 在 k-medoids 函数下实现 k-medoids 算法。

② 运行 clustering. py,根据两种算法的聚类结果,比较和分析两者的不同。

```
# todo. py

import numpy as np


def kmeans( X, k) :
    ' ' '
    k-均值聚类算法
    输入　X：数据样本特征矩阵，( N, M)
        　k：聚类集群的个数
    输出　idx：数据样本集群标签向量，( N, )
    ' ' '
    N, M = X. shape
    idx = np. zeros( N)


    # todo：编写代码实现 k-means


    pass
    return idx
```

2. 分类算法

(1) 文件描述

分类算法实验包括 4 个代码文件 classification. py、gen_data. py、plot. py 和 todo. py。其中,classification. py 是分类算法实验的主文件,它利用随机产生的虚拟数据集进行多次实验。gen_data. py 包含可以直接调用的虚拟数据集产生函数。plot. py 包含可以直接调用的分类结果展示函数。todo. py 中的内容是待实现的分类算法。

(2) 实验步骤

① 在 todo. py 中,根据给定的输入和输出,实现线性回归(LR)、支持向量机(SVM)和感知机(perceptron)这三种分类算法,相关代码如下。

320

```
# todo. py

import numpy as np


def func(X, y, algo='LR'):
    '''
    分类算法
    输入    X:训练样本特征矩阵, (N, M)
           y:训练样本标签向量 ,(1, N)
           algo:算法名称,可以为'LR','SVM'或'perceptron'.
    输出    w:训练得到的模型参数向量 ,(M+1, 1)
    '''
    assert(algo in ['LR', 'SVM', 'perceptron'])
    N, M = X. shape
    w = np. zeros((M+1, 1))
    if algo == 'LR':
        # todo:编写代码实现 LR
        pass
    elif algo == 'SVM':
        # todo:编写代码实现 SVM
        pass
    else:
        # todo:编写代码实现 perceptron
        pass
    return w
```

② 运行 classification. py,根据三种算法的分类结果,比较其不同。

• 在 classification. py 中,设置 no_train 和 no_test,即对样本进行训练集和测试集的划分。

• 编写计算训练和测试错误率的代码(错误率 =1-准确率)。

相关代码如下。

```python
# classification. py
import numpy as np
from gen_data import gen_data
from plot import plot
from todo import func
no_iter = 1000 # 迭代轮数
no_train = # todo:训练集样本数量
no_test = # todo:测试集样本数量
no_data = 100 # 样本总数
assert(no_train + no_test == no_data)


cumulative_train_err = 0
cumulative_test_err = 0


for algo in ['LR', 'SVM', 'perceptron']:
    for i in range(no_iter):
        X, y, w_gt = gen_data(no_data)
        X_train, X_test = X[:, :no_train], X[:, no_train:,]
        y_train, y_test = y[:, :no_train], y[:, no_train:]
        w_learnt = func(X_train, y_train, algo)


        # todo:编写代码,计算训练和测试错误率


        # train_err = xxx
        # test_err = xxx
        pass
        cumulative_train_err += train_err
        cumulative_test_err += test_err


    train_err = cumulative_train_err / no_iter
    test_err = cumulative_test_err / no_iter
    plot(X, y, w_f, w_g, algo+"分类结果")
    print("Training error:%s" % train_err)
    print("Testing error:%s" % test_err)
```

14.4 实验四：推荐系统实验

14.4.1 问题描述

个性化推荐技术是解决"信息爆炸"的有效手段。无论是休闲娱乐，还是购物学习，人们都可以借助于个性化推荐技术发现并推荐相关的产品。

本实验采用矩阵分解技术进行电影推荐。

14.4.2 数据描述

本实验采用的数据集为 MovieLens Latest Datasets（ml-latest-small.zip）。该数据集包含 600 名用户、9 000 部电影、100 000 条评分记录以及用户标记的 3 600 个标签。

14.4.3 实验步骤

1. 数据准备

数据准备阶段的主要工作是构建评分矩阵，并划分训练集和测试集。

2. 建模

建模阶段的主要目标是将评分矩阵 R 分解成用户嵌入矩阵 U 和电影评分嵌入矩阵 M 的乘积，使得 $R \approx UM^T$。模型的损失函数为

$$\text{loss} = \sum (r_{i,j} - \hat{r}_{i,j}) \tag{14.1}$$

> **笔记**
>
> 正则化项可以防止模型过拟合，为了使模型不至于太复杂，此损失函数没有添加正则化项约束。读者可在熟悉此模型后自行添加正则化项，如第二范式。

其中，

- $r_{i,j}$ 是评分矩阵 R 中第 i 个用户对第 j 个电影的评分。
- $\hat{r}_{i,j} = u_i m_j^T$，表示模型预测的用户 i 对电影 j 的评分。
- u_i 即 U 的第 i 行，表示用户 i 的嵌入向量。
- m_j 即 M 的第 j 行，表示电影 j 的嵌入向量。

以下代码框架供参考。

```
def mf(rating,dim,lr,max_step):
    """
    构建模型,使用随机梯度下降法求解。
    :param rating: 评分矩阵
    :param dim: 隐向量嵌入的维度
    :param lr: 学习率
    :param max_step: 最大训练次数
    :return: 矩阵 U 和矩阵 M
    """
    #todo: 随机初始化矩阵 U 和矩阵 M
    #todo: 使用随机梯度下降的方式进行训练,得到矩阵 U 和矩阵 M
    return U,M
def prediction(user,movie,U,M):
    """
    预测 user 对 movie 的评分
    :param user: 目标用户
    :param movie: 目标电影
    :return: 预测的评分
    """
    rating = U_user * M_movie # 计算用户嵌入矩阵 U 中 user 和电影嵌入矩阵
                    中 movie 的向量内积,需要注意向量维度的匹配
    return rating
```

3. 总结

矩阵分解算法在推荐系统中应用广泛,其具有较好的性能,但其推荐结果的可解释性较差。读者可以自行将其与其他方法进行对比。

14.5 实验五: 知识图谱实验

14.5.1 问题描述

利用保险业数据构建保险业知识图谱,并依赖所构建的知识图谱实现简单的问答。具体实现可以参考基于医药知识图谱的问答系统的构建。

14.5.2　数据描述

本实验可以采用已有的保险业产品数据集。例如,下载 OpenKG 提供的"全部保险产品清单",也可以自行到特定保险网站上抓取相关保险数据构建知识图谱。"全部保险产品清单"数据集具体包含如下信息。

主要字段:公司名称、产品名称、类别、产品类别、设计类型、销售状态。

数据提供方:广东外语外贸大学。

数据数量:186360。

提供时间:2016.07。

14.5.3　实验步骤

1. 下载或者抓取保险相关数据集。

2. 基于保险业知识图谱构建:

- 保险业知识图谱实体定义。
- 保险业知识图谱关系定义。
- 保险业知识图谱属性定义。

3. 基于保险业知识图谱构建简单问答系统。

4. 结果展示,基于构建好的系统自动回答 3~5 个问题,例如:

- 长城吉祥宝贝少儿特定疾病保险是否还在售?
- 长城吉祥宝贝少儿特定疾病保险有哪些保险公司销售?
- 招商信诺十年期癌症疾病保险的保险类别是什么?
- 安联汇金世家(Ⅱ)投资连结保险属于什么样的设计类型?

14.6　实验六: 智能风控实验

14.6.1　问题描述

某公司希望利用平台积累的数据集给出申请借贷用户的 A 卡分,以识别优质客户并给予其借贷,避免将贷款发放给不良用户,从而降低坏账率。该实验基于该公司过去一年的数据建立 A 卡模型,预测客户的信用评分。

14.6.2　数据描述

该数据集包含 4 万条训练数据以及 1 万条测试数据,是 2018 年用户在平台上的行为数据以及运营商数据。输入数据有 74 个维度,包含用户的基本信息、平台行为以及通信行为等,输出数据为用户的违约概率,结果在 0 到 1 之间。

14.6.3　评价指标

提交的文件应包含测试集的预测结果。测试集的预测结果包含两列:Id 和 pre。Id 是客户标识,pre 是用户借贷后的违约概率。本实验用曲线下面积(AUC)进行评估。

14.7　实验七: 智能营销实验

14.7.1　问题描述

某银行希望挖掘出有较高机会认购定期存款的客户(潜在客户),并将营销工作重点放在此类客户身上,以增加银行的收入。本实验旨在对该银行的客户数据进行挖掘与分析,从中找出目标客户,并对结果进行评估。

14.7.2　数据描述

该银行共有 41 188 个潜在客户的相关数据。每个客户的数据共有 21 个维度,包括客户资料(年龄、工作类型、婚姻状况、教育程度、违约记录、房贷记录、个人贷款记录)、客户交互动态(联系人通信类型、上次接触月份、上次接触日、上次接触时长、联系次数、未联系天数、以往联系总次数、以往联系成功与否)、社会和经济背景属性(就业变动率、消费者价格指数、消费者信心指数、3 个月利率、就业人数),以及客户是否已订阅定期存款("是"或"否")。

14.7.3　实验步骤

1. 数据清洗

对数据进行缺失值填充、异常检测、数据离散化等数据清洗处理,相关代码如下。

```
def data_preprocess(data):
    # todo:编写代码进行数据清洗
    ……


    # 返回清洗后的客户数据
    return x
```

2. 训练集和测试集的划分

(已实现)选出后 30% 的数据作为测试数据,相关代码如下。

```
def split_data(data):
    y = data.y
    x = data.loc[:, data.columns != 'y']
    x = data_preprocess(x)
    x_train, x_test, y_train, y_test = train_test_split(x, y, test_size
        = 0.3, random_state = 1)
    return x_train, x_test, y_train, y_test
```

3. 潜在客户挖掘模型的训练与预测

利用训练集来训练潜在客户的挖掘模型,并预测测试集中的每个客户是否为潜在客户:1 代表预测为潜在客户,0 代表预测为非潜在客户。

```
def predict(x_train, x_test, y_train):
    # todo:编写代码,利用 x_train, y_train 来训练潜在客户挖掘模型
    ……


    # todo:编写代码,判断 y_train 中的每个客户是否为潜在客户
    ……


    #返回预测的标签
    return y_pred
```

> **笔记**
>
> 可以利用实验三中实现的线性回归、支持向量机和感知机三种分类算法中的一种作为潜在客户挖掘的核心算法,也可以利用 Python 第三方机器学习库 Sklearn 自带的分类算法进行分类。

4. 模型结果分析

结合该问题的数据特性,对比不同模型对结果的影响。

5. 可视化数据分析(附加)

对客户数据进行可视化分析。

14.8 实验八:智能投顾实验

14.8.1 问题描述

证券市场是最重要的金融市场之一,智能投顾的主要投资品种均来自证券市场。

因此,本实验将学习投资组合的基本流程,了解投资组合算法框架,并实现经典投资组合策略。通过对投资组合策略的构建,实践智能投顾中的投资组合配置技术在实际交易中的应用。

14.8.2 数据描述

本实验基于来自纽约证券交易所(New York Stock Exchange,NYSE)的包含 36 只股票的 NYSE 数据集。该数据集有 22 年的股票历史价格记录,是使用最广泛的基准数据集。

NYSE 数据集的具体信息如下:

市场来源:纽约证券交易所(NYSE)

股票规模:36

交易时间:5 651 天

时间范围:1962 年 7 月 3 日到 1984 年 12 月 31 日

14.8.3 实验步骤

1. 学习并编译示例代码

下载示例代码,并安装示例代码所需的 Python 库(SciPy、Pandas、NumPy、Matplotlib、CVXOPT、Pytorch),建议使用 pip 安装,相关代码如下。

```
pip install scipy

pip install pandas

pip install numpy

pip install matplotlib

pip install cvxopt

pip install pytorch
```

运行示例代码,分析示例代码中等权重(equal weight, EW)分配策略的表现,理解示例代码中的评价指标。

2. 投资组合策略实现

使用 CVXOPT 库中的二次规划函数、优化函数,根据第 10 章中关于投资组合策略的算法流程,实现均值-方差(MV)模型、指数梯度(EG)策略、在线牛顿步(ONS)策略。

```
def MV_weight_compute(n, context):

    P = context["R"].T # 近一段时间的累积收益


    #todo:编写代码,计算均值向量
    ……


    #todo:编写代码,计算协方差矩阵
    ……


    #todo:编写代码,利用 CVXOPT 库中的二次规划函数求解投资组合权重
    ……


    # 返回投资组合权重
    return w
```

```
def EG_weight_compute(n, context):

    Rk = context["Rk"] # 前一个交易周期的相对价格
    #todo:编写代码,根据指数梯度策略的更新公式求解投资组合权重
    ……


    # 返回投资组合权重
    return w
```

```
def ONS_weight_compute(n, context):

    Rk = context["Rk"] # 前一个交易周期的相对价格


    #todo:编写代码,根据在线牛顿步策略的更新公式求解投资组合权重
    ……


    # 返回投资组合权重
    return w
```

3. 投资组合策略结果分析

计算在交易费率为 0.5%下的累积收益、夏普比率、波动率、最大回撤等评价指标,

利用评价指标对这三个投资组合策略进行性能对比。

<table>
<tr><td>

笔记

　　本实验的数据集统一使用 NYSE 数据集。

　　① 在示例代码中,strategy 目录下的 init. py 是配置算法信息的代码,新算法只有在 methods_config 函数中注册,才会被主函数调用。

　　② context 这个字典用于存放算法中每个周期需要传递的数据。例如,均值-方差模型需要使用提前写好的参数。其他算法的参数也可以利用这个字典传递。

　　③ 代码运行使用 main. py,原则上不需要修改 main. py 中的代码。

　　④ 算法运行的结果都在 result 目录下。

</td></tr>
</table>

14.9　实验九: 联邦学习实验

14.9.1　问题描述

　　银行 A 为了更好地评估一批客户的信用情况,希望从银行 B 获得一些额外的客户数据。而银行 B 不愿意客户的相关数据被银行 A 得到。请设计一种算法,使得银行 A 提供权重,银行 B 提供数据,计算一个线性模型的输出。

14.9.2　数据描述

　　假设银行 A 的模型权重是 $w \in \mathbf{R}^{100 \times 1}$,银行 B 的数据是 $x \in \mathbf{R}^{N \times 100}$。$N$ 表示客户的数目,每个客户有 100 个维度的特征。该问题转换为如何在银行 A 和银行 B 都不暴露隐私的情况下,计算 xw 的值。

14.9.3　实验步骤

　　本实验是一个开放型实验,可以采用秘密分享、同态加密、混淆电路等技术来进行实验。

14.9.4　评价指标

本实验的评价指标包括以下几个。

1. 准确度:联邦学习算法的结果与直接进行本地计算的结果的差异有多大?

2. 运行时间:联邦学习算法需要多长的运行时间?

3. 安全性:联邦学习算法被破解的难度有多大? 是否要求有第三方参与?

参考文献

[1] ZHENG X,ZHU M,LI Q,et al. FinBrain:when finance meets AI 2.0[J]. Frontiers of Information Technology & Electronic Engineering, 2019, 20(7): 914-924.

[2] LECUN Y,BOTTOU L,BENGIO Y,et al. Gradient-based learning applied to document recognition[J]. Proceedings of the IEEE, 1998, 86(11): 2278-2324.

[3] 周志华. 机器学习[M]. 北京:清华大学出版社,2016.

[4] ALOISE D, DESHPANDE A, HANSEN P, et al. A recent proof of NP-hardness of Euclidean sum-of-squares clustering[J]. Machine Learning, 2009, 75(2): 245-248.

[5] CHARIKAR M,GUHA S,TARDOSÉ,et al. A constant-factor approximation algorithm for the k-median problem[J]. Journal of Computer and System Sciences, 2002, 65(1): 129-149.

[6] CHATURVEDI A, GREEN P E,CAROLL J D. K-modes clustering[J]. Journal of classification, 2001, 18(1): 35-55.

[7] PARK H S, JUN C H. A simple and fast algorithm for K-medoids clustering[J]. Expert Systems with Applications, 2009, 36(2): 3336-3341.

[8] ESTER M,KRIEGEL H P,SANDER J,et al. A density-based algorithm for discovering clusters in large spatial databases with noise[C]//Proceedings of 2nd International Conference on Knowledge Discovery and Data Mining,Portland:AAAI Press, 96: 34. 1996: 226-231.

[9] HE K,ZHANG X,REN S,et al. Deep residual learning for image recognition[C]// 2016 IEEE Conference on Computer Vision and Pattern Recognition (CVPR), 2016: 770-778.

[10] 黄恒琪,于娟,廖晓,等. 知识图谱研究综述[J]. 计算机系统应用,2019, 28(6): 1-12.

[11] MIKOLOV T,CHEN K,CORRADO G,et al. Efficient estimation of word representations in vector space[J]. ArXiv preprint arXiv:1301. 3781, 2013.

[12] BIANCHI F,ROSSIELLO G,COSTABELLO L,et al. Knowledge graph embeddings and explainable AI[J]. ArXiv preprint arXiv:2004. 14843,2020.

[13] TROUILLON T,GAUSSIER E,DANCE C R,et al. On inductive abilities of latent factor models for relational learning[J]. Journal of Artificial Intelligence Research,

332

2019, 64: 21-53.

[14] MINERVINI P,COSTABELLO L, MUÑOZ E, et al. Regularizing knowledge graph embeddings via equivalence and inversion axioms[C]//Joint European Conference on Machine Learning and Knowledge Discovery in Databases,2017: 668-683.

[15] WANG H, ZHANG F, XIE X, et al. DKN:Deep knowledge-aware network for news recommendation[C]//Proceedings of the 2018 World Wide Web Conference. 2018: 1835-1844.

[16] BORDES A, USUNIER N, GARCIA-DURAN A, et al. Translating embeddings for modeling multi-relational data[J]. Advances in Neural Information Processing Systems, 2013, 26: 2787-2795.

[17] HITZLER P, BIANCHI F, EBRAHIMI M,et al. Neural-symbolic integration and the semantic web[J]. Semantic Web,2020, 11(1): 3-11.

[18] LAO N, MITCHELL T,COHEN W. Random walk inference and learning in a large scale knowledge base[C]//Proceedings of the 2011 Conference on Empirical Methods in Natural Language Processing, 2011: 529-539.

[19] CHEN X,JIA S,XIANG Y. A review:knowledge reasoning over knowledge graph[J]. Expert Systems with Applications, 2020, 141: 112948.

[20] GARDNER M,TALUKDAR P, KRISHNAMURTHY J,et al. Incorporating vector space similarity in random walk inference over knowledge bases[C]//Proceedings of the 2014 Conference on Empirical Methods in Natural Language Processing, 2014: 397-406.

[21] 刘峤,韩明皓,江浏祎,等. 基于双层随机游走的关系推理算法[J]. 计算机学报, 2017, 40(6): 1275-1290.

[22] DETTMERS T, MINERVINI P,STENETORP P,et al. Convolutional 2nd knowledge graph embeddings[C]//Proceedings of the 32nd AAAI Conference on Artificial Intelligence,2017.

[23] VU T,NGUYEN T D,NGUYEN D Q,et al. A capsule network-based embedding model for knowledge graph completion and search personalization[C]//Proceedings of the 2019 Conference of the North American Chapter of the Association for Computational Linguistics: Human Language Technologies,2019: 2180-2189.

[24] DEVLIN J, CHANG M W,LEE K,et al. BERT: pre-training of deep bidirectional transformers for language understanding[J]. ArXiv preprint arXiv:1810. 04805,2018.

［25］YAO L,MAO C,LUO Y. KG-BERT:BERT for knowledge graph completion［J］. ArXiv preprint arXiv:1909. 03193, 2019.

［26］王子牛,姜猛,高建瓴,等. 基于 BERT 的中文命名实体识别方法［J］. 计算机科学，2019, 46(S2)：138-142.

［27］OSTENDORFF M,BOURGONJE P,BERGER M,et al. Enriching BERT with knowledge graph embeddings for document classification［J］. ArXiv preprint arXiv:1909. 08402, 2019.

［28］赵阳洋,王振宇,王佩,等. 任务型对话系统研究综述［J］. 计算机学报, 2020,43（10）:1862-1896.

［29］GODDEAU D, MENG H, POLIFRONI J, et al. A form-based dialogue manager for spoken language applications［C］//Proceeding of 4th International Conference on Spoken Language Processing,1996：701-704.

［30］段楠,周明. 智能问答［M］. 北京:高等教育出版社, 2018.

［31］YIH S W T,CHANG M W,HE X,et al. Semantic parsing via staged query graph generation:question answering with knowledge base［C］//Proceedings of the 53rd Annual Meeting of the Association for Computational Linguistics and the 7th International Joint Conference on Natural Language Processing, 2015.

［32］DONG L,LAPATA M. Language to logical form with neural attention［J］. ArXiv preprint arXiv:1601. 01280, 2016.

［33］YAO X, DURME B V. Information extraction over structured data:question answering with freebase［C］//Proceedings of the 52nd Annual Meeting of the Association for Computational Linguistics, 2014：956-966.

［34］BORDES A, CHOPRA S, WESTON J. Question answering with subgraph embeddings［J］. ArXiv preprint arXiv:1406. 3676, 2014.

［35］REDDY S,TÄCKSTRÖM O,COLLINS M,et al. Transforming dependency structures to logical forms for semantic parsing［J］. Transactions of the Association for Computational Linguistics, 2016, 4:127-140.

［36］CUI W,XIAO Y,WANG H,et al. KBQA:learning question answering over QA corpora and knowledge bases［J］. ArXiv preprint arXiv:1903. 02419,2019.

［37］LIANG C, BERANT J, LE Q, et al. Neural symbolic machines: learning semantic parsers on freebase with weak supervision［J］. ArXiv preprint arXiv:1611. 00020, 2016.

[38] 安贺新,张宏彦.金融营销[M].北京:清华大学出版社,2016.

[39] 张乖利.Bank 4.0时代商业银行场景化营销的思路和对策[J].全国流通经济, 2019(33):165-167.

[40] 于勇毅.MarTech营销技术:原理、策略与实践[M].北京:人民邮电出版社, 2020.

[41] 徐峰.商业银行金融产品营销问题与策略探讨[J].数码世界,2020(4):201.

[42] 王贵臣.商业银行金融产品营销问题与策略[J].合作经济与科技,2019(11): 64-65.

[43] 吕春梅.商业银行个人金融产品营销问题及策略研究[J].金融经济,2018 (20):71-73.

[44] 王钢,郭文旌.基于信息不对称性条件下银行存量客户潜在价值的二次挖掘[J]. 金融理论与实践,2018(4):49-55.

[45] 刘一乐,汪波,马向阳.基于RBF神经网络的互联网理财产品购买意愿的实证研 究[J].上海管理科学,2015,37(1):10-13.

[46] 王振江.关于产品生命周期理论在营销实践应用中的突出问题与对策思考[J]. 经济研究导刊,2012(33):223-226.

[47] 郭鹏辉,彭建灿,钱争鸣.企业典型产品生命周期曲线的Logistic随机模型的拟 合与应用[J].统计与决策,2009(7):181-183.

[48] 潘成云.产品生命周期细分与营销策略[J].当代财经,2003(6):61-64.

[49] 王瑜.探索市场生命力 剖析产品生命周期[J].现代管理科学,2003(7):41-42.

[50] 黄琳,王凯鸽.数字化时代商业银行如何优化数字营销方式[J].中国银行业, 2020(9):83-85.

[51] 王涛.数字营销趋势:"小而美"项目将势不可挡[R].中外管理,2020(Z1):92- 93.

[52] 杜宁.人工智能在金融领域的应用,趋势与挑战[J].人工智能,2018(5):84-92.

[53] 杨旻玥.我国智能投顾发展探究:以招行摩羯智投为例[D].杭州:浙江大学, 2018.

[54] 邢会强.人工智能投资顾问在我国的法律界定:从"智能投顾"到"智能财顾"再 到"智能投顾"[J].人工智能法学研究,2018(1):7.

[55] 胥博.基于多策略的现代投资组合理论在资产配置中的应用[D].北京:对外经 济贸易大学,2018.

[56] MARKOWITZ H. Portfolio selection[J]. The Journal of Finance,1952,7(1):77-91.

[57] KELLY J. A new interpretation of information rate[J]. IRE Transactions on Information Theory,1956,2(3):185-189.

[58] COVER T M. Universal portfolios[J]. Mathematical Finance, 1991, 1(1): 1-29.

[59] KALAI A, VEMPALA S. Efficient algorithms for universal portfolios[J]. Journal of Machine Learning Research, 2002,3: 423-440.

[60] HELMBOLD D P,SCHAPIRE R E,SINGER Y,et al. On-line portfolio selection using multiplicative updates[J]. Mathematical Finance, 1998, 8(4): 325-347.

[61] HELMBOLD D P, SCHAPIRE R E,SINGER Y,et al. A comparison of new and old algorithms for a mixture estimation problem[J]. Machine Learning, 1997, 27(1): 97-119.

[62] AGARWAL A,HAZAN E,KALE S,et al. Algorithms for portfolio management based on the Newton method[C]//Proceedings of the 23rd International Conference on Machine learning, 2006: 9-16.

[63] POTERBA J M, SUMMERS L H. Mean reversion in stock prices: Evidence and implications[J]. Journal of Financial Economics, 1988, 22(1): 27-59.

[64] BORODIN A,EL-YANIV R,GOGAN V. Can we learn to beat the best stock[J]. Journal of Artificial Intelligence Research,2004,21: 579-594.

[65] LI B,ZHAO P,HOI S C,et al. PAMR:passive aggressive mean reversion strategy for portfolio selection[J]. Machine Learning, 2012, 87(2): 221-258.

[66] LI B,HOI S C,ZHAO P,et al. Confidence weighted mean reversion strategy for online portfolio selection[J]. ACM Transactions on Knowledge Discovery from Data, 2013, 7 (1): 1-38.

[67] LI B,HOI S C,SAHOO D,et al. Moving average reversion strategy for online portfolio selection[J]. Artificial Intelligence, 2015, 222: 104-123.

[68] HUANG D,ZHOU J,LI B,et al. Robust median reversion strategy for online portfolio selection[J]. IEEE Transactions on Knowledge and Data Engineering, 2016, 28(9): 2480-2493.

[69] LI B,HOI S C. Online portfolio selection:a survey[J]. ACM Computing Surveys, 2014, 46(3): 35.

[70] GYÖRFI L,LUGOSI G, UDINA F. Nonparametric kernel-based sequential investment strategies[J]. Mathematical Finance:An International Journal of Mathematics,Statistics and Financial Economics, 2006, 16(2): 337-357.

[71] GYÖRFI L, UDINA F, WALK H, et al. Nonparametric nearest neighbor based empirical portfolio selection strategies[J]. Statistics and Decisions, 2008, 26(2): 145-157.

[72] LI B, HOI S C, GOPALKRISHNAN V. Corn: correlation-driven nonparametric learning approach for portfolio selection[J]. ACM Transactions on Intelligent Systems and Technology, 2011, 2(3): 1-29.

[73] GYÖRFI L, URBÁN A, VAJDA I. Kernel-based semi-log-optimal empirical portfolio selection strategies[J]. International Journal of Theoretical and Applied Finance, 2007, 10(3): 505-516.

[74] OTTUCSÁK G, VAJDA I, et al. An asymptotic analysis of the mean-variance portfolio selection[J]. Statistics and Decisions, 2007, 25(1): 63.

[75] GYÖRFIL, VAJDA I. Growth optimal investment with transaction costs[C]//International Conference on Algorithmic Learning Theory. 2008: 108-122.

[76] 沈一飞, 姜晓芳. 数字银行的国际趋势[J]. 中国金融, 2015(4):25-26.

[77] 卢贵珍. 数字货币的应用场景与发展趋势研究[J]. 环渤海经济瞭望, 2020(8): 8-9.

[78] 毛宁. 数字货币发展趋势分析[J]. 中国商论, 2021(1):95-97.

[79] OLIVEIRA S R M, ZAIANE O R. A privacy-preserving clustering approach toward secure and effective data analysis for business collaboration[J]. Computers and Security, 2007, 26(1): 81-93.

[80] CHEN K, LIU L. Privacy preserving data classification with rotation perturbation[C]// 4th IEEE International Conference on Data Mining, 2005: 4.

[81] GENTRY C, BONEH D. A fully homomorphic encryption scheme[M]. Stanford: Stanford University Press, 2009.

[82] PAILLIER P. Public-key cryptosystems based on composite degree residuosity classes [C]// International Conference on the Theory and Applications of Cryptographic Techniques, 1999: 223-238.

[83] GILAD-BACHRACH R, DOWLIN N, LAINE K, et al. Cryptonets: applying neural networks to encrypted data with high throughput and accuracy[C]//International Conference on Machine Learning, 2016: 201-210.

[84] KAIROUZ P, MCMAHAN H B, AVENT B, et al. Advances and open problems in federated learning[J]. ArXiv preprint arXiv:1912.04977, 2019.

[85] 杨强, 刘洋, 程勇, 等. 联邦学习[M]. 北京:电子工业出版社, 2020.

［86］ BONAWITZ K, IVANOV V, KREUTER B, et al. Practical secure aggregation for pri-vacy-preserving machine learning［C］//Proceedings of the 2017 ACM SIGSAC Con-ference on Computer and Communications Security,2017:1175-1191.

［87］蔚赵春,徐剑刚. 监管科技 RegTech 的理论框架及发展应对［J］. 上海金融,2017(10):63-69.

［88］尹振涛,范云朋. 监管科技（RegTech）的理论基础、实践应用与发展建议［J］. 财经法学,2019(3):92-105.

［89］杨东. 区块链如何推动金融科技监管的变革［J］. 人民论坛·学术前沿,2018(12):51-60.

［90］ GOZMAN D, LIEBENAU J, ASTE T. A case study of using blockchain technology in regulatory technology［J］. MIS Quarterly Executive, 2020, 19(1):19-37.

［91］蔡维德,姜晓芳. 基于科技视角的区块链监管沙盒模式构建研究［J］. 金融理论与实践,2020(8):60-70.

［92］胡滨,杨楷. 监管沙盒的应用与启示［J］. 中国金融, 2017(2):68-69.

［93］张景智.“监管沙盒”的国际模式和中国内地的发展路径［J］. 金融监管研究,2017(5):22-35.

［94］胡滨,郑联盛,等. 监管沙盒:理论框架与国际经验［M］. 北京:中国金融出版社,2020.

［95］斯金纳. 互联网银行:数字化新金融时代［M］. 北京:中信出版社,2015.

［96］朱阁. 数字货币的概念辨析与问题争议［J］. 价值工程,2015, 34(31):163-167.

［97］ LI Q, CHEN L, ZENG Y. The mechanism and effectiveness of credit scoring of P2P lending platform:evidence from renrendai. com［J］. China Finance Review International, 2018, 8(3):256-274.

［98］方军雄. 所有制、制度环境与信贷资金配置［J］. 经济研究, 2007(12):82-92.

［99］吕捷,王高望. CPI 与 PPI“背离”的结构性解释［J］. 经济研究,2015, 50(4):136-149.

［100］ LINOFF G S,Berry M. 数据挖掘技术:应用于市场营销、销售与客户关系管理［M］. 巢文涵,张小明,王芳,译. 3 版. 北京:清华大学出版社, 2013.

［101］吴文婷. 农业银行个人客户分层分类管理及价值挖掘研究［J］. 现代金融,2019(8):14-16.

［102］潘沁. 营销 3.0 时代商业银行如何做好客户营销［J］. 中国银行业,2018(11):

29-31.

[103] 匡美龄. 市场营销在我国商业银行中的应用[J]. 中国市场, 2020(19):130-133.

[104] 贺青春. 协同过滤推荐算法在银行营销系统中的应用[J]. 金融电子化, 2014(3):80-81.

[105] 郭学涛, 秦胜利, 雷利锋. 基于推荐算法的大数据精准营销[J]. 信息技术与标准化, 2019(5):40-43.

[106] 吴永春. 大数据背景下的电子商务客户流失量预测[J]. 现代电子技术, 2020, 43(11):144-147.

[107] 邓致. 信用卡客户流失预测模型研究[J]. 金融科技时代, 2019(9):22-25.

[108] 肖钢, 等. 中国智能金融发展报告2019[M]. 北京:中国金融出版社, 2020.

[109] 陈新辉, 乔忠. 产品生命周期的模糊识别模型[J]. 中国农业大学学报, 2001(4):1-6.

[110] 唐建荣. 产品生命周期的识别及其营销策略[J]. 江苏统计, 1999(10):29-30.

[111] QUADRINI V. Financial frictions in macroeconomic fluctuations[J]. FRB Richmond Economic Quarterly, 2011, 97(3):209-254.

[112] HAKANSSON N H, ZIEMBA W T. Capital growth theory[J]. Handbooks in Operations Research and Management Science, 1995(9):61-86.

[113] COVER T M, ORDENTLICH E. Universal portfolios with side information[J]. IEEE Transactions on Information Theory, 1996, 42(2):348-363.

[114] HAZAN E, KALE S. An online portfolio selection algorithm with regret logarithmic in price variation[J]. Mathematical Finance, 2015, 25(2):288-310.

[115] HAZAN E, AGARWAL A, KALE S. Logarithmic regret algorithms for online convex optimization[J]. Machine Learning, 2007, 69(2-3):169-192.

[116] LO A W, MACKINLAY A C. A non-random walk down Wall Street[M]. New Jersey:Princeton University Press, 2002.

[117] DWORK C, ROTH A. The algorithmic foundations of differential privacy[M]. [S. l.]:Now Publishers Inc. 2014.

[118] 刘凤良, 章潇萌, 于泽. 高投资、结构失衡与价格指数二元分化[J]. 金融研究, 2017(2):54-69.

[119] 黄美灵. 推荐系统算法实践[M]. 北京:电子工业出版社, 2019.

[120] AGGARWAL C C. Recommender systems[M]. [S. l.]:Springer, 2016.

［121］ BRUSILOVSKI P，KOBSA A， NEJDL W. The adaptive web：methods and strategies of web personalization［M］. ［S. l. ］：Springer，2007.

［122］ LINDEN G，SMITH B，YORK J. Amazon. com recommendations：item-to-item collaborative filtering［J］. IEEE Internet Computing，2003，7(1)：76-80.

［123］ KANG W，MCAULEY J. Self-attentive sequential recommendation［C］//2018 IEEE International Conference on Data Mining，2018：197-206.

［124］ SILVER D，HUANG A，MADDISON C J，et al. Mastering the game of Go with deep neural networks and tree search［J］. Nature，2016，529：484-489.

［125］ RUMELHART D E，HINTON G E，WILLIAMS R J. Learning representations by back-propagating errors［J］. Nature，1986，323：533-536.

［126］ TALMOR A，BERANT J. The web as a knowledge-base for answering complex questions［J］. ArXiv preprint arXiv：1803. 06643，2018.

［127］ VAKULENKO S，FERNANDEZ GARCIA JD，POLLERES A，et al. Message passing for complex question answering over knowledge graphs［C］//Proceedings of the 28th ACM International Conference on Information and Knowledge Management，2019：1431-1440.

［128］ QIU Y，WANG Y，JIN X，et al. Stepwise reasoning for multi-relation question answering over knowledge graph with weak supervision［C］//Proceedings of the 13th International Conference on Web Search and Data Mining，2020：474-482.

［129］ CUAYÁHUITL H， KEIZER S， LEMON O. Strategic dialogue management via deep reinforcement learning［J］. ArXiv preprint arXiv：1511. 08099，2015.

新一代人工智能系列教材

　　"新一代人工智能系列教材"包含人工智能基础理论、算法模型、技术系统、硬件芯片和伦理安全、"智能+"学科交叉和实践应用等方面的教材。本系列教材各具优势、衔接前沿、涵盖完整、交叉融合,由来自浙江大学、北京大学、清华大学、上海交通大学、复旦大学、西安交通大学、天津大学、哈尔滨工业大学、同济大学、西安电子科技大学、暨南大学、四川大学、北京理工大学、南京理工大学、微软亚洲研究院等高校和研究机构的老师参与编写。

教材名	作者	作者单位
人工智能导论:模型与算法	吴飞	浙江大学
可视化导论	陈为、张嵩、鲁爱东、赵烨	浙江大学、密西西比州立大学、北卡罗来纳大学夏洛特分校、肯特州立大学
智能产品设计	孙凌云	浙江大学
自然语言处理	刘挺、秦兵、赵军、黄萱菁、车万翔	哈尔滨工业大学、中国科学院大学、复旦大学
模式识别	周杰、郭振华、张林	清华大学、同济大学
人脸图像合成与识别	高新波、王楠楠	西安电子科技大学
自主智能运动系统	薛建儒	西安交通大学
机器感知	黄铁军	北京大学
人工智能芯片与系统	王则可、李玺、李英明	浙江大学
物联网安全	徐文渊、冀晓宇、周歆妍	浙江大学、宁波大学
神经认知学	唐华锦、潘纲	浙江大学
人工智能伦理导论	古天龙	暨南大学
人工智能伦理与安全	秦湛、潘恩荣、任奎	浙江大学
金融智能:理论与实践	郑小林	浙江大学
媒体计算	韩亚洪、李泽超	天津大学、南京理工大学
人工智能逻辑	廖备水、刘奋荣	浙江大学、清华大学
生物信息智能分析与处理	沈红斌	上海交通大学
数字生态:人工智能与区块链	吴超	浙江大学
赋能:人工智能与数字经济	王延峰、于晓宇、史占中、吴明辉、李泉、周曦、俞凯、惠慧、熊友军	上海交通大学等
人工智能内生安全	姜育刚	复旦大学
数据科学前沿技术导论	高云君、陈璐、苗晓晔、张天明	浙江大学、浙江工业大学
计算机视觉	程明明	南开大学
深度学习基础	刘远超	哈尔滨工业大学
机器学习基础理论与应用	李宏亮	电子科技大学
遥感图像智能分析与处理	尹继豪、罗晓燕、飞桨教材编写组	北京航空航天大学
具身智能	刘华平	清华大学

新一代人工智能实践系列教材

教材名	作者	作者单位
智能之门：神经网络与深度学习入门（基于 Python 的实现）	胡晓武、秦婷婷、李超、邹欣	微软亚洲研究院
人工智能基础	徐增林等	哈尔滨工业大学（深圳）
人工智能导论：案例与实践	朱强、飞桨教材编写组	浙江大学
机器学习	胡清华、杨柳、王旗龙等	天津大学
深度学习技术基础与应用	吕建成、段磊等	四川大学
计算机视觉理论与实践	刘家瑛	北京大学
语音信息处理理论与实践	王龙标、党建武、于强	天津大学
自然语言处理理论与实践	黄河燕、史树敏、李洪政	北京理工大学
跨媒体移动应用导论	张克俊	浙江大学
人工智能芯片编译技术与实践	蒋力	上海交通大学
智能驾驶技术与实践	黄宏成	上海交通大学
人工智能导论：案例与实践	朱强、毕然、吴飞	浙江大学、百度

读者意见反馈

为收集对教材的意见建议,进一步完善教材编写并做好服务工作,读者可将对本教材的意见建议通过如下渠道反馈至我社。

咨询电话   400-810-0598

反馈邮箱   gjdzfwb@ pub.hep.cn

通信地址   北京市朝阳区惠新东街 4 号富盛大厦 1 座
高等教育出版社总编辑办公室

邮政编码   100029

防伪查询说明

用户购书后刮开封底防伪涂层,使用手机微信等软件扫描二维码,会跳转至防伪查询网页,获得所购图书详细信息。

防伪客服电话   (010)58582300